愛のカルマ

Karma of Love

古代チベット仏教の教えに学ぶ人間関係の法則

ゲシェ・マイケル・ローチ 著
矢島佳奈子 訳

セルバ出版

序　文

私はアリゾナ州で育ちました。ごく普通のアメリカ人として青春時代を過ごし、女の子たちとの出会いもいたって平凡なものでした。

高校を卒業したあとは東に移動し、プリンストン大学で学びます。勉学に秀でていましたので、ホワイトハウスで大統領から優秀な学者としてメダルを贈られたほどでした。人生は魅力に満ちあふれ、素晴らしい未来が待ち受けているように思えました。

しかし、ある夜、すべてが変わってしまったのです。

その夜、私は大学内の教会で、世界の飢餓状況を助けるため何かしたいというボランティアの集まりに参加していました。

電話を受けた牧師さんが私のところに来て、腕に触れながら、部屋に一緒に来るよう言います。そこで牧師さんから、母が亡くなったことを告げられたのです。夢に満ちたそれまでの私の人生が崩れ落ちるようでした。

その後しばらくして、さらに2つの電話を受けます。1つは弟が亡くなった知らせで、もう1つは父も亡くなったという知らせでした。このような悲しみの海に沈んだような状況の中で、大学にいることや以前考えていた将来のことなどは、私には無意味に思えてきました。私は大学を去り、答えを求めてインドへの旅に出ました。

幸運なことに何人かのチベット僧に出会い、私自身も徐々に僧侶への道を歩むことになりました。そうして25年以上もの間チベットの僧院に暮らし、Sera Mey大僧院より、ゲシェ（*Geshe*）あるいは仏教学修士（Master of Buddhism）と呼ばれる学位を取得しました。6世紀間においてこの学位を授与された最初の西洋人となったのです。

この学位を受け取るためには、たくさんの試験に合格しなければなりませんでした。例えば、何百人もの僧侶による、すべてチベット語で行われる3週間にも及ぶ公開試験。それから、この僧院で私が導きを受けたラマ僧ケン・リンポチェ（Khen Rinpoche）からもう1つの試験を与えられます。その試験とは、ニューヨークに行ってダイヤモンド会社を興し100万ドルを稼ぎ、この僧院で学んだカルマの法則を理解できたことを証明できるかというものでした。それができたら、チベットの難民たちに食料や必需品を与えることができるというのです。

一般の世界に戻ること、それもニューヨークのようなところでダイヤモンド業などというあざとい商売に陥りそうな仕事は、最もやりたくないことでした。ですから、何か月もの間、この件についての話を避けます。しかし最終的には僧の指示により、私はニューヨークへ行かなくてはなりませんでした。

そこでアンディン・インターナショナルダイヤモンド（Andin International Diamond）という会社を興すのを手伝い、年間2億ドルの売上に貢献します。この会社は世界で最もリッチな人々のうちの1人であるウォーレン・バフェット（Warren Buffett）により、先頃買収されました。この会社で得たお金のおかげで、私は難民や他の多くの人々を救うことができたのです。

私たちの会社はニューヨークの歴史の中で最も速く成長した会社のうちの1つとなり、注目を集め、人を助ける法則／カルマの法則をどのように使って成功を手にしたのかを説く本をダブルデイ出版社から執筆するよう依頼されました。

それが『ダイヤモンドの知恵』（原題 The Diamond Cutter）を書くきっかけとなりました。「ダイヤモンドの知恵」（The Diamond Cutter）という題名は、カルマとその裏側である「空」という仏教の考え方を説明した有名なお経に基づいてつけました。

本は世界中でベストセラーとなり、25か国語に訳され、何百万人もの人々に読まれることになりました。特に中国語版は人気が高く、多くの読者が経済的自立を手にすることができました。本の人気とともに、たくさんの人たちからこの本についての講演をしてほしいと頼まれるようになりました。

本が出版されてから何年かの間に、私とダイヤモンドカッターインスティテュートの同僚たちは、多くの国で何千人もの人々を相手にビジネスセミナーやワークショップを行ってきました。

これらのプログラムの間には「日常生活の知恵」と名づけた少人数グループの勉強会を設け、参加者たちが会社やキャリアについて個人的な質問をすることができる機会も設けました。

ある日、中国でのプログラム中に、勉強会グループの中の1人の女性が、こんな質問をします。「ビジネスについてではなく、夫との関係についても答えてくれますか？　ダイヤモンドの知恵の法則、カルマの種の法則は家族関係にも応用できるのでしょうか？」

私は、もちろんそうだと答えました。「心の中にあるカルマの種は、私たちの周囲のすべてのもの、すべての人に関わるのだから」と。

この後、せきを切ったように、グループの参加者たちは自分の妻や夫、パートナーとの関係におけるとても個人的な問題について、それまで心の内にためていた質問をし始めたのでした。精神的欲求や、衣食住の必要がいくら満たされていても、人間というのはそれだけでは不充分なのだと、このとき私は気がついたのです。

人間関係というのは、多分人生における最大の幸福の源であり、また最大の痛みの源でもあります。私たちが幸せを望み、世界全体も幸福に包まれていてほしいならば、この、密接な人間関係における問題を解決しなくてはなりません！

驚くべきことですが、仏僧の昔からの言い伝えには、恋愛関係についての知恵がたくさん含まれています。パートナーについてはもちろん、人生に起こるすべてのことがどこからやってくるのかを教えてくれる書物など、知恵が詰まった、他には類を見ない本が何万冊もあります。これらの本にはカルマの種についての教えが書いてあるのです。

またダイヤモンドの道（Diamond Way）という名の、何千年もの歴史を持つある秘密の伝統があるのですが、それはパートナーとの関係性を新たにし、最高に美しい高みに導いてくれるものです。

これらの教えによると、仏陀自身もティロッタマという女性の協力を得て悟りを開いたのだといいます。夜が明けて新しい日を迎えるかのように、２人が互いの腕の中で霊的極致に達したことを述べているくだりは、世界中の文学作品の中でも最も感動する一節だと言えるでしょう。

"Karma of Love"―愛のカルマ、私は僧侶になる前に、いくつかの恋愛を経験していたので、この本を書くことにおいては仲間の僧侶たちよりも恵まれていました（ほとんどのチベット僧は7歳～12歳の間に僧院に入門するので）。私は女性とはどういうものなのかを知っていました。恋愛の喜びや、痛みを伴う問題も知っていました。

私の両親も胸がえぐられるようなつらい離婚、愛しながらも一緒にいることができないというひどい状況を経験していましたから。

そして一番大事なことだと思いますが、私は神に祝福されたような素晴らしい恋愛をしたことがあります。仏陀とティロッタマやダンテとベアトリーチェ、イエスとマグダラのマリアが経験しただろうもの、エデンの園の片鱗を味わったことがあるのです。

その後の何年かの間に、12人の偉大なチベット僧のもとで何千時間もの教えを受けることによりこの経験を強め、理解をより一層深めました。

パートナーとともに行うワークの秘密の手ほどきを受けたり、これらのワークについての昔の文献を訳したり学んだりするのに何年も費やしました。

私はこれらのワークに誠実に取り組みましたが、時おり報道陣からありがたくない関心を集めてしまったり、また僧院の権威たち（この種の知識は一般の多くの人々に知らされるべきでないという考えの僧侶たち）の怒りを買ったりしました。

でも私は、完全なる世界の存在を信じていますし、皆が一団となればそれができると確信しています。愛のカルマを理解することにより、完全なる世界は、完全なる人間関係によって始まり、終わるのです。

そこで、本書を通して学んだことをあなた方と分かち合い、皆さん自身の人間関係の手助けができたらと思っています。

私は長年の間、地球上のあちこちで何千もの人々に人間関係についての質問を投げかけられてきました。最もよく耳にした質問から１００を選び、ラマ経の祝福を通じて、チベットの古代の知恵をもとにお答えいたします。

本書があなたとあなたの特別な人を救ってくれるよう心から祈っています。

ゲシェ・マイケル・ローチ
レインボーハウスにて
２０１２年感謝祭の日に

愛のカルマ―古代チベット仏教の教えに学ぶ人間関係の法則　目次

THE MOST IMPORTANT QUESTION OF ALL

最も重要な質問

質問1

私が最初に女の子と付き合ったのは12歳、６年生のときです。その後、数えられないほどたくさんの恋愛関係を持ちましたが、ほとんどいつも、とても悲しい終わり方をするのです。付き合い始めは希望一杯で、今度こそ違うと思うのですが。いろんなアドバイスを試したり、多くの恋愛指南書も読みましたが、どれも効果がない気がして暗い気持ちになります。他の方法は効かないのに、この愛のカルマの法則にはなぜ効果があると言えるのか、まず初めにそれを教えてください。

うまくいく恋愛関係を求めて、あらゆることまでと言わなくとも、多種多様なことをこれまで試してきたのでしょう。自分では試したことがなくても、他の人が試してうまくいかなかったことも多く見てきたでしょう。ですから、もしこの愛のカルマのアプローチが効果的であるとしたら、これはあなたが今までに聞いたことのある方法とは全く異なる方法だろう、ということは明らかです。

まず初めに言いますが、愛のカルマには効果があります。毎回、効果を発揮します。ご存知のよう

に、私たちは人生におけるほとんどすべてのことに対して、これはうまくいくかもしれないし、うまくいかないかもしれない、という前提のもとに行っています。

単に頭痛薬を飲むというときでさえ、どうか薬が効きますようにと願って錠剤を口に入れます。多分効果はあったりなかったりでしょうが。

悲しいことに、私たちの誰もが、効果のないことに対して慣れてしまっているのです。頭痛のときに飲んだ頭痛薬の半分が効かなかったからといって、薬局に半分カラになった薬のビンを持って行って薬代を半分返してもらおうとは誰も考えないでしょう。

私たちは失敗に慣れてしまっているのです。少しの間、期待はするのですが、心の深いところではうまくいかないことが現実の人生であり、それを変えることなどできないと思っています。

でも、もし使い方を本当に理解できれば、カルマの法則はいつでも効果があります。理解するには相当の努力が必要ですが。この本は、もしあなたが新しいアイデアを受け入れ実行する準備ができていない場合には効果はありません。あなたは生まれて初めて、周りの世界がいったいどこから来たのかを学ぶのです。そして、いつも夢見ていた恋愛関係〈人間関係〉を創るために、学んだことを活用するのです。

さあ、今すぐに始めましょう。あなたが知るべき最も基礎となる新しいアイデアは『空』という概念です。

私は手にペンを握り、あなたに尋ねます。「これは何でしょう?」

「ペンです」とあなたはすぐに答えるでしょう。

「もし今この部屋に子犬が入ってきて、私が子犬の鼻の前でこれを揺らしたら、子犬はどうするでしょう?」

あなた「さあ、わからないけど、多分ペンを噛むでしょうね」

私　「では、子犬はペンを何だと思っているのでしょう?」

あなた「そうですね、噛むおもちゃだと見ているのでしょう」

さて、これが「空」の理解への第一歩です。

それではもう少し先に進みましょう。

「では、どちらが正しいでしょうか。人間ですか? 子犬でしょうか? これはペンなのでしょうか、それとも噛むためのおもちゃなのでしょうか?」

「そうですね。どちらも正しいと思います。私にとってはペン、子犬にとってはおもちゃ」

「そのとおりです。動物にだって権利はありますよね! どちらも正しいのです。この物質は見る者によって違うものなのです。ペンであり、おもちゃでもある。

さあ、もう1つ質問をします。もし私がこれを手に取りテーブルの上に置き、あなたと子犬が部屋から出ていったとすると、これはいったいペンなのでしょうか、それともおもちゃなのでしょうか？」

「これが何かということを見る者がいなければ、どちらでもないと言うしかないでしょうね。ペンでもおもちゃでもない。でも、人間か犬のどちらかが部屋に戻ってくれれば、どちらにもなる可能性はありますよ」

わかりましたね。あなたは「空」という難しい考え方をもう理解したのです。この「空」こそが理想的なパートナーを創るのに必要なアイデアなのです。

それでは「空」とは何を意味するのでしょうか。

すべてが黒であるとか、無は無であるとか、無であるからどうでもいいとか、そういうわけではありません。

テーブルの上に置かれたものは、人と犬が去った後「空」となります。映画が始まる前の何もない白いスクリーンのように。私たちの周りのものや人もすべて、同じように空であり、空白であり、何にでもなれるのです。

あなたは最後に付き合った人に対して悪い感情を持っているかもしれませんが、その人をとても良い人だと思っている人はおそらく多くいるでしょう。ペンと同じこと。あなたが何を見るか、誰が見るかによるのです。

「では、片方の手にペンを持って、あなたの顔の前に持ち上げてください。そしてペンがあなたのほうに近づいて来たのか、それともあなたがペンを近づけたのか、もう1つの手で示してください。もしペンのほうから近づいて来たと考えるのならペンから目の方向に向かって手を振ってください。

あるいはもしあなたのほうからペンを近づけたと思うのなら目からペンの方向に向かって手を振ってください」

ほとんどの人が自分側からペンに向けて指さすでしょう。

「私のほうからです。まちがいありません。噛むおもちゃは子犬側から生まれたものなのだから」

「そうですね。もしペンがペンのほうから近づいて来たのだとしたら、犬はこれをペンだと見なさなければなりません。犬は足でペンをつかんで詩を書こうとするかもしれませんね、ガールフレンドに向けて『君のしっぽはなんて素敵なんだ！』と」

わかりましたね。ペンは私側の思いから来るのです。そのものだけでは、ペンでもおもちゃでもないのです。空白で、何にでもなれるものなのです。ですから、ペンと認識しているのは私の心に違いないのです。

さて、それでは目を閉じてペンが大きなダイヤモンドの指輪だったらいいのにと願ってみたらどうでしょう？　いま試してみて、うまくいかないとわかりますね。

素晴らしい未来の恋人はあなたの心から生まれるものであるからといって、ただただ目を閉じて願えばその彼が突然現れるということではありません。望んだり、願ったり、祈ったり、いくらでもすることはできますが、それは叶わないでしょう。独り身で寂しい人は誰もが、誰か特別な人が側にいたらよいのに、と願いますが、だからといってその人が現れるわけではありませんよね。

ではなぜ私たちは、ペンをペンとして見るのでしょうか？　心はどのようにペンを認識するのでしょうか？

私たちの心にはカルマの種があります。種は潜在意識の深いところ、心の奥底にあり、木になる種のように時が満ちたときに、パチンとはじけるのです。

私が黒い棒をあなたの顔の前に差し出したとき、瞬時にあなたの心の中のカルマの種ははじけて、輝くようなペンのイメージが浮かび上がってくるのです。

1秒の何千分の1かの間に、あなたと黒い棒の間でペンの小さいイメージ図が飛び上がっているのです。速すぎてこんなことが起きているなどと気づくことは一生ないでしょうが。そうして、あなたはペンであることを認識するのです。それは本当のペンです。頭に描くイメージはそれほど優れているのです。あなたは拾い上げて書くこともできます。

話がどうつながってくるかわかりますか。

もしあなたが恋人を探している女性だとして、ある日スターバックスコーヒーの入り口から素敵な男性が現れ、あなたのテーブルに向かってきたとしましょう。彼はペンと同じです。

あなたの心の中の種から現れたのです。ああ！　あとは、どうやって種をまいたらいいのかを知るだけです！

一言でいえば、他の人を通してしか種を植えることはできないということ。どんな欲しいものであっても、まず他の人がそれを先に得るのを見る必要があるのです。誰かが欲しがっているものを手にするのを助けると、私たちの心にも種がまかれます。そして、種が熟してはじけて初めて、後に自分もその望むものを得られるのです。これが何を意味するのかというと、未来のパートナーの種をまくこともできるし、現在のパートナーの変わってほしいところを変えることもできる、ということです。すべてあなたの考え方次第ですから。よいお百姓さんになる方法、正しい種のまき方や手入れのしかたを知らなくてはいけないだけです。それを学べばあなたはすべてを手に入れることができるのです。

さて、最初の質問に戻りましょう。すべての質問の中で一番重要な質問でしたね。カルマの種の正しいまき方さえ習えば、あなたは理想のパートナーと理想的な交際ができます。

本書では100の質問を扱っています。誰かの質問に答えるたびにカルマの耕し方について1つずつ新たに学ぶことができます。ですから、私があなたにしてほしいことは、まず座ってこの本を端から端まで読むことです。たとえ今のあなたには関係がないと思われる質問や答えだとしても。

全部読むうちに、あなたは愛のカルマについて知るべきことをすべて学ぶことができるでしょう。それからあなたの問題に関連する質問に戻れば、そこに書いてある答えを実行する準備ができていることでしょう。古代チベットの伝統に基づいた、新しい、まったく新しいシステムです。もしあなたがこのシステムを本当に理解できれば、どんなときでも効果を発揮します。それが、あなたが過去に試してきた方法と違うところでしょう。

ところで、ほとんどの質問は伝統的ともいえる男女間、夫と妻に関するものですが、それは世界中から私に寄せられたものがそういったものだったからです。でも、ここで学ぶ法則は、家族、友人、仕事関係の人々、同僚、同性愛など他の人間関係にも幅広く応用でき、多くの人々が成功を収めています。どうぞ、あなたの周りのあらゆる人間関係に愛のカルマの法則を自由に使ってください。

FINDING THEM

パートナーを見つける

質問2
どこでパートナーを探せばいいのでしょうか。

数年前のことです。アンという女性が私のところに来ておかしな質問をしました（本書の内容はすべて本当の話か、あるいはいくつかの本当の話をくっつけたものです。友人のプライバシーを守るため名前は変えてあります）。

アンはアジア出身ですから、私の伝統的なタイトルを使って私を呼びます。

「ゲシェラ、あなたは僧侶でしょう。中国では仏僧のことを fa li wu bian と呼んでいて、特別なスピリチュアルパワーを持っていると言われていて、私自身たくさんの mo（占い）ができる僧侶を知っています。未来を知る必要がある人のために予言をしてくれるんです。それで実は私もあることを知りたいんです」

「何を知りたいんだい？」とききます。

アンはちょっとはにかんで答えます。

「恋人が欲しいんです。でも、どこに行けば見つかるのかわからなくて。もしあなたが未来をちょこっと見てくれて、私がどこでその彼と出会うのか教えてくだされば、時間と労力をとても節約できると思うんですが」

私は少し面食らいました。

「今週はどんな瞑想をしたらいいのでしょうか」というような質問をされると思っていたからです。

少しとまどったので、時間稼ぎの質問をします。

「どこで彼に出会うと君は思うんだい？」

「インターネットで見つけようか、ダンスクラブへ行って見つけようか迷っているところです。でもネットで出会う人は、彼女と過ごすよりノートパソコンと過ごす時間が長いようなオタクだろうし、ダンスクラブで出会う人は、なんだかんだ言ってもクラブに通うような人だから長続きする恋愛には向かないタイプかもしれないでしょう？」

　私は普段占い的なことはしないのですが、私の過ごしたチベットの僧院の中の1つ（ニュージャージーのど真ん中にあったのですが）に、占いがとても得意なモンゴルの僧侶の方が沢山いました。私はそれを何年も見ていましたから、誰かを助けるためにはどうすればよいのかわかっていました。

チベット僧は占いのときに2つのサイコロを使うのですが、モンゴル人は1つのサイコロで行います。立方体のような形をした羊の膝関節の骨を真っ白になるまで茹で、それをテーブルに軽く投げて骨がどう転がるかで人の未来を占うのです。

そこで私は、羊の骨を投げ、その上にかがみこみ、とても真剣な様子で骨を見つめます。

「うーん！」と私はうなります。「うーん！」それからいくつかのマントラをおまけに付け足します。「オムマニパドメハン、オムマニパドメハン！」

(Om mani padme hung, Om mani padme hung!)

そして、そのあとは「あぁ！　わかった！」と叫ぶのです。

アンは羊の骨に真剣に向かい合っています。

「ゲシェラ、それで？　私、彼とはネットで知り合うのかしら？」

「違う、違う」と私は真面目に答えます。

「インターネットではないよ。それはあり得ない」

「まあ！　それじゃダンスクラブなのね！」とアンは叫びます。

私は羊の骨にゆっくりとかがみこみ、よくよく見ました。

「いや、違うね。クラブでは出会わない」

「じゃあ、どこなんですか？」とアンは詰め寄ります

私は羊の骨の上にかがみ、じっと見つめたあと身体をまっすぐに起こし、

アンの目を見て言います。

「君は老人ホームに行くべきだよ！」

「老人ホーム？」アンは瞳を凝らし私を疑うように見ます。そして長い溜息の後「ゲシェラ、あなたはわかっていらっしゃらないようね」

「何がわかっていないと言うのかい？」私はうなるように言いました。

アンは赤くなりながら答えます。「わ、わたしは若い男の子と出会いたいんです！」

私は笑って彼女に言い返します。

「そうじゃない、わかっていないのは君だよ。どうして恋人が欲しいのか言ってごらん」

それに対しアンは即答します。

「私の生活がどんなふうか聞いてください。マンハッタンのオフィスでいい仕事に恵まれていて、長時間働いてはいるけど、仕事は楽しい。家に帰ると45分かけて食事をつくり、1人で座って食べるんです。たったの5分で。それから30分もかけてお皿を洗う。わかります？ 夕食に1時間以上もかけているんですよ。ただ1人で座って食べて、テーブルの向こう側に一緒に食べる相手もいないし、料理を喜んでくれる人も、今日どんな1日だったか聞いてくれる人もいないのにね」

「さみしいんだね。君は誰か一緒に過ごす人がほしいんだ。愛する人と一緒にいたいんだね」

「そのとおりです」アンは安堵したようにため息をつきます。

「そのとおり」と私はアンの言葉を繰り返します。

「だから、君は老人ホームに行く必要があるんだよ。君には交友相手、一緒に時を過ごす仲間が必要なんだ。だからまず最初にしなくてはいけないことは、その交友相手のためのカルマの種を君の心の中に植えることだよ。その種がはじけるとき、君はどこかで相手の男性と知り合うでしょう。交友相手のための種を植えるには、まず誰か他の人の交友相手、話し相手になってあげないといけない。そのために最も良い場所が老人ホームなんだよ」

「老人ホームへ行って年配の女性を訪ねてごらん。年老いて誰も訪問してくれる人もなく、歯が悪くて口臭のきつい、しわだらけで、人々に忘れられてしまったようなおばあさん。君が会いに行くたびに『高校生のときに付き合っていたボーイフレンドのこと、あなたにもう話したかしら？　とってもハンサムだったのよ！』と毎回同じ話をするような人を訪ねるんだ」

「いつも一緒にいる必要はないよ。時々でいい、週に一度とか、2週間に一度。花を持って行ったり、時には夕食に連れ出したり、年金の書類記入を手伝ったり部屋を片づけてあげたりするんだ。でも一番大切なことは、彼女のいい友達になることだ。何回も聞かされた同じ話かもしれないが、彼女の人生に起きた話を聞いてあげて、君も君自身の話をして分かち合うんだ。君は彼女の人生からたくさん学ぶことがあるだろうし、彼女は君に役立つアドバイスをくれるだろう」

「そういうことが交友相手、交際の種を植えることにつながって、その種が開くとき、君は理想の相手に出会うよ。もし種がそこにあるのなら、どこで相手を探すかなんて関係ない。ネット上でもクラブでも、ただ自分のアパートに座っているだけだとしても、理想の彼は現れるよ。現れなきゃならないんだ。もし君がこの新しい種をつくらないとして、ネットやクラブで相手を探したら、相手は見つかるかもしれないし見つからないかもしれない。だって君の心の中には昔植えた何かの種が残っているかもしれないからね。でも何も残っていないかもしれないんだよ」

さて、アンは、それまで私がアドバイスを与えてきた誰とも全く違った行動をとります。私のアドバイス通りのことをしたのです。

数か月後、アンから電話があります。

「ゲシェラ、良い知らせがあります！」

「何だい？」

「私、あなたが言ったとおり年配の女性と友達になったんです。そうして、あるときサンフランシスコに行ってヨガを教えることになったんですが、クラスの生徒さんが皆入ってくるのを1人ひとり見ていたんです。私は彼を探していたというわけ。わかります？」

「うん、それで？」

「知っているでしょうけど、普通ヨガのクラスはほとんど女の子ばかりなんです。それで彼も現れなかった」

私は混乱してきました。

「それで？」

「クラスが始まって5分たった頃ドアが開いて、そこに彼が立っていたんです。遅れてきただけだったんです！」

「それから？」

「彼は部屋の反対端にいた私を見て、そしたらまるで映画の中のようなことが起きたんです。彼は私に一目で恋に落ちて、私も彼に一目ぼれしたのです。ただそこに無言で座って、クラス全員が私が何か言うのを待っているようでした。私はただこの素敵な男性を見つめていることしかできなかったんです」

6か月後、アンからもう一度電話があります。

「ゲシェラ、あなたは僧侶ですよね、仏教僧でしょう?」

「そうだよ」

「あのー、仏僧って結婚式をしてくれるんだったかしら?」

もちろん仏僧は結婚式を執り行います。そして私はアンの結婚式を行いました。マンハッタンでの式は、真っ白なレースと黒いスーツの、それは美しいものでした。

おわかりになったでしょう。アンはパートナーを見つけたのではありません。パートナーを創造したのです。愛のカルマの法則を実践すると(それはダイヤモンドの知恵の法則でもあるのですが)、何事も偶然の出来事ではないのです。

何が欲しいのかを明確に定め、カルマの種を植えるために、同じものを必要としている誰かを先に助けます。そうした後はただ天に任せていればよいのです。心配したり不安に思ったりせずに。誰かに交友相手を与えたのですから、自分のところにも交友相手がまわってくるでしょう。

ですから、クラブへ行こうか、ネットを利用しようか、ヨガクラスへ行こうかなどと、ただ座ったままグタグタと考えるのはもう止めてください。寂しい人たちを探しましょう。

そして探すときには、年老いた寂しい人たちだけでなく、両親が忙しすぎて寂しい思いをしている子どもたちや、職場やバスであなたの隣に座っている寂しそうな仲間など、いろんな場所で探してください。友達になってあげたり、交流を続けてください。それをあなたの使命とするのです。種は植えられるでしょう。

そうすれば、理想のパートナーはあなたがどこに行こうが関係なく、きっと現れるはずです。

質問3 どんな人と付き合ったらいいのでしょうか。

ある夜、アメリカ南西部で大勢の参加者を相手に長いプレゼンテーションを行ったときのことです。講演を終えた後に駐車場に向かって歩いているところを、私の講演の常連であるカレンが追いかけてきました。

私はとても疲れていましたが、アシスタントがカレンに、私が車にたどり着くまでの道を〝買う〟ことができると言ったのでしょう。私たちはこうした時間を〝しゃべり歩き〟と呼んでいるのですが、ありがたいことにアシスタントたちが人ごみをかきわけ、私たち2人を誘導してくれたので、スムーズに駐車場まで道を進みます。

私はカレンが何を話したいのかよくわかっていました。

カレンはなかなか良い男性と、とても良い関係の付き合いをしていました。良い仕事、親しみやすい性格、でもどうやら彼は付き合いを解消したいようです。カレンは全くつらさを感じさせない表情で私を見て、話します。

「ゲシェラ、もういろいろひどい話は聞いて知ってると思うけれど、この付き合いはダメだったわ。

ふられたの。また恋人を探さなくちゃいけなくなったわ。でも初めにあなたに考えを聞きたいのよ。今度は私、どんな人と付き合ったらいいのかしら。付き合いがうまく続くような相手を探すには・・・」

カレンの声は小さく消え入りそうで、私は気の毒に感じます。

「カレン、私は僧侶だよね。君は私が僧侶だってことは承知しているでしょう。だから、私に何て言われるかはわかっているでしょう。『誠実な人を見つけなさい。見た目やどんな仕事をしているかとか、どれだけ賢いかなんて気にしないで良い人柄の男性を探しなさい』とね」

彼女はそう言われることを予期していたかのように頷きます。多分彼女の問題はそこにあったのですが。

「いまのアドバイスは忘れていいよ」と私は言います。

「やり方がわからずやみくもにトライしているならそれはそれでいいんだ。理想の相手を自分で創り上げる方法を全く知らず、ただ探そうとしている場合はね」

「もし理想の相手というのは君が探して見つけるものだとしたら、きっと妥協しなくてはならないよね。ハンサムで頭は切れるけど、経済的に不安定で人柄がよくないとか、あるいは安定していて誠実だけど見た目が良くなくて頭も悪いとか。

そうして君は残りの人生を本当の理想と比べたら75％にしか満たない相手と過ごさなきゃいけないのかって悩むことになるんだ」

カレンは何も言いませんでしたが、居心地悪そうにしているのが感じられます。彼女はいままでの人生でずっとこんな実りのないゲームのような付き合いを繰り返してきたのですから。

「じゃあ、それ以外にどんな方法があるんですか?」

「ダイヤモンドの知恵システムではそんなふうに物事を捉えていないことをまず理解しないと。このシステムでは、君が自分で理想の相手を創るんだ。正しいカルマの種を植えて自分で創る」

「例えば、絵を描くとかケーキをつくるとか何でもいいけれど、人生では何かを創る前には、まず座ってどんなものにしたいのか決めなければならない。注意深く、どんなふうにしたいのかリストをつくって、それから自分が望むものを少しずつ創りあげるんだ。

理想の相手も同じことだよ。彼がどんな人であってほしいのかリストをつくる。注意を込めてね！だって君がこういう人と出会いたいと思った人と出会ってしまうわけだから、自分が相手に何を望むのかよく考えないとね。もちろん出会ってからでも、君さえ決心すれば相手を変えることもできるけど、そんな面倒なことをわざわざしなくてもいいものね」

私は駐車スペースまで来ると立ち止まり、カレンの目を見ます。

「君の理想にぴったりの相手を手に入れなさい。カルマの種を植えて理想の相手を創りあげなさい！こんなに長いことカルマのことを教えてきたじゃないか！」

「わかった、わかったわ！」カレン大きい声で答えたあと尋ねます。

「どこから始めたらいいんでしょう？」

「そうだね。さっきあげた素質を全部備えた人だとしたら、誠実で賢くて、いい仕事をしていて、それにいつも君が夢見ていたようなハンサムな人っていうのはどうだい？」

望むもののリストをつくりなさい

「まずリストをつくりなさい。そしてその相手に持っていてほしい条件について、君の心の中に1つずつカルマの種を植えるんだ。1つひとつの望む条件において、それぞれ種が必要なんだよ。だってすべて異なる種類の望みだからね」

本書を通して、読者のあなた方が理想のパートナーに望むであろうすべての素質について触れていくつもりですが、まず今回はカレンの場合について見ていきましょう。

「まず初めに、もし賢い人たちに囲まれていたいのであれば、賢さの種を植えなくてはいけない。これは簡単なこと。世界で一番賢いことは、この世がどんな具合に回っているのか理解することだからね。そして世界は君の心にまいた小さな種が動かしているんでしたね。すべては種から生まれる、ペンの話でわかったように。このことを忘れないでおいてほしい。たびたび思い起こすんだ。道を歩いているときでも、車を運転しているときでも。人に話すのもいいことだよ、興味を持っていそうな人や、助けを必要としている人にね。この賢さの種が芽を出すときに、君は自分が賢い人たちに囲まれていることに気が付くだろう。君のパートナーも含めてね」

「わかったかい?」

私たちは、もう私の車のすぐ隣にまで来ていて、私は早く運転座席に座りたくうずうずしていました。

「わかったわ。それから?」とカレンは尋ねます。

小さなノートを取り出してメモを書き出しています。こんな様子を見るときは、アドバイスを実行してくれることが多いので私はもっと話す気が沸き起こります。

「そうだね。もしいい仕事をしている人が理想なら、誰かいい仕事を探している人を助けることだよ。簡単ではないけどね。何人の人を助けなくちゃならないかって？　できだけの人を、だよ。良い仕事をしている理想のパートナーに出会ったときに、ああ、もう充分なのだとわかるだろう」

カレンは頷きながら、必死にノートにアドバイスを書き留めています。

見た目についてはどうでしょう。

質問8のところでそれについてもう少し詳しく触れますが、カレンにはこう言っておきました。

「簡単に言うよ。緊張したり気が動転したりするような場面で冷静にいられればいられるほど、君は美の種を自分の心に撒き、また美しいルックスのパートナーに出会える」

「誠実な心についてだけれども、これは一番パートナーにおいて重要なことだと言えるね。それには最もな理由があるんだ。

心のきれいな人はいつでも周りの人を助けている。それは、彼らがよいカルマの種を常に彼ら自身の心の中に植えているということになる。

だから良いカルマの種を常に植え続けている人と一緒に暮らすことは、君にとっても素晴らしい刺激になるんだ」

「善良な心を持っている人の中でも最も素晴らしいのは、なぜ善良でいるべきかを理解している人だ。そうでなければ、大変な事態が起きたときにプレッシャーに負けて、その誠実さを見失ってしまうかもしれない。

なぜ思いやりを持たねばいけないのか理解している人々に出会うためには、それを君自身が理解しようとできるだけ努力しなければならないよ」

「もう少し具体的に教えてくれませんか？」とカレン。

「つまり、カルマの種のことをしょっちゅう考えるということ。すべてのことは、人への思いやりを持つことから始まっているということを考えるんだ。

物事はどこから始まっているのか、君が本当に理解できた日に、座っている部屋の壁を支えているのは思いやりなんだということがきっとわかるよ。

木じゃない、鉄でもない、セメントでもない。私たちの行為はすべて巡り巡って戻ってくるのだから、思いやりが世界を動かしていることになるんだよ」

カレンは最後の文章を書き留めて、ノートをぱたんと閉じます。

「これで大丈夫！」と彼女はその言葉を最後に、車のドアを開けてくれ、私を見送ってくれました。

この駐車場での短いやり取りは本当に素敵なハッピーエンドをもたらしました。

カレンはカルマの種の意味を理解し、とても素敵なパートナーを創り上げたのです。

以前の相手より背も高く、もっと優しくて思いやりがあり、愛情深い男性です。私は皆が希望したものを手に入れたとき、本当に嬉しく思います。

誰もが希望どおりのものを手に入れるべきだと私は信じていますから。それは人間のもつ権利みたいなものだと思うのです。

TIME PRESSURE
時間のプレッシャー

質問4
私たち夫婦はとても愛し合っています。でも2人とも、とても忙しいスケジュールで暮らしていて、何日もの間、顔を合わすのはドアを出入りするときだけということもあります。どうしたらもっと多くの時間を一緒に過ごせるのでしょうか。

さて、この時間の問題というのは多くの人にとって大切な問題ですが、本書の始めに持ち出すほどの重要な問題ではないですね。でも種まきのテクニックを説明するためにこの話を例に使いましょう。私たちはこのテクニックのことを「スターバックスの4ステップ」と呼んでいます。このステップは本書の中の100の質問すべてに使わなければならないものです。

さあ、すぐにこの4つのステップについてお話しましょう。

実のところ、この「時間」の質問は私自身が尋ねられたものではありません。友人のヴィエット・デュオング（Viet Duong）が受けた質問です。ヴィエットと妻のエリーシャはハノイとホーチミンを含むベトナムのＤＣＩ（ダイヤモンドカッターインスティテュート）ツアーを指揮していました。

私たち７人はステージ上に弧を描くように座って客席からの質問に答えていたのですが、この質問を受けたとき、ヴィエットはまばたきさえしません。彼はマイクをつかみ、話し始めました。ラッキーなことに通訳者は私の隣に座っていましたので、ヴィエットの話すことはすぐに伝えてもらえます。ベトナム語は世界で最も難解な言語の１つに違いありません。何といっても私はいまだに「こんにちは」さえ覚えられないんですから！

「もしお金が欲しいのなら」ヴィエットは観客に、昔の牧師さんのような調子で問いかけます。

「あなたたちは何をしなければならないですか？」

「誰かがお金を稼げるよう手伝います」

観客は合唱するように応えます。

「では、もし時間が欲しければ？」

ヴィエットは微笑みながら続けて問いかけます。

「何をしたらよいのでしょう？」

皆は口を開けかけますが、すぐに閉じ、誰かが答えてくれないかと周りを見回します。すると、一人の勇敢な若い男性が大きな声で答えました。

「誰かが時間を持てるよう手伝えばいいんですか？」

あなたが望むものを与えなさい

「そのとおり！」ヴィエットは嬉しそうに、いつもの輝くような笑顔で答えます。

「それは誰かにあなたの時間を与えるっていうことなんです」

質問をした女性は少しいやな顔をします。彼女が次に何を言うのか、通訳者がいなかったとしても私にはわかりました。

「でも私、他人に与えられる時間なんてありません。だからこの質問をしていたんです！」

ヴィエットはひるみません。

「お金の場合とまったく同じなのがわかりますか？　私たちは他の人々に正しいテクニックでお金を与えます。そしてそのときまいた種がお金となって私たちに返ってくるのです。それももっと多額のお金となって。私たちに時間がないとき、パートナーと大切な時間を過ごすのに充分な時間がないとき、そういうときこそ私たちは誰かに時間を与えなければなりません」

しかめっ面の女性はまだ納得できないようです。

「いいですか？」とヴィエットはさらに続けます。

「もしあなたがこの問題を新しい方法、ダイヤモンドの知恵方式で解決したいのならば、人生で何を望むにしろ、種をまくことを考えなくてはなりません。さあ、もっと時間を増やすためにどのようにして種をまいたらいいのでしょう？　誰に時間を与えることができますか？」

しかめっ面の女性は、いかにも考え事をしているふうに、天井を眺めていましたが、やがてヴィエットに向きなおります。

「妹を助けられるかもしれません」

「妹さん？　妹さんはどんな助けを必要としているんでしょう？」

「妹には2人の小さい子がいるんです。家族のために掃除をして、料理をして、そのうえフルタイムの仕事をしている。だから、妹はいつもへとへとに疲れていて、いつも時間が足りないようです」

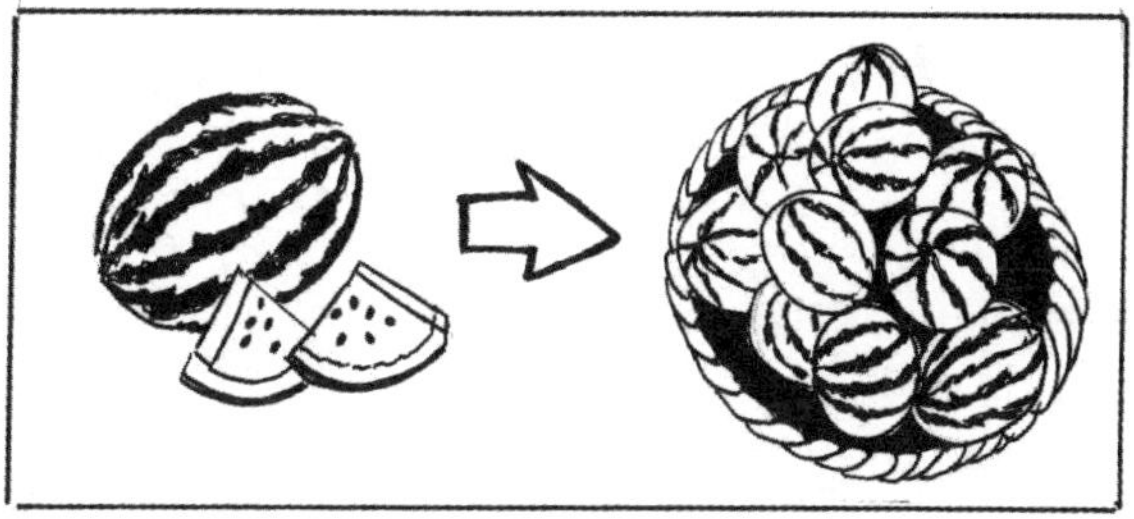

「よし！　彼女にまず時間を与えよう！　例えば妹さんと旦那さんがめったにない夜の外出をする機会をつくるために、子どもたちの面倒を見るんだ！」

とヴィエットは嬉しそうに言います。

しかめっ面の女性はますます不機嫌そうです。

「私は自分の夫と私がどうしたらもっと一緒にいられる時間をつくれるか聞きに来たのに、ちょっとしか時間がない私に、妹の子どもの面倒を見ろと言うんですか？」

「そうです」とヴィエットはにっこりしています。まるで笑顔で彼女のしかめっ面を埋め合わせるかのように。

「たった数時間のことですよ！」

女性はわけがわからなくなった様子でした。

「妹に数時間あげて、私が数時間お返しにもらうというんですか。それにどんな意味があるのかしら？　それじゃ自分のために数時間キープしたらいいんじゃないんですか？」

「あ〜」とヴィエットが声をあげます。「あなたの問題が私にはわかります。いいですか？　種について理解しなくてはならないことが1つあります。あなたが自分の大切な時間を数時間、妹さんに与えれば、その時間は10倍になってあなたに戻ってくるんですよ！」それからヴィエットはちょっと一息おいて天井を仰ぎます。「もしあなたが『テクニック』を使えばね…」

「テクニック？」しかめっ面の女性も実は、ダイヤモンドの知恵の法則について難しい質問を投げかけてくる多くの人たち同様、とても賢く、好奇心旺盛なのがわかります。こういう人はこの新しいシステムを学ぶのに最も適している人たちです。試す前にこのシステムがどう作用するのか正確に知りたいのです。そして彼らは一旦試し始めれば、スーパースターなんです。なぜならもうシステムについての疑問点はすべて解決済みですから。

ヴィエットはよく考えてから続けます。

「いいですか？　立派なスイカの種を手にしていると想像してください。この種はスイカになりますか？」

「ええ、なりますとも、もし植えれば」と興味津々のその女性は答えます。

ヴィエットはステージの床を指さして尋ねます。

「ここに植えたとしてもスイカになりますか？」

「それは無理です。種は育つのに適した場所に植えなくては。やり方をしっかりわかっていなくては駄目です。もしきちんと実らせたいならばたくさんのことを知っておく必要があるでしょう。育てようとする植物にとって、水の量が多すぎないか少なすぎないか、どのくらい日光が必要か、どんな肥料をどのくらいあげればいいのか、といったことをね」

ヴィエットは彼独特の輝くような笑顔で頷きます。

「そうですね。ダイヤモンドの知恵システムではそのことを『テクニック』と呼んでいます。もしあなたが正しい植え方のテクニックを知っていたら、種はたくさんの見事なスイカを実らせるでしょう。そして成長も速いのです。あなたがテクニックを使って数時間、妹さんの子どもたちの世話をすれば、あなたはパートナーと1日中ゆっくりできる時間を手に入れられますよ」

しかめっ面の女性は好奇心いっぱいの女性へとちょっとだけ変化し始めたようです。彼女はノートとペンを取り出して、期待に満ちた表情でヴィエットを見ています。私はヴィエットのことを誇らしく感じ始めていました。世界中をまわってＤＣＩ（ダイヤモンドカッターインスティテュート）講師たちがこうして仕事をしているのを見ると、よくこんな気持ちになるのです。

「さて、このカルマの種の植え方テクニックは、『スターバックスの4ステップ』と呼ばれています」

この女性はその意外な名称に戸惑い気味です。

「まあ、このスターバックスのことについては後でお話しましょう」とヴィエット。

「さあ、まずスターバックスのステップ1です。私たちはこれを短い一文と呼んでいます。あなたが望むものを、一言、短い文章で言ってください」

「パートナーと過ごす時間がもっと欲しい」

「よろしい。次はスターバックスのステップ2です。これはプラン、計画と呼んでいます。このプランには2つの段階があります。まずはどこにあなたの種を植えるかを計画しなければいけません。花か木の種を植えるときに土を選ばなくてはいけないでしょう。カルマの種の場合、自分以外のもう1人の人を必要とします。あなた自身のみで種を植えるのは不可能といってよいでしょう。誰か別の人が必要なのです。ですから、ステップ2の計画の第一段階は、その誰かを選ぶということです」

「誰かあなたと同じものを望んでいる人を選ぶべきです」

「もうそれはさっき言いましたよね。時間をものすごく必要としている人には、私の妹を選びました」

彼女が口をはさみます。

「ええ、そうですね。プランの残り半分は、どこで妹さんを手伝うのか決めることです」

「まあ、それは妹の家でしょうね。2人の小さな怪獣さんたちを私の家に招待してボロボロにされたら堪らないですから」

「もちろんです！　でも私がここで言っているのは、どこで妹さんに、あなたが妹さんに時間をあげるという話をするのか、ということです。ここで、スターバックスが関係してくるわけなんです！　妹さんに電話して、コーヒーを一杯飲む時間がないか、助けて欲しいことがある、と言い、スターバックスに誘います。子どもたちも連れてきていいから、と言って」

しかめっ面の女性は疑わしそうな表情をしています。

「子どもたちねえ。いいけど、あの子たちは長いことじっとはしていられないんです。この間、妹とあの子たちとスターバックスに行って、私と妹がおしゃべりしていたときに、あの子たちはすぐに席を立って売り物のコーヒーバッグをみんな下におろして床の真ん中で積み上げ始めてしまったんですから」

「そうです！」とヴィエットはまるでそれも計画の一部であるかのように言い放ちます。

「これでスターバックスのステップ2はOKです。私たちはプランを立てました。助ける人を選んで、どこで助けるかの場所も決めました。ところで、だから私たちは『スターバックスに行きなさい』と言うんですよ。ただ単に『喫茶店に行きなさい』と言うのではなくて。もし種に早く成長して大きくなってほしいのならば、プランは可能な限り具体的でなくてはいけないんです。

あなたは数時間子どもの世話を見る代わりに、1、2か月の間にパートナーとゆっくり何日間か一緒に過ごす時間がほしい、というように。だから『私は妹を助けることにしたから、そのうち妹にコンタクトをとってそのことを話すわ』という言い方ではなくて、『私は妹を助けます。妹に電話をして今週金曜2時に4番通りのスターバックスで会うようにします』ということを私は聞きたいのです」

「わかりました」しかめっ面だった女性は希望に満ちた女性になって、一心不乱にノートに書いています。これは賢い人々がスターバックスのステップについて聞いたときにとる典型的な行動です。

彼らはこのアプローチにどんな意味があるのか既に察しています。この世のほぼすべてのことを即座に説明できるし、さらにこの方法は自分の問題を解決するだけでなく、周りの人たち皆にとっても得になるというのはしっくりくる考え方だと感じるのです。

「それじゃあステップ3とは？」と女性が尋ねます。

ヴィエットは少しの間渋い顔をし、そしてただ質問し返します。

「君は次のステップは何だと思う？」

彼女は答える準備ができています。

「妹をスターバックスに連れて行く！　そして妹の子どもの世話をすることを話します。それから本当に子どもたちの世話をします」

「大当たり！」とヴィエットは大げさに言い放ちます。

「そうです。誰かを助けることを計画することによってだけでも、いくつかの種を植えることができます。でもその種はあまり強くはないのです。望む結果を得るためにはその計画を実行しなければいけません。それがいわゆるスターバックスのステップ3です。妹さんに電話し、会って、彼女にどうやってあなたが時間を与えてあげられるのかを話し、そして本当にそれを実行すること」

「スターバックスのステップ4については…」ヴィエットはステージを見回し、私にいたずらっ子のような視線を送ります。

「ゲシェ・マイケルが私たちを助けてくれるでしょう！」観客たちは大きな拍手をヴィエットに贈り、静かに座り直して私のほうを見ます。そしてマイクが椅子の列を通り抜けてこちらに回ってきました。

「いいでしょう。スターバックスのステップ4は、」と私は話し始めます。

「それは簡単なこと。コーヒーメディテーションです！」

私は通訳者が、私の最後の言葉を訳し終えるときの観客の様子を伺います。ベトナムは様々な変化を遂げてきていますが、ベトナムの人々は仏教のことになると以前と変わらずとても鋭敏です。彼らはコーヒーメディテーションなどという言葉はかつて聞いたこともありませんし、そんなものがパートナーと過ごす時間を増やしてくれるようには思えないと考えているに違いありません。多くの人は狐につままれたような顔をしています。

私は椅子に腰を下ろします。

「いいですか。私のチベットの先生がどのようにコーヒーメディテーションについて教えてくれたかお話しましょう」

「その先生はとても厳しいラマ僧でした。この方は古代チベットの修業をすべて終了した最後のラマ大僧のうちの1人です。この先生の時代にはチベットは他の世界とは一切切り離されていました。先生は自動車を見たことがないどころか、自転車にも乗ったことはありませんでした。何せ僧院から一番近い町とは1マイルちょっと離れていて、もし何かが必要ならば1日の内の大部分の時間を使って徒歩で往復していたんです」

「あるとき先生は国から逃げ出さなくてはならなくなり、インドの難民キャンプで何年か暮らします。そして最終的にはアメリカに行きました。アメリカでは彼に助けを求める人々に、無料で何年間も教えを授けました。でも、彼はリラックスする方法もちゃんと知っていました。リラックスすることは私たち皆にとって大事なスキルです」

「私の師はテレビにそれを見出し、野球にはまったのです。そして、なぜかしら先生は、野球史の中でも最悪の記録を持つチーム、ニューヨークメッツのファンになったのです。ベトナムの皆さんにお話しても仕方ないかもしれませんが、この先生が一心不乱にマントラを唱えて奇跡を起こし、1986年、対アストロスのチャンピオンシップシリーズ5回戦でダリル・ストロベリーが打ったライナーを引き上げて、フェンスを越えたホームランにさせたんです」

「私はニューヨークのオフィスで12時間も働いた後、2時間も地下鉄やバスを乗り継いで僧院に戻ってきます。そして、先生が2階で野球の試合を見ているのが聞こえてくるわけです。私はテレビや野球に特に興味はないのですが、皆さんも多分ご存知のように、くたくたになって家に帰ってきたときに、テレビの前に座って、頭をからっぽにするのってなぜか落ち着きますよね。どうでしょう？」

多くの人々が微笑み、うなづきます。ベトナムは本当に笑顔があふれる国です。

「私はくたくたになった重い足取りで玄関を開け、コートを脱いでブリーフケースを投げ出すと、聞こえてくるのは、先生がテレビの野球の試合を見て喜んでる声。私も先生と一緒にテレビを見たいけれど、一体どうやって2階に上がっていくきっかけをつくろうか考えました。だって普通は若い僧侶はテレビを見てよいとはされていないんですから」

「でも、そこで私は昔、先生の部屋に入る言い訳に使っていた、いいアイデアを思い出したんです。チベット人はバターティーを飲むのが大好きなんです。1日に15～20杯飲む人もいるくらいに。だから、修業中の生徒が先生の部屋にお茶をつくって持って行ってあげるのはとても自然なことなんです」

「私はお鍋に水を入れて湯を沸かし、黒い中国茶の固まりの角を砕いて入れ、塩とクリーム、バターとミルクを足します。お茶とバターを混ぜ合わせるために50回くらい、おたまですくっては落としを繰り返します。あるいは古代チベットで使われていたお茶泡だて器にすべてを入れて混ぜ合わせてもいいのですが、そうやって混ぜてつくったお茶をカップに注ぎます。

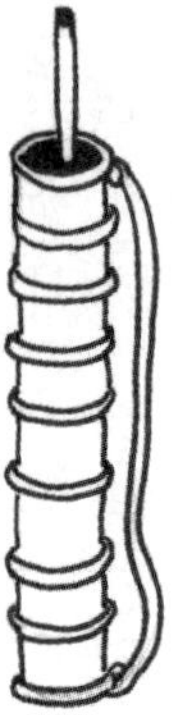

それから急いで2階にかけ上り、ドアをノック。私のお気に入りのメッツの解説者であるティム・マッカーシーの心地よい声が、ドアからもれ聞こえてきました」

ノックの音が聞こえると、先生は「ショ！」と大声で答えました。これは「こっちに入ってこい！」みたいな意味です。私は中に入り、伝統的なマナーに従って、ひざまずいて先生の椅子の前にある小さなテーブルの上にお茶を置きました。

先生が試合に本当に集中しているかどうか確認しようとちらっと見てみます。先生は集中していました。マントラを唱える右手の数珠は、まるで洗濯機が高速で回っているかのような勢いでぐるぐると回っています。私は姿勢を低くしたまま静かに先生の椅子のそばに動き、少し後ろにずれました。そして先生から見えないように床に座ります。時々先生は30分かそれ以上も私に気づきませんでした。

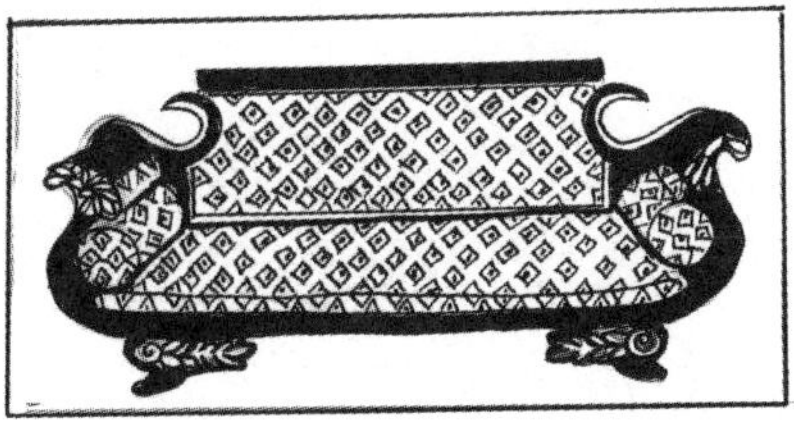

あるいは、気づかないふりをしていました。

でも今夜、先生はいつものかすれた低い声で、いきなり「今日メディテーションをしたか？」ときいてきたのです。

「あの、いいえ、先生。私は今朝5時半に起きて大急ぎでシャワーを浴び、バスに遅れないよう走っていかなきゃならなかったので。そして、いまの今、家に帰ってくるまでの間、本当に時間がなかったのです」

「メディテーションしなければいけない」

先生は野球の試合から目を離すことなく、うなるように言いました。

「いまですか？」私はいやいやながらききました。

「いましなさい」

私は自分の小さい部屋に行くつもりで、階段を降りていくため立ち上がろうとしました。すると先生は私の手をつかみ、先生の金色のソファのほうに手を振ります。「あそこで」と先生はまたうなるようにそう言い、テレビの画面が私で遮られないように私を押します。

この金色のソファについては、皆さんに知っていていただきたい点がいくつかあるのですが。このソファは、大金持ちのスポンサーから先生に贈られたものでした。手づくりでできていて何年もかけて仕上げられたもののように見えます。腕を載せる部分やソファの足の木の部分は黒く磨き上げられ、ソファに使われている布は薄い黄色のシルクのような素材で金糸が織り込まれています。

このソファは、先生の部屋のこの場所にもう何年も置いてあるものですが、誰もいままで座ったことはないのです。先生でさえも。一度だけ、ダライ・ラマが私たちの寺院に数時間の訪問をされたときに、このソファに座られたことがありますが。

時折先生はわざと間違ったことを言って、私たちが本当にその指示通りに動いてしまうほど愚かであるかを試すことがあります。もし間違った指示に従ってしまったら、大声で怒鳴られるか、あるいはもし本当にそれが大きな間違いであれば、僧院では『数珠のお仕置き』を与えられるのです。

仏教徒はお祈りのときだけ数珠を使うと思いますか？　私たちの僧院の周りを歩いてごらんなさい。『むちを惜しめば子どもを損なう』ということわざのチベット版が聞こえてきますよ。ひゅーひゅーという数珠を振り回す音が聞こえたあとに、若い僧侶がおでこをこすりながら、しょんぼりと玄関から出てくるでしょう。先生は、もし若い僧侶が本当に悪いことをしたら、数珠でおでこを数回打つのです。それはおでこに赤いぽちぽちした跡を残しますから、友達はそれを見て数時間からかうのです。

「ははは！。こいつは数珠のお仕置きされてきた！」ってね。

私は何かを掻いているかのように、軽く手を頭にそえながら「先生、大丈夫です。私は自分の部屋で瞑想してきます」と答えます。

「このソファに座りなさい」と先生はまたうなるように言いました。もうこうなったら座るしかありません。もし先生に同じことを三度言わせたら、どのみち数珠のお仕置きを食らうんですから。

私はソファに座って、先生が野球の試合の特に大事な部分に集中している間待ちました。すると「ソファに横になりなさい！」と言うのです。

これは大変なことになってしまいました。アジアでは足を向ける向きについて言い伝えのようなものがあります。アジアの多くの国では足を何に対しても向けるべきではないのです。以前にバンコクに行きエメラルド仏陀の寺院を訪ねたときのことを覚えていますが、そこでは、どこにもここにも「仏陀に足を向けないでください」と忠告する紙が貼られていました。

このソファに横になるということは私の足が先生の部屋の何かに向いてしまう、ということになります。これも立派な数珠のお仕置きをもらう理由になってしまいます。

「先生、私は練習を重ねてきて、もう蓮華座が完全にできますから」

「横になりなさい！」とまた言うので、私はそれに従い横になります。

先生は呼び鈴を鳴らすと、お手伝いをする若いチベット僧が2階に上がってきました。

「マイケルにコーヒーを持ってきなさい」と先生は言いつけ、コーヒーは間もなく運ばれてきました。

「コーヒーを飲みなさい」

私の手は震えていました。ソファに横たわってコーヒーを飲もうとして、

もし一滴でもこの金色のソファにコーヒーをこぼしてしまったら、数珠のお仕置きどころでは済まないことがわかっていたからです。

「さあ、メディテーションをしなさい」

私は座り直そうとしましたが、先生は頭を横に振って、目はテレビを見たままで、「横になりなさい。横になってメディテーションしなさい」と言うのです。

こんなことは聞いたことがありませんでした。先生はいつも背筋をぴんと伸ばして瞑想しなくてはいけないと私たちに言っていたのですから。

「何についてメディテーションしましょう？」横たわり、頭の下に腕を組んで天井を見上げながら質問しつつ、これは中々いいな、とても心地よく落ち着いた気持ちになれる、と思います。

「スターバックス」と先生が言いました。

「スターバックスのことを考えなさい。今日は誰をスターバックスに連れていったか？」私は先生の意味するところがわかりました。今日私は誰をコーヒーか紅茶を飲みに誘ったか？ということ(フルーツスムージーでも、もちろんいいんですが)。今日、誰の相談を受けたのか？

誰を助けようとしたのか？

スターバックスの最初の3ステップだけでも、たくさんのカルマの種をまくことはできます。人生において何をしたいのか決心するだけでも種はまくことができます。誰かを助けようとすればもっと種をまけます。そして実際助けてあげれば種はもっともっとたくさんまかれたことになります。でも、一番大切なのはこの最後のステップであるコーヒーメディテーションなのです。

夜、ベッドの背もたれに身体をあずけながら今日したこと、誰かを助けたことを考えることは一番強力な種のまき方になるのです。

私が巨万の富を手にした会社設立の手助けをしたときの秘密兵器は、このコーヒーメディテーションだったのです。それだけです。簡単すぎるように思えるでしょう。何か大きなものを手に入れるためにはその分多くの苦労をしなければいけないと私たちは考えがちですが、実際はその逆です。

多分、最もパワフルなカルマの種は、リラックスして、他の人にちょっとした良いことをしてあげたことについて満足しているときにまかれるものなのでしょう。自尊心というようなものではなくて、私たちが何かしてあげられることを喜ぶということ。

完全に善な人など誰もいません。でも完全に悪の人間という人もいないでしょう。私たちは夜眠るときに、人生の問題点について考えるか、あるいは明るい部分に目を向けるか、の選択をすることができます。疲れているときには問題を過大視しがちになります。

このメディテーションという言葉の意味は、こうした普段の思考の流れをマインドに働きかけて変えていくということです。つまり、この場合であれば、人生の問題点を心配することから、何か良いことを考えるように思考を導いていくということ。今日誰を助けただろう？　っていうように。

これがメディテーション、瞑想のゴールです。マインドの思考が流れていく方向をコントロールし、導くこと。

さて、それでは仕事から戻り、夕食をつくりますね。食事がすんだらお皿を洗って、テレビをちょこっと見たり、まあ、どうしてもしなくてはいけないのであればメールやフェイスブックをチェックしたりします。それからお風呂に入ってパジャマに着替えます。ベッドに腰掛けるか、あるいは枕かクッションの上に半分横たわって手でちょっと顎を持ち上げるようにして天井を見つめるのです。高校時代にボーイフレンドかガールフレンドと次のデートではどこへ行こうか考えていたときの、夢見るような表情をしてください。こんなことを言うとおかしく感じられるかもしれませんが、白昼夢というのは本当のメディテーションにとても近いものなのです。

マインドの奥底まで到達するのには足を組んだ蓮華座で瞑想しなければならない、などとは思わないでください。そして、コーヒーメディテーションをしてください。スターバックスの4ステップの最終段階であり、心の種を耕す本当のテクニックはここにあります。4つのステップに従って種をまいてください。あなたの人生に起きてほしかったことが素早く力強く実現します。本書を読み終わるまで、そして残りの人生ずっと、そのことをどうぞ忘れず覚えていてください。

スターバックス4つのステップ

①　自分が人生において望むものは何かを短い一文で述べる。

②　自分と同じものを望んでいる誰を助けるのかを決め、どこのスターバックスにその人を連れて行ってそのことを話すか計画する。

③　その人を助けるために何かを実行する。

④　コーヒーメディテーションをする。寝る前に、誰かを助けるためにした良いことについて考える。

COMMITMENT
コミットメント

質問5
私はデートの相手を見つけるのに困ったことはないのですが、どの相手も長続きする関係へ進むのをためらうのです。真面目な恋愛のできる、責任ある交際相手を見つけるのにはどんな種をまいたらよいのでしょうか。

講演後の人の混雑の中を通り抜けながら、私は大声で叫ぶようにして沢山の人にアドバイスを与えていることが多いようです。この質問が上がったのはパリでした。香港や中東、ドイツなど、世界中から集まってきた実業家の人たちとのディナーミーティングを終えた後のことです。

キャシーは、何か大切な使命をもった人特有の断固とした様子で私のほうに歩み寄ってきます。私はアメリカで前年に行われた講演に彼女が来ていたことを覚えていたので、そのときのフォローアップのために地球の裏側まで旅してくるなんて、一体どれほど差し迫った質問があるのかと不思議に思いました。

彼女はかなりの期間、全くの独り身でしたので、どんな彼でもいいから、とにかく恋人を欲しがっていました。そこで私は、アンの老人ホーム訪問のエピソードを話したのです。彼女は決意の固い人に見えましたから、きっと実行するだろうと思えました。

「ゲシェラ、あのね、あの方法は本当に効果があったわよ！　効きすぎたくらいだわ！　恋人１人りが見つかったどころじゃなくて、たっくさんの男の人たちから誘われたわ！　かわいい人、セクシーな人！（彼女は言いながら顔を赤らめます）」

私はこの言葉に少し驚き、眉を上げて尋ねます。

「キャシー、私にはよくわからないな。じゃあ、何が問題なんだい？」

「たくさん言い寄ってくるのよ。でも誰も本気で私と付き合う気はないの。２、３回デートするでしょ。そのあとちょっと今後の付き合いについて私が話そうものなら、彼らは皆落ち着かない様子になって、尻込みしてしまうの。彼らのうちの誰かを、もっと真剣な長い交際をしたい気持ちにさせるためには、私はどんな種をまいたらいいのかしら？」

いつものように、望むものの本質について考える必要があります。コミットメントということについて考える必要があるのです。コミットメントの本質は何なのでしょう？　マイトレーヤ（弥勒）に尋ねてみましょう。

私たちは皆、仏陀が大昔（正確には約２５００年前になりますが）インドにいたことを知っています。しかし仏陀は、この世に今後現われてくるであろうと言われる多くの仏の中の１人である、ということはあまり多くの人に知られていないでしょう。チベットの言い伝えによると、この世に生まれてくる次の仏陀はマイトレーヤ（弥勒）という名の人であるといいます。そして、そのマイトレーヤは生まれる予定のずっと前、16世紀以前に、ある賢人を通してメッセージを聖典の形で残したといわれています。

これらの教えの1つに、チベット人がフラクサム・ナムダック（*hlaksam namdak*）と呼ぶ記述があります。それは物事の全責任を取る、という意味です。これは米国のトルーマン元大統領がモットーとしていた「責任は私が取る」というフレーズをより大きなレベルに当てはめた言い回しとでもいえるでしょう。

周囲の人たちが、困った問題に陥らず、欲しいものをちゃんと手に入れているかどうかの責任を担うということ。

たとえ自分のことは誰も助けてくれないとわかっていたとしても、他の人たちに関して責任を持つということです。1日中、どんな場面であってもです。

暗闇の中でまばたくガス灯や、川岸に立つ古く美しい牧師館などを通り過ぎながら、キャシーに話しかけます。「キャシー、これまでとは異なる考え方をしないと駄目なんだよ。他の人たちが必要としているものに責任を持つっていうこと。君の周りのたくさんの人たちに対して『必要なものは私が手に入れてあげるわよ』と言うかのようにね。そうすればカルマの種をまくことになり、君は真剣に長く交際したいという若い男性に巡り合えるよ」

さて、他の人たちの世話をするというのは口では簡単に言えますが、ここでちょっと助けが必要です。まず初めに、他人を助けることに長い間コミットするというのは簡単なことではありません。他の人たちを助けるのは良いことだとわかっているけれど（多くの人から何度も指摘されたように）、自分のやるべきことを何とかこなすので精一杯な人がほとんどでしょう。請求書の支払い、家やアパートの掃除、仕事に行く前に洗濯を終わらせたりとか。

周りの人たちの必要なものに対して責任をしょわない限り、コミットメントの覚悟のある恋人はできないというのは本当かもしれない。でも自分のことだけで既に大変すぎるのに、一体どうやって他の人の面倒が見られるんでしょう？

この質問に対する答えは本当に驚くべきものです。他の人たちの面倒を見ることと自分の面倒を見ることがつながっている場所があるのです。この2つのことが同じことである、という場所があるのです。

考えてみてください。ペンについての考察がありましたよね。それによってすべての物事に対する考え方が変わってくるでしょう。犬のおもちゃではなく、ペンをペンとして見たいと思うなら、初めに他の人にペンを与えなければならない。もし交友相手を望むのならば、まず他の人に交友相手を見つけてあげなければならない、ということです。

キャシーと私はセーヌ川を見渡せる左岸の上の素敵な場所で立ち止まり、川べりの小道をそぞろ歩く人たちを眺めながら話を続けます

「想像してみてごらん。例えば、私は大好物のメープルシロップがかかったドーナッツを欲しがっているとしよう。ドーナッツ屋さんに行ってお金を払って買うことでドーナッツを手に入れることができるように見えるかもしれない。そのドーナッツは、店の後ろ側で小麦粉とミルクと砂糖を使ってつ

くられているように見えるかもしれない。でも、そのこと自体がドーナッツがつくられる元々の種ではないことはもうわかっているよね。お金を持ってお店に行くことはできるけれど、ドーナッツは売り切れているかもしれないし、そうじゃなくて、お金など払わなくても友達が君にドーナッツをくれるかもしれないでしょう。

ドーナッツを手に入れるための種はペンの話と同じように、過去にドーナッツのようなものを誰かにあげた、ということから生まれてきたんだよ。つまり、もし私がドーナッツを欲しいのなら先に誰かにドーナッツをあげる必要があるということ。それは自分の口にドーナッツが運ばれてくるのを見る前に、他の人の口にドーナッツが運ばれてくるように仕向けなきゃならない、ということさ。もし君の口にドーナッツをほうり込めなきゃ、自分の口にも入らないっていうことだよ」

「君がドーナッツを自分の口に入れたからといって、その瞬間私の口にドーナッツが入るっていうわけじゃないのだから、私たちは皆、『自分の口』と『あなたの口』は違うものだと当たり前のように思ってきているよね。でも物事が起こっている本当の仕組みはもうわかったよね。

ドーナッツを他の口に入れることは、ドーナッツを自分の口に入れることと同じだってこと。見た目には君の口は私の口と違って見えるけれど機能としてはどちらの口も一緒なんだ。だから2つの口を区別することには意味がないということさ。君の口は私の口。だって君の口にドーナッツが入らない限り私の口にもドーナッツは入らないからね」

あなたの口は私の口

「2人の関係にコミットメントしてもらうという話にこれがどう関わってくるかというと、君がしっかりと物事の状況を把握していれば、必要なカルマの種をまくのがとても楽にできるのだ、ということ。パートナーに本気の覚悟をさせるには、君が周りの人々に対して、1日中責任を持って行動することがカルマの種まきになる。もし誰かが急いでいて駐車スペースを探していたら、それを手助けしてあげるんだ。もし誰かがピザを食べるときに、ピザの上にオリーブが乗っていなかったとがっかりしていたなら、席を立ってオリーブを取ってきてあげるのさ。高速道路でトラックから落ちてしまったらしい箱を見たら、携帯で警察に電話して、道に障害物があることをすぐ伝えるのも君だ。

彼に君との交際にコミットメントしてほしいのならば、君自身が他の人に対して責任を持ちましょう。君はカルマの種の話をもう理解しているのだから、皆の要望に責任を持つのは簡単なことさ。他の人の面倒を見るというのは、実は自分の面倒を見ていることと同じだからね。他人の面倒を見ずして自分の面倒は見られないんだ。なぜなら君は他の人とつながっているからね」

キャシーは私の話したことすべてを飲み込むのにしばらく時間が必要なようでした。時間がかかるのはわかっていましたので、私は静かにしています(黙っているのは私にとって時々苦痛なんですが)。しばらくして私はキャシーの目を見て、彼女が話を理解したと察しました。そして一番大切な質問をいまにもしようとしているのが私にはわかりました。

「わかったわ、ゲシェラ。話は理解したけれど、あの、具体的には一体何をすればいいのかしら?」

「よし。それでは具体策に移ろう。することを特定しないと効果が出ないからね。1、2週間の間、君が食事を一緒にする人すべてが幸せであることに責任を持って取り組むんだ。一緒のテーブルにつく人全員が望むとおりのものを得られるようにし、もし何か問題があればちゃんとすぐに解決してあげること。皆に対する責任感を持ち、実はそれは自分にとっての責任も果たしているんだという考え方に慣れ親しみましょう。夕食時にそんなふうに皆の世話をする責任を果たすのを習慣にしてみなさい。そうしたら彼がもっと責任感をもって2人の関係にコミットメントしてくれるようになるだろうから。

そして、そうです、キャシーの交際はいま、私が知る中でも最も素晴らしい関係のうちの1つでしょう。もうすでに数年が経っていますが、キャシーの交際相手は静かに、誠実に彼女に尽くしています。キャシーが望んでいた日々の細やかなやさしさと思いやりにあふれた交際をしています。キャシーは同じカルマの種をまき続けたので、彼は同様に献身的に彼女に応えているのです。

質問6

私のパートナーは昔の恋人たちからいつもメールをやり取りしていて、そのうちの何人かとはちょっと親しすぎるように思えます。

私に対してもっと誠実であってほしいのですが、どんなカルマの種をまけばいいのでしょうか。

ある晩のこと、数年前から知っているカールという名の若い男性から、こんな質問を受けました。アリゾナ州南東部の静かな一角にある大学、教員ハウスの暖炉の前に並んで座りくつろいでいたときのことです。私は驚くとともに悲しい気持ちになりました。（よくあることではありますが）カールとジョアナの関係はうまくいっていると思っていたのです。

「君がどうしてそう感じているのかはよくわかるよ。誠実さのカルマはどんな恋愛関係においても一番基本的なものだ。まずは本当の恋愛関係であることが前提にあるはずだよね。君たち2人の間には君たちだけにしかない絆があるということ。でなければ、交際についてアドバイスはいらないよね」

カールは私の言葉に同意するように大きく頷きます。

私も頷き返しながら言葉を続けます。

「いいね。パートナーが誠実であり続ける、とても簡単で効果的な方法がチベットの伝統にはあるんだよ。パートナーがいま現在どんなことをしていようと、君自身は誠実であり続けなければならないということ。

「パートナーのいまの状態は、君が過去のどの時点かに、ネガティブなカルマの種をまいてしまった結果だ。これらネガティブな種をすべて取り去るためには、君自身が最高に誠実でなければならない。意識を高く持ち、一方的でに誠実さを保つことだ」

カールは混乱しているようでした。

「一方的に誠実であれ、とはどういう意味なんでしょう？」

「ここがダイヤモンドの知恵方式のすごくおもしろいところなんだよ。もしパートナーが昔の恋人からのメールをもらって、そのことで悩んでいるならば、普通はパートナーと話す必要があると思うよね。その相手との付き合いはどのくらい真剣なものなのか、そしてどんなにこの件で自分が悩んでいるかについて」

「そうです。実は今夜ジョアナにそのことを話すつもりでした」とカールは頷いて答えます。

「ちょっと待って。ジョアンナに話すことでこの問題が解決するかもしれないし、あるいは解決しないかもしれないということは君も私もわかっているよね。こういう、成功するかしないかわからないことに対して疑問を持ってほしいんだよ。結果がどうなるのか予想できないことは、結局は失敗だ。毎回効果がある方法を見つけるべきだよ」

いつでも成功する方法を見つけましょう

「この方法の素晴らしいところは、問題点をパートナーとまったく話し合わなくていいということだね。だってパートナーと話し合うことは問題解決に必ず結びつくものじゃないからね。夜中まで続く終わりのない話し合いとは、もうさよならだ。それは間違ってまかれたカルマの種を修正してくれないからね」

カルマの種を修正するために何かをしなければならない。そのためにパートナーの助けは必要ないよ。だって種は君の内側にあって、元々それを植えたのは君なんだから。この疑わしいメールのやりとりを、完全な誠実さの種に変えなきゃならない。その種はパートナーと元の恋人の中にではなく、私たちの中で育てなければならないんだ。そうすることで、ジョアナを巻き込むことなしに、ジョアナの行為を変えることができるのさ。どうかい、わかるかい？」

カールは頭の中でいまの言葉を反芻しているように頷きます。

「さあ、それじゃあチベットの教えに基づいて、君がしなければならないことを教えてあげよう。

1日中、誰と一緒のときでも、どこにいようと、このことを覚えていてほしいんだ。もしジョアナがすぐ近くにいて、君を観察し、聞き耳を立てていて、君の心の中まで探ろうとしていたとしたら、絶対にしないようなことを言ったり、したり、考えたりしないということ」

例えば、職場で女性が近づいてきたとき。あるいは食料品店で女性が君のそばを通って、意味ありげな表情で君を見たとき。君はそんなときに決して同じように見つめ返したりしてはいけない。もしジョアナが横にいて君の視線を注意深く追っているときにとる態度で、1人のときにも完ぺきに誠実でいるんだ」

カールは頷きましたが、少しためらいがちです。私には彼の心の中に浮かんだ問題がわかりました。残りの人生すべてを精神的には刑務所に入ったかのような生活を強いられるのかと考えているのです。

「大丈夫。もしこんなふうに誠実さを保って生活していると、重荷に感じたり、コントロールされているとか、制約されているとか感じるどころか、ものすごく幸せで新鮮な気持ちを感じるようになるでしょう。君の周りの女性たちは、女性を敬い、品位をもって接してくれる男性がいるということをとても喜ぶと思うよ。出会う男性たちも、君を信頼し、君と一緒にいることを心地よく感じるようになる。君が彼らとの人間関係を尊んでいると心の深いところで理解するからね。

そしてもちろん、それは女性の視点から見ても全く同じこと。君は周りの人からの完全なる信頼、という種を深く植えたことになる。君が自分でも気が付かないうちに、ジョアナは突然変わり、君からだけ連絡が欲しいと思うようになるよ」

カールは言われたとおりに種をまきました。予想したどおり、というより結果はある意味、予想外の展開を見せます。ジョアナはメールのやりとりに興味をなくし、代わりにフェイスブックに熱心になり、写真をアップしたり友達にニュースを書いたりするようになったのです。

カールはただ読むことができるだけでなく、1日に数回、カール自身もジョアナのフェイスブックに参加しています。カールは神経質な傍観者ではなくなり、ジョアンナのメッセージのパートナーとなったのでした。

質問7

僕のパートナーは結婚したがっています。でも、そのような一生涯にわたるコミットメントをしたいのか決心がつきません。どうしたらよいでしょうか。

私はある夜、ハーブという名の古い友人からこんな質問を受けました。短期間のリトリートを一緒に受けるためにハーブと恋人のアイリーンがやって来たアリゾナ州のひなびた田舎ファームハウスの前、泥道で立ち話をしていたときのことです。

私は2人のことが大好きなので、2人が永遠に結ばれることを望んでいました。でも私は、人の決意を固める手助けをしないという個人的なルールを持っています。よいアイデアだけを与えて、あとはそれぞれ自分の頭でそのアイデアをかみ砕いて、決心をするときにそれを適用してもらったほうがよいと思っています。自分で種をまかせるのです。そこにはハッピーエンディングが待ち受けていますし、私はそうした結果を見るのがうれしいのです。

「ハーブ、いいかい。こういう決心をする機会は人生にたくさんはない。大事な人と、残りの人生を本当に一緒に過ごしたいのかどうか、という決心。私たちは皆、人生には勇気をもってジャンプするときがあるっていうことを知っているよね。ジャンプしないことが人生最大の過ちになってしまってはいけない。それに君がジャンプしようかどうしようか悩んでいてアイリーンに待ちぼうけを食わせている間に、君たちの恋愛のマジックは永久にだめになってしまうかもしれない」

「だからといって反対に、注意深くしっかりと考えもせずに大事な約束をしたくもないよね。結婚のような誓約を後で破ることは、とても深刻な、良くないカルマなんだよ。それは私たちが生涯二度と、真剣に自分に向き合ってコミットしてくれる相手を見つけられない可能性をも意味しているからね」

ハーブは思慮深い男ですから、私の言うことを理解したようです。ハーブは頷いて、水平線、砂漠のような深い暗闇をしばらくじっと黙って見つめます。そして「そのとおりだ」と納得した様子で言い、「で、手短かに言うと、僕はこれからどうすればいいんだろう?」と尋ねます。

仏僧というのは本当に誓願を大切にするものです。仏僧はたくさん誓いますが、その誓いを捧げる前にその誓願は何を意味するのかをよく検討します。それから、どうしたらその誓願を生涯守れるか、たくさん修業するのです。私自身、少なくとも518個の誓願を守っています

まず初めに仏門に入ったときの22個の基本誓願

あと253個は仏僧になったとき

もう１２０個は他の人々の面倒を見出してから
そのあとの１２３個はラマ僧に特別に許された誓願。

師であるラマ僧が誓いを立てることについて最初におっしゃったのは、よく守られてきた誓願というのは、とてもとてもパワフルなカルマの種であるということだったと思います。この話が出たのは肉を食べるのをやめる誓いをたてるべきかどうかを話していたときのことです。

初めて僧院を訪ねた日の夜、私はとてもおかしな夢を見ました。私は田舎の農場にいました。そして、そこには屠殺されて肉にされてしまうのを待つ牛がいたんです。

牛の首はきつくロープで縛られ、ロープの反対側の端は土に埋められた厚い木のくぎに結び付けられています。まだ誰も牛の喉を切りには来ていませんでしたが、なぜか牛はこれから何が起こるのかわかっていました。牛は大きな鳴き声で叫んでいました。鳴き声は牛のものではなく人間の叫び声でした。夢の中でさえ、とても気味が悪く、首の後ろの髪の毛が逆立ったくらいです。

私はそこで僧院の暗闇の中、床に寝ている僧たちに囲まれ、目覚めました。この夢を忘れることはなく、肉を一口食べるたびに自分自身に問いかけました。もし食事の前に自分の手で動物を殺さなくてはならないとしても、まだ自分は肉を食べるのだろうか、と。そして私は肉を食べるのをやめたのです。

私の師は、もし私が肉を食べないのなら、肉を食べないという誓願をするべきだと言いました。誓願すれば、ただ肉を食べないと決めているより、カルマの種はとても強くなると言うのです。

ところで、この肉を食べないという誓願によって植えられるカルマの種は、あなたの命を守り、強くしてくれるものだと言えるでしょう。実際私は肉を食べないと誓いを立ててから30年もの間、ほぼいつも、素晴らしい健康に恵まれています。

ペンがそれ自体ペンであるわけではないように、身体の強さはタンパク質自体に秘められているわけではありません。周りの命を守ることにより、タンパク質に強さを意味づけしているのは私たちです。肉になぜあんなにたくさんのコレステロールが含まれているのか、そしてコレステロールはなぜこれほど多くの人々を死に至らせるのか、それには理由があります。

ですから、もしあなたとあなたのパートナーが生涯一緒にいるつもりならば、結婚の正式な誓いを立てることは、これから過ごす何十年かをもっと力強く喜びに満ちた関係にしてくれるでしょう。

このような誓願をするときは、（結婚のような重大な誓いの場合は特に）まず初めに私たちは何を約束するのかしっかりと理解していなければならない、とラマ僧たちは言います。

結婚を誓うかどうか決める前に、まずパートナーと一緒に、この結婚の誓いは正確には何を意味するのかを決めるのです。この誓いは「死が2人を分つまで」なのか？「健康なときも病めるときも」2人はずっと一緒にいるつもりなのか？　排他的なコミットメントなのか？　それとも後々何らかの例外が認められるのか？　数えきれないほど多くの夫婦が、振り返ってみると、まず初めに結婚の約束が意味することに対して異なる考えを持っていたことから、破たんしています。2人で同意することのリストを書面に書いておけば、先ざき役に立つことでしょう。

誓いを守ることはチベットでは芸術の一種の形だと考えられています。まず誓願の詳細を理解することから始めますが、守り続けるにはたくさんの助けやサポートが必要です。チベット僧は、彼らの人生の中で一番近い存在である1人のラマ僧に対して誓約を交わします。

自分の過去をよく知っていて、長所や短所をわかってくれているラマ僧、毎日の暮らしを通して指導してくれ、特に、誓願を守るのが難しくなる問題が持ち上がったときにも常に側で支えてくれるラマ僧に誓いを立てるのです。

伝統的に、誓いは親しい間柄にある人の前で立てるのがよいとされています。それは単純に、よく知った人に自分が誓いを守らなかったことを知られるのが恥ずかしいからということもありますし、誓いを宣言した相手を傷つきがっかりさせることになるからです。

ですから、電話帳に載っている牧師や聖職者なら誰でもよいわけではないのです。誰か、お互い長く続く人間関係を築くことができ、大変なときに助けを求められる人を探すとよいでしょう。誓いを立てることになった、その初めからいた人。時間をたっぷりとって誠実で知恵のある人を注意深く選んでください。また、その誓いをあなたと同じように尊ぶ姿勢のある友人や親せきであれば、誓いを守るのは楽になります。仏僧にとって、それはとても大切なことです。

2000年以上もの間、似た価値観を持つ友人の中で暮らすようすすめられてきたのです。そして月に二度は、誓願を守るために直面している問題などを個人的に相談するよう教えられてきました。

これはカレンダーや時計が発明されるずっと前から行われてきたことです。ですから、夜に外に出て満月を見たら、あるいは真っ暗であれば、ああ、今日は誓いについての話し合いの日だった、と思い出すわけです。もし結婚を考えているのだとしたら、結婚の誓いを尊重している友人のサポートを求めてください。大変な問題が起きたときにもいつでも話すことのできる友人を。

でも、決心をするために一番助けになると私が思うのは、チベットでペンユン・サンパ（Penyun sampa）と呼ばれるものでしょう。

「ハーブ。アイリーンと結婚の約束をする前に、自分の心をよく見て、なぜこの誓いを立てようとしているのか自分自身に尋ねてほしいんだ。その誓いが君とアイリーンにとってどんな意味を持つのか、周りの人たちに何をもたらすのか、ということを考えてごらん」

「僧院でやっていることを、君も試してもいいかもしれないね。私たち僧侶は本番の僧侶の誓いを立てる前に、『赤ん坊』の誓いをさせられるんだ」

何か真剣な質問をしようとするときにいつもするように、ハーブは顔全体をギューっとしわくちゃにした顔で私に尋ねます。

「赤ん坊の誓いって何だい？」「初めて僧院に入ると、2か月間基本的な誓願を守れるか、年上の僧侶が新米を試すんだ。それが大丈夫だと感じられれば、私たちは本物の誓いを立てることを許されるというわけ。このお試し期間中は、毎日自分たちだけで静かに座ってなぜこの誓いを守りたいのか心の中でリストをつくるんだ。もし真の誓いをすべて守ったら起こるであろう、良いことをすべて思い描くのです」

「実を言うとね、僕の師であるラマ僧は、現代に生きる西洋人である僕が、一体どうやって何百もの古代の誓約を守れるのか確信がなかった。だから正式な僧侶の誓いを立てさせてくれるまで、赤ん坊の誓いを守る期間を僕は8年も与えられたんだ」

「だから、君も時間をかけていい。落ち着いて座って、君が結婚することで、君たち自身や周りの人々にもたらされるだろう素晴らしいことのリストをつくるんだ。結婚の誓いの内容を決めて、その約束事を守る準備が整うまで待っていい」

ハーブはいつもの考え深い表情でうなづき、まだ何かあるか問う様子で見上げます。

「そして、これを忘れないでいてほしいんだけど（ここが一番大事なところ）、今ここで話したことは、ただのアドバイスにすぎないんだ。カルマの種には自分で働きかけないと駄目だよ。いつも通り、それが一番重要なこと」

「君が頭で考え続けたって、君たちが結婚すべきか否かの問題は結論を出すことはできない。大事なのは、どうやって正しい決断をするために必要な種まきをするか、ということだ」

「君に必要なのは、決断、明白で簡単に下せるよい決断だよ。もうわかっているよね。明白で正しい決断をするためには、周囲を見回して友人や家族、同僚の中に難しい決断に迫られている人を探すのさ」

「そして一緒に座って話す機会をつくり、直面している問題について話し合う、充実した時間をもつということ。こうして種をまけば、君自身の決断は自然とはっきりとしてくるでしょう、他には何にもしなくてもね。アイリーンに結婚を申し込むか否かという決断で腸がねじれる思いをすることもないし、心配は無用。ただ種をまいて、後はのんびりとリラックスしていればいい。心配しなくてもまいた種の芽は土から顔を出すように、正しい決断は自然と明白に現れるはずだからね」

その後ですが、やはりというべきか、ハーブとアイリーンは結婚します。翌日、翌月というわけではありませんが。種を上手にまいても芽を出すまでには時間がかかりますからね。

でも、私には最初からハッピーエンドになることがわかっていました。彼らは結婚に行きつくまでにすべて正しいことをしていましたから。

ハーブとアイリーンが一緒にいる姿を見ると、2人を助けてあげられたことや、なぜうまくいったのかを2人がちゃんと理解していることに、私は本当に幸せな気持ちになります。

ですから、彼らの指に光るリングを見ると嬉しくなるのです。

質問8

夫と2人で通りを歩くときの悩みです。夫はかわいい女の子が通りすぎるたびに、じーっとその子を見つめるので、私はそのことにとてもイライラするのです。

私だけを見ることで夫が満足するためには、どんな種を植えたらいいのでしょうか。

これは、中国の中央部にあるチョンチョウ（Zhengzhou）でダイヤモンドカッターインスティテュートのセミナーが開かれたときに受けた質問です。
このときの旅はとてもおもしろいものとなりました。すべてのプログラムが、カンフーの発祥地である少林寺のすぐ隣の会場で行われたからです。
夜が明ける頃、2万人もの若い男女がカンフーの型をとりながら大きな声をあげているのが聞こえてきます。朝早く起こされてしまうのは好きではないですが、彼らの熱意には感心します。

カンフーの話はともかくとして、先ほどの質問をしたのは「愛」を意味するアイピン（Aiping）という名の女性で、夫のファンジ（Huanzhi）は優秀なビジネスマンで、セミナーの合い間の休憩時間に会場の部屋の中で、人々と名刺交換をしたりおしゃべりをしたりしています。幸運なことに私にはとても上手な通訳者がついていましたし、多くの中国人同様、アイピンも既にダイヤモンドの知恵を直感的に理解できているようです。中国では古典として人々に愛読されてきた経典ですから。

「これには2つの違う種類のカルマの種が必要だね。君にとって自分自身が美しく見えるための種、それからファンジにとって君が美しく見えるようになる種」と私。アイピンは微笑むと、素早くノートに漢字ですらすらと書き留めます。

「いいかい、なぜならこの2つは全然違うことだからなんだ。君は、ただ君自身が美しくなればいいと思っているだろうが、そうじゃない。私のお気に入りの歌はニール・ヤングのものだけど…」

ここで通訳者はしばらく、この歌手について説明します。私は通訳の女性が説明し終わるのを待って、また話を続けます
「私の親友の1人はニール・ヤングのことを『あの金切声の去勢男』って呼んでいたよ」
通訳はまたちょっとここで止まりました。
「私にとってはあの歌は叙事詩だけれど、友達にとっては混沌なんだよ。そして私も友達も両方正しい。棒切れがおもちゃだと思う犬も正しければ、それをペンだと思う人間も正しいようにね。ものは存在そのものだけじゃ、どちらでもない、何にもなり得ないんだ」

私はアイピンが話を理解できているかどうか様子をうかがいます。彼女はしっかりと頷いています。ちゃんと理解しているようです。

「アイピン、君も一緒なんだよ。君が自分自身を美しいと思える種をまきたいし、ファンジが君のことを美しいと思う種もまきたい。君たち2人がいなくなったら、もう他にどこにも美しいものはないんだ。それは無のもう1つの形だね」

通訳がkong shing（空性）と言うのが耳に入ったので嬉しくなり小さく微笑みます。中国にはこの白黒のスクリーンの考え方を表すのにとてもふさわしい言葉があるのです。

「これはどういうことかというとね、何でも、誰でも美しくなれるということなんだよ。だって美しいと決めるのは見る人だからね。その証拠はそこら中にあるよ。頬に大きなほくろのあるスーパーモデルとか、パン入れの箱のような形をした車だとか。

皆そういうものを見て喜んで大騒ぎしてるじゃないか。もし旦那さんが君を見て美しいと思うのなら、もちろん君は本当に美しいんだよ。君自身や旦那さんが見る姿以上の美しさ、あるいはそれ以下の美しさであることはないのだから」

「じゃあ、美しさを目にするための種とはどんなものなんでしょう？」とアイピンは尋ねます。

怒らないことで美しくなれる

私は頷いて答えます。

「怒りたくなるような場面で怒らなければいいだけだよ。例えば、上司が部屋に入ってきて、君のせいじゃないことで、君を叱り飛ばすとしよう。他の人がした間違えに関して『史上最低の従業員だ！』などと怒鳴られ、説明する機会さえ与えられなかったとする」

アイピンは空を仰ぎ見て答えます。

「ああ、わかる、わかります。いつも聞いていたことです。怒りはどんな良いカルマの種も燃やしてしまうってね。古典にも書いてありますよね。数分の激しい怒りは、何千ものカルマの良い種を焼き尽くしてしまうと」

「そのとおり。怒りは、自分自身のことを美しいと見るための種に、ある特別の影響を及ぼすんだよ。誰かに対して怒りや恨み、敵意を抱き続けると（数週間のうちに、顔にはしわを、髪には白髪を見つけることになるでしょう)しわや白髪は、私たちがペンを認識するときと同じように、自分の観念の中から出てくるんだ。この過程はまったく逆にもなり得る。もし私たちが、怒っても仕方がないような状況の中でも怒らずにすむ方法を学ぶことができさえすれば、私たちの姿かたちに、だんだん美しさは戻ってくる。そうできたら、ファンジは通り過ぎていく他の女の子たちを眺めることなど忘れてしまうだろう」

簡単に聞こえるけれど、これは難しいと皆わかっています。とても頭にくる場面で怒らないでいることは、ほぼ不可能に近いと言えるでしょう。これには本当に役立つ助けが必要です。

この種自体が手助けをしてくれます。一度あなたが種のことを理解すれば、つまり物事は一体どこからやって来るのかを理解すれば、誰か他の人に対して怒ることはできなくなるでしょう。私は、このことを『バスルーム水浸し症候群』と呼んでいます。

冬のある日、あなたの家の床は凍り付くように冷え切っています。家の中を歩き回るのに必要な毛糸の靴下はいま一足だけしかない状態です。他の靴下はどれも穴あきなのですから。あなたはベッドからはいずり出て、ぼーっと歩きながらバスルームに歯を磨きに行きます。鏡の前に立ったとき、突然、足が冷たい水にびしょぬれになったことに気づきます。誰かがシャワーカーテンを閉めずにシャワーを浴びて、床をびしょびしょにしたのです。これは今月に入ってもう10回目位のことです。

階下のキッチンテーブルで家族が朝食を食べている様子が聞こえてきます。さあ、降りて行って犯人をはっきりさせなくては。あなたの夫と子どもたちは楽しそうにシリアルを食べているところです。あなたの顔の表情を見たとたんに皆のおしゃべりは止まりました。

「さあ、いったい誰のしわざなのかしら？」

「誰のしわざって何が？」

「誰かがカーテンを閉めずにシャワーを浴びて、床が水浸しなのよ」

あなたはたった一足しかないまともな靴下を皆の顔の前に差し出しました。シリアルの中に、びしょびしょの靴下からしたたる水が落ちたかもしれません。旦那さんはあなたの目をまっすぐに見て言います。「僕じゃないよ。今朝はまだシャワーを浴びてもいないんだ」

息子は無邪気な顔であなたを見上げて言います。言う前から潔白であることは明らかです。

「僕じゃないよ、ママ」

皆の視線が娘さんに集まります。床を見つめている様子は怪しげです。

「ママ…あのね、今朝、誰かとっても早く起き出して、シャワーを浴びていたの。あれは…ママじゃなかった？」

誰が床を水浸しにしたの？

そこで、あなたは思い出したのです。今日が土曜日だということを忘れていて、仕事だと思って早く起きてしまったのでした。カーテンを閉め忘れてシャワーを浴び、床を水浸しにしてしまい、それから今日が週末だったことに気がついて、またベッドに戻ったのです。

あなたは恥ずかしそうな顔をして自分の部屋に退散するしかありません。

これは怒鳴り散らすあなたの上司と同じです。上司はあなたに向かって怒鳴ってやろうと決めていたわけではないのです。そしてあなたが上司に対して怒り返したとしても、そのことで上司が怒鳴るのを止めたりはしないでしょう。それどころか、もっと怒鳴るかもしれません。ペンだという認識があなたの観念から出てきたように、上司もあなたの観念から現れたのです。あなたは今朝早くに水をこぼして、いまそこを踏んでしまったのです。一度このからくりがどうなっているのか理解できれば、あなたが上司に対して怒りを抱くことは完全に不可能になります。あなたはバスルームに行って鏡に映った自分に対して（娘がやったとした場合に彼女に向かって怒鳴りつけたかのように）怒鳴ったりはしないでしょう。なぜならそんなことをしても、どうにもならないからです。自分が水をこぼしてしまったことはわかっています。もう一度やらないようにしようと落ち着いて考えて、濡れた靴下を乾かすために干すでしょう。それだけの話です。

　この例に挙げた上司のケースでは、あなたはしばらく上司が怒鳴るのを観察して、日常の些細なことに対していちいち（多分子どもたちに対して）怒らないように気をつけようと決めます。こういったあなたの怒りが、上司があなたを怒鳴る種を植えることになるのは間違いないのですから。あなたが怒らないで過ごすと、翌週までに上司は怒鳴らなくなるでしょう。シャワーの蛇口を閉めて、シャワーのヘッドの部分から最後の一滴の水が落ちるのを見るように。

　そうして新しい種はあなたの外見をも変えるのです。わかっていただきたいのですが、これは実際に顔そのものがこんなふうに変わって見える、ということではなくて、もしあなたが良い機嫌であれば、あなたの外見もよりよく見える、ということです。あなたは、他の何物でもない、カルマの種があなたをどう見せるかを左右していることに気がつくでしょう。鏡や旦那さんの目に映る美しいあなたの姿を楽しみに待っていてください！

　ところで、この質問の初めのところで言ったことに戻りますが、怒りたくなるような事態に対してあなたが優美に対応しようと1日中努力することで、あなた自身が自分を美しいと感じるための種を植えることになるのはわかりやすい仕組みですよね。でも、この種はそれと同時に、旦那さんが自分のことをどう見てくれているか、つまり美しいと見てくれている、ということに目が向くようにも仕向けてくれます。彼の心に種を植えるわけではありません。私たちは誰でも、自分たちの心の中にだけしか種をまくことはできませんから。

　ですから、あなたが自分を美しいと思うためのその同じ種が、旦那さんも自分のことを美しく見てくれている、とあなたが見ることができる種なのです。だって本当に美しいのですから！

LOVE
愛

質問9 私はパートナーと一緒にいるときに、ときどき天国で天使の横に座っているように感じます。いつでもこんな気持ちでいられるようにするには、どんな種を植えたらいいでしょうか。

私たちに時折訪れる、天国を垣間みる瞬間は、他のすべてのものと同様、心の中のカルマの種が元になっています。こうしたカルマの種が何をすることによって植えられたものなのかを正確に探り当てることができれば、これらの種をもっと植えて、そうした瞬間をもっと頻繁に（もしかしたら常に）味わうことができるでしょう。そのために必要な種とは、全世界に向けての恵みへの祈りであり、それはさほど難しいことではありません。

古代チベットの教えでは、このパワフルな種は、家庭内の災難から始まると言われています。幸運であれば、それは人生の早い時期にやってきます。母親が乳がんで亡くなったり、お兄さんが自ら命を絶ったり、といった出来事。そのような悲劇は、世界では何が起きているのかということに否応なく私たちの目を向けさせます。

生きている間にすべてのことが順調にいったとしたら（そんなことは滅多にないのですが）、私たちはよい仕事、よいパートナー、よい家、よい家族に恵まれるでしょう。それから、世界は私たちからこれらを1つずつ、奪っていくのです。それが世の中の常です。あなたは年老いて弱くなり、日が過ぎるごとに人生は終わりに近づいていきます。

心の奥底では、私たちは皆それを知っています。（子どもの頃でさえも）人生はそういうものだと知っていたのです。悲しい気持ちにもなりますが、同時にそこにはある種、人生のはかない美しさも感じるのです。

私が10代だった頃のことです。フェニックスからワシントンDCまで向かう途中、シカゴで飛行機を乗り換える予定でした。

ごく普通の飛行機の旅でした。機中の面白くもない映画や、出されたピーナッツの小袋にも人々はブツブツ文句を言っています。シカゴに近づいたとき飛行機は厚い雲に囲まれており、着陸するのに相当時間がかかっているようでした。

突然、飛行機は弾丸のようにまっすぐ上に上がります。絶頂まで昇ったかと思うと、今度はまるでローラーコースターのように急降下し、地上に当たるかと思うとまた上昇します。3、4回それが繰り返されました。操縦室から出てきた客室乗務員は気分が悪そうです。機長が機内放送で話し始めました。

「えー、皆さん、いまちょっと困った問題が起こっています。着陸のためのギアを下げたのですが、タイヤが下がってきたかどうかを示す操縦室の信号灯が点灯しないのです。信号灯の故障なのか、あるいは着陸するためのギアの故障なのかわかりません。管制塔のそばを数回飛行し、タイヤが下がってきているかをチェックしてもらおうとしましたが、雲が厚いため、彼らにもわかりません。ギアを動かすために急なダイブを数回試しましたが、信号灯は点灯しませんでした。ですので、ともかく着陸を試みてタイヤが下がるかどうか見たいと思います」

神経がどうかなりそうな沈黙の時間が流れます…。

「えー、滑走路を準備してもらう時間の間、ここで円を描きながら飛行を続けます。何が起こっているのか、皆さんには情報を逐次お伝えいたしますので、次回アナウンスまでどうぞ乗務員の指示に従ってください」

機内映画は止まっています。もう誰も映画やピーナツのことなど気にしていませんでしたが。人々は呆然とし、どうしたらよいのかわからない様子でした。私の隣の席の男性は紙を取り出し、数分間何かを書き、それから紙を注意深くたたむと、座席の前のシートポケットにそれを入れました。

彼は私が見ていることに気がつき、説明してくれます。

「どこかに墜落した飛行機のことを読んだことがあってね。1人か2人しか生き残らなかったけど、亡くなった人の中に家族あての手紙を書いた人がいて、後でそれが見つかったんだ」

飛行機の中の緊張は高まっていきます。操縦室からまた戻ってきた客室乗務員は、ますます気分が悪くなっているようでした。彼女はマイクを手に取りアナウンスを始めました。

「皆さん、ご存知のように私たちはいまシカゴに着陸する準備をしています。もしタイヤが出てこなかった場合、あるいはタイヤが持ちこたえられなかった場合のために、地上にいるスタッフは滑走路に緩衝剤をまいて準備を整えています。私たちは…地上で問題が起きた場合に備えて…余分な燃料をできる限り使い果たそうとしています」

ここまで言うと感情を抑えきれずに泣き始めました。もう1人の乗務員が泣いている彼女を空いた席に連れていきます。乗客の私たち全員の頭に残されたのは、滑走路にまきちらされた飛行機の燃料に火がつき、飛行機の残骸が炎に包まれるイメージ。

静寂のときが流れ、それから奇妙なことが起きました。私の座席の前、通路を挟んだ左側に座っていた女性が振り向き、隣の女性を抱きしめたのです。

すると他の誰かが立ち上がり、泣いているスチュワーデスにハグをしにいきます。知らない者同士がお互いの手をしっかりと握り合い、どこの座席の列でもハグしあっています。突然、互いを慰めあうエネルギーが電流のように飛行機の中を満たします。人間の優しさがあふれ出ていました。そして私たちの誰もが、これが人間の魂の本来の姿であるということを、感じたのです。これこそが私たちのあるべき姿だったのです。

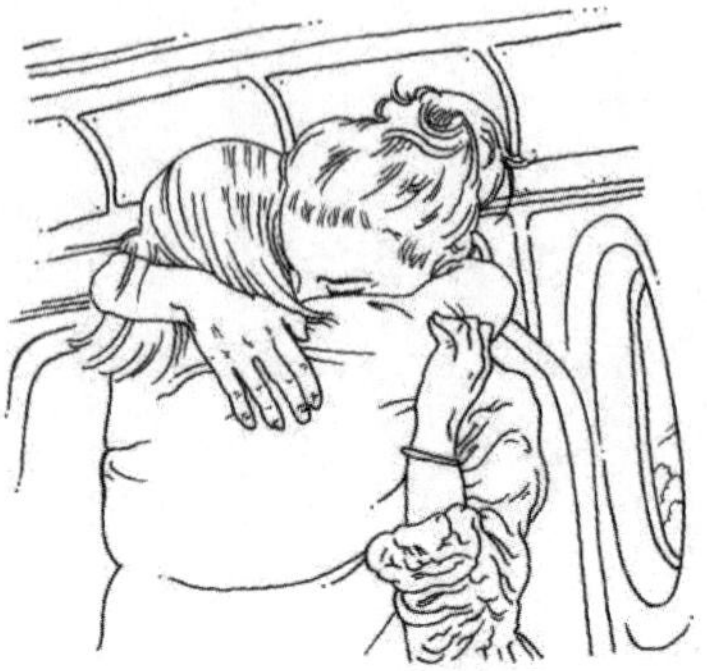

飛行機はずっと高度を下げていっていましたので、地上に打ち付けられる前に、一体何時間、何分残されているのかわかりませんでした。

最後に、乗務員は私たちに宝石類をはずすよう言います。火事になった場合、皮膚と骨を貫通して燃え尽きてしまうというのです。飛行機から飛び降りてできるだけ早く走って逃げるのにふさわしくない靴も脱いでおくようにとのことでした。

そして最終的に滑走路に向かう直前に、最悪の準備です。両手で頭を覆い、前に屈んで顔を下に向けます。静寂の中で、自分の生死のことを考えるのです。

飛行機のタイヤは滑走路に降り、持ちこたえました。滑走路の消火剤の中を、両側に停まった車両の列の間をスキーヤーのように滑っていきます。左側は生き残った人を病院へ運ぶ救急車の列、右側は亡くなった人のための黒い霊柩車の列でした。私たちの飛行機はゲートへと進み、お知らせのチャイム音とともにシートベルト着用のサインも消えました。

「乗り換えの飛行機に乗らなきゃ！」と私を肘でつつきながら男性が叫びました。愛は、いつもの定位置、心の奥深くにまた戻り、こうして愛が明白に溢れる次の瞬間を待つのです。

飛行機はいつだって下降している

でも私は、この飛行機の中で私たちの心に芽生えた優しさのことを忘れたことはありません。人間の優しさの波が起き、それが伝わっていったことを、あの中にいた誰も決して忘れることはできないと思います。それは私たちは死ぬ運命にあり、全員が死んでいく、他に何が起こっていようと、私たちは皆一緒だという気持ちだったのです。

この気持ちからもう1つの気持ちが生まれます。それは、お互いのことを助け合いたいという、もっと深い感情でした。とても深いところでは、私たちは皆、他の人たちを助ける機会を望んでいるのです。特に、共通の大敵、人間の命が無慈悲にさらされる死に直面する状況下でね。どんな生き物でも心の深いところに、他の生き物に生きてほしいと熱烈に願う気持ちがあるのです。

私たちがこのようなやさしさに突き動かされるとき、このような、世界を救いたいと願う思いは私たちの中に大変特別な種を植えるのです。この願いは天使がいつも感じているものです。

こうした気持ちが 天使と共にあるための種、天使になるための種をまくのです。これが天国で天使の隣にいるような気持ちになる、そうした特別な瞬間を過ごすための種です。

こうした種を見つけるのはそんなに難しいことではありません。世界という名の飛行機の中を見回して、自分の命と同じように尊い他の人を愛し、大切にしたらよいのですから。

質問10

私の夫は私に対して全く愛情を表しません。大きいハグを期待して帰宅しても、ただ「やあ」というだけで、メールをチェックしています。

彼にもっと愛情を示してもらうには、どんなカルマの種が必要でしょうか。

もっと愛情を示してもらう種について理解するためには、あなたは樫の木に感謝する必要があります。仏教僧としての修行の多くは、ニュージャージーのど真ん中にある伝統的な小さな仏教寺で行いましたが、このお寺は第二次世界大戦後のモンゴル人難民によって創立されたものです。寺は古いモンゴル式で建てられ、高い屋根は尖塔まで伝統的な金色の垂木により覆われており、寺の周りは背が高く幹の太い、樫の老木に囲まれていました。

ある夜、私たちはものすごい暴風に見舞われ、寺の横に立っていた木が倒れてしまいました。木は屋根の上に寄りかかり、地面から30フィート程（約9メートル）のところにあります。翌朝、私たち僧侶たちは皆一群となって、歩道に出て木を見上げました。

「あの木の上の部分を切らなきゃいけない」と寺の貫主。

「それから、窓や壁を壊さないように幹をゆっくり降ろそう」

僧侶たちはそろって頷きました。彼らは変わった僧侶の集まりでした。ほとんど皆75歳以上で、中央アジアの大草原、15世紀どまりの世界からやってきたのです。

ズングル（Zungru）という名の、部屋からめったに出て来ることのない隠者がいたのですが、彼が静かに口を開きます。

「もちろん、木は僧侶の中で最年少の者が切るべきだ」

私はため息をつきます。『最年少の僧侶』とは私のミドルネームみたいなもので、いつもそう呼ばれていたものです。

私は彼らの中の一番若い者と比べても50歳も年下だったのです。モンゴル人の10代の若者たちは、土曜の午後に車を飛ばせば2時間以内にニューヨークのロワーイーストサイドのダンスクラブに行けるというのに、僧侶の誓いを立てさせてくださいと先を争って寺にやってくるなんてことはありませんでしたから。

「私がやります」そう言って私は古くて巨大なチェーンソーを手に取ります。私は片手でとても高いはしごを掴み、寺の屋根の端っこに脚を置いて、自分の身体が空中に投げ出されないようにバランスをとりながら、チェーンソーのスターターロープを引っ張ります。それから私はもっと高い枝に向かって行き、足を大枝と幹の間に入れて立ち上がり、枝を切り始めます。3分も経つと私の両脚は疲れと恐さから震えてきました。私は高いところが大嫌いなのです。

「はっはっは。ピックピックを見てみろよ」とズングルが下で言うのが聞こえます。

私は彼を睨みつけます。ピックピックとはチベット語でゼリーのことで、彼は私のことを「ゼリー足さん」と呼んだのです。

3時間後に仕事を終えます。木を寺から安全に降ろすことができ、私ははしごから降りてきます。下の脇道に目を向けると、小さなどんぐりが1つ落ちていました。それを拾って手のひらで転がしていると、突然、このどんぐりの実がすっかり育って100年後に大きくそびえたつ樫の木になるのだという思いが浮かびました。未来にもまた暴風に見舞われ、この新しい木も寺に寄りかかって倒れるでしょう。

そして100年後の私自身が見えました。まだ最年少の僧侶で、またはしごに昇って木を切っています。ぶつぶつこぼしながら私はどんぐりを、根っこを生やすことのできない道の真ん中に向けて投げました。木をつくり出す力を秘めるどんぐりの重さと成長した樫の木の重さの違いを感じてみましょう。片方は半グラム、もう片方は数百トン。結果、種が産み出した木は、元々の種の何千倍も重いのだ、ということです。

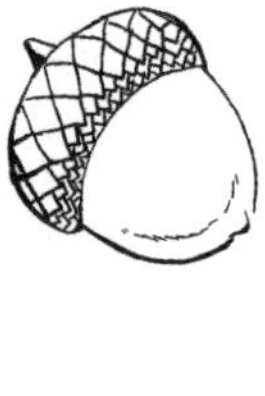

これは私たちの外側、内側に関係なく、すべての種に関して言えることです。私たちの身体は何兆という細胞からできていて、それらは毎日50、60、70年もの間再生し続けています。でもそれらは母親の1つの卵子と父親の精子の1つから元々生まれてきたものなのです。

心の中の種も違いはありません。それどころか、2、3の小さな心の中の種が生み出す結果は、普通の種の成長の割合よりも莫大に大きいものです。これは旦那さんにもっと愛情を示してもらいたいあなたにとって好都合です。

夫に、一晩や数日間だけでなく、これから続く人生ずっと、たくさん愛情表現をしてほしいのですから。抱きしめてほしいのです。本当のハグ、身体が折れそうなくらいの数分間の静かなハグ。仕事に行く前、帰宅したとき、日々のいろんな場面で、もっと抱きしめてほしいのです。

大事なことは、小さいけれども注意深く種を植えることです。もう一度望むものの本質をよく見て、それに従って種をつくるのです。本物の温かさがほしいのであれば、それを先に誰か他の人に与える必要があります。1日の間に出会う人に対して、もっと意識して親しみを込めて接してみてください。

大きな努力はいりません。少し気をつけていればいいのです。良い仕事をした同僚の肩をたたいてあげてもいいでしょう。八百屋さんのレジカウンターで手伝いをしてくれる人にお礼を言ってもいいでしょう。あなたの後に建物に入ってくる人のためにドアが閉まらないよう持っていてあげてもよいでしょう。一番大事なのは、通りを歩く人たち、お店で出会う人たち皆に笑顔を向けることです。質問4のところで記したように、特にコーヒーメディテーションをするときに気を配りましょう。

小さい種は力強い木に育ちます。一生分の愛情に育つのです。予期していなかった温かさは、一番うれしい温かさです。彼はあなたに示すための新しい愛情表現を見つけることでしょう。

LIVING TOGETHER

一緒に暮らすこと

質問11

ほぼいつも食事の支度をするのは私です。それなのに食後にテーブルの上を片づけてお皿を洗う時間になると、夫は魔法のように急にいなくなり、リビングのテレビの前に移動しているのです。夫に家事を手伝わせるカルマの種とはどういったものでしょうか。

これはカルマの種についてのもう1つの重要な問いかけにつながってきます。カルマの種のことを私がしっかり理解したかどうかを試すためにニューヨークに行って会社を成功させなさいと先生に命じられたとき、初めに私は先輩のラマ僧のところへアドバイスを求めに行きました。海外のチベット僧院でのことです。

「会社を始めるときには同時にチャリティー、慈善事業も始めなくてはいけない。チャリティーが君の会社を動かしていく。君のビジネスが産み出す利益のエンジンになるからね」と先輩のラマ僧は言います。

私は頷き、ノートにアドバイスをメモします。先輩が他にもいくつか助言をしてくれたあと、私は大きな問いを投げかけました。

「これはどのくらい時間がかかることなんでしょう？　おっしゃったように種を植えて、その結果が現れるのはどのくらい先ですか？」

先輩のラマ僧はにこやかに微笑み、私を見て言いました。

「Tse chima la. 来世だね！」

私は悲しく頭を振りました。

「来世じゃだめなんです。リンポチェ（Rinpoche）、あなたもご存知のように私はアメリカ人なんです。ファーストフードを発明したんですよ。世界中にマクドナルドがあるでしょう。もしマクドナルドの従業員がフライドポテトを揚げるのに2分半以上かけたら、それでもうクビですよ。私はこのカルマの種を数か月、いや数週間で育てたいんです」

　これは皆さんにとっても重要なことです。種を植えて素早くその結果を出す方法を教えて欲しいでしょう。老人ホームにお手伝いに行き始めて、恋人が現れるまでに3年もかかってしまうということならば、それはとても基本的な問題につながります。

　結果が現れるのにそんなに長くかかってしまうと、老人ホームを訪ねたことがカルマの種となって、そのおかげで恋人ができたのかどうか、確信が持てなくなってしまいます。そうなるとこのシステムに従うことはなくなるでしょうし、結果的に人生の助けにならないでしょう。

旦那さんがお皿を洗う段になると消えてしまうことについて話を戻しましょう。ただ種を植えるだけでは十分ではありません。正しい場所に植えなければ種はちゃんと育たないからです。いつも沢山の人たちを助けている寛大な人がいますが、与えれば与えるほど自身は貧しくなっているように見える人たちがいますよね。

これは多くの場合、まいた種は正しいのですが、まいた場所が間違っているからです。あなたが旦那さんにもっと家事を手伝ってほしいのなら、数週間、周りの人たちを助けてあげてください。意識して手助けを行います。石だらけの土壌みたいな悪い場所に手助けの種をまいた例を話しましょう。

例えば、職場で、同僚を手伝わなかったら上司があなたをクビにするかもしれないと恐れて、同僚の手助けをしたとします。その場合、同僚を助けたのは本当であり、またカルマの種がまかれたのも事実なのですが、結局のところ、同僚を助けるというのはあなたがお給料をもらってやっている仕事の一部に過ぎないですよね。もっと重い意義のあるカルマの対象を選んだほうがよいでしょう。

素早い結果を見るためにはよく耕された土壌を選んで種をまくのです。

それでは手助けのための種をまくのに適した場所とはどういった場所なのでしょうか。

種を植えるためにはよい場所を選ぼう

種を植えるのに最適な豊かな土壌は3つあると古代チベットでは言われています。1番目は誰か緊急に助けを必要としていて、しかもその人はそのときあなたしか頼れる相手がいない場合。これは、例えば道で倒れてしまってあなたが一番その人に近いところにいたとか、アパートの家賃の何百ドルかを今夜までに払わないと翌朝追い出されてしまう状況の友人だとか、世界の反対側の難民キャンプにいる人々がいますぐ食料を必要としているなどの場合です。

カルマの種をまくのに2番目に適した土壌となるのは、過去にあなたを助けてくれた人です。人生で最もあなたを助けてくれたのは誰かと尋ねられたら、あなたの心にすぐに浮かぶのはお母さんの顔でしょう。お母さんとの関係が現在どうであっても、単純な事実として、彼女があなたに歩くこと、話すこと、着替えの仕方を教え、この社会での生き方を示してくれました。

現代という時代にあっては、お母さんにもあなたを産むか産まないかの選択肢があったはずですが、お母さんはあなたを産むために自分の命を失うリスクを負うことを選んだのです。お父さんについても同じようなことが言えます。そして他にも、いままでの人生であなたを支えてくれた先生や指導者、家族や友人たちがいるでしょう。やさしくしてもらったお返しに、あなたが彼らを助けることは最適な土壌に種をまくこととなるのです。

3番目は他の人たちを多く助けている人々です。あるとき私の友人が、チベットの難民キャンプにいる病気の人たちに寄付してほしいと1万ドルを持ってきてくれたことがありました。私はインドへ向かいキャンプにたどり着き、事務所として使えそうな小さな部屋を見つけました。私たちは口伝えで、次の日に薬や医療手当のための資金を配給するので、1か月前までの医療費のレシートをもってくるようにと宣伝しました。

もちろん、最善の注意を払って分配システムをセットアップしました。不正受給するためにレシートを手渡すような現地のやぶ医者を見つけてくる時間を与えないよう翌日に受給日を限定します。スタンプと赤インクを用意し、払ったものにはレシート一杯にインクを塗りつけ、支払いを受け取った人たちの左手にもスタンプを押したほどです。

列ができていました！　ドアを開ける2時間前には、1マイル（約1・6㎞）かそれ以上、キャンプ場の埃っぽい道に難民たちが並んでいます。私たちはロバの購入代は医療費に入るのか入らないのかなどの熱い議論を何度か交わしながら、7時間もの間お金を渡し続けました。太陽が水平線に沈みかけた頃には1万ドルは底をついてきましたが、そこにはまだ私たちがお金を渡し始めたときと同じくらいの人々が並んでいたのでした。

何かもっとよい方法があったのではないかという思いにとらわれながら、私はアメリカへの帰途につきました。しばらくして、難民キャンプに行くことを希望しているフランス人の看護師を見つけ、期限切れながら、まだ使用可能だという寄付された欧米の薬を使って無料の診療所を開いたのです。

この件で学んだことは、困っている多くの1人ひとりを何とかしようとするよりも、多くの困った人を助けている1人の人を助けたほうがよいということでした。世界を皮で覆うことを試みるよりも靴を履きなさい、というチベットの言い回しにあるように。

この重要な主題は本の中で何度も何度も戻って取り上げていきます。種を注意深く選んで、その種が太く、強く、早く育つような植え方をしましょう。質問4で取り上げたスターバックスの4ステップを実行してください。賢く効果的に他の人の手助けをしてください。そうすれば旦那さんもあるとき突然、温かい石鹸の泡が手にまとわりつく感触を大好きになることでしょう。

質問12

一緒に住むために引越しをしたとき、パートナーは私に何のことわりもなく、猫を連れてきました。

ペットは好きですが、出かけることが大変になりそうで、それまで猫を飼ったことはありませんでした。予想どおり、パートナーが実家へ行くたびに私が猫の世話をするはめになってしまっています。その上、私は猫の毛アレルギーだということがわかったのです。どうしたらよいでしょうか。

私たちがアンディン・インターナショナル・ダイヤモンド社を起こす際に参考にした会社の1つは、盛田昭夫氏が設立したソニーでした。

私たちは、盛田氏が出版してベストセラーとなった本、ソニーのサクセスストーリーである『Made in Japan』を熟読しました。この本の中に書かれている最も重要なアイデアを使えば、あなたは猫についてのジレンマや、同居人との間で起こる他の問題も解消できます。

盛田氏はソニー設立時の原則として、顧客がほしいとまだ気づいていない商品を提供する、ということを挙げています。人々をよく見て、何を必要としているのかを注意深く観察することにより、本人はまだ思いついていないけれど、その人にとても助けになるようなことを提供してあげるのです。

私はそれをジャンパの原則（Jampa Principle）と呼んでいます。

私は長年、チベット人の師ケン・リンポチェ・ゲシェ・ロブサン・ターチン (Khen Rinpoche Geshe Lobsang Tharchin) に対し、料理人、皿洗い、運転手、洗濯、家の中のお手伝い、さらには庭師として仕えていましたが、ダイヤモンド社設立の手助けを始めると、私は1日の大半家にいないことになり、誰か代わりの者を探さなくてはなりませんでした。幸いにも、ジャンパ・ルングリックを見つけることができました。

ジャンパは陽気ですが穏やかで、とても献身的な若いチベット僧で、私の代役を見事にこなしてくれました。私たちの仕事の中で最も大切なことの1つは、ラマに会って話がしたいと訪れる多くの人々への対応でした。皆がラマに会えるようにし、それでいてラマが疲れすぎないよう注意します。

寺のキッチンは私たちの待合室となっていましたが、そこは師に会えるのを待っている人たちで、いつもあふれていました。私たちは彼らにお茶を出したり、長い待ち時間になることも多いため、退屈させないよう、おもてなしをしなければなりませんでした。

ジャンパは私に、こんなときに僧院ではどのようにおもてなしの修業をするのかを教えてくれました。おもてなしはチベットでは非常に大切なスキルだと考えられているのです。雪に覆われるチベットでは、お客は王様であり、「私の家は、まさにあなたの家」なのです。

「人々がここに到着する前に、キッチンテーブルにごちそうをたくさん並べるのです。一番向こうにはクッキーのお皿。ここにはフルーツの皿。テーブルの反

対側の端にはチベットのドーナッツ、カプツェの山盛り。水差しはここ、ジュースの入ったカラフはあっち、温かいお茶のポットはここ、コーヒーポットはそこ、カップとグラスはテーブル上のあちこちに置いておきます」とジャンパ。

「ドアのノックの音が聞こえたときが、重要な瞬間です。ドアを開けてお客に挨拶し、後ろに下がって、キッチンに招き入れます。中に入ってくるとき、彼らの目を注意深く見るのです」

「お客はあなたと挨拶するときに目を合わせるでしょうが、そのあと彼らの目は部屋全体を見回し、キッチンテーブルへ向かうでしょう。ここが、注意を払わなくてはいけないところです。なぜテーブルのあちらこちら違った場所に食べ物を置いたのかというと、お客の視線がどこに留まるかを見極められるからなのです。お客が何かお気に入りのものを見つけたとき、（多分チベットドーナツかもしれません）彼らの視線はそこで一瞬留まるはずです」

人の視線を観察して、その人の必要なものを探ろう

「それからどうするかというと、お客に席に着くようすすめ、あなたはチベットドーナッツのお皿をすぐに取りに行き、お客のところに持っていきます。『待ち時間にドーナッツをお1ついかがですか？』と尋ね、それから彼らの視線が示す飲み物をカップに注いであげるのです」

「ドーナッツを見て、カップを見て、なぜリンポチェに会いにきたのかなど話を聞いている間にもお客の目を見て、少しでも相手に関することを知ってください。カップの飲み物が3分の2なくなったら、お代わりをすすめてあげてください。お客の目を見て彼らが必要とするものを予測するのです。それがおもてなしの真髄です」

これは、パートナーとの関係においても同じなんですよ。この質問の問題の本質は、相手があなたの必要とすることに敏感に感じ取ってくれていないということなのです。毛の抜け落ちる猫を押し付けてきたり、友達を大勢連れ込んで夜中に大騒ぎしたり、キッチンの流しに汚れたお皿を重ねっぱなしにしたりするでしょう。

大切なのは、もしこういった人たちに、あなたの気持ちに敏感に気づいてほしかったら、あなた自身が身の周りの人たちの必要とすることにさらに敏感になってあげないといけないということです。ですから、まず人々の目を観察してください。その人は何が欲しいのか、何が必要なのかを想像してください。そして実行に移しましょう。先ほど話したように、これらの種を植えるには、よく肥えた土を選んでください。

あなたの両親や、これまでの人生であなたを助けてくれた人たちを選び、ほんの少しの時間でいいので、毎日彼らが必要としていることや、あなたができることについて考えてください。

なにも大それたことをしなくてもいいのです。じっくり考えることが大事です。それが種をもっと創りだすことに通じているのですから。1日の中であなたが1人で静かになれる時間を選んでください。私は朝食をとっている時間帯にそうした他の人に対するプランを立てることが多いです。

さらに、他の人を助ける計画を立てたことに対して、1日の終わりにコーヒーメディテーションをすると、種を急成長させることにつながるでしょう。

同居人に面と向かって立ち向かい、話し合い、議論し、念を押したりするよりも、元々その問題を引き起こした種そのものに働きかけるのです。

ペンや積み上げられた汚ないお皿に目が向くように仕向けた種のことです。

周りの人が何を必要としているのか観察し、そうした他の人のニーズに敏感に答えてあげることで（そうすること自体、あなた自身や周りの人々にとって感じの良いことでもありますが）、同居人は突然もっと思慮深い人に変わるでしょう。

頼みもしないうちに、ネコは動物好きな子どものいる従兄弟のうちにもらわれていくかもしれませんよ。

質問13
夫は清潔にする、ということの意味がわかっていません。いつも臭う洋服を着て、そり残したひげのまま家の中を歩き回っています。
彼がもう少し自分の身だしなみを気にするようにするためには、一体どんな種をまけばよいでしょうか。

この質問はアメリカ中西部に住む、年配の夫婦から寄せられました。工場閉鎖の話におびやかされている自動車工場で働く人たちのために開かれた、デトロイトでの講演に2人で来ていました。同じく60年代の産物であるジャックとクリスに私は意気投合しますが、よくあることではありますが、反体制文化のいい部分は失われたのに、ヒッピー文化の名残り（清潔でないこと）だけは取り残されてしまったようですね。

「どうすればいいか、もうわかっているでしょう」私はクリスに問いかけます。

「まず初めに、問題の本質を見極めなければならないけど、一体それは何だと思う？」

クリスは少しの間考え「そうね。ジャックは自分の見た目が他の人にどんな影響を与えるのか考えたこともないと思うわ。自分のことだけにかまけていて（それは私たち皆、そうといえばそうだけど）、彼は私がどう思っているのかなんて考えてもみないのよ」といいました。

「うん、そうらしいね。今回のケースでは、君がまくべきカルマの種はちょっとかっこいいものだよ。身近な人が不潔な格好をしていて、その不潔さが私たちの気分を悪くするようなところまできてしまっているとしたら、その反対の種を植えるんだ。すべてを変えてくれる種をね。議論もいらない、ケンカの必要もない。スイカとウッドチャックの話につながるね」

クリスは私が期待したとおり、困った顔をします。この表情は、次にいう言葉にしっかりと耳を傾けてくれるであろう良い徴候なのです。

「いいかい、同じ種類だけれど、ポジティブな種をまくことで、ネガティブな種をやっつけるんだ。それは例えば、私たちがさみしいと感じるとき、他の誰かの話し相手になってあげるとか、クレジットカードの借金をなくしたかったら、誰か経済的に困っている人を見つけて、賢く、思慮深い方法で助けてあげるということ」。クリスは頷きます。

「でも、ここでは選ぶ行動の余地が与えられるんだよ。全く同じものでなくてもよいということなんだ。例えばちょうど昨夜のことだけど、ある人に、人生にもっとチョコチップのアイスクリームが溢れるようになるには、そのアイスをたくさんの人に手渡さなきゃいけないのかって聞かれたんだけどね」

「それはそうね。誰もが皆お気に入りのアイスはあるし、その味が手に入らないときもあるものね」とクリス。

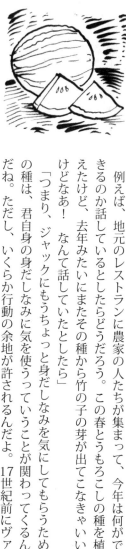

「そのとおり。カルマの種植えの4大法則のうちの1つは、自分が望むものと似たものを人に与えなければいけないということ、類は友を呼ぶようにね」

「考えてみれば、それは人生における、正しく評価されていない小さな奇跡の1つだ。もし君が今年の夏、庭にスイカが欲しいのなら、既にできているスイカから種を取り出せばいいだけだ」

「こうしたスイカの種は、いつだってスイカの中で育つんだ。マンゴーやサボテンの中じゃなくってね。もしそうじゃなかったら人生はどうなるのか考えてもみてごらん。

例えば、地元のレストランに農家の人たちが集まって、今年は何ができるのか話しているとしたらどうだろう。この春とうもろこしの種を植えたけど、去年みたいにまたその種から竹の子の芽が出てこなきゃいいけどなあ！　なんて話していたとしたら」

「つまり、ジャックにもうちょっと身だしなみを気にしてもらうための種は、君自身の身だしなみに気を使うっていうことが関わってくるんだね。ただし、いくらか行動の余地が許されるんだよ。17世紀前にヴァ

スバンドゥ（世親）が書いた『智慧の宝庫』という本があるんだけれど、そこにチョコチップアイスの質問のようなことについて書かれているよ」

「その中である人が問いかけます。『聞いてください、ヴァスバドゥ。私はクマに生まれ変わることになっていたとしますよ。でもクマたちが赤ちゃんを産む時期ではない、夏ちょっと前に死んでしまったらどうしましょう』『大丈夫』とヴァスバンドゥ。『君はちょっとまわり道してウッドチャックになるだけだから』」

これを聞いてクリスは笑顔を浮かべます。私はふと、クリスはひょっとしたらジャックとウッドチャックを重ねて見ているのではないか、と思います。

「この答えについては議論の余地がある。でも、わかるでしょう。どんな結果がほしいのかは君が決めて、一番近いと思う種のところに行くこと。探しているものと全く同じものである必要はないよ。でも心の中でその特別な目的、つまりパートナーである男性を清潔にするという目的のための種だと思って行動することが大事なんだ」

「それじゃ、どんなことが目的に近い種になるのかしら？」

「そうだね。考えてみよう。君は旦那さんに輝いてほしいんだよね。そして彼がいま輝いていない理由は君の深いところにある。だから花のあれを実践するとよいと思うよ」

「花のあれとは？」

「こういうこと。来週3回、外出するときに、自分が特別素敵に見えるように時間をかけてほしい。

人々が見て楽しむ花のように。そして、君はこんなふうに考えなきゃいけないよ『これは自分のためじゃない、自分のエゴのためじゃない。特別に美しく見えることは、世の中の人々が道を歩くときに見て楽しむ、美しいものの1つになる、ということ』とね」

「このアイデアは、君がどのみちやりたいことかもしれないよね（通りを歩くとき素敵に見えるようにすること）。でも動機を変えるんだ。他人を喜ばせるために、意識的して特別に装うことができるかな？」

「これは個人の美の新しいコンセプトだよ。他の人々のために、世界を美しい場所にするために君も貢献する。美しい人は美しい風景の一部となり、自分本位のことではなくなる。あなたの横を通り過ぎる人に笑顔を与えるのです。美は清潔さ、純粋さになる。通りを歩く花になるということ」

花を捧げ続けよう

世界に花を捧げ続ける。そんな気持ちをもつことを習慣にしましょう。ただ着飾るのではなく、他の人々に喜びを与えるためにというふうに考えるんだ。それから種の成長を速めるには、コーヒーメディテーションを忘れないこと。そうすれば、ある日、種は芽吹くよ。旦那がきれいにひげを剃って、シャキッとした白いシャツに身を包んでバスルームから出て来る姿を見ることができるだろうよ」

「いいわね。だから種まきの法則が好きなのよ。面白いんだもの」クリスは笑顔で答えます。

質問14
私はとてもきつい仕事をしています。帰宅すると疲れ切っていて、仕事上の問題について誰かに話す必要を感じるんです。でも夫ときたら、私の仕事の話なんか聞きたくないようで、ちっとも助けにならないのです。
話を共感して聞いてもらうには、どんな種をまいたらいいでしょうか。

カンフーのお寺ほどは面白くはありませんが、この質問も中国に行ったときに寄せられたものです。ハルビンにある大学で行われる心理学者たちの会議に招待され、私たちDCI（ダイヤモンドカッターインスティテュート）はプレゼンテーションをすることになっていました。

私たちは「もちろん出席します」と返事をしたのに、誰も地図で会議の場所を調べていませんでした。なんとハルビンはシベリアの真隣で、空港に降り立ったときにはマイナス15℃の寒さ。人々は夜中でも雪の中を走り回り、彼らにとって楽しい時間というのは、冬の間中溶けることなく歩道に残る、3階建ての氷の彫刻を創ることなのです。私は本気で目の中の涙まで凍り付くかと思いました。

でも、人々は温かく、質問も誠意にあふれていました。ジアリ（Jiali）が私にした質問は、残念ながら私が世界中で耳にする問題です。

「まず最初に、この問題の本質は何だと思いますか？」と私は始めます。

ジアリは少しの間考え、答えます。

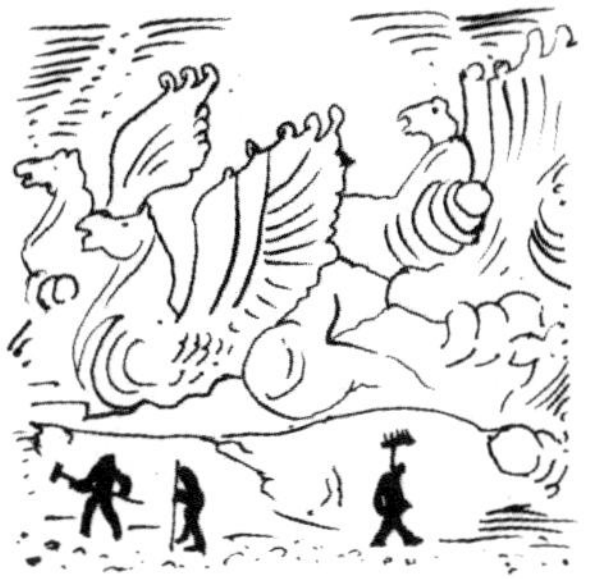

「一番の問題は、ヨンキャン（Yongquian）が私の話を全然聞こうとしてくれない、ということだと思います」

「そういう場合は、植えるべき種は明白だよ。君が他の人たちの話をもっと注意深く聞くことから始めるのさ」

「そのためにはどうしたら一番いいのでしょう？」

「教典によれば、それはある意味、メディテーション、瞑想の延長に過ぎないんだよ。自分自身の心の声を聴くこと。1つのことに自分の注意を向け続けること。それが上手にできるようになると、心は自由に自分が集中したいものに向けられるようになってくるんだ、まるで1マイルの氷の上をずっとスケートですべっていくみたいにね」

「最初は大変だよ。テーブルを挟んで誰かの前に座って、その人が話すことを聞こうとする。話を聞いているときに、その人の言葉と言葉の間でつい気持ちが他へ行ってしまわないように、話される言葉の音節1つひとつにも注意を払うんだよ」

「君の心はポケットの中の携帯電話や、今晩の夕食は何にしようかとか、君に向かって話している人の後ろにある窓の向こう側では、一体何が起こっているのかとか、そんなことを気にし始めてしまうでしょう」

「でも、それって当たり前のことじゃないですか？　それをやめるのによい方法はあるんですか？」

私は頷きます。

「あるよ。君の心の大きな部分の後ろに、ほんの少し、君の気持の一部分を置いておいて、その小

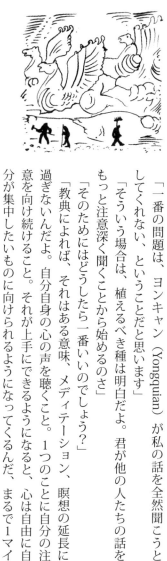

さな一部分で自分がどんなに上手に話を聞いているかを観察するんだ。心が他のことに揺れ動きだしたら、小さい気持ちの一部分がアラームを鳴らして、心を元に戻してくれる。これは疲れ果てるよね、協力的でない大きな犬を綱でコントロールしようとするようなものだから」

「でも時間がたつうちに、君は聴くことを学び、注意深く話を聴くようになる。他の人の言葉に集中し、その人が選んだ言葉によって、その言葉の奥にある想いを感じられるようになるんだ。もし自分がその人だったらどんな気持ちだろうと感じるようになる。それは君が以前よりずっとよい聞き手になってきた、という証拠だよ」

「でも、それがどうやって実際にヨンキャンの話を聞く態度を変えることにつながるんでしょう?」

改善したいところに種を送ろう

「君が話を聞いている間、あるいは聞いた後、一呼吸おいて、種を彼のほうに送りなさい。君が意識して種の行き先を方向づければ、君の心の中の種は言うことを聞く。そして結果は君が望むところに現れるよ。これを続けるんだ。ある日、家の玄関を開けると（ちょっとの待ち時間もなく）今日の仕事はどうだったかヨンキャンが聞いてくる、その日まで」

ところで、聴く技術については、もう1つ別の点があります。聴く技術のステップをもう一段昇ると、素晴らしいことが起こり始めるのです。本書に書かれていることを実践していくと、あなたの人生のストーリーは変わり始めるでしょう。

これは、私たちがいつも種をつくっているからです。毎日、どの瞬間も何かを思うたびに。いままで私たちはこの種まきについて気づいていなかったので、誰かのバッグから野生の花の種が畑にこぼれおちるように、まき方が漫然としていました。種は偶然のようにまかれていたので、その結果もばらばらだったのです。

そして、たいてい結果は悪いものでした。それは私たちが悪い人間だからではなく、ちょっとしたネガティブな思いを常に持ってしまいがちだからです。この部屋は暑すぎるだとか、今日彼女が着ている服は好きじゃないだとか。大きなことではなくても、実際、こんな小さな種たちが私たちの人生を支配しているのは単純な事実でもあるのです。リンゴの種とリンゴの木の大きさの違いに感謝するよう心掛ければ、私たちの人生はとてもよい理由によって、善いことと悪いことにあふれているのだとわかるでしょう。そして、初めて意識してよい種をまき始めると、普段はそんなことはしていなかったわけですから、突然急に良い種の割合が多くなるという大変化を起こすことになります。

聴くということにおいても、以前は聴くという種を持っていなかったのですから、急に、他の人の言葉の中にたくさんの素晴らしい意味を耳にし始めるのです。

聴き続けなさい。注意深く聴くようになると、前には気づかなかった周波数にチューニングできるようになるでしょう。人間には聞こえない音が動物には聞こえるように、新しい周波数が聞こえるようになるのです。予想もしていなかったことを他の人々から学ぶでしょう。

いつの日か、天使とだって話せるようになるかもしれません。

質問15
私の妻は本当にだらしがないのです。彼女が部屋を歩いたあとには、その残骸の跡。セーター、コーヒーカップ、ノートパソコン、携帯電話（後で必ず探し回っています）。もうちょっと整理整頓させるには、どんな種をまけばいいでしょうか。

きちんとすることは、いまの世の中ではあまり人気ではないですね。有名な映画俳優が、整理整頓上手だからという理由で人気投票の上に来たなんて記事を読んだことはないでしょう。

でも、チベットの伝統では、整理整頓はとても大事なことと考えられています。なぜなら、それはあなたの心に影響を及ぼすからです。

実際のところ、整理整頓をするのにはそれほど時間はかかりません。お皿を洗ったりベッドメーキングすることを後回しにしがちですが、それはちょっとした怠け心でしかありません。実は最近、ベッドから出た後、何分でベッドメーキングができるか計ってみたのですが、1分もかかりませんでした。

お皿だって同じです。料理研究家ジュリア・チャイルドの有名なレシピ料理をつくった後のシンク一杯のお皿だって、5、6分あれば片づいてしまいます。まだあなたの手に物がある間に、それを片づけてしまう習慣をつけましょう。

なぜ帰宅するとコートを脱いでソファに投げ、またそのコートを拾いにそこへ戻らなければいけないのでしょう。初めからコートをハンガーにかければいいのです。

これにはもう1つの大きなメリットがあります。

それは、必要なときにすぐ物が見つかるということです。カウンターの上に携帯を置いて、後で電話する必要があるときに探し回らないようにしましょう。

戻す場所を決めておくのです。電話が終わったら、バッグの中の財布の横に戻しておくのです。

チベット僧には朝起きたら、家の中を歩き回ってきれいにするという修業があります。この修業は1日の初まりに体を温めるよい方法です。僧たちは床に柔らかい雑巾を2，3枚投げて、部屋の中をスケートするように床を磨き、掃除と同時に運動をしているのかもしれません。

なにもリビングルームを完全無菌の清潔さにすると話しているわけではありません。ただ、散らかっていない、すっきりとしたエレガントな部屋にするのです。

きれいな部屋にいると心が落ち着きます。特に人生における重大なことについて考えるときに、物事がクリアに考えられます。

あなたの人生がどこから来たのか、という種の原理について考えることは、簡単なことではありませんから、明晰な心が必要です。身の回りをきれいに整えることで、心をクリアに保つ手助けになるでしょう。

毎朝、ほんの少しの時間、あなたが整理整頓をするとき、それが実はあなたの奥さんが整理整頓できるようになるために、一番効果的なことであると理解してほしいのです。

彼女をきれい好きにすることができる効果的な方法なのだと気づくでしょう。彼女を説得しようと話し合うよりもずっとよい方法だとね。これにはもう少し説明が必要ですね。

例えば、あなたが、いままで使ったことのない航空会社の飛行機に乗ることになったとしてください。乗降口で元気な客室乗務員がクリップボードを手にしてあなたを迎えます。

「すみませんが、飛行機に乗る前にこちらにご署名をお願いします」

もしあなたが私と同じように仕事上で何らかの契約をかわしたことがあるとしたら、彼女の持っている書類に目を通すため、身体をかがめるでしょう。

でも、その客室乗務員はちょっとだけその書類を自分に引き寄せます。

「大げさなことじゃないんです。ちょっとした書類ですよ」

「何の書類ですか？」

「権利放棄のための書類です。保険の権利放棄の」

「保険の権利放棄だって？　なぜ署名しないといけないんですか？」

「ご存知のように私たちは新しい航空会社なんです。多くのスタッフも新人です。飛行機の操縦もとても上手になってきて、ほとんどの場合、何の問題もなく行き先にたどり着きます」

「ほとんどの場合だって？」と、あなたはきき返します。

「ご存知かと思いますが、前に小さな事故がいくつかあったとき、被害者の親族がいろいろうるさかったんですよ、要求が多くて！」

彼女は権利放棄のための書類を持ち直しましたが、あなたは既にチケットカウンターに戻っていきました。きちんと行き先に到着できる飛び方を知っている航空会社を探すために。

初めにも少しお話しましたが、どうでしょう？

自分の命を預ける飛行機の場合だと、時々は大丈夫というのは大丈夫じゃないのと同じことです。時々しかうまく飛ばない飛行機に乗るのは、愚かな人だけでしょう。

でも私たちは毎日、毎時間、同じようなリスクを背負って生きています。うまくいくのか、いかないのか定かではないことを繰り返しているのです。

それは、私たちが物事がどう進んでいくのか本当はわかっていないという意味になります。もしわかっていれば、うまくいくことだけをするでしょう。

さあ、いまの話が、あなたの奥さんの整理整頓の問題とどう関係があるのでしょうか。

家中に広がる彼女の物でどんなにあなたがいやな思いをしているか、だらしなさについて彼女に向かって話をしたところで、それは航空会社の話と同じようなものです。

過去の経験からよくわかっているでしょう、話したって、効果があるかどうかわかりません。つまりそれはうまくいかない、ということです。

種をまくのはそれとは異なります。チベット僧がするように、毎朝少しの時間片づけをしてください。それが彼女に整理整頓を始めさせる種になります。

寝る前にコーヒーメディテーションをするとさらによいでしょう。議論も緊張感も必要ありません。

この方法が効かないことは決してありません。つまり、毎回、必ずうまくいくのです。

これが、本書を通して示されている、ダイヤモンドの知恵システム、カルマの種の方法の素晴らしい点です。

一度上手にできるようになったら、あなたの人生から不確かなことはなくなります。

いつも欲しかったものが手に入らない理由なんてありません。

がっかりすることに耐えなくてもいいのです。

時々うまくいくということは、
うまくいかないのと同じこと

SEX, PART ONE 性について　その1

質問16　セックスのときに彼にもう少しやさしくしてほしいのですが、カルマの考え方でなんとかできますか。彼のすることの大半は私にとっては痛いだけなのです。

いつものごとく、まず初めに、彼があなたにしていることの本質を注意して見極めなければなりません。これは「意図しない痛み」をもたらしているということができるでしょう。さて、もちろん彼を呼んできて座らせ、話をすることもできます。もしかしたら理解してくれるかもしれない、でも、あなたの言いたいことをわかってもらえない可能性も高いでしょう。彼はむっとするかもしれないし（というのは、男というものは皆、ロマンスにおける自分のスキルは最高だと思いたいものですから）、あるいはベッドでためらいがちになってしまって、ますます良くない方向に向かってしまうかもしれません。

そんな効果がないかもしれないことをするのはやめましょう。効くとわかっているのですから、種まきに直行します。

最もよくあるタイプの「意図しない痛み」が起こる背景には、私たちが発する言葉が関係しています。一般的に、カルマの種は3つの違う方法で植えることができます。

行動によって、言葉によって、そして思考によって。善いこと悪いことどちらの場合でもです。ほとんどの場合（例外もいくつかありますが）、種を植えるためには誰か他の人に跳ね返らせる必要があります。声を響かせるのに壁が必要で、バスケットボールを弾ませるのには床が必要なように。

行動や口にする言葉は心の動きの表れだと考えられます。私たちは何かをしたり言ったりする前に考えます。ですから、考えというのは「生の」カルマであり、いうなれば最も基本的な段階のカルマです。

完全に意図的に誰かを傷つける言葉は「カルマの通り道」あるいは「満杯のカルマ」と呼ばれます。

これらは引き金となった気持ちと、そのあと発して他人を傷つけた言葉の両方を含んでいます。

わざとではなくても人を傷つけた言葉は、意図的なものより弱いものの、やはりネガティブな種をつくることになります。そしてこれらの種は、本当はあなたを喜ばせようとしながらも傷つけてしまう恋人を産み出してしまうのです。

今後の数週間、他の人に発する言葉にとても注意してみましょう。あなたの発する言葉が他の人にどう影響するのか、敏感に感じ取ってください。

相手がどう反応しているか、表情をよく見てください。人に話す言葉すべてをコントロールするのはとても難しいことですが、練習と気づきによって、大いに改善することはできます。

私が想像するには、あなたが自分ではかわいいとかおもしろいなどと思って言っている言葉が、ときどき少し皮肉っぽくなっていて、人を傷つけていることがあるのかもしれません。一番の親友に尋ねてみてください（あなたに正直に話してくれる友達に）。

あなたが話す言葉が周りの人たちを傷つけていないかどうか。私自身もこの問題を抱えています。よく状況の皮肉さに対して少し辛辣なコメントをするのです。個人に対してというよりは世の中に対してなのですが。でも、そうしたコメントが人の気持ちを傷つけることが度々あると、大切な友人たちから指摘されたことがあります。

ですから､気を付けてもっとやさしく話してください。意識して彼にその種を送ってください。きっと彼ももっとやさしくなるでしょう。

質問17
妻はセックスに対する興味を失ってしまったようですが、私はそんなことはありません！どうしたら私たちの関係にもう一度情熱を取り戻すことができるでしょうか。

２５００年前に仏陀は八万四千もの膨大な知恵を語ったと言われています。後にそれらは書物に記されましたが、きっと18個ものタイヤがついたトラックと同じ大きさだという伝説の象の背中に乗るくらいの量のインクを使ったことでしょうね。
それぞれの巻は何千ものページからなっており、それらは普通の人間が頭の奥底で思う、八万四千もの異なるネガティブな思いに対するものだとされています。

仏陀は、私たちの多くがこれらのネガティブな思いに終始ふり回されているので、八万四千ものすべての思いに対して注意を向ける心のスペースがないことを、もちろんわかっていました。ですから、そのリストを少なくし、トップ10をあげてくれたのです。これはユダヤ教やキリスト教の伝統に基づく十戒にとても近いものです。

さて、よくない思いのトップ10に入るということは、私たちのほとんどが毎日、毎時間あるいは2、3分おきに抱えている思いだということです。

トップ10に入っている陰険な思いの1つには、他人の不運を喜ぶ人間のクセが挙げられています。映画俳優や政治家のトラブルを大喜びしたり、大変な車の事故を立ち止まって、じっと見たりします。

奥さんに情熱を取り戻してほしかったら、これらのネガティブな思いについて働きかけることが種の1つになります。あなたが置かれた状況というのは、とても欲しいものを手にすることを拒まれているということです。ということは、他の人に同様のことを願う気持ちがあなたの心の中で種として生まれてしまっているのでしょう。

この話をすると、他の人たちに対してそんな良くない気持ちなんて持っていないと言うかもしれませんね。他の人の不運に対して興味は全くない、と。でも、もしあなたがいま何らかの幸せを否定されているとしたら、事実としてこうした種をどこか内側に持っているに違いないのです。

小さな種は必ず大きな結果を産み出すという法則を考えると、過去2～3年の間の中で、1時間や2時間だけでも他の人の問題に不健全な興味を抱いてしまったとすると、それが後でもっと大きなレベルになって戻ってきたとしても不思議ではありません。

多くのケースで、このタイプの種には最後の恋人が関連しています。

私たちはその恋人と付き合っているときに、相手に対して強い思いを持っていて、そして何らかの理由で別れたとき、多分その理由がもっと強い思いを産み出したのでしょう。

過去の恋人に対してやさしい気持ちを持ち続けることを難しく感じる人は多いでしょう。胸の深いところで昔の恋人に対して、車の事故を傍観するときのような気持ち、自分と別れた後の新しい人生のどこかで失敗すればいいというような、かすかな（あるいはかすかではない）望みを持ってしまっています。

ですから、全く関連性がなさそうでおかしく聞こえるかもしれませんが、誰かが望むことを手に入れられなければいいと願ってしまうような自分の心を注意深く見つめることが、奥さんの間に情熱を取り戻すことにつながるのです。

家かカフェで、静かに自分の時間を持ち、あなたの知っている人たちすべてを1人ひとり思い浮かべてください。過去の恋人、職場の人たち、家族。そして、もし彼らが宝くじに当たったとか、仕事をクビになったなどのニュースを聞いたとき、どう感じるのか、自分の気持ちをよく見つめてください。

その瞬間にあなたの中に浮かんでくる深い感情をチェックするのです。

人生は楽ではありません。もし他の人からのサポートがなければもっと大変でしょう。そのサポートを出し惜しみしないでください。そうすれば、あなたへの愛情も出し惜しみされることはないでしょう。

質問18
私たち夫婦はベッドでの行為のとき、お互い相手にどうしてもらいたいのか話すことに難しさを感じています。
こういったことを気楽に話し合い、聞いてもらえるようにするにはどうしたらよいでしょうか。

話す相手が自分のパートナーであっても、セックスについてや性的欲求について話すことを難しく感じる人は多いでしょう。それは心の深いところで、性というものが汚く不潔なものだと感じているからかもしれません。言うまでもなく、性的衝動は人間の精神の中で最も強いものの1つであり、性的要求は非常に理性的な人間を理性のない人間に変え、自分をだまし、人を傷つけてしまうほどのものです。

他のあらゆる強い力のように（例えば料理にも使えるけれど、家を燃やし尽くすこともできてしまう火のように）、人間の性的衝動は素晴らしい方向にも導くことができます。これは『ダイヤモンド方式』という仏教の上級の教えとして知られています。

これらの教えでは、粗大なレベルの肉体と平行して微細な内なる体の存在が記されています。身体の内側は、光そのものでできた小さな経路のネットワークでできていて、これらの経路の中には命の基本となるものだけでなく、私たちの考えの基となる、かすかなエネルギーが流れています。心が身体と出会うのは、その場所なのです。

これらの経路の深いところは普段は活動しておらず、八万四千もの絶え間なく続くネガティブな感情の散乱によってふさがれています。経路の中を流れるエネルギーは思考の基礎であり、これらの経路のふさがりを通さなければ決して持つことのできない思いというのがあるのです。それは思考の中の高次の種類に位置するものです。世界全体に対する愛や、現実の働き方への深い洞察力のような思いです。

普通の人は、人生の中で2つの状況でのみ、これらの深いところにある経路が開きます。その1つは、死の瞬間。身体全体から不随意に力が抜け、すべての経路が開かれます。大小便が臨終のとき出るのはそのためです。また、この深いところにある経路は、性行為でオーガズムを感じたときにも開きます。

古代チベットの教えによると、これらを経験するときの間の数秒間、私たちは2つの最も高い思考に近づくといいます。慈悲の心と究極の理解。もし何を求めているのかをはっきりと理解し、そうしたいと心から願うのならば、身体的に愛を確かめ合う、その一番深い瞬間に、私たちは神を垣間見ることすらできるかもしれません。

このことは性的衝動の強さを説明する助けにもなるでしょう。一度性体験をすると、性にはもっと深い何かがある、人間の魂が最も高いところまで行ける可能性を秘めているのだと気づくのかもしれません。

ですから、火と同様にセックスを両側からとらえることができるでしょう。愛情や優しさのない行為のときはとても破壊的で品位を落とすものとして、または人間の魂が昇華していくためのるつぼとして。セックスは、世の中のあらゆる経験と同じように、ペンのようなものです。

自分の心にどんな種を持っているかによって、2つのとても違ったものとして見ることができるのです。

ですから、2人がシェアする肉体の関係を、2人を高揚させるよい経験にするために種を植えなくてはいけません。そうすれば自然にお互いセックスについて話し合うのをためらわなくなるでしょう。

この種を楽にまくには、1人で行うよりもあなたたち2人で誰か他の人の役に立つことをするのがよいでしょう。

セックスにおける親密さは、あなたたち2人をより近い関係にし、2人一緒なら、もっとたくさんのことができるでしょう。2人で誰かを助ける計画を積極的に立ててください。2人の絆を強く結び続けるため、もっと種を植えましょう。2人で一緒に（前の話でも取り上げましたが）おばあさんを訪ねるのもよいでしょう。

そして効果を速く出すために、コーヒーメディテーションをすることも覚えていてくださいね。ベッドでお互いの希望について話すことによって、同じ種がもっと楽に成長して実ることでしょう。

2人一緒なら、もっとたくさんのことができる

質問19

セックスの後、私の夫は10秒後には眠ってしまいます。私はもう少しの間、やさしく愛撫してもらったりハグしたりしたいのですが、どうしたら彼に起きていてもらうことができるでしょうか。

あなたの夫が眠りに落ちてしまわないようにするためには、まずカルマの種がどのように植えられたのか、また種がどんなふうに実ったのかを理解する必要があります。

私たちが何を欲しているのか、その本質を見極めることがまず最初にすることでした。この場合においては、それは活力、エネルギーです。旦那さんにもっとエネルギーを持っていてほしいのですよね。それじゃあ夫の活力をあげるために何かすればよいと思うかもしれませんが、そうではありません。

他の人にカルマの種を植えることはできないというのが一般的なルールです。自分で植えるしかない、それが種の特質です。他の人にどんなに種を植えたくても自分の種を他の人に与えることはできません。古代チベット人はそれが真実であるということを示す面白い方法を持っていました。

自分の種を植えることができるのは、自分のみ

まず初めに、この宇宙には最高の種をまくことに成功した人が、既に数えきれないほどいるといっています。そうした人たちはものすごいパワーを持った天使のような存在に既になっているのです。あなたも気づいていることでしょうが、種をまくのがうまくなればなるほど、他の人に対してもっと思いやりの心を持つようになります。

誰か助けを必要とする人がいないか探すことに多くの時間を費やすことで自然と身に付く性質でしょう。ということは天使というのはカルマの種をまく名人であり、最も心やさしい存在と言えます。

もし誰か他の人に、自分の心の中から種を1つ摘み取って、その人の心に何とか植える方法があるとしたら、そんなことは天使たちがとっくの昔にしたはずです。そうだったらあなたや私のような人が夫婦間の問題など持つはずがありません。

なぜなら天使たちは、私たちの心の中に、尽きることのないエネルギーを持ったパートナーの種を喜んで植えてくれたはずだからです。

旦那さんのスタミナを改善させるには、カルマの種を実らせる4つの方法を理解しない限りは難しいでしょう。これは「4つの花」と呼ばれている方法です。

初めの方法は、これまで一番よく出てきた方法です。

私たちの欲しいものを他に与えることによって実現させるのです。友情を与えれば、友情を受け取ります。人に対して親しく接すれば、愛情が返ってきます。もし誰かが経済的に独立するのを助ければ、自分もそうなれます。

ですから、もし活力が欲しいのであれば（活力を維持したり、もっと高めたりしたければ）、同じように思っている誰かを助けることが必要です。

活力を枯渇させる最悪のものは、ネガティブな感情です。怒り、嫉妬、他人の失敗を望むこと、欲しいものを手に入れるために他の人を傷つけたいと思うことなど。

もっと活力、エネルギーが欲しいのならば、私たちは自分の中のネガティブな感情を止めるよう働きかけ、また周りの人がネガティブな感情を持つのをやめるよう手助けしなければなりません。

方法は簡単です。ペンの概念は自分から生まれてくることを忘れないことです。腹立つようことを誰かに言われたとしたら、それは私たちの中から元々湧いてきたことなのです。なぜなら誰かに自分が言われたのと似たようなことを言ったからです。先週、昨日、あるいは今朝のことかもしれません。自分が止めれば、相手も止めるでしょう。

種が実る方法の2つ目は、習慣的パターンの中でです。

初めて嘘をつくとき私たちはためらいます。でも2度目の嘘はもっと簡単につくことができ、嘘をつくことはすぐにクセになるでしょう。

心の種が実る方法の4つ目は人生の晩期、私たちが死を迎えるときです。命が絶えていくプロセスの間、歩んできた人生の中で最もよくまいてきた種たちが前のほうに出てきて、私たちの前に新しい現実を投げ始めるのです。そして私たちはその現実に向かって進むのです。これらは5分後の現実や、いま読んでいるこの本の次の5行を創りだすのと同じタイプの種にほかなりません。

ただし、私たちが死ぬときには、こうした種の力は何千倍にも膨れ上がり、目の前に新しい世界をつくり出すほどの力を発揮するのです。ですから、そうした種は他とは違うレベルの種だと考えられています。

例えば、常に周りの人たちに嘘をついてきたとすると、次の人生では周りの人が常にあなたをだまそうとするでしょう。

でも、先ほどの旦那さんについての質問に一番対応できるのは、3番目の方法でしょう。質問3でも触れたことですが、私たちはこれをカルマの種の環境に対する影響と呼ぶことができます。

例えば、もし私たちがしょっちゅう他の人に嘘をついていると、周りは嘘ばかりになるでしょう。世界中を旅していると、『なぜ私の国には政治の腐敗が大きな問題なのか』と聞かれることが多いのですが、これがその理由です。

自分のカルマの種を与えずに、旦那さんのエネルギーを改善させるための答えがここにあります。私たち自身の活力、エネルギーを増やすには、自らがネガティブな感情を持つことをやめ、また他の人たちもそうできるように助けることでしたよね。その努力をどんどん増やしていくと、自分の活力が上がるという種の実り方とは別の効果も明白になってきます。

ごろごろ横たわる姿が消え、元気いっぱいの人々を見いだすようになります。旦那さんも含めてね。

さあ、もう何に対して努力をするべきかわかりますね。

最後に一言。もし旦那さんの頭に種を植えることが可能だったとしたら、彼がもっとエネルギーに満ちているのを見ると同時に、彼自身もエネルギーに満ち溢れている自分の姿を見ることでしょう。

そしてさらに、彼自身が他の人がネガティブな思いを持たないよう手助けをして、その人たちがもっとエネルギッシュになったならば、彼は自らの内側から自分に力がみなぎってきたことを感じるでしょう。

でも、他の人を助けていることで、周りのエネルギーが高まり、旦那さんもそうしたエネルギー溢れる世界の一部ですから、例え彼自身は疲れていると感じていたとしても、私たちは彼も活気に満ちていると思う、ということもあり得るでしょう。

それはすべてペンの概念と同じことです。この考えに慣れていきましょう。

4本の花

①人に与えたものと同じものを受け取る。
②行動は習慣になる。
③あなたの行いが、周囲の人と世の中を創る。
④あなたの行いは、あなたが踏み入る次の世界をも創る。

TRUST
信頼

質問20
付き合い始めた頃、私のパートナーはとても気楽な人でした。でも、最近異常なくらい嫉妬深くなってきました。私の携帯にメールが入るたびに、飛びかかってくるかと思うほど反応するし、どうやら私のメールも勝手にチェックしているようなんです。
私のことを信頼してほしいのですが、一体どうしたらよいでしょうか。

あなたはどうだか知りませんが、私は1日を過ごす間中、絶え間なく他の人のことをこうだと決めつけるとても悪い癖があると、師に言われたことがあります。

一例を挙げましょう。

以前職場に、私に対していつもネガティブなことを言い返す女性がいたのですが、私は彼女に嫌われているとばかり思い込んでいました。でも実は、彼女は痛みが1日中続くほど腰を悪くしていて、彼女の機嫌の悪さと私とは何も関係ないことが、後になってわかったのです。

言ってみれば、私はこの女性についてのお話を自分の心の中に勝手に書きあげていたのです。いったいどんな人であるのか、私たちの関係はどんなものなのか。そして書きあげたお話は間違っていました。

私は他の人たちについて、何もひどいことを考えていたわけではありませんが、小さな思い込みという、背景に流れる雑音のようなものにまどわされていたと言えます。この話は私たちを低レベルの放射能被ばくの話へ導いてくれます。

あるとき香港出張の途中で、私は美しい新種の宝石の原石を見る機会がありました。クリスタルの素晴らしい輝きの原石、珍しいスカイブルー色。ディーラーにその石が何の原石なのか尋ねると、ブルートパーズだということでした。

私はそれまでにも多くの異なった色合いのトパーズを見たことがありました(茶色、黄色、オレンジ、時にはほとんど色のない、水のような色の石)。でもそれらには、皆どこか濁りや曇りがありました。少し影がかった色合いのブルートパーズは本当に存在すると知っていましたが、この石は本当に珍しいものです。

なぜなら、この色の石になるためには、色のない石が何千年もの間、地下の放射性物質の横に偶然のように存在していなければならなかったはずだからです。

ディーラーによると、誰かが色のない石を青くする方法を発見したという話でした。それは原子炉でつくられた放射能にさらすことによって青くするという方法です。ディーラーは製造過程は秘密だと言い、この方法を発見した人は市場で大儲けしていると話ます。当然、私たちの会社でも自分たちで同じことができないかやってみようという話になりました。

試しては失敗、ということが続きます。

私たちは協力してくれる原子力施設を見つけ、何度も実験して美しい青色がつくれるようになりました。安全のために、原子力オーブンから出てきた石は1つひとつガイガーカウンターでチェックされます。

そして石が被ばくしすぎない方法を学ばなくてはなりませんでした。放射線をあて過ぎてしまえば、原子力管理課で「妥当な水準」とされているレベルに落ちるまで何百年もかかってしまいます。

私はこの、被ばくの「妥当な水準」というものに疑問を持ちはじめ、様々な政府の原子力規制機関に電話して尋ねてみました。

「放射能について知りたいのですが、この〈方法でつくられた〉石が安全であると確認するためにはどうしたらいいでしょうか？」

電話に出た技術者は「全然問題ないですよ」と答えました。

「そうですね、確か一度だけ、こんなケースはありましたよ。放射能をあて過ぎた石の指輪を買って指にはめていたご婦人の肌が火傷してしまったという話なんですが」

「それはどういうことですか？　どんなふうに放射能は人を傷つけるんですか？」と私。

「石の粒子が放射線をあてることによってかき回されて、合間に石から粒子が飛び出し始めるんです。こういった粒子はとてもパワフルで木でもプラスティックでも人間の身体でも、何にもない空間のように通り抜けることができるんですよ。

ときどき人間の身体に飛び込んで細胞の中の小さなDNAチェーンの1つにあたって破壊し、そうすると細胞が細かく分かれていってしまって、それが腫瘍をつくるんです。がん細胞を」

「じゃあ、どのくらいの数の粒子だったら『妥当な水準』と言えますか？　私のオフィスには妊娠している女性もいるんですが、危険があるでしょうか？」

「いえいえ、これは本当に低いレベルの粒子の放射能に過ぎないんですよ」と科学者は言います。

「でも、あなたはいま、石から飛び出た一個の粒子が誰かの身体にがん細胞をつくることがあるって言ったばかりじゃないですか。たった一個の粒子が人を殺せるとしたら『妥当な水準』って一体何なのですか？」

技術者は激しく態度を変え、言い放ちます。

「もちろん、私たちの施設は何の保証もしませんよ。うちには何の責任もありません。おわかりでしょうけど、私たちはただ政府の示すガイドラインに従っているだけですから」

それから彼は、低レベルの放射線量を持つ石がいくつか入った袋が、たとえ石の1つひとつは法で定められた基準値であっても、高レベルの放射能源となるという話を続けます。

低レベルの放射線被ばくに気を付けて

さて、どのように低レベル放射線被ばくの話があなたの夫の妄想に結びつくのでしょう。あなたは1人や2人だけの人について思い込み、勝手な思い込みから小さなつくり話をしたり、あるいは大きな作り話をして、誰かの人生を壊してしまったというわけではありません。毎日毎日、常に人々について勝手に思い込み、決めつけから来る判断をし続けてきたのです。

これらの小さな種が積み重なったときのパワーは、あなたの潜在意識の中の小さなバッグにすべて投げ込まれ、あなたを信頼しようとしてくれない、という夫のがんをつくってしまったのです。

いつものようにカルマ的な解決法がここにあります。正しく行われればの話ですが、これはとても楽しい方法です。

普段一緒に働いている人を3、4人思い浮かべてください。自分の心の中をよく見つめて、それぞれの人について自分が彼らはこういう人間だと決めつけていることを引っ張り出してみてください。

小さな想定、思い込みはまとまると一冊の小説ができてしまうくらいになることでしょう。

例を挙げてみましょう。

私は以前、ダイヤモンドのディーラーであるハサドという男と働いていました。ハサドはイラン出身でした。私は彼のことを、お金への執着が過労と心臓発作の原因となって、しまいには集中治療室に行くことになるような、救いようのない物質主義者だと思い込んでいました。

ある日のこと、ハサドは私にモスクを訪ねてみたくないかときいてきます。そこで私はモスクで礼拝していた多くの人と話す機会に恵まれ、ハサドがモスクで重要な存在であること、また彼が皆の祈りを導いていることも知りました。

彼が宝石業界に入った理由は、コミュニティーの皆が礼拝を行える場所を建てて、維持したかったからでした。また、伝統的な義務として、貧困者に定期的に給料の何パーセントかを寄付するということもディーラーとして働く理由の1つでした。

彼は変装をした天使だったのです。この例は素晴らしい、神聖な物語を書くための技を磨く話につながってきます。

チベット人は何世紀もの修行の結果、小さな思い込みや決めつけから逃れる方法を見つけました。こうした思い込みや決めつけは旦那さんの嫉妬をつくる原因となっているものです。

まず初めに、先ほどお話ししたように職場の3、4人について、あなたが思い込むことによって勝手につくってしまった話をまとめます。彼らがあなたの目にどんなふうに映っているのか、という思い込みによってつくられた話です。

そうしたら次に、それらの話をそれぞれ書き直してほしいのです。叙事詩でも、小説でも構いません。騎士や貴族の話に替えてもいいんです。実利主義者のハサドが実はイスラム僧、イスラム教の慈善家であったという話のように。

その話が実は本当であるかもしれないし、そうでないかもしれないでしょうか。それがこの物語づくりの目的です。他の人がどう考えているかは本当にはわかり得ない、ということを認めるということ。気づくべきなのは、新しく書き直した美しいお話は、以前描いていた自分の思い込みや決めつけによるネガティブなお話と同じくらい、事実に合っているだろうということです。

職場の誰かはコーヒーを何倍も飲んでいるようで、あなたはそれを習慣に流されているのだと思っているでしょう。

さあ、ここで違うお話を描いてみるのです。

彼の家にはサムライの師がいて、あなたの街の悪い地域にいる何人もの罪人を刀の技で負かすよう訓練しなければなりません。

ときには他の秘密のサムライ組と夜明けまで決闘になることもありますし、ときにはあなたの家族やほかの人々を守るため外で見張りをしてくれています。コーヒーをたくさん飲まなくては、とてもこの24時間のスーパーヒーローとしてのシフトはこなせません。

つくった話が実際にはちょっとあり得ないことに思えても心配しないでください。

チベットではタクペイ・ネルニャー（Takpay Nelnjr）と呼ばれているものです。空想のヨガ。美しい空想の世界をつくり、そのことについて充分長く想像することができれば、私たちの心の中に種がまかれます。これらの種が実る頃に、その空想は現実のものとなるでしょう。

このことと、先ほど話した物事を望むときの態度との違いに注意してください。

ペンは私たちの内側から現れるものですが、これは目を閉じて望みを心に思い浮かべれば大きなダイヤモンドの指輪が突然現れる、という意味ではない、と言いましたよね。

私たちがこういう人だ、と決めつけていた人物について他の人物像を描き始めるとき、どのように種まきが働きかけるのかいつも心しておくべきです。

そうした空想を習慣にすることで、種をまくことになり、その種が心の中で開いたとき、空想が何らかの形で現実のものになるのです。

望みを持つことはいいことです。でもその望みは、必要なところに必要な種をまいたときにだけ実現します。そうするためには誰かを助けるため何かをする必要があるでしょう。

誰かに対して好意をもつ、その人が自分が思い込んでいたよりも素晴らしい人だと思う、ということだけであったとしてもよいのです。

質問21

パートナーの彼は私に話してくれていないことがたくさんある気がします。ときどき部屋に入ると彼は携帯メールのメッセージを誰かに書いているのですが、私が誰宛てのメールなのか聞くだけでとても不機嫌になります。

私は別に彼の生活を詮索したりコントロールしようとしているわけではないんです。ただ、私にもっとオープンに接してほしいだけなのです。

どうしたらよいでしょうか。

この質問はミッシェルという友人から受けたものです。彼女のパートナーに会うためにニューヨークのユニオンパークのそばを一緒に歩いているときのことでした。ミッシェルは続けます。

「そりゃ私たちは2人とも、同僚や友達にたくさんメールはするわよ。でも、彼には誰かと何かが起こっている様子があるのよ」

「例えば、どんなこと?」

「そうね、彼は携帯をじーっと見つめてすごい勢いでメッセージを打ってるわ、無言で、やたらにやけながら」

「にやけるのは別にいいんじゃないの」と私は応えました。

「ええ、でもこれは真剣な話なのよ。例えばこないだ、上司から電話があって、私を解雇することを考えているって言われたときのこと。電話が終わって、私は心配で胃がねじれそうになってるっていうのに、ダイニングテーブルのほうを見ると、彼はまた馬鹿みたいににやけながら携帯メールをしているの」

「私、クビになるかもしれなくて、家賃が払えなくなるかもしれないって、彼に言ったのに、彼は何にも聞こえてないのよ。私たちはカップルとしてうまくいってないから。だからきっと私と関係ないことで彼が嬉しそうにしているとイライラするんだと思うわ。一番彼を必要としているときに、目の前に座ってるのにいないも同然みたいなパートナー…それがとても辛いの。どうしてこうなるのか、答えをホントに知りたいわ」

「わかったよ」と私はお決まりのスタート地点、スターバックスの4ステップの1つ目から話を始めます。

「じゃあミッシェル、君は何を望んでいるのか、一言で言ってみて」(こう言っても、10個くらい長い文章で答える人が実はすごく多いんですよ)。

「私はただ彼に本当のことを言ってほしいだけ。真実がはっきりとすれば、それに対して何かできるし、誰か他の人を探し始めることだってできる。真実を知らないっていうことが死ぬほどつらいのよ」

「わかった。それなら簡単なことだよ」

「どうしたらいいの?」

「スイカがほしければスイカを植える。人に真実を言ってほしいのなら、自分も人に真実を言わなきゃいけない」

ミッシェルはほっとしたように見えました。

「わかったわ。皆に本当のことを言うようにする」

私は頭を振りました。ああ、そんなに簡単だったらいいのですが。

「ちょっと待って。本当のことを言うってどんなことだと思ってるのかな？」

「それは、えーっと、うそをつかないってことじゃないかしら。」

「それだけじゃ充分じゃないんだよ。チベットに古くから伝わる書物に、真実を言うとはどんなことなのか書いてある。誰か、例えば上司が、職場で君に何かちょっと乱暴なことを言ったとしよう」

「いいわ、それはよくあることだから、想像しやすいわ」とミッシェルは顔をしかめます。

「君はオフィスの誰かに、上司との間の小さな揉め事について話したくなるだろう。コーヒーマシーンのそばの片隅で、何が起こったのか同僚に話し始める。誰かに自分の身に起こったことを話すときはいつも、その出来事がどんなだったか記憶をたどってつくったイメージや画像を思い浮かべながら話すんだよね」

ミッシェルは少しの間考え込んでから、頷きます。

「そうね。そうだと思うわ」

「いいね。ということは、君が誰かにそうした出来事を話すときは、君が自分の心の中で思い起こしているその場面について語っているっていうことになるよね」

「そうね」

「よし、ここに真実を語るということはどういう意味なのかが関わってくるんだ。君は友達に上司が何をしたのか話し始めると同時に、その場面のビデオ画像が心の中で再生し始めるんだよね」

ミッシェルは考え始めました。

「ええ、そうね。そんなふうに考えたことはなかったけど。私の心の中と友達の心の中で、２つのビデオが並行して再生されるっていうわけね」

「そのとおり。さあ、ここで質問だけど。友達の心の中で再生されたビデオは、君の心の中のビデオとどの程度マッチしているだろうね？　彼女に話をする間、君が言葉を選んでいるわけだけど、その言葉が友達の新しいビデオをつくる手助けをしているんだ。友達自身がその出来事に対して持った印象によるビデオをね」

「真実を語るということは、友達が君の心の中にあるビデオと全く同じものをつくれるように、ものすごく注意して言葉を選ぶということなんだ。これはどうでもいいことじゃないよ。意味のあることなんだ。誰かに何かについて話すとき（特に強い感情を持ったり怒りを感じたりしているようなことについて話すとき）は次の２、３週間、他の人が君にどんな話し方をするかに関わる種をまいているんだからね。
できる限り自分が知っている真実に忠実な形で君が知ることができるように、他の人たちがどれだけ注意を払って話してくれるか、ということに関する種をまいているんだ。君のパートナーも含めてね」

私はそう言って話をまとめ、しばらく黙っています。こういった話が腑に落ちるには時間がかかりますから。

「あぁ」とミッシェルが声を上げます。話を理解できたようです。

「真実を上手に伝えるということ、つまり相手の人がどんなふうに話を聞くか想像して、自分とまったく同じイメージがその人の心の中に描かれるよう注意しながら話すと言うことは、とても大変なことだわ」

「でもそれが、真実っていうものなんだ。もしこれからの2、3週間、真実の種を注意してまけば、例えば職場の人たち皆に対して話すときなどにね、家に帰ったときパートナーは君に正直になってくれるよ。交渉も言い争いもいらないし、彼を問いただす必要もない」

ミッシェルは頷きます。そのときふと私は、ミッシェルは本当は真実など知りたくないのではないかという気がしました。

グレイドッグにたどり着き、ミッシェルのパートナーが座っているのが見えました。コーヒーが私たちを待っています。

「ところで、彼が君に伝える真実が、聞いてうれしくなるようなことにする種をまくことだってできるんだよ。例えば、実はメールなんかしていたんじゃなくって来週の君の誕生日に演奏してあげようと思って歌をダウンロードしていただけかもしれないよ。

そんなことが起きてほしいなら彼を忠実にさせる種について知らなくちゃね」

と言い、質問6でお話した、パートナーにいつでもあなたのそばにいてもらう方法について彼女に教えたのです。

LOOKS
ルックス

質問22 私は夫を愛しています。でも本当のことを言うと、馬鹿げているとわかってはいますが、彼の耳は大きすぎるんじゃないかといつも思っているんです。こんなこと、カルマでなんとかできないですか？

このタイプの質問の最高（あるいは最低）バージョンをきいたのは、あるビーチでのことです。

ビジネスマンの団体相手にプレゼンテーションを頼まれて訪れていたリゾート地で、友人のジェフと波打ち際を歩いていたときにきかれました。

「ところでジェフ、一体いつリタと結婚するんだい？　付き合って何年も経つよね。リタは結婚したがってるみたいじゃない」

「あぁ」ジェフはちょっと恥ずかしそうに見えます。

「リタは本当にいい子だよ。でも…ずっと思ってたんだけど、もうちょっと…」と、もごもご何か言っています。

「もうちょっと何だって？」

私が知る限りでは、ジェフは恥ずかしがりやではないはずです。リタが日焼けを楽しんでいるビーチを見ながらジェフは続けます。

「いや、あのさ、もうちょっとビキニが似合う子だといいのにって思うんだ」

私はリタを新たに見直してみました。

「ジェフ、はっきり言うけど、ちょっとくらい胸が小さいからってあんなに魅力的な素晴らしい女性を逃しちゃうの？」

「あぁ」と言う小さな声だけが彼の出せる言葉でした。

私はジェフに心底がっかりしましたが、でもこういうことは、誰も私に話さないけれど、カップルの間に常に起こっていることなのかもしれないとも思いました。

何百人もの男性、女性と話してきましたが、どんなに愛し合っていても、関係がうまくいっていても、男女ともにお互いパートナーがちょっと違ったルックスであればいいと望んでいることは、よくあることだと気づいたのです。

私が次に何を言うか、あなたが予想していることはわかりますよ。結局のところ、私は仏教の僧侶ですから、誰かを見た目で判断するなんてそんなことはしないはずだ、と。

ただし、望むとおりに見た目を変えることはいつだってできるのだとしたらどうでしょう？

すべては変えられる

あなたが何を思っているか聞こえますよ。あれあれ、行き過ぎだな。耳を小さくしたり、胸をもうちょっと大きくできると信じさせようとしている。

気づいてください！　ペンの概念の話でもう見てきたではないですか？　これを理解しなくてはいけません。あなたの周りのものすべてがどう見えるかは、あなたの側から来た概念なのです。周りのものの概念からではなくて。それには、恋人のルックスも含まれています。もし旦那さんの耳のイメージがその耳自体から生まれてくるものならば、それを変えることは不可能です。

でも彼の耳は、あなたの心にまかれた種から現れたものであるのなら、もちろん変えることはできますよね。

「ジェフ、よく聞いて」と私。

これは彼のため、そして皆さんのためにも注意深く言わなくてはなりません。

「もし私がペンを手に持っていて、部屋に犬が入ってきたら、犬はそれをペンだと思うかな？　それとも犬にとっては他のものに見えるのかな？」

ジェフは頷きます。彼はこのペンの話を私の講演会で５００回くらい聞いたことがありますから。

「人間にとってはペンだけど、犬にとってはおもちゃだよ。そしてそれは両方とも正しい」

「なぜなら…？」

「なぜなら物をどう見るかは見る人側から来ているから。実際、犬と人とでは違うものを見ているっていうことが、ペンの概念は見る人側から生まれてくることを証明している。もしそうでなければ犬が小説を書いたり、人間がペンをかじったりしてしまうよね」

「ということは…どんなふうにものを見るか、見方を変えることもできるということ。心に違う種を植えることでね」

私は彼がよく理解できるよう、少しの間待ちました。ジェフは満面の笑みを浮かべ、ビーチのリタを見ます。

「うーん、本当かい？」

「他のことと同じだよ」

「オーケー。じゃあどうしたらいいのかな。胸を大きくする種って何だろう？」

もしあなたがこの質問をくだらない、とんでもない質問だと思うのならどうぞ考えを変えてください。あなたの周りのものは、本当にすべてあなたの心にまかれた種からきているのです。すべてのものが、です。

そうです、すべてのもの。ということは、すべてのものは変えられるということです。種の仕組みを知り、やり方さえわかっていれば、奇跡は全く不可能なものではありません。

私は以前、ときどきお笑いの仕事をしている友達から薦められて、面白いビデオを見ました。そのビデオに出ていたコメディアンの名前は覚えていませんが、私がここで彼のネタを書いたことで著作権侵害だって訴えられないとよいのですが、この話題にはもってこいの良い例なので書いてしまいます。

２人の男が飛行機に乗り込みます。何らかの巡り合わせで、彼らは隣同士に座ることになりました。飛行機は離陸し飛行し始めると客室乗務員がアナウンスします。

「飛行中にワイヤレスでインターネットができる最初の航空会社であることを喜んでお知らせいたします。どうぞお楽しみください！」

飛行機の中を感嘆の声が飛び交い、10秒もしない間に30ものノートパソコンがどこからともなく現れました。皆がオンラインです。

「何だよ！」と、先ほどの2人の男の1人が声をあげます。

「信じられないよ。遅いったらありゃしない！　あいつらはこんなのをワイヤレスっていうのかね」

もう1人の男、男（2）は読んでいた新聞からゆっくりと視線を上げます。

「ちょっと待てよ。世界中のどこの航空会社だってまだ飛行機の中でワイヤレスのネットはできないんだよ。なのに君は遅いだなんだって文句を言うのかい？」

「ああ、そうだよ」男（1）は言いました。

「何百万人っていう人が１００年も飛行機に乗ってきて、初めて世界の人と瞬時に、それも無料で連絡が取れるっていう、歴史に残る飛行機に乗ってるのに、ただ遅いからって文句を言うのかい？」

「ああ、そうだよ」と男（1）は言い張ります。

男（2）は少し興奮してきます。

「何考えてるんだよ！　見ろよ！」と男（2）は男（1）の襟首をつかんで空を指さします。

「あの小さいシグナルが行き先までどんなに遠い道のりを行かなきゃならないかわかってんのかい？　サテライトのことを言ってるん

だよ。俺たちより240kmくらい上にあるじゃないか。君のちっぽけなメールがあそこまで行って戻ってくるのに2秒かかるからってむかつくなんて、君はどうかしてるね」

この時点で、男（1）は、ただ男（2）の目を見つめるばかりでした。ちょっとおかしい人の隣に座ってしまった、と怖れているように。男（1）は何も言えなくなります。

「それにだね。いま現在起こっている奇跡について、少しは不思議だと思わないのか？　君がいま座っている椅子は固い鉄からできてるって知ってるかい？　なのに薄い空気の中をこの鉄の椅子に乗って鳥みたいに飛んでるんだ。それも鳥より全然速くね。歴史上ずっと、250年位もの間、人間が夢見てきたことをやってるんだよ。薄い空気の中を飛ぶってことさ。この奇跡にもっと尊敬の念を抱けよ！」

男（2）はうんざりしたような顔で男（1）の襟首を離すと、読みかけの新聞に戻ります。

私たちは男（1）のようなものです。私たちの周りにあるほとんどすべてのものは既に奇跡のようなものだということに全く気が付いていないのです。空は奇跡だし、水も奇跡です。命も奇跡です。

奇跡はいつでも私たちの周りにあります。それは私たちの心の中の種が起こし続けていることなのです。

そう考えれば、もう1つの奇跡を起こすのはそんなに大したことではないでしょう。正しい種を植えればいいだけです。

種を使えば、奇跡は可能

まあ、このケースでは種はちょっと予想外のものではあります。最後にはちゃんと意味がわかりますが、すぐに想像ができるようなことではないでしょう。

あなたが望むことは、(耳なり、胸なり)いま現在あなたには美しいと思えていないところに、美しさの種をつくりたい、ということですね。美しさがほしいのなら、美しさを与える必要があります。

これには、あなたが人に話をするときに秘訣があります。

1日を過ごすときに、どんな小さいことでも、人を褒めるチャンスをつかんでください。あなたの周りの人を励ましてください

誰かがしていることでいいこと、素晴らしいことはないか、よく注意を払って見て、そしてその人たちにそれを伝えてあげてください。

悪いところを探す代わりに。何もわざわざチャンスをつくろうとしなくても、一度あなたが気が付き始めれば、奇跡のチャンスはそこらじゅうにあります。

他の人のいい部分を強調するということを、あなたの人生における強い癖にしてください。生まれ持った性格のようにしてしまうのです。

いつも自分が植えている種について考え、意識してその種を、もっと美しくあってほしいと願う人に送るのです。

そうすれば、相手は美しく変わるでしょう。

でも、悔しいことがあるのです。ジェフにこの話をしたあと、6か月くらいたってから電話があって、結婚式に出てくれるよう頼まれます。

「結婚式って?」と私は声をあげます。

「ぼくとリタの結婚式さ。結婚するって前からわかってただろう?」

驚いたようにジェフは言います。

「だって…今年の初めに泳ぎに行ったときのこと覚えてるかい?」

私は、あのときの話をどう持ち出していいのかわかりませんでした。

「ああ、行ったね」

「でさ、覚えてる? ほらリタのビキニ姿について君が言ったことをさ」

「そりゃ覚えてるよ! あんなにビキニ姿がかわいい子は見たことないって言ったことだろ? ぼくがリタにぞっこんな理由の何百万個のうちの1つだよ」

「あぁ、ジェフ、わかったよ」と私はため息をつきました。

どうなるかわかってはいたのです。種を変えて、正しく植えると、パートナーへの見方が変わるだけでなく、以前どう思って相手を見ていたのかを忘れてしまうのです。

だからある意味、いまのジェフは正しいのです。リタのスタイルは完ぺきだと前からずっと思ってきた、ということになるのです。種を正しく植えることはとてもパワフルで、昔のことまで直してしまうのです。

ただ1つの問題は、この場合、私は何も感謝されないということでしょうか。状況を変えるための種の話をする前に問題だったことを、皆すっかり忘れてしまうのですから。

まあ、職業上の避けられない問題ですかね。でも人々がずっと欲しかったものをすべて手に入れるのを見れるというのは、本当に嬉しいものです。

COMMUNICATING, PART ONE
コミュニケーション その1

質問23
私と夫が会話をするときは、いつでも夫が全体の90％位話していて、残りの10％が私の話す分、という感じです。そして私が話しているときにさえ、彼は話を横取りしようとするんです。何度も夫にそのことを指摘しましたが、彼は一度口を開いたら最後、注意されたこともすっかり忘れてしまいます。一体どうしたらいいでしょうか。

この質問はサンディエゴに住むメアリーという女性から受けました。私は義理の母を訪ねるためと、ヨガを教えるのに役立つだろうと解剖学のクラスに参加するためサンディエゴを訪れていたときのことです。

まずメアリーが何を一番望んでいるのかを明確にできるように話を進めます。

「メアリー、基本的に君の旦那さんは完全に自己中心的だよね。自分が会話をすべて奪ってしまっていることに気がついてもいないし、君にだって何か言いたいことがあるってことを考えてもみないんだから。だから君が話している途中でさえぎってしまうんだろうね。話をさえぎるということに働きかければ、彼がどんなに自己中心的か気がつかせることができるよ。一言でいうとしたら、君が望むことは、彼が君の話を邪魔することをやめさせたいっていうことでいいかな？」

「ええ」メアリーは即答します。

「でも、1つ言っておきたいのですが、私は夫のことを本当に愛しているし、彼の話を面白いと思ってはいるんです。ただ私にも話したいことがあるんだっていうことに彼が気づくよう、もうちょっと繊細な神経を持ってほしいんです」

「わかった。じゃあ『4種類の食べ物』から始めよう」

「食べ物ですか？」とメアリーはきき返します。

「そうだよ！　古代チベットの本に4種の食べ物についての記述があるんだ。健康で幸せであるための4種類の食べ物」

「それはどういう…」

メアリーはこの話が何にどう結びつくのか困惑しているようです。

「よし、いいかい。4つのうちの1つを例に挙げるよ。第1の食べ物は『噛むことのできる』もの。これは単に物質的な食べ物のことで、噛みつくことができ、噛みくだくことができるリンゴひとかけのようなもの。身体を維持していくために必要な、燃料としての食べ物だね」

「第2の必需品は睡眠だ。1日か2日眠らないだけで人間はフラフラになるよね。身体にも精神にも睡眠は必要だから」

「第3の必需品は希望。古代の本にはこう書いてある。馬がサハラ砂漠の真ん中で動かなくなってしまった。2、3日の間、水を求めてさまよい、のどの渇きのために息絶えてしまう直前に、水のにおいを感じます。丘を這うようにして昇ると、芳しい香りのする小さな湖のあるオアシスが眼下に広がっていた」

「この話の大事なことはね、どんなに遠くても、馬は水のほうに降りて行くだろうということさ。自分の命を助けてくれる水を目の前にして死ぬことはしない。馬の身体は朽ちてしまうかもしれないが、希望は、馬を最後の100ヤード歩かせるのに充分だ。希望は彼を歩かせる。希望は私たちを生かし続けることができる、ということ」

メアリーは少しの間考えて頷き、思いにふけるように言います。

「考えたこともなかったけれど、希望っていうのは食べ物のようなものだったのね」

「さあ、最後の食べ物だけれども、それは何かに専心しているときの瞬間だ。陶酔しているとき、心の深いところで平和を感じ、心静かなとき、歌に聞き惚れているときや、本当に面白い本を読んでいるときや、特別な誰かの腕の中にいる瞬間」

「急に上司が現れて余計な仕事を押し付けられたり、子どもが泣き出したりして、こうした心静かな時間を引き裂かれて、深い満足感のようなものから引き離されてしまうと、私たちの身体と心の中に傷が残るんです。絶え間なく心の平安を邪魔されている人は2、3日間眠っていない人と同じくらい怒りっぽくなってしまうんだ」

「ここで私が言いたいのは、自分の話したいことを、彼に邪魔されずに言い終わらせることが絶対に必要だということ。これはマナーがどうこうっていう問題じゃなくて、君の心身の健康のために本当に大切なことなんだよ」

メアリーは再び頷きます。その通りと思っているだろう彼女の目には、同時に疑問も見てとれました。

「彼だけじゃない。皆そうなんだよ。私たちは皆他の人の邪魔をしてしまうことがあるでしょう。職場で誰かの話をさえぎっているかもしれないし、夕食中に携帯を取り出してメールを送ったりするかもしれない。とにかくメールしすぎだよね。床を歩くときにどれだけ靴がうるさい音を立てるかとか、ドアを閉めるときの音、他の人にちょこっと話をするときの声の大きさだって、他の人の邪魔になることがあるでしょう？」

「それじゃあ、誰の邪魔にならないようにものすごく注意しなければいけないってことでしょうか？他の人の邪魔をすると、夫を通じてそれが返ってきてしまうから」というメアリーの言葉に私は頷きます。

「とっても小さな邪魔さえも注意しなきゃいけないですよね。自分がひどく邪魔されているってことは、小さな邪魔の種が大きく育ってしまった結果ですから！」

「そのとおり。それからもう1つ大事なことがあるよ」

「何でしょう？」とメアリー。

「積極的な解決法も試すべきだよ。他の人を邪魔しないようにして、悪い種をまかないことも大切だけど、他の人たちが深い心の平安と静けさを味わえる時間をつくってあげるということも大切なんだ。君が毎日できることを考えてみてごらん。例えば、君の子どもたちが静かに深く何かを楽しめる機会をつくるんだ。緑や木々、水辺、空と風が楽しめるところに一緒に散歩に行く習慣をつくるとか、ビデオや音楽のダウンロードから離れて、休息の静かな時間を徐々に楽しめるようになることに気が付くだろう。これは実は瞑想にとても近いことなんだ」
「そうするには、私自身がたまには静かな時間を楽しむことを覚えなくてはいけませんよね」とメアリーは感慨深げに言い、私は頷いたのでした。

質問24
なぜかわかりませんが、私の夫はときどき「無視」モードに入ってしまうんです。そんなときは私が何を言っても一切返事をしません。
私たちの会話がうまくいくようにするにはどうしたらよいでしょうか。

私たちのほとんどは親しい間柄の人と、この質問にあるような状態に陥ってしまったことがあります。例えば、前の晩よく眠れなかったからというような理由で、2人のどちらかの機嫌が悪く、翌朝の朝食の時間には既になんとなくぎくしゃくした感じになってしまい、楽しい会話がはずむことはないでしょう。
そしてお昼までの間にきつい言葉のやり取りがいくつかなされてしまい、午後の間中、さらにもっと長くてもっときつい言葉が飛び交うことになります。そうすると、2人のうちのどちらかは怒りやイライラの結果、もう話すのはやめようと決心してしまいます。

「もうこれ以上君を傷つけることは言いたくないんだよ」というわけですが、皆さんご存知のとおり、実は話さないことはまた別の意味で相手を傷つけるのです。

なぜこうしたことが起こるのか、その原因と結果を理解し始めれば、コミュニケーションの障害物を取り除くことができるでしょう。

表面的に見れば、睡眠不足が最初に朝食時のぎくしゃくした雰囲気をつくり、それが午後の言い争いに発展し、夕方までには沈黙をつくりだしたと言えます。

では、それを正すためにはもっと睡眠をとればいいのでしょうか。どうでしょう？　違いますよね。

ここで、木の中に働く原因と結果について見ていきましょう。

木は土から段階を踏んで成長していきます。初めに土の下で種が割れます。そして地上に芽が出てきます。次に小さな幹、それから最初の低い部分の枝。高いところにも枝が出てきて、最後に葉が茂り実をつけます。

低い部分の枝は高い部分の枝とどう繋がっているのでしょうか。

高いところの枝は同じ幹から低い枝の後に出てきました。午後の口げんかの後に、同日夕方の意地悪な沈黙があったように。

でも、私たちは低い枝が高い枝を成長させたと本当の意味で言うことはできません。低い枝から高い枝は生えてはいないのですから。

たくさんのことが続いて起こっているのですが、それは幹を通じてのことであり、その幹はもともと種から出てきたものです。

何を言いたいのかというと、夕方にパートナーが話をするのを拒むという事態が起こっているときには、過去を思い返さなければならないということです。沈黙は午後のけんかが原因ではないし、朝のぎくしゃくが原因でもありません。

前日によく眠れなかったからでもありません。

深いところに植えられた種に、すべての原因がある

多分これらの出来事は(これらの枝々は)元々の大きな種から始まっているのでしょう。朝に起こったことが夕方起こることの原因ではないのかもしれません。両方とも1つの、もっと昔のことが原因となっているのかもしれないのです。

それがこの『愛のカルマ』で強調する大きなポイントです。1日を通して起こっているすべてのことは、ずっと以前に植えられた大きな種に由来しているのです。夫を責めたり、よく眠れなかったからと言ってマットレスを責めないでください。どちらもあなたが昔植えた種から起こったことなのですから。

さあ、それがわかれば、睡眠を妨げている種や誰かに無視される種に働きかけることができるでしょう。シチュエーションごとにその原因となる種を見極め、それらの種を1つひとつ対処していきます。

すべてをいっぺんに片づけようとしないことです。

あまりにたくさんのことが起こっていますから。初めに1つを選び、それが終わるまで対処し、そして次に進んでください。

最終的には、これらの種は皆関連しあっているのです。すべての出来事がどこからやってきたのか理解できていなかった、という根本的な問題から生まれてきた種です。ということは、1つの種について対処できれば、他の問題への対処がより簡単にできるようになる、ということです。

もうおわかりですね。初めに沈黙について対処しましょう。睡眠不足よりも嫌なことですから。1つのこと（睡眠不足）がもう1つのこと（沈黙）を必ずしも生じさせたのではないことはおわかりですね。仲良しの友達と夜中じゅうずっと出歩いても、翌朝コーヒーとクロワッサンの朝食を楽しくおしゃべりしながら楽しめたことはありませんか?。

古代チベットの本では、それが「夕食は何かい?」という質問でも、「宇宙はどこから来たのか」というような質問であっても、人に対しては速やかに、思いやりを持って応えるということに、とても重きを置いています。

さて、それではどうすればいいかというと、これから2、3週間の間、誰かがあなたに何かを話しかけてきたらいつでも、相手の話を注意深く聞き、よく考えた答えを相手に返すように気をつけてください。私たちはときどき質問（メールを含む）を難しいと思ったり、面倒だと思ったりして避けます。他にもバカバカしいと思ったり、おもしろくない話題だと感じて避けることもあります。

でも、質問をしている人にとっては、その質問は大切できちんとした答えをもらう価値のあることなのです。そして夜、うちに帰ったら、新しく植えた種のことを考えてコーヒーメディテーションすることを忘れないでください。話をしっかりと聞くことを覚えれば、誰かがあなたに投げかけたどんな質問の裏にも知性のかけらが見つかります。優雅に答えるのです。そうすれば、あなたの夫は頼まれなくとも、自ずとあなたへの冷たい沈黙をやめるでしょう。

質問25
僕の彼女は、僕がどんなアドバイスをしてもすべて無視します。それがすごくいいアドバイスであっても、ちょっとしたことだとしても、受け入れようとしません。
彼女が僕の言うことをちゃんと受け取ってくれるようにするためには、どんな種をまけばいいんでしょうか。

私の友人トニー本人を知らなくても、トニーのような人が知り合いの中にいるでしょう。この問題の種がどこからきているのか、天才じゃなくてもわかるでしょう。1日中、何を言っても彼はまったくそれを聞いていない。それはもちろん、自分も人の話を聞いていないことを意味するのです。


「多分、君だって他の人の提案を聞かないいんじゃないかい?」と私は言ってみました。

「例えば?」と彼は非難するように言います。

私はため息をつきました。まあ、試してみましょうか。

今日は人の提案に対してもっとオープンになろうと心に決めます。これでもしかしたら彼の心を開くのに十分な種ができるかもしれません。

「いいかい、トニー、種のことはよく知っているよね」

彼に種の知識があることを私はわかっています。もう10年以上も私の講演会に来ているのですから。

「うん…」とトニーは頷きます。

「じゃあ、君のアドバイスを彼女が聞き入れるようにするために、植えなきゃならない種はどんなものだと思う?」

「まあ、自分も人の意見を無視しないでちゃんと聞くってことだろうね」と答えます。

ここで話を終えてそのままにしておいてはいけない、ということを私はいままでの経験で充分にわかっています。事細かに計画を立てなくてはいけないのです。そしてとにかく実行してみれば、何もしないよりも、はるかに楽しいのです。

「君は確か職場の部署では部長だよね」と私は言いました。

「ああ、そうだよ」

「よし、じゃあ3つのステップをやっていくことにしよう。君の部署ではいま大きいプロジェクトを抱えてるかな?」

「ああ。いまマーケティングビデオをつくっているところなんだ。そのビデオの編集にどのソフトウェアを使うかってことでかなり議論になっているんだけどね」

「そうか。そしたらそれをステップ1にしよう。君には他の人の提案を無視するのをやめるだけじゃなくて、部下の1人ひとりにどのソフトウェアを使うのがいいと思うか意見をきいてほしいんだ」

「わかった、オーケー」とトニーは言いますが、その答え方はちょっと早急すぎる気がしました。

トニーの上司が、部下の提案を聞くよう何百回もトニーに頼んだときにそんな受け答え方をして、そうした部下の提案が最終的にどうなったのか容易に想像することができました。

「そして、次の週にスターバックスで会おう。部下の提案の中で君がいいと思ったものを3つ挙げてほしい。それがステップ2だ」

「いいよ」トニーはちょっとおでこにしわを寄せて顔をしかめています。

その様子は、彼がこれまでに部下の意見をきちんと考慮する習慣がなかったことを物語っていました。

「そして第3ステップは、その1週間後。その3つの提案のうちの1つを実際にやってみてほしい」

トニーの表情からこれは行き過ぎてしまった、と感じます。現実を見なくてはいけないですね。

「ねえトニー、君は彼女に自分の提案を受け入れてほしいんだろう？　そう言ったよね？」

このセリフは効果がありました。

「わかってるよ」

トニーは決心したように言いました。肩を丸めて。

まだ話は続くのですが、彼はこれでこの話は終わったと思ったようです。

「それから、功績の話があるけど」と私は続けます。

「えっ？　功績と何が関係あるの？」

「大ありだよ。君は強い種を植えたいんだよね。君は本当に彼女に君の意見を受け入れてもらいたいんだよね。そのためにしなくちゃいけないことが最後にもう1つあるんだよ。他の人たちからの提案を望むだけでなく、もらった提案をよく考えるだけでなく、その提案の中から一番いい案を実行するだけでなく。

誰かの提案を実行に移して、それが成功したら、その提案をした人がその成功の功績を認められるように、必ず心がけてほしい」

なぜなら、おわかりでしょう。私たちの多くは、いまお話してきたようなステップを踏むことをなぜか躊躇しがちだからです。

まず初めに、私たちは自分がどのように行動すべきか、それぞれ独自の考え方を持っています。やろうと思っていること、やらないと決めていることなど。他の人たちが提案した多くのことは、ほとんど既に考え済みですし、様々な理由からその案はうまくいかないだろうと初めから決めつけていたりします。

でも考えるのが面倒だからとか、それを実行に移すためのプロセスが面倒というだけでやろうとしなかった提案もたくさんあります。

もし、他の人たちに私たちの意見をもっとオープンに受け入れてほしかったら、他の人たちからの提案を過去に実際に試したら、なかなかうまくいったことがある事実をきちんと認めるべきなのです。

少なくとも、誰かの提案の最初の段階を考慮してみることや、あるいは既に予定していたプランにその提案を組み込むことができないか考えてみるのです。

他の人たちと協力できる道を探しましょう。

特にある意味、あなたが本来管理する立場にある部下たちと対等に協力できる道を見つけるのです。

そして、彼らの提案を受け入れてうまくいった場合には、彼らを賞賛し、評価することを恐れないでください。

それこそが、あなたの上司、そして彼女からも信頼を得るための最高の種なのですから。

TENSION
緊張感

質問26

私はこれまでに交際してきた相手といつも同じパターンを繰り返しているようです。馴れ合いになって、倦怠期に陥る。初めはやっと運命の人に巡り合えたと思ってお互い夢中になるけれど、その後だんだん問題点が見えてきて、それがもっと大きな問題になっていって、なんとかしようとするけど、最終的にはすっかり相手のことが嫌になって別れてしまうんです。

このパターン化している付き合い方を繰り返さなくなるカルマ的対処法はありますか。

この質問は他人事ではありません。私自身も何度も自分に問いかけてきたことです。両親の結婚生活の崩壊を見てきましたし、高校、大学時代の自分の恋愛経験を通しても疑問に思ってきたことです。

樹木や新しい車、そして人間の身体と同じように、恋愛関係にも自然に起こる。どうしても避けられないエイジング（成長し老化する）、という変化があるように思われます。

恋愛の場合、こうしたプロセスはより強い痛みを伴う場合が多いでしょう。ただ関係が倦怠に陥ったとか、お互いに興味がなくなったというだけではなく、かつて愛した人を誰よりも憎むような形で関係が終わることが多々あることを、皆知っているでしょう。

このような関係の繰り返しはいつも私を苦しめました。

実際、私が仏門に入ろうと決心した理由の1つは、このことだったのですから。どんな関係も最後は壊れて終わるのが運命で、甘い恋愛関係が続くのは映画の中だけだと信じる人間の1人でした。

私は心の中のどこかで（あなたもきっとそうでしょう）何か自分にはおかしいところがあるんだ、交際をうまく続けることができない人間なんだと思っていたのです。

一度、あなたがダイヤモンドの知恵方式を理解できれば、その重荷をすべて肩から下ろすことができます。どの恋愛も悪い終わり方をするのが運命なんだということはないし、あなたが悪い人間であるからではありません。関係を悪化させているのは、あなたではないのです。

種のせいなのですから。

ほったらかしにしておけば、樹木や人間の身体と同様、どんな恋愛の種も年老いて、その関係も老化してしまいます。

生まれたことが死にいたる原因である

チベットの古代書は、このことをとてもぶっきらぼうな表し方で記しています。子宮から赤ん坊を取り出し、地下の金庫に閉じ込めて、有機野菜やビタミンをその子に生涯与えます。

赤ん坊は日々成長し、年を取り、そしていずれ死に至ります。何が赤ん坊を殺したのかといえば、そもそもこの子が誕生したという事実こそがその理由なのです。

でも、この過程には逃げ道があります。種の再投資、という方法です。

さあ、実際の話を例として挙げましょう。

恋人を得るための種を効果的にまく方法はもう知っていますよね。

共に過ごす相手を望んでいる場合、つまり1人寂しい思いをしたくない場合、まず自分より先に他の誰かの交友相手になってあげる必要があるのでしたね。質問2のところで、このケースについて話しました。

アンは新しい交際相手を求めて、年配の女性を訪問し、未来の夫を創りだしたのです。彼女の話はマンハッタンの結婚式のところで終わっていました。

でも、この話には続きがあるんです。

式の後、皆集まり、アンの両親の家のリビングルームで軽食を楽しんでいたのですが、そこで私は野菜ジュースカクテルを片手にアンに話かけます。

「やあ、アン。テイラー夫人っていう名前だったかな。あのご婦人を訪問したのは本当に効果があったね」

「ええ、そうね、ゲシェラ。本当に効いたわ。私、あなたにとっても感謝しているのよ」とアンは嬉しさがあふれ出るような表情で応えます。

「数千年前から続く知恵の教えに感謝しなくちゃね」と私はいつものセリフを返します。

アンは結婚式に参加してくれたお客さんたちを見回しながら満足げに頷いています。

さあ、ここからが私の出番です。たった1年や2年のうちにこの結婚がだめになってしまわないように、いまここで最初にきちんと確認しておかなくてはいけません。

「ところで、テイラー夫人は元気かい？」と私はさりげなくきいてみました。

アンは一瞬口をつぐみ、ちょっときまり悪そうにしていました。

「実を言うとね、ゲシェラ、想像できると思うけど、結婚式の準備や何かで忙しかったからここのところ彼女を訪問してないのよ。それに…」

「それに、何だい？」

「それに、つまりもう効果は出たわけでしょ。私にはジョンがいるもの」

アンはおずおずとそう言いました。

私は彼女の言っていることはわかります。こう来ると予想していましたから。私にはジョンがいる。一緒に時を過ごす相手が見つかったから、もう他のことに費やす時間はない。ジョンがいるから、もう年配の女性を訪問する必要なんてないでしょう、という考えです。

「大まちがいだよ」と私はすぐに一言で間違いを指摘し、話を続けます。

「テイラー夫人を訪問したことが種をまくことにつながってジョンに出会えたのは事実だよ。でも、ジョンと時間を一緒に過ごすたびに、その種を使っていることになるんだ。言ってみればテイラー夫人との時間が君とジョンとの関係における貯金になっていて、いま君はその貯金を使っているわけだよ。種は実って君の横にはジョンがいる。このままの状態がずっと続けば、いつか種はなくなるよ。そしていまに、ジョンが君におはようのキスをしない日が来て、そのうち夕食の時間に戻ってこなくなる。最初のケンカが起きて、最後のケンカをする日が来る。そんな日は来てほしくないよね、アン」

アンは真剣になり、本当に心配そうに私を見ています。

「私たちの結婚はダメになるって言ってるの？　必ずそうなってしまうって言うの？」

「ダメになるよ。でも、必ずそうなってしまうわけではない。種を再び投資さえすれば、ダメになることはないよ」

「再投資？」

「そう」私はさっきまでより少し早口に、興奮気味に話し始めます。なぜなら私はこの部分を理解するまでに相当時間がかかったからです。そして、いまから話すことは私たち皆にとって、非常に大事だからです。

「違う例を挙げてみるよ。例えば、君が経済的安心を得たいと思えば、種を植えなきゃならないよね。君の時間を投資して誰かが安心するために助けなくちゃならない。そうすることによって君は富を得る。いらないと思ったって、君は豊かになるのを止められなくなる」

「だけどね、わかるかい？　種もすり減って疲れて来るんだ。遅かれ早かれ、どんな仕事もどんな新しい会社も、右肩上がりのキャリアも後退していく。もし…」

アンが私の言葉を続けます。

「もし種を投資しなければ、なのね」アンの表情から、私は彼女が理解したことを察しました。

「儲けたお金をいくらかとっておいて、また新たに、経済的に困っている人を助ければいいのね。新しい上向きのサイクル、好循環をつくる。古い種が擦り切れてきたら、新しい種と交換するように」

「そのとおり。それが君とジョンの関係をすり切れないようにするための方法さ。君の種を、新しい種をつくるために使うんだ」と言って私はアンに考える時間を与えます。

アンは少し考えてから答えます。

「わかったわ。テイラー夫人を訪問することで私はジョンに出会う種を創ったから、今度はジョンと私が一緒にこの種を保っていかなきゃいけないのね。新しい種をまき続ける。愛情が枯れてしまわないように、新しい種をまき続けないといけない」

そして、そのあと私は彼女に言ってほしかった言葉を聞くのに、1秒もかかりませんでした。

「テイラー夫人を訪ね続けるわ。生涯ずっと」とアンはつぶやき、私は頷きます。

「ジョンも私と一緒に来なくちゃね」

彼女は正しく理解できたのです。

種を再投資しよう

質問27　これはいつもの展開なんですが、食料品店のレジの前に妻と一緒にいるとします。妻はレジの女性に何か失礼なことを言って、その女性は私と妻の2人をにらみつけます。私は謝りたいのですが、そんなことをしたら妻は怒るでしょうから、何も言えません。でも何も言わないと、私まで妻と一緒に悪者にされてしまいます。

こんなことが、毎日毎日、何度も何度も起こるのです。だんだん刑務所にいるような気がしてきました。私は何も言うことができないのですから。

もう一度、自分らしさを取り戻したいのですが、どんな種を植えたらいいでしょうか。


カフェで友人のアンソニーと話していたときのことです。私には彼の気持ちがよくわかりました。私もそうだったからです。実際、そんなことがあったのです。だからこの本を書いていると思うのですが。

「アンソニー、『直観に反する』ってどんなことだと思う?」と私は話を始めます。

「そうだね。問題があるとして、誰かがその解決法を提案してくれるんだけど、それが自分が思うことの正反対だったりする、とか?」

「そうだね。まず基本的に、君が感じていることは、僕もよくわかるよ、奥さんに君の主体性を全部奪われてしまったように感じるっていうことだよね。君は別の人格を持った人間なのに、どこに行っても、善し悪しに関係なく奥さんがすることと、すべて一緒くたにされてしまう。君自身が存在していないみたいなんだろう？」

「そのとおりだよ」とアンソニーは悩みを理解してくれる誰かに出会ったときのようなありがたさの入り混じった表情で穏やかに言います。

「別に君はボスになりたいわけじゃないんだよね。カップルの片方でいることや、一緒に何かをするっていうのはいいんだろう。ただ、自分なりの望みや必要とするものがある、個人としての君の存在も認められたいだけだよね」

「わかってくれてるね」とアンソニーはありがたそうに言います。どうやってこの問題を解決すればいいのか考えているようです。

「よし。さあ、ここでさっき言った『直観に反する』ということを持ち出してみるよ。君自身を取り戻してパワーアップするために、何かいま既に持っている力を手放さなくてはならないと思うんだけど…」

ここまで話すと、あることを思い出しました。中国南部での講演のときのことです。

「アンソニー、去年グアングジョウ（＊広州市のこと）にいたときのことだけど」

「うん」アンソニーはグアングジョウがシカゴの西側にある新しい創作料理レストランではないかと思っているかのように答えます。

「それって中国の都市の名前なんだけどね…香港の反対側だよ。香港のお金持ちは世界中に輸出するいろんな物をつくるビジネスを始めるとき、グアングジョウに工場をつくるんだよ。香港よりすべてが安いからね。香港の街中から地下鉄に乗って1時間もすれば着いちゃうから、工場をチェックしに行くことも簡単だし」

「うん」アンソニーのいぶかしげな表情はさっきより和らいでいます。

「そのグアングジョウで大会社の経営者たちを集めた大きなセミナーがあって、私はそこでどうやったらもっと利益を産み出せるか説明していたんだ。皆理解し始めて、興奮に沸いていたんだけど、そこで、1人の女性が手を上げて発言したんだ。『ゲシェ マイケル、私は人にお金をあげることを学びにここに来たわけじゃなく、利益を上げる方法を学びに来たのです』って」

アンソニーと私は同時に小さな笑い声を出します。

君の過去の直感は間違っている

「ここが『直観に反する』部分なんだけよね。もし君が何かを望むなら、まずそれを誰かに先に与えなければいけない。始めるときに与えるものがあまりなかったとしても、いや与えるものがほとんどない、という場合は特にね」

「さて、君の場合には人々を力づけなくちゃいけない。その人たちができることを表現する場所を与え、彼らが自分らしくいられるような機会を与えるんだ。そうすれば、君の奥さんは君が君らしくいられるようにしてくれるよ」

「いいかい、君の仕事はすごく大変だろう。いつもの君の話からわかってるよ。毎日300通ものメールに応えて、経理のチェック事項が山のようにあるなんて、仕事がとにかく多すぎだよ。君には優秀な部下たちが何人かいて、毎日の単調な仕事に彼らがちょっと飽き気味だっていうことも知っている」

「だから、どうだろう、部下たちにチャレンジさせてみたら。そうしたら少しは君も肩の荷が下せる。部下たちに小さな範囲の仕事を与えて、そこの仕事すべてを任せるんだ。1人の部下は製品についての質問メール対応担当、他の2人には経理チェックをさせるんだ、2人ともそれぞれ別々にね。そうすれば君も間違いを見つけやすいだろう」

アンソニーは不満げです。

「それには2つ問題点があるよ。まず、なぜメールや財務レポートが僕宛てに来るかってことなんだけど、僕しかきちんと対応できないからなんだ」

私は微笑んで「アンソニー、これを私は『赤ちゃんマネージャー症候群』って呼んでるんだ。僕がすることをもっとうまくできる人は誰もいない。他の人はめちゃくちゃにしちゃうから、後で僕が直さなきゃならないってね」と答え、続けます。

「いいかい。誰も代わりにできないなんてことはあり得ない。君ができることのすべては、誰か他の人でもできることだよ。もし君が今日会社を辞めたら、1週間以内に君の椅子には誰か他の人が座って、メールに応えるし、レポートのチェックもする。きっといい仕事をするだろうよ」

「いやあ、そう、それが二番目の問題なんだよ」アンソニーは顔をしかめています。

「何が?」と私。

「もし僕の仕事を他の人にやらせたら、僕の上司は僕がいなくても大丈夫ってことに気が付くのにそれほど時間はかからないだろうってこと」

これも「赤ちゃんマネージャー症候群」の症状の1つです。

「アンソニー、君が会社を経営していたとしよう。年長の社員がいて、その人はいつも会社のためにベストを尽くしてきたとする。例えば、自分たちがしている仕事や知識を他の部署の人にも教えたりして、会社全体にもっと深みと知恵を与え、それが利益に結びつく結果となっている。そしてある日突然、副社長のポジションが空いた。誰にそのポジションを与えるかい？　能力的に優れた部下達を既に周りにたくさん抱えていて、何か大きなことにステップアップできる人だよね？」

「ぼく？」アンソニーは金色に輝く水平線を眺め、微笑みました。

「そうだよ。だから、職場でも、家庭内でも、周りの人を力づけてあげてごらん。その人らしさを表現できるようなチャンスを与えてやってほしい。そしたら…」

「そしたら、もうお店のレジ前で、妻の陰から逃げられなくなることもないんだね」

アンソニーはそう言って席から立ち上がったのです。

質問28

妻は、僕にいつも家にいて彼女のそばにいてほしいと言います。僕が誰か他の人たちと話していると、彼女は不安になるらしいのです。自分の家にいると、わなにかかって箱の中に閉じ込められたような気がしてしまうのですが、一体どうしたらよいでしょうか。

私たちの持つ傷は、自分でつくりだしたものが多いのです。私はピザ屋で友人のチャールズと、この問題について話そうとしていましたが、彼の注意を引くのはなかなか大変なことでした。彼は携帯電話に夢中で、必死に何かを検索しているのですが、数秒もしないうちに次から次へと画面を変えて、何を見ても満足していない様子です。私は彼の腕をつかみます。

「チャーリー、聞いて。君は問題から抜け出せる。毎日毎日、不幸せな生活を続けなくていいんだよ」と私はテーブルの下に彼の携帯を押しやります。

「種の話は知っているだろう?」と私が尋ねると、チャールズは頷きます。私との付き合いは長いですから。

「ほとんど100%の場合、他の人を通して種をまく必要があるんだよ」と私は話に入り始めました。質問16のところで、カルマをこだまやバスケットボールに例えてお話ししましたが、自分に跳ね返らせるために、壁や床が必要でした。

「君の周りの人たちを土だと考えてごらんよ。君の種を植える、よく肥えた土壌だと考えてみて。チベットでも種は空気には植えられない、土に植えなきゃダメだって言われているんだよ」

チャーリーは頷きますが、彼がいままでの人生で一度だって土に種を植えたことがないのは明らかでした。

「まあ、例外はあるけどね」と私は続けます。

「例外って何さ?」

「チベットの古代の教えによれば、君の身体と精神は寺院のようなものと言います。貴重な寺院であり、また人間の魂の素晴らしい高みまで連れて行ってくれる乗り物でもある、と。強く健康的な身体と明るくすっきりとした心がないと、その世界にはたどり着けない。悟りを開くために必要なことをすることもできないし、真によい人間にもなれない」

「それで?」

「それだから、自分の身体や心を傷つけると、特に故意に傷つけた場合、それは他の人たちを傷つけていることになるんだ。助けるべき良い心の人たちをね」

「それから?」

「いいかい、だから君は自分の心を傷つけることによって君自身の心に種を植えているんだ。それが君の奥さんと君の間に起こっている問題、君が箱に閉じ込められている気がする原因を解く鍵だと思う」

「僕が一体どうやって自分の心を傷つけているって言うんだい?」

私は、ピザの食べ残しの横にある、いつのまにかまたテーブル上に戻された彼の携帯をちらっと見ました。まるで携帯が自分の意思を持っているかのように見えます。まあ、でもいつでも話は穏やかに進めるべきでしょう。

「ねえ、君はメディテーションのトレーニングを何度か受けたことがあるよね」
チャーリーは頷きます。私たちは職場の幹部向けビジネスセミナーの中で、サルと象が出てくる古代の瞑想用の図を使って、集中力を高める方法を教えているのです。
「サルは何を表しているんだっけ?」
「サルは乱された心、精神を表す。集中したいのに、たくさんのことに気が散ってしまっている状態さ」

「例えば？」

チャーリーはテーブルの上を見下ろしました。彼の携帯はピザのネチョネチョした食べこぼしの横に置いてあります。彼は携帯を愛おしそうに手に取って、くっついてしまったトマトソースをふき取りました。

「そうだね。例えば、上司にメールを書こうとしているのに、友達が鼻の下にピザを押し付けてくるときとか」と言ってチャーリーは私に笑いかけました。「それですべて邪魔になるものを排除して、書きかけのメッセージに集中しようとするのさ」と言ってチャーリーはテーブルに伏せて、携帯に覆いかぶさるふりをしてみせます。

「うん。合ってるよ。集中していると、心の中の良いところにたどりつける場合と、良くないところにいってしまう場合がある。心の良いところにたどりつくと明るく楽しい気持ちになる。すごくいい映画を観たときのような、お気に入りの歌を聴いたときのような気持ち。でも、もし集中しようとして頑張りすぎてしまうと」そこまで言って私は話をいったん止めて、チャーリーの眉間の深いしわを指でなぞります。

「あまり良くないところに行ってしまうんだ。集中をやめたわけじゃなくて、だって君はまだ携帯を見ていて、ピザを見ているわけじゃないだろう？　君は集中しようと必死でも、心は疲れてしまっているんだよ」

「心は疲れて、小さな箱の中に入ってしまい、そこにとどまり、半分死んだようになってしまう。しばらく携帯の画面をただ見つめて、ウェブサイトを20個くらいやたらに見てはみるけれど、実際何にも意味のあることを成し遂げられてはいないんだ」

「そういう浅くてぼんやりした集中のしかたは君の精神、心を傷つけることになる。なぜって、深く集中しないことに慣れてしまって、実際の、この君が存在している瞬間、時間を本当には楽しむことができなくなるからなんだ」

「で、一体それと僕の妻の問題とどう関係があるのかい？」とチャーリーは尋ねます。

「いいかい、君はこれまで自分の心を小さな箱に押し込めてきたんだ。集中しすぎて心が疲れ、それに集中しているときにも何の満足感もなかった。君は誰かを傷つけることによって種を植えてきたわけじゃないけれど、その代わりに、君自身を傷つけてきた。ずっとそうした同じような悪い種を植えてきてしまったんだ。だから君の奥さんは…」と私はそこまで言って、チャーリーが自分で言うのを待ちました。

「だから妻は僕を箱に入れて、その中にいるよう仕向けたのか」

チャーリーはそう言い、納得したように頷きます。

彼は携帯をそれまでと違ったふうに見ている様子です。それは、もう関係が変わってしまった昔の友達を見るような目つきでした。

「じゃあ、どうしたらいいんだろう？」

「反対の種を植えればいいんだよ」と私。

「君の心に余裕を持たせる必要がある。心にもっと広々としたスペースを持たせるんだ。昔ダライ・

ラマのお医者さんのために通訳をしばらくしていたことがあったんだけど。ある日のこと、彼は患者に素晴らしい処方箋を与えたんだ。その患者たちは君と同じような問題を抱えていたんだよ。彼らは何か薬をもらおうと思って待っていたんだ。お医者さんは木版からチベット紙に印刷された古代の医学書から、あるページを見つけてこう言ったんだ。

『君たちに必要な薬は毎晩暗くなってから外を歩き、ただ空を見上げることだ。空がどれほど大きいか、どれだけ星があるか見ること。5分の間じっとして星の数がどのくらいか、この宇宙にどれだけ他の世界があるのかということ以外に何も考えないように』ってね。チャーリー、君にも同じことをすすめるよ」

この後、実際どうなったかというと、チャーリーにはただ空を見つめるより、もう少し刺激が必要だったので、小さくてかわいい望遠鏡をあげました。

それほど高価なものでなく、それと暗闇で光る星座表も一緒にあげたのです。チャーリーはほぼ毎晩外に出て、星空を眺めることが習慣になりました。

すると、彼の妻は完全に変わり果てたのです。

いまでは、2人きりでじっくり一緒の時間を楽しむときと、外出してそれぞれの家族や友人と親しく付きあうときの、いいバランスがとれた状態になっているようです。

DEPRESSION

憂うつ

質問29

ときどき私はこれといった理由もないのに悲しくなったり憂うつになったりします。そんなとき夫はとてもイライラするようで、まるで私が好き好んで憂うつになっているとでも言うかのような態度を取ってくるんです！

私が落ち込んでいるときに彼に支えになってもらうにはどうしたらよいでしょうか。

そして、私のこの憂いにはいったいどんなカルマが関係しているのでしょうか。

質問23のところで、4種類の食べ物、私たちの命を維持するものについて話しました。そのうちの1つは『希望』でした。人間には、食べることと同じように希望を持つことも必要です。落ちこんでいる人たちは希望をなくし、飢えているのです。

リンダは世界有数のお金持ちの内の1人です。彼女はここ2、3年来の友人で、貧しい人を助けるいくつかのプロジェクトで一緒に活動していました。彼女の家を数えきれないほど何度も訪れていますが、それでもまだ見ていない部屋がたくさんあります。彼女の夫、フランクとも私は良い友人です。リンダとフランクは夫婦としてとてもうまくいっているように見えていました。しかしある日、リンダはこのような質問を私にしてきたのです。

リンダは静かに話し始めました。

「私、憂うつな気分になると、1日中ベッドから出られない日もあるのよ。なぜ起き上がらなきゃいけないのか、その意味もわからなくなるくらい。それなのにフランクは部屋に入ってきて、私が何もしないと言って大声でどなるのよ。そんなふうにされると余計に落ち込みがひどくなるの」

私のような立場にいると、ある意味、世界を教区とする牧師のようなものですから、思いもよらない告白には慣れてしまいます。たくさんの胸が張り裂けそうになる話を繰り返し聞くのですから。そんなわけで、幸運にも私のスピリチュアル道具箱の中には、ちょうどいい答えがすでに用意されていました。

「種のことは知っているよね」と私が話し始めるとリンダはしっかりと頷き、微笑みました。

私たちの周りに数日いるだけで、種についての深い話や熱い議論を毎日、あるいは1日に何度も耳にするのは当たり前のことです。

「だから憂うつになるっていうのは一番難しい問題の1つなんだよ。種を植えるために最初にしなくちゃいけないことは何だったかな?」

リンダは「まず何を望んでいるのか明確にする必要がある。なぜなら同じものが必要な誰かにそれを与えなくてはならないから」と即答します。

話をそこに持っていきたかったわけではありませんでしたが、流れにまかせることにします。

「よし。じゃあ、1行の文章で欲しいものを言うところから始めよう。スターバックスの4ステップの第一番目だね。君が何を求めているのか、一言で言ってごらん」

リンダは少しだまってから、口を開きます。

「これには2つの異なる問題があるのよね。だから文章は2つになるわ」

私は頷いて了解し、その2つを待ちます。

「まず初めに、落ち込みを改善してくれる種が必要。そして2つ目は、私が落ち込んでいるときに、夫が私の気持ちを汲み取ってくれるようになって、もう少し優しさを示してもらいたいっていうこと」

「わかった。よし、1つひとつ順番に見ていこう。落ち込みの反対は何だと思う？」

「希望」一瞬たりとも考える間もなく、リンダは即座に応えます。

「じゃあ、希望を与える必要があるわけだ…」

「誰か他の人に、ね」とリンダが私の言葉を引き継ぎます。

「そう、でも厄介なことがある。なぜ落ち込みに効果のある種を植えるのが難しいかというと、落ち込んでいる人っていうのは、自分がどんなひどい状態にいるかっていうことに集中していて、完全に自分のことしか見えていないからね。ダイヤモンドの知恵の法則でよほど修業を積んでいない限り、憂うつになっている人っていうのは、他の人は何を必要としているかなんて考えられないんだ」

「だから君はまず、この課題について努力しなくちゃいけない。他の人のことを考えることについての抵抗。これについてはとても単純な方法がある。ただスターバックスの4ステップの二番目を思い出せばいいんだ。誰を使って、どこで、君の種を植えるかっていうことを計画する」

「えーっと。どうするんだったかしら」とリンダは少しとまどっているようでした。

「いいかい。種を植えるのには誰か他の人が必要だよね。他の人たちが種を植えるための土壌になる。誰かに何もしてあげずに種を植えようっていうのは、目の前の空中にスイカの種を植えようとするくらい、ばかばかしいことだからね」

「わかったわ」

「だから、誰かが自分の人生に助けが必要だと相談にくるとき、私は、自分が望むものの種をまけって言うんだ。それからその人に、誰か他の人を見つけてスターバックスに連れていくように言う。それが種をまくためには一番簡単な方法だからね。他人に働きかけることだよ」

「そうね」

「よし。さあ、君も誰かを探してスターバックスに行かなきゃならない。そして、そこでその人に何をしてあげられるかい?」

「わからないわ。何かしらの方法でその人を助けるのよね。その人が落ち込んでいるのを助けてあげればいいのかしら」

私は少しの間、遠くのほうを見て、また向き直ります。

「まあ、そうも考えられるけど、でも、何かポジティブな方法がいいと思うけどね」とリンダは少し考えていました。彼女は私が知っている中で、最も賢い人々の中の1人です。

「ポジティブな方法、その人が希望を見つけるのを助けるということね」

「いいね。ただ希望って言うより、夢のほうがいいかな。夢が必要な人を探そう」

リンダはまた考えています。

甥っ子がいて…これは私たち一族が皆共通して持っている問題でもあることだけど、とても若い頃から、何をするにも充分なお金を持っているでしょう、何でも欲しいものは手に入ってしまうし。働こうって決心してみても、実際は働かなくてもいいわけだから、仕事に対してもあんまり頑張ることができないのよ。心に何も大きな目標がないの」

私は頷きます。

「夢がないんだね。まあ、ともかく、君が落ち込んだときに踏むべきステップを言うよ。まず初めに他の誰かが必要としていることを考えられるよう努力してほしい。君が助けられそうな人を考えてみてくれ。人生をどう生きていいかわからないように見える人を選ぶんだ。その人に話かけ、夢は何か、一緒に考えてあげること。もしその人が、夢を持っていることに気づいていなくてもね。それどころか、自分に夢があると気づいていない人に特にアプローチしてほしい」

「君はその人の問題を解決しなくてもいいんだよ。ただ話をして、支えてあげるだけ。週に一度でも、2週間に一度でもいい。小さな種が大きな木に育つんだから」

私には既に想像できました。リンダは力強い種を植え、きっと後で自分がよく落ち込んでいたことなど忘れてしまうでしょう。

リンダが咳払いして私の注意を引きもどします。

「フランクについてはどうしたらいいのかしら？」

「一言で言ってごらん」

「私の感情に気がついてほしい。気分がよくないときには、批判しないで、もっと同情してほしいの」

「基本的には、フランクに、君の気分がよくなるように努力してほしいってことだ」

「ええ」

「よし。それに必要な種は、他の人を心地よく感じさせることを習慣にするっていうことさ。毎日どんなときでも」と言って私はちょっと考えます。

「この間、車を直しに行ったときのことを、いま思い出したんだけどね。そこの修理工が素晴らしかったんだよ。一緒に座って、ちゃんと段階を踏んで車の問題点を教えてくれて、この車のどこがおかしいのか、きちんと私にわかるように説明してくれた。彼がどうやって車を修理する予定か、複雑になりすぎないように話してくれたんだ」

「私の気持ちが楽に、居心地がいいようにすごく気を使ってくれていたよ。他の人を気楽にさせる一番いい方法の1つは、これからどうするつもりか、いつまでかかるのか、予定を相手に伝えるっていうことだね」

「これが、なぐさめの種を植えることになる。気持ちが落ち込んでいて、その日の相手の予定に合わせられないときに、相手からガミガミ言われることなく、思いやりをもって接してもらえるようにする種だよ」
「よくわかったわ」と答えたリンダの表情からは、既に憂うつの雲が晴れていったように見えました。

ALCOHOL & DRUGS
アルコールとドラッグ

質問30

ときどき私と夫は夜にワインを一緒に飲みます。ワインはとてもくつろがせてくれるし、親密さを増してくれる効果もあると思います。でも、アルコールがたくさんのカップルや家族を崩壊してしまうのも見てきたので、こわいものだとも感じています。アルコールについてどう思われますか。

個人的に、この質問に関しては私には思うところがたくさんあります。私が育ってきた環境には、いつもアルコールがありました（アルコールは私の両親2人の人生と健康を壊しましたし、家族も破壊しました）。仏陀もかつて、草原で弟子と共に座り、教えを授けているときにアルコールについて質問を受けました。

仏陀は草を一本引き抜いて言いました。

『この草の葉の先端につく量ほどのアルコールであっても、アルコールを飲む者、他の人に飲むようすすめた者は私の弟子ではない』

その理由は、アルコールと言うのは微量であっても非常に依存性があるものだからです。レストランで飲むグラス一杯のワインから私たちが想像するもの以上に。飲む理由は、アルコールが私たちの気分をよくしてくれるからでしょう。

その日にあったいやなことや辛いことを忘れさせてくれるし、他の人たちとのつながりを妨げるバリアをゆるめてくれるようです。だから、人々は夕食時にワインを楽しむのでしょう。

さて、ここでアルコールの欠点について挙げてみます。

ただ依存性があるというだけでなく、アルコールは本当に不健康です。肝臓に悪いということを冗談めかして言っているうちはよいでしょうが、そのうち本当に身体を壊し、内臓に常に痛みを抱えて過ごし、医者に給料の半分を差し出すことになったら、もう冗談を言う気にもなれないでしょう。

アルコールはあなたの身体に負担となるだけでなく、経済的にも負担となります。デザイナーズブランドの服と同じように、売れることによって得をする人たちによって、お酒にも神秘的なイメージが人工的につくり出されています

この場合、たくさんの人たちの苦悩から儲けを得ているのです。トラックの荷台に積まれた大量の腐った穀物が、高級なボトルに詰められ、高級な映画スターによって広告されて、そして高級レストランで出されるのです。

ですから、もし私たちがグラス一杯のワインを飲まずに、同じようなリラックス効果を得ることができれば、よいのです。これには昔、私がダライ・ラマ法王と話したときの会話の中に解決のヒント

があるかもしれません。

母がお酒とタバコ(このコンビネーションは本当に毒性が強いようです)を原因とする乳がんによって死に近づいていると聞いたのは、私がまだ大学にいたときでした。

私は人間の置かれた状態についての知恵を求め、休暇を申請してインドへの旅に出たのです。そしてヒマラヤ山脈のふもとの小さな丘に住むチベット僧のもとで勉強することになったのでした。

ある日のこと、熱心な学校の教員であった私の母から手紙がきました。母のがんは進行し、職場でてんかん発作を起こすところまできているというのです。学校側から教鞭に戻らないよう頼まれましたが、教師としての人生がすべてだった母にとってそれ自体、死のようなものでした。

私の師のうちの1人が、母をインドに連れてくるようすすめてくれます。ダライ・ラマ法王の医師に診てもらえるし(それが法王と知り合いになるきっかけとなりました)、また、もし病気が進行しすぎていて治らない場合には、どのようにして死の領域から、よりよい場所へと渡っていけばよいのか導いてくれるからです。

私は母に手紙を書いてそれを伝えました。母はそのときまで一度も国外に出たことはなかったのですが、すぐに同意してくれました。

私は母を空港で迎えるためデリーに向かいます。荷物受け取りのところまで母を助けに行ってあげたいのですが、警備員が通してくれません。でも、窓から母の姿を探せる場所を見つけました。

大声を上げて騒いでいる典型的なインド人の一団に押されたり突かれたりしながら、母がスーツケースを転がしてやっとのことで歩いて来るのを見つけます。出口にたどり着き、母は私の腕の中に倒れこみました。

私は母をタクシーの後部座席に乗せ、ダライ・ラマ法王の住む小さなヒマラヤの村、ダラムサラ(Dharamsala)に向かって昼も夜も車を走らせてくれるよう、残っていたお金をたくさん使いました。

母が旅行の疲れから回復するのには数週間かかりました。医師を訪ねましたが、もう手の施しようがないほどの状態だということでした。上僧のところへ相談に行って、死への旅立ちを穏やかに迎える方法を学んだほうがよいということでした。

そこで、私の母は小さな部屋の壁にもたれて、日々の大変な修業に励み始めたのでした。午後には母のベッドを陽の当たるところへ動かします。間もなく母の周りには子どもたちのグループが集まるようになり、お絵かきのレッスンが始まりました。母は難民キャンプにはたくさんの子どもたちがいることを予想し、クレヨンや紙を一杯詰め込んだ大きなバッグを持ってきていたのです。そのようにして母は自分の教室を取り戻したのです。

修業も終わりに近づいた頃、最も近しい師が、私と母に、ダライ・ラマ法王からアドバイスをもらうよう会いに行きなさいとすすめてくれました。

その頃は、まだ法王は現在のような有名人ではなく、彼の家を直接訪ねれば、玄関に出てきて話をしてくれるような感じだったのです。私がこの世で最も愛した2人、お互いに会う機会があろうとは思いもよらなかった、その2人と一緒に座っていることは、奇跡のように思えました。

母はバッグから十字架を取り出すと法王に捧げ、私をいきなり驚かせました。私は恥ずかしく思いましたが、法王はまるで毎日十字架を手にしているかのように、畏れ多くも受け取ってくださったのでした。

そして、今度は私が母を驚かせる番でした。

法王は急に私のほうに向き直って最初にきいてきた質問は「ところで、君はドラッグを経験したことはあるか？」というものでした。

私は、母のほうをちらっと見ます。ドラッグを日常的に使ったことはありませんでしたが、もちろん、学生時代には友達とマリファナを試したことがありましたし、ネイティブアメリカンの魂の探求儀式に使われるメスカリンと呼ばれるドラッグも一度使ったこともありました。

私はダライ・ラマ法王に嘘をつかなければならないか、あるいは法王の前で母に恥をかかさなければならないか、という状況に追い込まれたのです。真実を言ったほうがよいと、私は心を決めました。

「はい」と認めると、母からの鋭い視線を感じます。

「おお！」法王は愛情のこもった声でそう言い、「どうだったかい？　何を見たのか？」と尋ねます。

私は2、3の経験を思い起こしました。かすかな幸福感、というようなものから、私が生まれ育ったアリゾナ砂漠の隠れた峡谷での素晴らしい瞬間などです。

「よし、よし！」と法王は大きい声でいいました。

「じゃあ、今度は瞑想の仕方を学ばなくちゃいけない！　ドラッグなど使わなくとも、同じところにたどり着けるから！」

母は同意するように頷き、法王は特別な資格を持ったラマ僧を紹介してくれました。そのラマ僧の下で、私はその後25年間を過ごすことになったのです。

この話のポイントは、アルコールやドラッグの力を使うことなく、依存症になったり、身体へのダメージ、パートナーや家族との関係崩壊などに陥らなくとも、同様の高揚した気分や特別の経験を味わうことができるということです。

それじゃあ瞑想の仕方さえ学べば、ワイン一杯と同じくらいの効果があると私が言うと予想しているでしょう？　そこに話を持っていくわけではありません。もっと深いところに話は進みます。

まず、1つの、とても大切な考え方から始めます。グラス一杯のワインから得られる良い気分というのは、ワインから起こっているのではありません。ワインの中にはあなたの気分をよくするものは入っていません。これには少し説明が必要ですね。

良い気分はワインから起こったものではない

多分、違うタイプのドラッグ（薬）、アスピリンを例にとって話したほうがわかりやすいでしょう。

私はこの話をA星とB星、という空想の話をとおしてしたいと思います。

例えば、私はA星から来た者だとします。我々A星では他の星への旅行などだいぶん前に成功させています。高性能の望遠鏡を持っており、銀河系の他の星の住民にとても興味があるのです。あなたの星、地球は『B星』という名で呼ばれ、かなりの間我々はあなた方を観察してきました。

A星の人類学者たちはあなた方人種の母親たちが示す、ある行為に特に興味をひかれていました。人類学者たちはその行為が一体どんな意味なのか理解できないので、個人的に調べてくるよう私をB星に送りこんだのです。B星の皆さんが気を悪くしないとよいのですが。

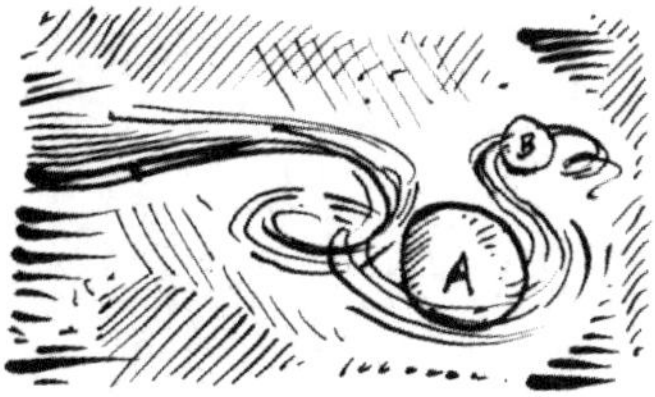

さて、我々は望遠鏡で（これは屋根を透視して見ることができるものですが、

誰かが着替えているときに2人の子どもと部屋の中にいます。子どもたちは急にわめいてケンカを始めます。その様子はコヨーテという動物のようです。

母親は子どもたちに話しかけ、ケンカをおさめようとしているようです。子どもたちはしばらくの間静かになりますが（特に動く絵で一杯の大きな箱の前に置かれた場合は）、またそのうちに子どもたちのコヨーテのような叫び合いが始まります。そうすると、母親はたいてい額を押さえ始めて、おかしなブツブツいうような音をさせるのです。

ここからがおかしいところです。

母親は排泄物を流したり、身体を洗ったりする小さな部屋へこっそりと行きます。鏡の後ろ側のキャビネットを開けてボトルを取り出します。そのボトルは白い錠剤で一杯です。母親はその白い錠剤のうちの1つか2つを手に取り、お水と一緒に飲み込みます。

そして、低い椅子にしばらくの間座ります。その椅子は、普通は皆が排泄物を流すのに使うところなのですが、ふたを閉めてあるので座れるのです。彼女の行為の理由が我々にはわかりません。ときどき、しばらくした後、彼女の額のしわは少しやわらぎ、ぶつぶつ言ったり額を手で押さえるのをやめます。そして彼女は立ち上がると、気を落ち着かせて、再び小さなコヨーテのところへ戻ります。今度はもっと穏やかな様子で。

でも、あるときには彼女は額をこすり続け、立ち上がってまたキャビネットを開けます。同じ錠剤のボトルを取り出し、1つか2つ、飲み込みます。それから彼女はまた低い椅子に座り、楽になったように見えるときもあれば、そうでないときがあるようです。我々の星の科学者たちは、何が起こっているのか知りたくてたまりません。さあ、これについて話してくれませんか？

「あの錠剤は何ですか？」

「薬ですよ」

「あなた方の星では『薬』とは何を意味するんですか？」

「薬というのは、病気とか痛みを取り除くために服用するものです」

「では、あの錠剤はどんな種類のものですか？」

「あれは頭痛用です。頭痛を治すために飲むんですよ」

「効果を得るためにはトイレに座ってなきゃならないんですか？」

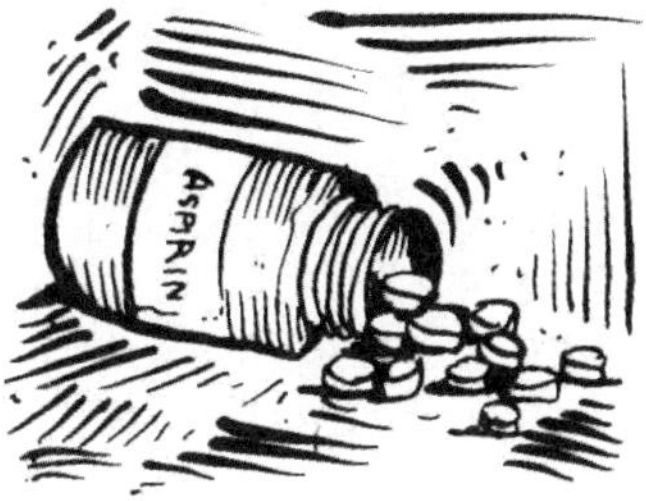

「いえいえ、彼女はただ薬が効き出すのを待っているだけですよ。怒らずに子どもたちに対応できるように」

「では、あの、なぜ1回しか座らないときもあれば、2回座ることもあるのですか？」

「最初に服用したアスピリンだけで頭痛が収まることもありますが、効かないときもあります。そんなときは、もっと服用するのです」

「では、小さなやかましい者たちのところへ戻っていったときに、彼女はまだ時々頭を押さえているんですが、それはなぜなんでしょう？」

「それは、アスピリンが全く効かないときがあるからです」

A星からやってきた人は長い間だまっていました。

「理解しかねます。時々、薬は効果がない、と言っているんですか？」

「そうです」

「では、いくつかの錠剤には欠陥があるに違いないですね。工場で製造されたとき、正しい方法でつくられなかったとか、原料に間違いがあったとか？

でも我々の望遠鏡による観察では誰も薬屋にボトルを持って行って、効果のなかった錠剤に対する返金など要求していませんでしたよ」

「いやいや」とあなたは笑います。

「政府の機関がそういうことはきちんとチェックしますよ。すべての錠剤は全く同様に製造されています。すべての錠剤には全く同じ量の有効成分が含まれています」

「有効成分って言いました？　有効成分ってどういう意味ですか？」

あなたは含み笑いをしてアスピリンのボトルを取り出し、私の顔の前に突き出します。

「こちら側のここを見てください。アスピリン３２５㎎って書いてあるでしょう。これが有効成分ですよ」

「では、その有効成分とやらは、どの錠剤にも同じ量が入っているんですね？」

「ええ」

A星から来た人はまたしばらく沈黙しています。

「あの、それでは有効成分を働かせているものは一体何なんでしょう？」

あなたは私に対して少しイライラしてきたようです。

「有効成分とはそれ自体が働きをするものなんですよ。頭痛を取り去る効果、そのものです。有効という言葉の意味は『働く』『活動する』というようなことです。錠剤は有効成分だけでつくられているわけではないですから、ほんの一滴でいいんですよ。人体に害のない詰め物のようなもので他の部分は埋めて、とにかく錠剤1つひとつに同量の有効成分を入れるんです。とても注意深くつくられていますよ」

「そうすると、有効成分というのは時々は有効で、時々はそうでない、ってことですか？　つまり、錠剤は効果があったりなかったりするんですね？」

見下したような態度のあなたの笑顔が少したじろいだ表情に変わります。

「それは、他の事柄もいろいろ関わっているでしょうから…」

「でもまあ、、基本的には、アスピリンは時々は効き、時々は効かないものだと言っていいですね？」

「まあ、そうでしょう」あなたは認めます。

「では、アスピリンに効果がないとき、この可哀想な母親はズキズキする頭痛を抱えたまま、わめきちらす2人の子どもと残りの1日を過ごさなきゃいけないと、あなたは言っているんですね？」

「ええ、そうです」

「それでは、あなたの星の人々は頭痛の止め方を知らないということですね。確実に、毎回頭痛を止める方法のことですよ」

「ええ」

それから、あなたは続けて全世界の進化のレベルを非難します。

「まあ、どんなものでも、毎回有効なものなんてないですよね。アスピリンだけでなく、車や飛行機、仕事上の計画や恋愛関係だって」

この発言にA星人は唖然としてしまいました。

「あなたの星の人々は何が有効成分を有効にするかわかってないっていうんですね?」

ちょっと混乱してきましたね。

「い、いいえ、有効成分は単に、それだけで…有効なんですよ」

アスピリンの中に効果があるものは何もはいっていない

今度はA星人が笑う番です。

「ああ、わかりましたよ。あなたは、あの女性の頭痛を取り去るものがアスピリンの中にあると思っているんですね」

「それは、もちろんそうですよ。有効成分の一滴、です」

A星人は悲しげに頭を振りました。あまりに多くの人々と多くの痛み。不必要な痛み、惑星、不必要な痛みを最初からずーっと抱えてきた惑星の歴史。

ここでグラス一杯のワインの話にもどります。理解してください。

もしアスピリンの中に頭痛を取り去る力があるのなら、毎回、必ず効くはずです。毎回服用するたびに、頭痛はなくなるはずなのです。

同様に、ワインの中に私たちをくつろがせる力が含まれているのならば、毎回私たちがワインを一杯飲むたびに必ずくつろげるはずです。でも、そうではないですよね。実際、ワインは時々私たちに頭痛を起こさせることもあります。何か他のことが関わっている、ということでしょう。

すべてが種の話に通じています。

質問1でお話したペンについての議論に戻りましょう。私たちは心にペンを認識する種を持っているから、ペンをペンとして見るのです。全く同じものを見ても、犬はペンを噛むためのおもちゃとしてみます。なぜなら心にその種を持っているからです。

アスピリンが頭痛に効くための種を持っている人は、アスピリンが頭痛に効果を示す結果を得ますし、その種を持っていない人はそうでないのです。ワインについても同じことが言えます。

それでは、ワインにくつろぎ効果を与えている種を植える方法を理解すればいいわけです。そうすればワイン自体を必要としなくなるかもしれませんし、それに伴う健康問題やお財布問題を抱えることもなくなるでしょう。もっとリラックスして、パートナーともお互い臆せず、親密に接するための種とは、一体どんな種なのでしょう？

誰か、何らかの理由で人生のストレスに押しつぶされそうになっている人を探してください。先ほどの話に出てきた2人の子どもがいる母親を例にとりましょう。

親である人の大半が、子育てと仕事の両立、夫婦間の関係維持などにプレッシャーを感じていることでしょう。そうした子どもがいる人のプレッシャーを軽減するために助けてあげる機会を、意識的に（意識的なほど種は力強いものとなります）探してください。

食料品の買い出しに行くときに、その人のために何か買ってこようかと尋ねてあげたり、家に立ち寄るときに果物を一袋持って行けば、少し経済的に助けることにもなるでしょう。（健康的な内容のマンガ本を持って行ってあげれば、静かに子どもたちの横に座っている言い訳にもなり、母親に30分でも自由な時間を与えることができるでしょう。

そうしたら何が起こるかって？　プレッシャーを取り除く種、抑制感から解放しリラックスできる種を植えたのですから、ワインが与えてくれるより、もっと多くの場所で、安らぎと開放感を感じ始めるはずです。一杯のコーヒーがワインと同じ「高揚感」を与え始め、さらにその種を植えればハーブティーも全く同じ効果を与えてくれるでしょう。そして後々には、美しい木の下で過ごす静かなひとときにさえもね。

COMMUNITY
地域社会

質問31　私と妻はとても仲がよく、よい関係を保っています。でも、自分たちの家庭はちょっとした要塞みたいになり、世間から孤立してしまったような気がします。少し緊張してしまいますが、どのように周りの地域コミュニティーと繋がっていけばよいでしょうか。

これは、私の親しい友人の1人とその奥さんがまだ結婚して間もない頃に尋ねてきた質問です。

両親の離婚後、私と兄たちは父と母の家を行き来していました。

父はサンディエゴに住んでいたので私たちは皆小さい頃からサーフィンを始めました。友達のジムと、仕事の後に一緒にサーフィンをすることを本当に楽しんだものでした。

でも、それはジムが結婚するまでのことでした。結婚後、すべてが変わってしまったのです。ジムの言うとおり、彼らの家は要塞のようになってしまいました。ジムの奥さんは彼が毎日数時間サーフィンをし、暗くなるまでビーチで私たちを待っていることにすぐに嫌気がさしたようです。ジムと私の間には段々と溝ができてしまいました。

誰か1人の相手との絆がとても強くなると、他の人たちとその2人との間に壁ができてしまうようです。1人で海外を旅行しているときに気がついたのですが、1人でいると現地の人は汽車の乗り方だの言葉だの、いろいろ寄ってきて助けようとしてくれます。

でも、私が自分と同じ国の誰かと一緒に旅行しているときは、他の人たちとの間に見えない壁のようなものがあって、現地の人は私たちから距離をとろうとするのです。これと同様のことが、カップルになったときにも起こり、外の人たちとの接触を失ったような気がしてしまうのです。

種の原理を使えば、『普通なら』そうであることが必ずそうである必要はないということが人生における基本的な事実の1つとしてあげられます。カップルになってから以前よりもっと世間が広くなった人たちを知っているでしょう。カップルとなったときに、他の人たちとの間にできる壁をこわす種がどういうものか、ただそれを理解すればよいだけです。

ダイヤモンドの知恵システムの最も素晴らしい点は、種の法則を実践に移すということはそれ自体で自動的に壁を壊し始める行為であるということでしょう。

ジムと私は昔のようにビーチではなく、家の裏庭で座り、解決法を探るために話し合います。

「一体どんなふうに、この要塞問題について働きかければいいと思う？　だんだん腹が立ってきたんだ。昔の友達に会うために家から出られないってだけじゃなくて、友達もだんだん立ち寄ってくれなくなってきたし」とジムはこぼします。

私は少し考えてから答えます。

「わかった。1つ質問させてくれ」

「何だい？」

「昔、種をまこうと働きかけたよね。まだエイミーと出会う前、君が誰かを探していた頃のことさ」

「うん、覚えているよ…いや、それについてぼくが感謝してないなんて思わないでくれよ。家に1人でいるほうが、いまよりよっぽどひどいことだからさ。もういまじゃ、エイミーなしで生きられないと思うぐらいだよ。でも、種を使って働きかけることっていうのは、ただ単にパートナーを創り出すっていうだけじゃなくて、パートナーを得た後も関係を完全なものにするために、関係をよくするために種を使い続けるっていうことだろう？」

「ああ、全くそのとおりだよ。望むようなかたちで物事を起こすための種の使い方を理解したら、もう二度と、自分の望んでいないような、満足できない状態に陥らなくていいんだ」

「じゃあ、壁をこわすための種は何なんだろう？」

「うん、だから君が、エイミーと出会うために種まきをした頃、ミラー夫人を訪ね始めた数か月の頃に話を戻したいんだけどさ。これについて質問させてくれよ。種のことを初めて話したコーヒーショップでのこと」

「ああ」

「パートナーと出会うために老人を訪ねて愛情の種を植えるというアイデアを最初に僕から聞いたとき、何か君の心に納得できないものはあったかい？」

「あったよ。あった…というか、正直に言うといまでも時々思っていることなんだけど…」とジムはすぐに答えます

「それは…？」

「それは、まあざっくばらんに言うけど、その考え方にはかなり重大な欠陥があるように思えたんだ。というのは、子どもの頃からいつだって親も先生も他人のためによいことをしようって言っていたけれど、いつもその後には、利己的な目的じゃなく、自分への報酬を期待せずに純粋な気持ちで他人によいことをするべきだって付け加えられていたからね。でも、ダイヤモンドの知恵システムは、報酬を目的としているだろう。ある意味、すごく利己的だよね」

「そのとおり」と私は頷きます。

「利己的に見えるよね。他の人を助けるのが、まるで商売の駆け引きみたいに。あなたを訪ねて寂しさを埋めてあげるけど、それは単に自分の結婚相手を見つけるためなんだ、ってね」

ジムは熱心に頷いています。私からこの話を持ちだしたことやこのように考えるのは自分1人ではないと気づき、ほっとしているかのように見えます。世界中の人が同じ質問を私にしてきますが、それはうれしいことでもあるのです。世界中の多くの人が、与えること、奉仕は純粋に行われるべきことで、利己的な行為であってはならないと思っている証拠ですから。

「いいかい。いくつか質問をするから、この考え方についてきてくれ」

ジムは再び頷きます。

「君は老人ホームに行き、ミラー夫人を訪ね、彼女が淋しさを感じないようにした」

「そうすることで君の心に種がまかれたわけだ。正しく種を植え、種をどうやってまくか理解していれば、あるとき本屋に立ち寄ったときに…」

「エイミーが隣に来て、同じ棚から全く同じ本を手に取り…僕と同じようにアメリカの歴史が大好きなパートナーを自分で創り上げたってわけ。ほんとにすごいことだよね」

「ああ、そうだね」私は微笑みます。種が開いて育ったことがどんなに奇跡的であったか、ジムが感謝していることがうれしかったのです。

「そして3か月後に…」

「僕たちは結婚して、君は僕のベストマン（新郎の付添人）になってくれた！」私はまた微笑みます。

「そうだったね。でも、スティーブのことがあったよね…」

スティーブは私とジムの共通の友人で、よく一緒にサーフィンをしますし、というか、サーフィンをよくしたものでしたし、一緒にギターをかきならす仲間でもありました。

「ああ、スティーブは結婚式のときに僕のところに来て、秘密を知りたがったんだ、一体どうやってこんな素晴らしい女性を手に入れたのかってね。どこで服を買うのか、どんなエクササイズをしているのか、バーで女の子にアプローチする方法、他の男たちよりもてるような新しいコロンでも見つけたのかってね」

「それで？」

「ああ、種のことを教えたんだ」

ジムは、顔をしかめました。それは、映画館でポップコーンを買うために並んでいる奥さんに、他の男が言い寄ってきたときのことを話すときのような表情でした。

「で、スティーブは自分で他のお年寄りを探さずに、ミラー夫人を訪ね始めたんだよ！」

「それから？」

「それでスティーブはそうやって種を植えて、フランシスに出会ったのさ」とジムは話をまとめます。

「そう。ところでね、君は知らないことだけど」

私はここまで言って少し奇妙な躊躇をしてしまいました。まるで親友に、彼の奥さんが浮気をしていると告げるときのような気分です。

「さらにスティーブは友達に秘訣をシェアして、今ではジェームス・ジョンソンがミラー夫人の庭の世話を、エリック・シットマンが彼女の買い物を手伝っているんだ」

ジムは少しショックを受けたように見えましたが、すぐに状況が呑み込めたようで、「そうなんだ！」と言います。今週はミラー夫人のことが先週よりずっと多くジムの心にひっかかることでしょう。

「何が起こっているかわかるかい？　君には、理想の女性に巡り合うために新しいことを試す勇気があった。君が大成功したから、他の男たちが皆、すごい！　この男はいったいどんなことをしたんだ？　ってね。わかるだろう？　だって…」

私はちょっと口ごもりました。

「うん、わかるよ。皆不思議に思っただろうね。３年間もまともな女の子とつきあうこともできなかったどうしようもない男が、どうやって急にあんなに美人で繊細で知的な奥さんを手に入れたんだろうってね」

さあ、話題を次に進めるときです。

「ああ、いや、うん。ねえ、ジム、君は気づいているかな。君が素直で柔軟な心を持っていたからこそ種を植えることができて、その結果、6人もの友達が素晴らしいパートナーを見つけたんだよ。君が先駆者になったんだ、皆が君の後を追っているじゃないか!」

ジムはこれを聞くと元気を取り戻したように、誇らしげです。これまでそんなふうに考えたことがなかったのでしょう。

私はこの機会に飛びつきました。

「いいかい、人生に何か良いことを起こそうと種を植える人は皆、君同様、周囲の人にとってお手本になるんだ。種を植えると何か素晴らしいことが起こって、それを見た誰かがまた種を植えようとする。知らないうちに、君は幸福の大爆発の震源地になるわけだよ。友達は君のまねをして、友達の友達がまたそのまねをする。するとまたそのまねをする。すると…」

「すると近い将来…」とジムはうなるように続けます。

「ミラー夫人訪問がサーティーワンアイスクリームに行くことみたいになる。種を植えるのに30分枠を分け合わないといけなくなる。1人は夫人の庭の世話をして、もう1人は買い物をしてくる、他の誰かはお医者さんに行く予約を取って、あとの1人は夫人を映画鑑賞に連れ出すんだ」

ジムは本当に機嫌をそこねた表情です。彼が嫉妬しているのが85歳の女性をめぐってのことだとは誰も想像できないでしょう。

私はジムの肩をつかみます。

「ああ、そんなふうに思うこともできるよね。でもそれじゃ、ただ嫉妬の種を植えるだけだよ。君が誰か他の人に『おはよう』って言うたびにエイミーが嫉妬しなきゃならなくなる」

「ジム、君は気がつかなくちゃいけないよ。要塞の中に閉じ込められたような気がしてうんざりしているって言ったよね。でも反対の状況を起こす種を君は既に持っているんだよ。1日の終わり、寝る準備をするときが最適だと思うけど、ほんの数分でいいんだ。君が始めた革命のことを考えてごらん。コーヒーメディテーションって呼ばれるやつだ。いいかい、これは本当に効く。とてもよいお手本、成功例として周りに示すことは君が想像する以上のスピードで新しい考え方を広めることができるんだよ」

「種について説明してまわったり、寂しそうなお年寄りにもっと関心を向けるよう人々を説得しようとしなくてもいいんだ。エイミーが君の新しい世界観の生きる証だ。この世のものは心に宿った種、意識的に植えた種から成る、という見方」

「夢をかなえるために種を使う（毎回必ず効果のある方法で試す）それが君の周りの何百人もの人々の人生を変えるんだ。周りの人々も試してみて、その効果を実感し、幸福を手に入れることができる」

「そんなふうに考えてごらんよ、そんなふうに物事を見てみるんだ。1人のお年寄りを助けようとする行為が同時に君の周囲の何百人もの人々を救う奉仕の行動となる」

「これは自分本位なことじゃない。それどころか利己的であることの反対だ。君がすることの中で最も利己的でない行為。正しい感じがしないかい？　こうあるべきだといつも君が考えてきたことじゃないかい？　世界のためにつくすことが、君自身の幸せを見つけるための行為に同時になっているわけなんだよ」

ジムは驚いたような表情で頷きます。世界を救うのは気持ちの良いものです。

壁をこわすための種は、初めからずっとそこにあったのです。

周りの人皆を救えるのなら、
それは利己的なことではない

SECURITY
安心感

質問32
私はパートナーと素晴らしい関係を築いています。でも、そのことは私を幸せな気持ちにするというより、むしろ時々とても不安にさせるのです。すべてのことがうまくいきすぎているから、いまにもこの幸せが崩れ落ちてしまいそうな気がします。永続する安心感、安定した気持ちに到達するためには、どんなカルマの種を植えたらよいのでしょうか。

バンクーバーの私の友人、アンディーとニーナは一緒になって6年が経ちます。

この質問は、彼らが私を埠頭まで迎えに来てくれたときに、ニーナにきかれた質問です。なぜそこに来たかについては少し説明が要りますね。

別の何人かの友人たちは3年間の瞑想を行っていたのですが、その6か月目くらいのときに、どうしたらもっと深い瞑想ができるか、私に相談したいから訪ねてほしいというので、私はバンクーバーに来ていたのです。

彼らはバンクーバー沖のある島で瞑想リトリートを行っていたのですが、飛行機でここに来られると言うので、私は訪ねることを同意したのです。

でも彼らが私に言っていなかったことは、どんな種類の飛行機かということでした。彼らからの手紙にはアンディーとニーナがバンクーバー国際空港に連れて行ってくれると書いてありましたが、車は空港の駐車場には行かずに、川辺の古い埠頭近くに止まったのです。

「さあ」とニーナが元気よく言いました。

「すぐに来るだろうから、車の中で待っていましょう」

「え?」私はあたりを見まわし、戸惑います。

「どういう意味? 誰が来るって?」

アンディーは空を指さします。川の向こう岸に小さな飛行機が弧を描いて飛んでいるのが見えます。すると急にその飛行機は水上に舞い降りたのです。

それは、タイヤの代わりに底にフロートの付いた水上飛行機でした。飛行機が埠頭に滑るように近づいてくるとプロペラ音がうなるように響いて、私たちは叫ぶようにして話さなければなりませんでした。

「戻ってきたときに質問があるんだけど！」とニーナが叫びました。

「わかったよ！」と私は平気な様子を装って答えます。

そしてよろめくようにして飛行機に近づき、コックピットになんとか乗り込んだのです。

パイロットは年老いたドイツ人のヒッピーで、手を使わずに飛ぶことを自慢するのが好きな、おかしな男でした。向こう側の入江に向かうときに、彼は自分と一緒に私にもルイ・アームスロングの「イッツ・ア・ワンダフルワールド」を歌わされます。

戻って来られたのは、ちょうど暗くなる直前でした。ニーナは私を待ってくれていました。私たちは車の中で話します。私の両手はあの飛行機に乗ったことでまだ震えていたので、コートのポケットに手をつっこみます。

「ええ、そうね、最高と言っていいと思うわ。素晴らしい関係が続いているもの。でも素晴らしいからこそ、この問題が頭に浮かんでくるの。私たちの関係が終わってしまったらどうしようってひどく心配で、一緒にいることが楽しめないのよ」

私は窓越しに西方向を見ていました。金色に輝く太陽の光が、海と深緑色の森に覆われた沖合の島々のエメラルド色の峰に降り注いでいて、私はとても厳かな気持ちになりましたが、友人たちがあんな飛行機での訪問を私に体験させたことに、内心、怒りに近い気持ちも感じていました。あれは現在でも、私の死にそうになった経験として記憶に色濃く残っています。

いつものように私は話を始めます。スターバックスの４ステップからです。

「じゃあ、一文で言ってみてくれる?」

「私は安心感が欲しいの、アンディーが来年も、その後も毎年ずっと私と一緒にいると知っていたい。もし彼が私から去ってしまったらどんなに不幸になるかという不安にとりつかれて、いま持っている幸せを台無しにしたくないのよ」

一文にしてはちょっと長すぎますが、まあよいとしましょう。

おわかりでしょう、これは問題ですよね。いくら奇跡を起こして素晴らしい相手を手に入れても、そのパートナーがその年の終わりまでずっと一緒にいてくれるかは、わからないのですから。何が起こるかわかりません。

もっと深く考えれば、それは生涯ずっと不安がつきまとうということになりかねません。なぜなら次に何が起こるかは何に関しても知り得ないのですから。でも安心してください。この世には70億人もの人々があなたと同じように不確かな状態にいるのです。

そういう意味では、私たちは皆、原始人のようなものです。

作物を耕すことは1万年以上も昔から行われてはいます。でも、最初に作物を植えるという貴重な新発見があったことを感謝してみてください。

飛行機や電灯の発明は確かに素晴らしいことでしたが、農耕の発明はさらに重大なことでしょう。では、その発明がどのようにして起こったのか見てみましょう。

これまでで、最も価値ある発明

野人ウォックロクは、彼らの洞穴住居の入り口で、妻のブックダクに〝行ってきます〟のキスをして、仕事に出かけます。ウォックロクにとって、仕事とは森中を歩き回って食べ物を探すことでした。何百世紀も後に歴史学者たちが『狩猟採集民』と名づけるゆえんです。

もし自分の仕事を大変だと思っているのなら、ウォックロクの仕事を想像してみてください。妻からのプレッシャー（その点は現代も変わりませんね）に加えて、彼は飢え死にしないようにという多大なるプレッシャーを抱えているのです。

毎日森の中を歩き回り、他の植物の中にたまたま顔を出した野生の稲の茎を探すのです。もし米をあちらこちらで見つけることができれば、彼と家族はもう1日生き延びることができます。もし米を見つけられなければ、皆死ぬしかありません。

ある日のこと、それは人類の歴史上最も重要な日となるのですが、ウォックロクはまずまずの幸運に恵まれます。彼は片手一杯の米を手にして家に戻る途中だったのです。

しかし、そこで災難が起きたのです。洞穴住居からそう遠くない小道の曲がり角のあたりで、恐竜に出くわします。恐竜もまた狩猟採集動物ですから、ウォックロクを捕まえようと向かってきたのです。

ウォックロクは米を手放し、恐竜に立ち向かい命をかけて戦います。

恐竜は一口に過ぎないこの威勢のよい食料と戦う価値はな

いと、最終的に思ってくれたのはよいのですが、問題はこの恐竜が立ち去った後、ウォックロクが自分が落とした米をろくに見つけられなかったことです。ウォックロクと恐竜はさんざん土を蹴り上げましたから、米はほとんど土に埋もれてしまったのでした。

ウォックロクは、恐竜のことなどに聞く耳を持たない妻にひどく責められます。どうせ家に帰る途中でバーに立ち寄り、友達にビールをおごるために全部米を使い切ったんでしょう？　ってね。

その5か月後、ウォックロクは仕事をしに、いつもの道を通りかかりました。彼の目の前には、いままで見たことのないほどたくさんの稲が、ひとところにかたまって生えていました。

稲から米の粒を摘もうと身をかがめたときに、ウォックロクは、そこが以前自分と恐竜が戦ったところと全く同じ場所であることに気が付きます。

ウォックロクは稲の横にしゃがんでしばらくじっと考えます。

そのとき、彼の頭にひらめいたのです。その日の狩猟採集を終えて家路につくと、妻が家の前にちょうどいました。

「ちょっと聞いてくれよ！」ウォックロクは興奮して妻に話しかけます。

「いまさっき、稲が群生しているところを見つけたんだよ。それがさ、前に俺がティラノザウルスにパンチを食らわせてやったときに、片手いっぱいの米を落とした場所だったんだ！」

ブックダクはあきれたように言います。

「もうその恐竜の話はやめてちょうだい。あのときも信じてなかったし、いまだって信じてないわよ」

ウォックロクは妻に言われたことを気にせず続けます。

「ああ、でも見ろよ、これ！」

彼はその日の収穫である片手一杯の米を差し出しながら叫びます。

ブックダクは頷きます。

「わかったわよ。で、だからそれがどうだって言うの？」

「ほら、見ろよ！」とウォックロクは自慢気に言うと、米を地に投げ、足で蹴り上げた土で米を覆います。

「あんた、気がおかしいの？」

妻はウォックロクをぶちのめし、夕食は冷たいバナナだけです。

新しいことにトライする人には、辛抱強さが必要ですね。ガッツがあって、少し頑固でなければなりません。ウォックロクは5か月間待って、庭中に芽を出した稲を見せるため妻を外に連れてきました。

「ほらね！」とウォックロクはうれしそうな声で言いました。

「うまくいっただろう？　もうこれからは、好きなときに好きなだけ、米を食べることができるんだ！　ただ植えればいいんだから！」

「私、あんたにそう言ったじゃない！」と妻。

こうして、男が稲作をし、女が米を炊き、誰が食後の皿洗いをするかというケンカの歴史が始まったというわけです。

あなたは、この話の教訓を理解したでしょう。

農業は現実に、どこかの時点でこうして発明され、私たちの星における人生を完全に変えたのです。

自分が手ぶらで帰れば家族皆が飢え死にしてしまうと思いながら、どこかに野生の稲が生えているのを偶然に見つけられることを望み、森の中をさまよい歩いていた、その『不安』を考えてみてください。

素晴らしい人、ウォックロク、最初の農民が現れたことで、突然私たちは翌年どの位の食糧が手に入るのか、知ることができるようになったのです。ただ、植えればいいのですから。飢えずに済むだけでなく、心配も消え去りました。翌年、何が起こるのか心配することはなくなったのです。

ダイヤモンドの知恵を使えば、人生におけるあらゆることに対する心配を止めることができるのです。収入は種から生まれるものであり、健康も種から生まれるもの、恋愛関係も種から生まれるのです。

米が5か月後にできるように、赤ん坊が9か月後に生まれるように、時間通りに種が実るのです。

現代では、ウォックロクが野生の米を探しにほら穴から出かけたように私たちは毎朝街に出かけていきます。生活の糧を見つけることができるかもしれないし、見つけられないかもしれません。

上司は給料をアップさせてくれるかもしれないし、会社はつぶれてしまうかもしれません。

アンディーはとどまってくれるかもしれないし、誰か他の人を見つけて去っていくかもしれません。私たちは子どもの頃から不確かさと共に生きることを学び、年を取るごとに、不確かさと上手に折り合いをつけていける人のことを、うまく適応できる人として評価するようになります。

でも、多分それは間違っています。おそらく私たちは行き当たりばったりの失敗を受け入れるようプログラムされているのでしょうし、おそらく人生に何が起こるか予想することは不可能だと信じるよう洗脳されているのかもしれません。

それは私たちが何についても絶対的な安心感を手に入れることができないことを意味します。いつ、どの瞬間に崩れ落ちるかもしれないと心の深いところで思いながら、アンディーとの楽しい時間を楽しむことができないのは当然と言えるでしょう。

「じゃあ、安心感の種を植えなくてはいけないね」と私はニーナに言います。

「どうやって?」

「やり方の手順は知っているでしょう。何を望むのか一文にまとめたら、スターバックスのステップ2に進むんだ。アンテナを立てて、君と同じことを望んでいる人を見つける。お金が欲しいのなら他の人がお金を得られるように助ける。健康になりたいなら、他の人が健康になるよう助ける。安心が欲しいのなら……」

「安心感を必要としている人を探せばいいのね。誰か不安を感じている人」

「そのとおり。そしてスターバックスのステップ3、その人に安心感を与えるよう助ける。いいかい、最初はただ話を聞くことから始めるんだ。誰か話を聞いてあげる対象となる人が必要。君の友達が君を信頼し、安心感を持つようになったら、誰か知っている人に安心感の種を植えるとよいよ、とその友達にすすめることができるでしょう」

私たちはそこで少し止まり、ニーナは太陽のほうに視線を向けます。

地平線のすぐ上に太陽がまだ少し顔を出しています。

ニーナは家に向かって車を走らせ始めました。道の途中で私はもう1つ付け加えます。

「君が普段から信頼できるタイプの人間になれば、それも効果があるよ。他の人が頼れるような人になるんだ。これから3週間の間、どこへ行くときにも必ず時間に間に合うようにしてごらん。誰かとランチの約束をしたら遅れないで行き、もし誰かにバースデーカードを送るなら、ちゃんと誕生日に間に合うように送る。どこかに行ったときのお土産も、時間が経ってしまう前に渡す。返事をすると言ったメールには必ず約束を守って返事をする。他の人たちが、少しでも予測がしやすい生活を送れるよう手助けするんだ」

「わかったわ」とニーナは言いますが、そのときふと、私は奇妙な感じがします（その感じは、ときどき、どこにいても起こることなのですが）。

ニーナは私が水上飛行機で感じた怖れと向き合うことができるように、そしてこの怖れの気持ちがどこから来ているのか私に思い出させるために、話を創り上げたんじゃないか、と感じたのです。

それから私たちはずっとお互い沈黙したまま、家路についたのでした。

A HOME

家

質問33
私はそろそろ家を買うべきだと思っているのですが、夫は大きな買い物をすることを恐がっています。
一緒に巣づくりをすることに夫がもっと積極的になるようにするためには、どんなカルマが必要なのでしょうか。

私は世界中の人から、このような質問を受けます。皆さん、スピリチュアルな考え方に興味のある人たちですから。これは単に家を買うか買わないかという問題ではなく、人生において所有物や所有欲がどんな意味があるのかということについての問いなのです。
講演のためベトナムへ向かう旅の途中、珍しくのんびりしたひとときを楽しんでいるときに、ケイがこの質問をしてきます。ケイと夫のアレックスは今回の講演のためのスタッフです。私たちは深い

森の真ん中に位置する美しい湖の端のコーヒーショップに座っていました。貸しボートを楽しむ家族の姿や地元の人々や子どもの群がる様子が見えます。

アレックスの意見を聞くため、私は彼のほうに向き直ります。

「大きな決断をして縛られたくないっていうわけではなくて、ただ、そんな大きいものを所有するということに対して強い疑念があるんです。ゲシェ・マイケル、寝る場所に関して仏陀がおっしゃったことについて教えてくださったのは、あなたですよね」とアレックス。

私は頷きます。インド仏教の初期の頃には、人々に対し、そして僧であればなおさら、所有物は最小限に抑えるよう、かなり厳しく説われていました。チベット僧がどうして海老茶色のケープを身につけているかというと、それは夜になると寝袋として使えるからなのです。経典には『僧侶は寝る時間になったら、通りすがりのどこの木の根元でも家にできるように』と書いてあります。

アレックスは続けます。

「それから、ハードディスクの話がありますよね。6か月使わなかったものは何でも捨てる、という」

これは私が皆に興味を持ってもらおうと試みている、質素であることについての教えです。何足の靴を持っているかと尋ねられたら、自分の家の

収納棚を思い浮かべますよね、

特に棚の奥のほうのことを考えるでしょう。それぞれの靴をあなたは心の中の目で吟味します。色、スタイル、どのくらいすり減った靴なのか。たとえその靴を履いたのが、もうずいぶん昔のことであったとしても。

そうできる理由は、コンピュータの中のハードディスクのように、あなたの心の中にはすべての靴や他の所有物の目録が入っているからです。

あなたのハードドライブには
容量の限度がないわけではありません

心のハードディスクは、実際のコンピュータ同様、容量に限度があります。だから私は6か月使わなかったものは外へ出すというアイデアを伝えたいのです。でなければ、私たちの多くが探し求めている悟りを得るための心のスペースはなくなってしまいます。

少なくともレベル1の段階ではね。

「これはすべてヴィナヤ（Vinaya）に基づいていることなんだけど」と私はアレックスの疑問に答え始めます。

「ヴィナヤというのは仏陀が僧侶と尼僧のために定めた規則のことだよ」

ここで私はちょっと一息入れます。

「この6か月ルールの教えを試みた人の多くが、僕に同じ質問をしてくるんだ」

「というのは？」

「6か月使わなかったものを見つけるんだけど、後で使うかもしれないと思って家にとっておこうと思ってしまうんだよ。」

「例えば、どんなものでしょう？」

「そうだね、いろいろだから一概には言えないけど、例えば、1年のうちで一番寒い3日間だけ使うマフラーとかね。だけどその日が来ると、本当に捨てなくてよかったって嬉しくなるだろう。さて、ここでヴィナヤの話に戻るよ。僧侶は袈裟は二着のみ持つことしか許されていないんだけど、この規則はある出来事に基づいている。僧は250以上もの誓約に従うんだが、どの誓いも過去のある出来事に基づいてできたものなんだよ。初めは何についての規則もなかったんだが、何かが起こって、それで規則をつくらなくちゃならなくなるのさ。

　ところでね、もし君がたった二着の袈裟しか持っちゃいけないっていう状況で、そのうちの一着は破れてぼろぼろだったとするよ。そのとき誰かが君に新しいのをつくるのに充分な布地をくれたとしたら、君はどうするかい？　君は袈裟を使える限りは使わなくてはいけないと言われている。それは、実際に袈裟が破けてばらばらになってしまうまで着るっていう意味だよ。いいかい、1、2か月の間に多分破けて着られなくなるってわかっているときに、新しい袈裟をつくるための布をしまってとっておくことは許されるのだろうか？」

「仏陀はどう定められたのですか？」

「彼は、僧侶や尼僧たちが後で必要になるかもしれないものをとっておくことは危険すぎると判断されたんだ。だから普通は新しい袈裟が必要になったときには10日以内に布を袈裟に縫い上げなければならないか、あるいは誰か布を必要としている人に与えなくてはいけない。さもなければ、後で使うかもしれないと思ったものをどんどんしまい込み始めて、君の心と家はもので占領されてしまうよ」

「わかりました」アレックスはそう答えて眉を上げ、ケイのほうを見ます。

「家を買うということ自体が大きな心の消耗なんですね」

僧院での修行の間、私たちは1日に4時間まで外で過ごします。議論の場、ディベートグラウンドと呼んでいた公園で過ごすのですが、ここで私たちは大声で叫びながらお互いに質問し合うことを学びます。武術に似た動きをしながら叫ぶのですが、実際、あるとき、そこを通りかかった農家のおじさんは、僧侶たちが暴動を起こしていると思って警察を呼んだこともありました。

とにかく、私たちは難しい質問を愛することを学んでいたのです。

「ああ」私は静かに声を漏らします。「でも、もちろんレベル2というのがあるよね」そう言いながら、秘密を持っているような目つきでケイをちらっと見て、彼女を安心させます。

「レベル2というのは菩薩道のことだよ。世界平和のために働くと誓った人のこと。それはよく俗世の中で起こっていることで、何も洞窟で瞑想しなくちゃできないことじゃない。もちろん洞窟での瞑想も世界の仕事を支え助けるために重要だけどね」

「菩薩道の誓約は2つに分かれている。命じられた誓いがそのうちの1つ。それらの中に、他の人のために利用できる物質的な贈り物を断ってはならない、というものがある。僧侶や尼僧は自分たちのための袈裟をつくらないのであれば10日以上布地を手元に置いておくことは許されていない。だけれども、僧侶や尼僧、そして菩薩道を極める者は、人に与えるためには倉庫いっぱいの布も持つとよいとされているんだ。貧しい人たちの衣類のためならば、必要なら何年分も布地を手元においてもよいということ」

「じゃあ、私たち、家を買うべきね」ケイが喜びの声を上げます。

「イエスともノーとも言える」と私は答えます。

「アレックスが言うことも確かに間違っていないよ。高い目的意識をもたない限り、家を持つことは心と魂にとって大きな負担となりうるからね。家を買い、その家を他の人を助けることに使おうと2人が心を決めるのであれば、すべてのことが反対に働くよ。菩薩が他の人を助ける目的でたくさんの布地を倉庫に保管することは、その布を使う前から、菩薩の心に大量の良い種をまくことになるんだ」

「他の人たちを助ける責任を引き受けるっていうことですか？」

ケイは少しいぶかしげな表情をしています。きっと新しい家でホームレスの人たちに食事をふるまったり、寝泊まりするためのシェルターをつくってほしいと私が言っているかのように思ったのでしょう。

「レベル3にいこうか」と私。「ビジョンを持つということだよ」

「ビジョンって？」

「ダイヤモンドの道だよ。最も高潔な道。初めにヴィナヤのルールに従って質素な生き方を学ぶことにより菩薩の規則の基礎を築き、生きる者すべての人たちに仕えるための修業をする。その修業を深めた者たちがダイヤモンドの道に導かれるんだ」

「それは家の購入とどう関係があるんですか？」

「ダイヤモンドの道では、家は司令部になる、と言われているんだ」

「何の司令部ですか?」とケイ。

私「スーパーヒーローたちの司令部だよ。スーパーマン、ワンダーウーマン、スパイダーマン…、それから女神のね。それは君かもしれないよ」

私はケイを見て頷きます。

「女神って?」2人は声をそろえて言いました。

「ダイヤモンド道を修業している女性が、しまってある布地を美しいドレスに縫い上げて、天使になったように家の中を歩き回るのさ」

「それが他の人を助けることになる…。でもどうやって?」とアレックス。

「家を手に入れるという目的地を道のり、生き方に変えるんだよ。新しい家に初めて足を踏み入れながら…(ケイは新しい家という響きに微笑みます)…ゆっくりと家の中を歩きます。夫と2人で他の人たちを助けていくための、温かく幸せな家庭の基盤として、この家が使われているというビジョンが心に思い浮かべながらね」
「それはきっと、例えば、週に一度、近所のホームレスの人たちを夕食に招くとか、そんなことかしらね。天使の家ではきっとそうするでしょうから」ケイは穏やかにそう言います。もうすでに堂々と女神らしき風貌です。アレックスもそれに同意するように頷いています。
これでケイの悩みは解決できたようですね。

DOING THINGS TOGETHER

共に何かをすること

質問34

ヨガに興味があって始めたのですが、夫は興味を持ってくれません。2人で一緒に長生きして、活動的でいるためにヨガは役立つと思うのですが。一緒に体験レッスンを受けようともしてくれません。どうしたら夫に興味を持ってもらえるでしょうか。

エリザベスと夫のジェレミーのお宅にお邪魔していたときに、エリザベスから受けた質問です。2人はともに60歳です。2人を訪問したといっても、それはほとんどエリザベス1人を訪ねているのと同じことでした。

私が家に足を踏み入れると、ジェレミーは「こんにちは」と挨拶するや否や、テレビの部屋に戻ってしまうからです。

悲しいことに、ジェレミーはここ近年、その部屋で大部分の時間を過ごしているのです。ジェレミーに、たったの10分でもヨガをさせることは、大変なチャレンジと言えるでしょう。

私はこのチャレンジにどう立ち向かおうかとしばらく考え、これまで大きな間違えをしてきたことを思い起こします。

こうした夫婦間の問題を相談されたときに、２人のうちどちらかに非があるのだと勝手に判断してしまうことが多かったのです。

以前、相談を受けたことがあるニックとタミーのことが心に浮かびます。

ニックはとても短気だということは皆が知っていまし、ときどき本当に手に負えないほどでした。タミーはニックのもとを去り、その後1年ほどニックは怒り狂い続け、どのようにしてタミーが自分を裏切って浮気をしていたか、などというわけのわからないことを言い立てていました。

タミーの新しい相手の男の話など全く見たことも聞いたこともなかったので、ニックはタミーに去られた腹いせにそんなことを言っているのだと思っていました。

ところが、その後2年ほど経ってから、ニックを裏切っていたことをタミーに打ち明けられたのです。

そこで私は、人の男女関係について思い込みの判断をくだしてはいけないという教訓を学んだのです。

この夫婦の話での教訓。テレビの前のジェレミーが、うまくいかない夫婦関係をつくっている原因ではないかもしれない、ということ。多分、一見原因と思われがちな人ほど、本当はそうではないのかもしれません。

私はスターバックス方式をエリザベスと進めます。

「じゃあ、君が何を望んでいるのか一行の文で言ってごらん」

「ジェレミーに、新しいことを始めるのにもっと積極的になってほしいわ。特に私と2人で一緒に何かをすることに対してね。どうしたらその気になってくれるかしら？　もっと厳しい態度がいいのかしら？　例えばバスルームにある体重計の上にジェレミーを立たせて、彼がどんなにひどい食生活をしているか責め立てるとか、それともヨガのレッスンを受けるために私と一緒に来てくれたら、帰りにアイスクリーム屋さんに連れてってあげるとかいって、食べ物で釣るのがいいかしら？」

私は思わず1人で笑ってしまいました。これは古典的なダイヤモンド商売の取引です。ちょっと説明が必要ですね。ダイヤモンド事業におけるボトムフィーダーたち（他人の不幸から利益を得る日和見主義者）についてね。

アメリカ全土においてのダイヤモンド事業の中心はニューヨーク市の47番通り。サックスフィフスアヴェニューのティファニーや、バーグドーフグッドマンのようなファッションの象徴である店の通り沿い、5番街と6番街の間にほとんどのダイヤモンド店は位置しています。

ダイヤモンド取引の国内への流れは、まず5番街の北西の角、580番地の上階から始まります。一階の店頭がボトムフィーダーたちです。

彼らは、上階で大きなダイヤモンド取引が行われていることで有名な通りに自分たちの店があるということをうまく利用しています。店は目立っていて、世界一大規模なダイヤモンド取引のど真ん中でお得な買い物をしようと目論む、疑いを知らないツーリストたちがやってきます。

若いカップルがエンゲージリングを探しに店に入って来ると、さあ、そこからダイヤモンド商戦は始まります。セールスマンは黄色の色味が強いダイヤモンドをカップルに見せます。花婿にもうすぐなる男性のほうは、この通りにずらっとあるダイヤモンド店で既に200個の指輪を見てきましたから、目はどんよりと曇っていて、男性買い物症候群に陥っているようです。彼はその黄色いダイヤをろくに見もせずに、お買い得だと即答しています。

女性のほうが、常に手強いお客さんです。彼女はすぐにダイヤが黄色であることに注意を向けました。

セールスマンは「ああ、お客様は白いダイヤのほうがよろしいんですね」と微笑みかけます。

「ええ」彼女は当然のことのように答えます。

セールスマンは全体的には白いダイヤだけれど、中に大きな黒い点々がある石を彼女に手渡しました。彼女はその黒い点を見て、何か言おうとしましたが、口を開く前にセールスマンが大きな声で尋ねます。

「お客様、どちらがよろしいですか？　白い石のほうですか？　濁りがないほうの石がよろしいですか？」

ダイヤモンド商売のやり口に乗せられないこと

今度は彼女も口を開くことはできましたが、「現金でお支払いですか？　それともクレジットカードをご利用ですか？」セールスマンはまた新たな選択を迫ってきました。

そう言った後、彼はすぐに言葉を続けます。

「赤いお箱がよろしいですか？　それとも青いお箱にしましょうか？」

決めるべきことを目の前に山積みにされてしまうと、ほとんどの人は本当に決心することが必要かどうか自問することなく、とにかく決めなくちゃ、と物事を進めてしまいます。このことを覚えていてください。

私たちが何かを決めなくてはいけないときの大半は、悪い選択肢の二者選択になってしまっている、とダイヤモンドの知恵システムでは考えています。

「エリザベス、ジェレミーを批判して責め立てると、それはいつもうまくいくかい？　君の願うように動くのかい？」と私は尋ねました。

「ええ…いえ、そうね、まあ、時には効果があるわ」

「じゃあ、おいしいもので釣ろうとすると、ジェレミーはいつも思いどおりになるのかい？」

「いいえ…でも、そうね、これもまた、時には効くこともあるのよ」

この議論についてはまたあとに回しましょう。

「いいかい？　この選択肢のどちらも、いい方法とはあまり思えないね。問題の根元をよく考えてみようよ」

「それってジェレミーのテレビ中毒のこと？」

「ああ、ある意味そうだね。その中毒はどこから来ていると思う？　君はどうして君の1日がどうだったか尋ねるより、ニュースを見ていたいっていう人と自分の人生を共にしなけりゃならないんだい？」と私は言いました。

「わからないわ」エリザベスは正直に答えます。

「最初に出会った頃は、私たち、一緒にたくさんのことを楽しんだものだったわ。いっぱい旅行にも行ったし、ジェレミーはいつも笑っていたの」

「じゃあ、君は心にどんな種を持っていると思う？　同じ部屋にいる他の人に全く興味を示さないような人が君のそばにいるんだからさ。ジェレミーがそういう人のように見えてしまう、その原因となるような、どんなことを君はしているのかな？」

エリザベスはしばらく考えていました。

「そうね。1つ確かなことといえば、いままでの人生の中で一度だって1日中座ってテレビを見ていたことはないわ」

私は微笑みます。

「スイカはスイカの種よりずっと大きいんだよ。君の人生の中で、ほんのちょっぴりでも君の周りの人を無視したことはないかい？」

エリザベスはまた少し考えます。今度はさっきより少し長く黙っていました。

「正直に言うと、私、ある意味、1日中人を無視しているわ。職場の人が旦那さんの話を延々とし始めると、私はぼーっとしてきてしまうの。もちろん、失礼じゃないように気をつけてはいるのよ。旦那さんがお皿を洗ってくれないことについて何百回も同じ話をするからといって、その人が話し始めた途端に背を向けるなんてことはしていないわ。座って顔を見て、彼女が話していることに集中しようとはしているわ」

「でも？」

「でもね、数分するともう、他の人の問題なんて聞きたくなくなってしまうのよ。私だって既に充分悩みを抱えているもの。だからそこに座って話は聞いているけど、時々ぼーっとしちゃうわけ。それから仕事が終わったら家に帰る途中で買わなきゃならない食料品のことを考え始めたりするわね」

私は内心この話を聞いて可笑しくなりました。質問14のところでも少し、このことについては触れましたよね。誰かが話していることに心から集中するというのは難しいことです。相手は大抵の場合その人自身が望むことについて話しているけれど、結局のところ、私たちも単に自分自身が望むことのほうにもっと興味がありますから。

彼女は気づいていませんが、瞑想における2つの大きな障害についてエリザベスが話の中であげてくれました。

まずは、気が散ること。1つのこと（友人の悩み）に集中しようとしているのに他のこと（食料品）を考えてしまう。

2番目は、ぼーっとしてしまうこと。退屈で眠くなってきて、集中しようとしている対象をすべて見失ってしまう。これらに対抗するのによい方法が、ダクシェンジェワと呼ばれるチベットの修業にあります。

エリザベスがこの方法を試すかどうか見ていきましょう。

「いいかい、エリザベス。種を植えるには、君と同じことを必要とする誰かに、最初にそれを与えてあげなくちゃならない。そのためには、その人が何を望んでいるのか見つけなければならない。だからその人の話をじっくり注意深く聞く必要がある」

「この種の方法を初めて試すとき、つまりその人の欲するものを聞き出すためにコーヒーショップ

に連れていくとき、人の悩みを聞くことに対してとても抵抗を感じることは、ごく当たり前のことだよ。その抵抗を迂回するためにチベット人が使うとても賢いトリックがあるんだ」

「それはどんなこと？」

「ゲームのようにやってみるんだよ。その旦那さんについての悩みを話したがる君の同僚は何ていう名前かい？」

「メアリーよ」

「よし、メアリーだね。いいかい、僕たちは皆、人のことより自分のことのほうに興味がある。そのクセを打ち破るなんて到底ムリなことだよね。だからそんなことにトライしようなんて考えなくてもいい。エリザベス自身が望むことに集中し続けていい。ただ、初めにメアリーと名前を交換するんだ」

「名前の交換？」

「そう。名前を換えっこするんだ。エリザベスはメアリーに。メアリーはエリザベスに。そしたらその後はエリザベスが何を必要としているのかということに集中してごらん。同僚の話をじっくりと注意深く聞くことがすごく簡単になるから」

「そう…」エリザベスは眉を上げます。

「それって、ちょっと変ね」

「確かに変だよ。でも効果がある。やってみてごらん」

「ええ…それで、もし私が、あの…職場のカフェテリアで隣に座って旦那さんについての悩みをずっと話し続ける同僚、『エリザベス』の言うことにもっと注意を払えば、ジェレミーが急に私と一緒にヨガに行きたいって言いだすことの種まきになるのね?」

「そのとおり。ついに彼は君の言うことに耳を傾けるようになるだろう。君が他の人の話を聞くことによって、ちゃんとその種を植えたんだからね」

エリザベスはすべてのことに納得がいったかのように、頷きます。実際それは納得のいく事実ですから。すると、彼女の表情がふとまた曇ります。

「私の言動を変えることによって、ジェレミーの私への態度を変えられるっていうならば…」

エリザベスは言いよどみ、そのあと一息にこう言いました。

「…ジェレミーがテレビの前にいつも座っているのは、ずっとずっと私の言動から起こっていることだったのね」

「そうだね。周りで起こっているすべてのことや人は、いつだって自分たちが原因で起こっている。すべて私たち自身の責任。それはまた、良いことだってすべて、自分が起こしている結果だとも言える。つまり、私たちは皆1人ひとり、世界全体を変える力を持っているっていうことだよ」

SLEEP PROBLEMS

睡眠における悩み

質問35

私と夫は一緒のベッドで寝たいのですが、２人とも一晩ぐっすり眠ることができません。

夫は途中で起き上がってトイレに行ったり他のことをしたり、私は彼の布団を引っぱってしまったり、あるいはどちらかがイビキをかき始めたりします。この問題をカルマで何とかできるでしょうか。

カルマはどんなことでも変えられる。
カルマ以外のものは何も変えることができない

この段階で皆さんに必ず理解しておいてほしいことが1つあります。なかなか頭に簡単に入ってはこないかもしれませんが、大切な要点です。

カルマはすべてを変えることができます。そしてカルマ以外の他のものは、何も変えることができません。働きかけようとするための種を持っていなければ何も起こらないということです。これは常にどんな状況においてもそうなのです。

つまりそれは、あなた方2人が1つのベッドでぐっすり一晩眠ることができるように状況を変えられることを意味しています。何の問題もありません。ただ、必要な種を植えればいいだけです。

まず問題の本質を見極めて、一行の文章で言ってみましょう。

これはフィリスからの質問でした。フィリスと旦那さんジェシーと一緒にフランス中部ブリヴェの小さなカフェにいたときのことです。彼らはフランスの田舎で過ごすホリデーを予定より早めに切り上げて戻ってきたところでした。3週間もの間、どちらもぐっすり眠ることができなくて、お互いイライラが募り始めていました。

もしあなたがこのような状況に置かれたことがあったなら、睡眠を十分にとっていないため、自分の気持ちに霧がかかったようになっていることさえわからなくなるほど、ひどい状態だと想像できるでしょう。カップルにとって睡眠不足というのは、ただ具合が悪いというようなことではなく、気づかないうちに夫婦生活全体をゆるがしかねない問題なのです。

フィリスはパン・オ・ショコラを前に座り、ジェシーは自分のクロワッサンをおとなしくじっと見つめていますが、明らかに耳に神経を集中しています。彼は絶対にこの問題を解決したいのでしょう、可能なら今夜にでも。

フィリスが口を開きます。

「私が思うに…私はただ邪魔されずに一晩中ぐっすり眠りたいっていうだけなの。睡眠を妨げられたくないっていうことがこの問題の要点」

質問23のところで、何ごとからも邪魔されない時間を私たちは皆、どれだけ必要としているかについて触れましたよね。何にも中断されずに過ごす時間は、心のいいバランスを保ち、幸せであるために必要とされる健康的な食べ物と同じくらい大切なことだと学びました。でも、ここではこの会話の状況に即して話を進めていきましょう。

「なかなか重大な問題だね。睡眠が妨げられ続けている状況が、ずっと長い間続いたら、誰だって不機嫌になって分別もなくなるよ」

ジェシーは何か言いたげに頭を急に上げましたが、そこで口を挟まないだけの分別が働きます。

「そうね」とフィリスが言います。

「何が原因なのか見つけないとね。何か小さなこと…」私がそう答えると、フィリスは「毎晩毎晩、眠りを妨げることより、もっともっと小さい些細なことですよね…」と続けます。

「そうだよ」

人は起こっている問題の本当の原因を探しているときに、ふと話すのをやめて、空を見つめて種の本質を理解し始めるのですが、そこで自分に原因があるかもしれないと気づくと、皆、恥ずかしそうな表情を浮かべるのです。

「私、人の話を遮って、口を挟んでばかりだわ」フィリスはジェシーのほうをちらっと見て言います。

「実のところ、私たち2人ともそうよね」そう言うと彼女の頭にもう1つ考えが浮かんだようです。

「2人一緒に種をつくることはできるのかしら?」

「できるとも言えるし、できないとも言える。いいかい、誰も他の人のために種をつくることはできない。もしそれが可能だったら、先週僕は歯医者に行かなくてもすんだだろうよ」

「どういうこと?」ジェシーが尋ねます。彼もこの話に気持ちが乗ってきたようです。

「いやね、この世の中には、これまでに多くの善い人が存在していたはずだろう?」

「ああ、そうだろうね」

「大昔にも、この世には種のことを理解していた素晴らしい人たちがいたはずだよね。黄金律に『己の欲するところを人に施せ』とか『まかぬ種は生えぬ』といった格言があるようにね。もし誰かに種を与えることができたとしたら(例えば君の頭から種を引き出して、他の人に手渡すとか)、そんなことができたとしたら、素晴らしい人たちは皆そうしたはずだよね?」

「まあ、そうだろうね」

「ということは、昔いた素晴らしい人たちや、いま現在周りにいる善い人たちが、僕の頭の中から、歯医者で歯を削られるっていう種を抜き取ってくれるか、あるいは削られなくていい健康な歯の種を代わりに植え込んでくれたら、僕は先週歯医者に行く必要がなかったってことになるよ。そうだろう?」

「ああ」

「でも、僕は歯医者に行かなきゃならなかった。そのことが証明してくれるだろう。誰も種をシェアすることはできないってね」そう言って私は話をまとめます。

「だけど、じゃあ私たち2人の両方ともが眠りを中断されるっていうのはどういうわけなのかしら?2人が同じ種をシェアしているっていうことじゃないの?」とフィリスは尋ねました。

「君たち2人は同じ種を持っている。でもそれは2人でシェアしているっていうわけじゃないよ。そうだね、例えば、君たちの家に、友人が夕食をごちそうになりに訪ねてきたとしよう。その友人は最近彼女が行った旅行の話をし始める。でも、君たち2人は口を挟んで彼女の話を邪魔し続けるので、彼女はとうとう話すことをあきらめてしまった。そして君たち2人が話したいことを聞く羽目になった」

「いいかい？　君たち2人とも、彼女が何かを言おうとしていることにさえ気づいていないとするよ。2人とも同時にそれに気がついていないということ。そうすると、君たちのそれぞれが、同じような種を各々の心にまくことになり、それが後で君たちにとってとても重大な、睡眠を邪魔されるという実をつけてしまう。そして…」

「そして、ジェシーはトイレに行くために起き、私はジェシーの布団を引っぱるってことね。私たちは同時に植えた別々の種によって、それぞれ邪魔をされる経験を異なった形でするの」

「そう。だからまず、君たちは誰かと話しているときに、とても注意深く相手の顔を見ることから始めるといいよ。何か言いたいことがないか、そのサインを見逃さないようにして、言いたいことを全部言い終われるまで、自分たちからはしゃべりださないこと。もし君たちがとても意識的にこの、途中でさえぎらないという種を植えれば、潜在意識に種が根づいて、君たちの眠りを邪魔していた古い種の影響を短くしてくれるよ」

なごやかな雰囲気の静けさが訪れます。フィリスとジェシーの2人は、疲れた状態にもう充分うんざりしているので、他の人たちの話を邪魔をしないよう、喜んで意識的に努力するだろうということがわかりました。さらに「感謝の祈りのメディテーション」を行うのための心の準備ができているようです。それは古代チベットの修業で、不眠解消に魔法のように効く瞑想です。

「ぐっすり眠るために、もう1つトリックがあるんだけどね」と私。

「何ですか？」2人は声を揃えてきいてきます。

とてもおいしいフランス菓子のパンくずだけが残った2枚の空のお皿を私は指さします。

「この2つのパン菓子をつくるための仕事のことをちょっと考えてごらんよ。あのね、2、3か月前のことだけど、『ル・ムーラン・デラ・ヴィエルジェ』という名のパリのパティセリーが、最高のクロワッサンのレシピを載せた焼き菓子の本を出版したと誰かに聞いたんだよ。クロワッサンはつくるのがすごく難しいみたいで、ジュリア・チャイルド（注：有名な料理研究家。フランス料理をアメリカに紹介したことで知られる）でさえ、つくり方を本に載せてなかったくらいなんだけどね」

「で、それはともかく僕はタクシーに乗り、1時間近くかけて、そのパティセリーに向かったんだ。運転手に待っててくれるかきいたら、オーケーしてくれたから、店に入り、そのレシピ本と2個のクロワッサンを買ったんだ」
「タクシーに戻って、2個のうちの1個のクロワッサンを運転手にあげようとしたら、すごく文句が言いたそうな顔で僕をにらむんだよ。彼はクロワッサンはいらないと言って、また長いドライブが始まったんだけど、しばらくして『お客さん、パリには他のパン屋もたくさんあるでしょう。クロワッサン2つ買うためにこんな遠くまで私を運転させたんですか？』って僕をバカにしたように言ったんだ」

ジェシーは含み笑いをして言いました。

「パリにはどの通りの角にもパン屋があるからねえ。」

「確かにね。まあ、そんなわけで僕は家に帰ってきて、そのクロワッサンのレシピを試そうとしたんだけど、まず最初にグーグルの自動翻訳でフランス語から英語に直すためにレシピを一行ずつ全部タイプしなきゃならなくて、それから朝食のためのクロワッサンを自分でつくろうとしたんだ」

「でも実際はそれが夕食のためってことになってしまったけどね」

私はジェシーのほうに向き直ります。

「君が5分であっという間に食べてしまったクロワッサンだけどね、それをつくるのにどのくらい時間がかかるか考えたことある？

まず食料品店に行って必要な材料を買うのに1時間くらいかかるよね。で、家に帰ってきてパン生地をこね伸ばして、その生地が膨らんでくるまで2時間待つ。それから生地を冷蔵庫に入れて30分くらい待つ。そしてバターを乗せて（クロワッサンをオーブントレイ1つ分焼くのに、4分の1ポンド（約110g）以上ものバターが必要）、生地を平らにしたら、バターを包みながら特別な折り方で生地を折りたたむ。それからまた冷蔵庫に戻して30分待つ。生地をまた伸ばして、三角形に切ってクロワッサンの形につくり整えて、刷毛で溶き卵を塗って、もうちょっと膨らむまで30分くらい待つ。焼いている間も変な色になっていないか見ていなくちゃならない。もし変な色に焼けていたら温度を設定し直さなくちゃならないからね。焼きあがったら、オーブンから出して冷めるまで待つ。いいかい、僕はそのクロワッサンをつくるのに6時間もかかったんだよ！」

「へ～っ！」とジェシーは感嘆の声をあげます。さっきのクロワッサンをあんなに早く食べてしまったことを申し訳なく思っているように見えます。

「つまり、ここにいる誰かが」と言いながら私は店のほうに腕を振ります。「君の食べたクロワッサンを夜明け前から焼いてくれていたってわけだよ。誰か別の人が店に行って必要な新鮮な材料をすべて仕入れて、誰かが配達のトラックから荷物を降ろして箱を開ける」

「それまでにも卸売り店から配達車を運転してくる人もいたわけだし、卸売り店で荷物をトラックに積んでくれる誰かもいたわけだよね。製粉所から小麦粉を卸売り店までトラックで運ぶ人もいたでしょう。その前には畑から運んできた人、その前には、ざんざん降りの雨の日も暑い太陽の日も小麦を収穫してくれた人がいる。誰かが種を植え、誰かが土地を耕し、誰かが畑に水をやり、肥料をまいた」

「それはただ小麦についてだけのことだよ。他の材料についても同じことさ。つまり君は他の人たちがしてくれた1年分の仕事を、一瞬でむさぼり食べちゃったっていうわけだよ。その人たちの仕事のことを全く考えもしないで」ジェシーはうつむいています。

「で、メディテーションの話はどうなっちゃったの?」フィリスが尋ねてきました。

私は頷いて答えます。

「寝る前に座り心地のいい椅子に腰を下ろすか、ベッドの上に座ってでもいいので、君がその日に食べたものか使ったものを1つ思い浮かべてごらん。クロワッサンかもしれないし、車でもいい、家でもいい。君がそれを手に入れるまでに、誰かが手をかけた仕事について1つひとつ考えるんだ。心の中で車の販売店で太陽の下、君に車を見せてくれた人に感謝をする。その販売店にとても大変なキャリアカーの運転をして車を運んでくれた人に感謝。車の部品のねじを締めるために1日中立って工場の流れ作業をしてくれた人に感謝。部品をつくるために工場で働いた人に感謝。溶鋼から部品を切断する仕事をした人に感謝。命のリスクを冒して鉱石を掘ってくれた炭鉱夫に感謝するんだ」

「だけど、その人たちは皆お金をもらって…」ジェシーがそう言いかけましたが、私は耐えられずに彼の言葉をさえぎります。

「彼らは自分の人生のうちの何時間もの時間を費やして、君が必要なものをつくっている。誰も、いくらお金を払われたとしても、その時間を彼らに返すことはできない。その人たちは自分の人生の時間を犠牲にして、そのおかげで私たちは生きている。私たちは、彼らのおかげでここにこうして座ってパンの一切れを楽しむことができるんだ」

「これがメディテーションだよ、本当の瞑想。何も足を組んで壁を見つめて瞑想しなくてもいい。ベッドでリラックスして、ゆっくり思いを馳せるんだ。たくさんの人たちが自分の時間を提供してくれて、そのおかげで君は今日という日を生きられたことに対して考える。そうした人1人ひとりに感謝をするんだ」

「それが上手にできるようになると、感謝する人たちの鎖はどんどん長くなっていく。1ダースじゃおさまらないよ。何百人もの人たちが、この1つのクロワッサンをつくるために関わっている。配達するためのトラックが走れるよう道路をつくった人たちの仕事、トラックのエンジンを整備する人、初めにトラックをつくるためお金を払った人、などね」
「そして、何より感謝するという行為は人間の感情の中で最も崇高なものであるというだけでなく、感謝すること自体が私たちをとても安らかな気持ちにさせてくれるんだ。誰かに感謝するたびに、君の心はもっと優しく、そして安らいだ

気持ちで一杯になる」

「そうした感謝の気持ちを抱きながら、枕に頭を預けてごらん。感謝の祈りメディテーションを続けることもできないくらい、すぐに深い眠り、朝まで安心してぐっすり眠れる睡眠に入れるよ。朝起きたときにはとても静かに、さわやかな気持ちで起きられる」

「2つの種がいるのね」フィリスが言いました。

「1つは邪魔されない眠りの種。もう1つは安らかな眠りのための種」

フィリスは、既に笑みが浮かんでいるジェシーに視線を送ります。それから私たちはパン菓子をいくつかまた注文しました。もっと感謝できる人が増えるようにね。

感謝の気持ちを表すと、とっても、とっても幸せになる

質問36
私と夫は同じベッドで寝ていますが、睡眠をとりたいと思う時間帯が合わないので困っています。私は夜更かしして遅く寝るのが好きなのですが、夫は早くベッドに入り、朝は太陽と共に起きたいタイプなのです。夫は私を起こさないよう気を使ってくれますが、彼がコンピュータで何かしたり、家の中で何かしているのがどうしても聞こえてしまい、まだ私は起きたくないのに目が覚めてしまいます。私たちの眠る時間帯が同じになるようカルマで何とかできるでしょうか。

もしこれが夫婦関係へのアドバイスについて書かれた普通の本だったなら、耳栓をすれば旦那さん

が何時にでも好きな時間に起きられるとか、あるいはあなたが目覚めるまで、旦那は起きていてもベッドで横になっているべきだとか、あるいはその時間を物事を考える機会、例えば一個前の質問で話したような感謝の祈りを行う機会として利用すればよいとアドバイスをするのかもしれません。

でも、それではただのダイヤモンド取引になってしまいます。2つしかない悪い選択肢から選ばなければならないように。全く新しい角度で問題にアプローチすることに慣れてほしいと思います。2人のうちどちらかが自分の考えを押し通し、もう片方が我慢して相手に譲るだとか、何か大変な決断をしなくてはいけないという種類の問題だと思わないでください。

そんな方法は全然、愛のカルマにのっとっていません。私はこの質問を地球上のどこでもよく耳にします。毎週といっていいくらいよく聞くのです。お互いの生活時間帯が合わないのに、温かく愛おしい人の身体の隣で夜を過ごすことを望む人が多いのだと思うのです。

本当にとりたい睡眠時間より1時間や2時間少なくても、すぐそばに抱擁してくれる人がいることのほうが価値があるのですから、この問題を何とかしましょう。

「どうして両方を手に入れることができないのかい？」と、私はクリスにききました。私にはクリスが睡眠不足であることが見てとれました。彼女の目の下はくぼんで黒ずんでいます。

「どういう意味？」

「一晩中トムの隣で過ごしながらも、ぐっすりと睡眠をとるってこと」

「でも、だから時間帯の問題が…トムは早く起きたくて、私は遅くまで起きていたいのよ」

「お互いに歩み寄らなければいけないね。トムには少し遅く起きるようにしてほしいし、君には少し早く寝てもらいたい」

「でも、それは嫌なんです！」と2人同時に声をあげたので、私たちは一緒に笑います。彼らがこの問題でまだ笑えることをうれしく思います。笑えるのなら、この悩みのことでお互い嫌気がさすまでには至っていない証拠ですから。ただこの問題を一緒に解決したいと思っているのです。

「だけど、どうにかして君たちのスケジュールが合ったらこの問題は解決できるんじゃないかい？」

私はもう一度2人をうながしてみました。

クリスとトムはお互い見合い、うなずきました。

「よし。じゃあ一文で表すとしたら…」

「2人のスケジュールが合うようにしたい。単純にそういうこと」と、トムが言います。

「そうだね。これはタイミングの問題だと思わないかい？」と私。

「確かに」とトムが答えます。

「じゃあ、君たちはよりよいタイミングのための種をまかなくちゃいけないね。通常、種を植えらえる場所っていうのは他の人に対してだから、君たち2人は他の人たちのタイミングに注意を向けないといけないね」

「わかりました。具体的な例でいうとどんなことでしょう？」とトム。

「僕はこれを『アンテナを立てる』って呼んでいるんだけどね。君たちは誰か生活に置けるタイミングについて助けを必要としている人を探すわけだよね。誰か職場の人が、子どものバスケットボールの大きな試合があるから、今日は時間通りに帰宅したいとするよ。上司がその人に残業を頼んだら、君が代わりに引き受けることを提案するんだ」

アンテナをいつでも張りめぐらせておくこと

誰かに会うときには何時に君がそこへ行けるかあらかじめ知らせること。そして時間通りに行く。さらに最初に腰を下ろすときに、相手がその日にしなくてはならない次の予定のためには何時にそこを出るのが一番よいのか把握しておく。支払いは早めに済ませてしまうこと。何をするにも余裕を持って行動するんだよ。車で出かけるときにも余裕を持って出れば、誰か急いでどこかに行く必要がある人を先に行かせることもできる。ただ、誰かと話しているだけのときでも、話すタイミングによく気をつけて。相手が知っておくべきことがあるのなら、ただちに言うんだ。でも後で言ったほうが相手が傷つかなくて済むような場合にはすぐに言わずに待つほうがいい」

私は話を一旦終えて、少し考え込みます。

「最終的には、これってすごくクールな古代チベットの瞑想法、ジェミチュ、デュンミス（Je Michu, Dun Misu）に結びつくことだよ。いまという瞬間を生きるメディテーション瞑想」

「それはいったいどういった瞑想ですか？」とクリス。

「そう、これも他の瞑想法と同じように始めるよ。心を落ち着けて、しばらく自分の呼吸に集中する。言うなれば、停めてあった車を一旦バックしてから、進むべき道へと車の方向を前向きに変えるとき、一度止まるようなものだよ。それをしないと…」

「…そうしないとギアを間違えちゃうからね。僕の兄貴はやっちゃったんだよ、母さんの車を借りたときに。高速を走ってたんだけど、間違ってシフトレバーをリアに入れちゃったんだ。あれはもう経験したくないな」

トムはそう言って笑います。

「そりゃそうだね。方向を変えるときには、ギアはまずニュートラルにしなくちゃならない。そしてメディテーションするときにも、もし頭を内側に向けたかったら心を初めにニュートラルな状態にしなくちゃならない。だから最初に呼吸を数えるんだ。これは準備体操のようなもので、それ自体がゴールではないんだよ」

「なぜ?」クリスがききました。
「内容のことを言っているんだ。瞑想のポイントは君の心が考えている物事や人が、静止した状態で、心の鏡に映されるということ。君がカメラをまっすぐに構えてレンズが開いたときに、対象物がカメラに焼き付けられるようなものだよ。呼吸に集中することは物事をゆっくり、ニュートラルにとらえることを助けてくれる。でも君の呼吸をずっと焼き付けておくことが目的じゃない。そうやって呼吸に集中することで心を鎮めて、何か別のもっとパワフルな大きなことにとりかかることができる、前段階なんだ」
「大きなこととは例えば?」トムは興味津々です。
「心を鎮めるための呼吸に続いて、もっと役に立つ瞑想に入っていくことができる。そうするためには、初めに君の心の小さな一部分を大きな心から切り離す必要がある。私がよくやるように、切り取った小さな心の一部が少し後ろに一歩下がって、後頭部の後ろからメインの心を観察し始めるというイメージを使ってもいいんじゃないかな」

「何を観察するの?」

「この場合、ちょっと後ろに下がって自分の心がどんなことを考えているのか観察するんだよ。2人の人間が会話をしているみたいにね。小さな心が大きな心の話を聞く。まずはそうやって思考の声を聞くことを、ただ繰り返し練習するんだ。この時点ではまだ、自分の思考に対して何も手を加えないでね。批判もせず、何も変えず、ただ心の声に聴き入る自分の心を観察する」

「それから上手に自分の心を観察できるようになったら、世論調査をする。通りで人をつかまえて、選挙で誰に投票するつもりか尋ねるみたいに。共和党ですか、民主党ですかってね。まあこの場合、浮かんでくる考えをチェックするんだ。過去に起こったことについて、あるいは未来に起こることについて考えていないかってね」

「そうして気がつくことはね。まあ少なくとも僕の場合はそうだったんだけど、考えることの大半は過去か未来についてだということ。もし前の晩に映画を見たとしたら、心が観察しているのは何かしらその映画に関連している思いだ。つまり過去だね。その日の午後、上司との難しい会議が予定されているとしたら、心が観察する思いは、未来に起こることについてになる」

「未来に起こることを予期する思いか、過去についての心配の中に常に生きているようで、いま、ここに心があるという状態はめったにないんだよ」

「ええ、でもトムがもうちょっと遅く寝るように仕向けることと、それってどんな関係があるのかしら?」とクリス。

「まあもう少し話を進めるから、よく聞いて。心を数分間見つめて、どちらが投票で勝つか見るんだ。過去についてか、未来についてか。過去のことにより多く捉われているのか、未来についての心配のほうが大きいのかを見極める」

「そうすれば、最初にどちらの問題に取り組めばよいかがわかるでしょう？　もしも今日（毎日変わるからね）の心は、その日の午後のことや来週のこと、あるいは来年のことについて、多く心配しているのなら、未来への思いを取り去る練習が必要だ。イメージするためのいいトリックがあるよ。おでこに意識を置いて、おでこの前に小さいブロックを積み上げると想像する。透明のブロック、よくオフィス街のビルで見かけるガラスのブロック壁みたいなね。もしそのブロックが粘土かセメントみたいなものでつくられていると想像するとブロックの後ろの心が暗くなって、君自身も暗い気持ちになってしまうからね。だからブロックの壁は軽くて、ブロックの前からは光が漏れてきている感じに想像するといいよ」

「この壁は、いまこの瞬間、以降に起こることに対するどんな思考をも遮断してくれる、とイメージするんだ。今日の午後予定されている上司との会議のことが君の頭に浮かんだら、この壁の外側にその思いを移して、そこに留めておくんだ、心に入って来ないようにね。そうすると、小さな心の一部が見つめる思考の声は、現在のことか、過去のことだけになる」

「それじゃあ次に、過去の思考を遮断するためだけど…ずっと以前に誰かに傷つけられた経験やそのときの気持ちから抜け出せないでいることが多いよね。これをさっきと同じように透明の壁があると想像してやるんだ。今度はその壁が後頭部の後ろにあるとイメージする。こうすることによって、心の中をいま現在に対する思いだけにすることができるというわけ。いまこの部屋にいて、いまこの瞬間に起こっていることにだけ意識を置く。そうすると、とてもおかしなことが起こるんだよ」

「おかしなことって何ですか？」とトムが尋ねます。

「いま、この瞬間に心が留まっていることが殆どないことに突然気づくんだよ。もちろん実際は、常にこの瞬間に存在しているわけだけどね。（少なくとも肉体的には）絶えず、過去に誰かにされたことについて悩んだり、将来期待していることが実現するかしないかと心配してしまっているんだ」

「いったん過去と未来の思いを遮断してしまうと、急に、いまこの瞬間に存在することができるようになる。それはとてもリラックスできる安らかな心の状態だよ。期待や心配から急に解放されて、いまこの瞬間に自分の目の前にある愛や美しいものに心を明け渡すことができる」

「でもこのメディテーションもただの準備体操のようなものだよ。そこからさらに、他の何かにつなげる必要がある。本当に解決したい内容につなげていくんだ。この場合はタイミングにつなげるんだね。１００％現在に心を置いている人は、目の前に座っている人が必要としていることや、必要としている時間に、もっと上手く気づくことができるからね。自分に話してほしがっているのか、黙っていてほしいのか、いつ会いたいのか、いつ話したいのか、話が終わってもう帰りたいと思っているのか」

「おかしなことだけど、いまこの瞬間に本当に意識を置いている人は、この先起こることや以前起こったことの中にも、より意識をもっていくことができるんだ。つまり、他の人のタイミングにより敏感になり、そのタイミングを考慮して行動するので、相手の人の気持ちを楽にすることができるんだね。こうすることで、君たち2人がお互いのタイミングを合わせるための種になるよ。眠りにつく時間のタイミングが自然と改善するような種」

「その種が実ったときって、一体どんなふうになるんでしょう?」とクリスがさらにきいてきます。

私は微笑み、答えます。

「そこがいいところなんだよ。種がどんなふうに実るか、どんなふうに2人のタイミングが合うようになるのかの心配はもうしなくていいんだよ。この話の初めのほうで、時間帯を変えればいいって言ったけど、クリスは早く寝て、トムは遅く寝るって、そんなことしなくても大丈夫だよ」

「こういった種の一番すばらしいのは、種が実るときには、実るのを待ちかねていた何万個もの種が実るっていうことなんだ。自然が起こす奇跡だね。種の持っている自然の業。種が実るときはお互いに完ぺきにかみ合って実る。タイミングのための種が実るとき、君たちの過去の何万もの瞬間から成る何万本もの糸が、いままでとは違う、新しいトムとクリスというタペストリーを織り上げる」

「だから、種がこの先どんなふうに実って問題を解決するのか想像しようとしないで、ただリラックスしていればいいんだ。種は実るもので、何事もそれを止めることはできないとわかっていればいい。種は完ぺきに美しく実り、予想もしなかった展開が、君たちの関係に訪れるだろう。奇跡がどんなふうに起こるかを知らずに楽しむんだ。ただ観察して、時が来るのを待とう。必ずその日は来るのだから」

心の声をよく聴く術を学びましょう

CONTROL
コントロール

質問37
妻は本当に支配欲が強く、仕切りたがり屋で、例えばレストランに行っても私の手からメニューを奪いとって私が何を食べるべきかを決め、オーダーも彼女自身でしないと気が済まないほどです。カルマの力を使って、彼女の支配欲をちょっとでも緩めることができないでしょうか。

これは古典的な「虚空を見つめる」質問です。人々はよくこの手の質問をしてきますが、一番私がよく覚えているのはサムとドーンのケースです。サムと私がカフェで少しだけ個人的な話をしたくてもまったく会話ができないくらい状況はひどいものでした。

ドーンは、私たちの会話に居座り続けたがり、「いくつか提案」をしてきたりしたものです。ドーンは何にも問題はないと言い張り、サムは会話から身を引き、怒りに満ちた沈黙へと退いていくことになるのです。

いつも通り、私はまず初めにスターバックスのステップ1から奨めます。

「サム、一文で言ってみて」

「彼女はすべてをコントロールしたがるんです。どんな小さなことでも。別に彼女をコントロールし返してやりたいわけじゃないんです。ただ、わかってくれるでしょう？　2人ともが同等のチャンスを得られるような民主的な関係になりたいんです、どちらも思ってることが言えるようなね。メニューのこと1つとったって、自分の本当に食べたいものを注文するのがどんな感じか、もう思い出せないくらいなんですよ。大昔にそんなこと諦めましたから。最近じゃ、もう自動的に彼女に僕の分の注文も任せているよ。ただそうは言っても腹立たしいので、彼女にその怒りをぶつけないよう気持ちを抑えるのに必死です」

「そうです」

「君はすべてをコントロールしようとしない人と一緒にいたいんだね」

「わかった。じゃあ君がいままで自分に植えてきてしまった種のことを見ていかなくちゃね。コントロールされるっていうことを起こしてしまった種のことだよ。ある意味、探偵みたいに探っていかならなきゃいけないよ。種は彼女がしていることに比べたら、すごく小さい、些細なことだからね」

「それじゃあきくけど、君の生活の中で、どこかで誰かをコントロールしているってことはないかい？」

サムは虚空を見つめ、長い沈黙が続きました。その反応は、何か思い当たることがあったというサインであることが多いのです。

「うん、うん」とサムは頷き、言葉を続けます。

「職場でですが、企画したプロジェクトのために働いてくれる部下の仕事を、必要以上にチェックしていますね。正直に言うと、自分が関わらなくても彼らが立派な仕事をしてしまうことが少し怖いからなんじゃないかと思います。でも、だからといってどうしたらいいんでしょう？ ドーンのところへ行って、ぼくも他の人に対して同じことをしているって告白しなくちゃいけないでしょうか？」

「そうしてもいいけど、まあ、そんなことは実際必要ないよ。ダイヤモンドの知恵システムのいいところは、問題となっている相手に立ち向かわなくても済むってことだからね」

第三者の輪を使う

代わりに、「第三者の輪」と呼ばれるものを使えばいいんだ。ドーンはとんでもないコントロールフリークで君を支配する、だから君も誰か、第三者に対して小さなコントロールフリークになっていないか考えてみる。そしてその人に対しての自分の言動を努力して変える。それは輪のようにドーンのところへつながって、ドーンの君に対する態度が変わる、というわけ。

「これの一番いいところは、彼女に立ち向かわなくていいということだよ。ドーンには何も言わなくていいんだ。君が目にする彼女の君への態度は、君から起こっていることだし、大体彼女に話してもどうにもならないよ。まあ、コントロールについての問題を冷蔵庫の前で彼女と議論したいならしてみてもいいけどね。たいして役には立たないと思うよ」

「それだけじゃなくて、この方法は、決心しなくちゃいけなかったことから解放もしてくれる。多分君は何年もの間迷ってきたはずだ。ドーンの手からメニューを奪い取って、自分のベジバーガーを注文することぐらいできるって叫ぶか、あるいはドーンがいつか急に敏感になって君の気持ちがわかるときまで、沈黙して、嫌な感じを何度も何度も送り続けるか」

「ダイヤモンドの知恵システムでは、いま言ったような2つの選択肢は両方無視するんだよ。いつも効果があるとは限らないから、どちらの選択肢も良くない。自分の生活の中で他の人たちをコントロールしないよう気を付けることによって、ただ種を植えればいいんだ。正しく植えて育てれば種は必ず実り、ドーンは君を対等なパートナーとして扱うようになる」

「この方法のいいところは、ドーンのコントロールに対する対処法に関してどうしようと悩む心や感情のもやもやを感じなくていいことだよ。そのことで悩む時間や心のスペースが解放されて、もっと建設的な考えのために使えるようになる」

「例えばランチに何を食べるようか、と考えたりとかね」

サムは笑いながらそう言ってメニューを手に取りました。

質問38

私は女友達と毎週会って夜一緒に出かけるのを本当に楽しみにしています。
でも、夫は1人で家に残されることが気にいらないようです。
カルマで解決できるでしょうか。

フェニックスにてイスラム教徒の友人たちと祈りのプログラムを行っていたときに、ケリーから受けた質問です。夫のアーサーと何か話し合ってきたすぐ後だったようで、私たちは少しの間、黙っていました。アーサーは軽食が置いてあるテーブルのほうに立っています。

質問17で、人間の持つ八万四千ものネガティブな感情について話しましたね。そして仏陀は、最も重大で、よく起こりやすい感情についてフォーカスできるようにトップテンのリストをつくってくれたこともお話しました。ケリーの問題は、このトップテンの中の8番目に当たります。

「どういうことですか？　8番目とははどんな感情？」とケリー。

「これは私たち皆が持っている、おかしなクセなんだ。人は皆、この8番の感情をほぼ1日中、何かしらの形で抱えていると古代チベットでは言われていたもの。例えばね、君の友人のうちの1人が職場で昇進したとするよ。自分や家族が本当に必要とするよりももっと多くのお金をその人はこれから手に入れることになる。車のローン支払いも終えることができるだろうし、レストランでときどき外食も楽しむだろう」

「それを考えると、君はその友人のために嬉しくなる代わりに、なぜかイラついた感情を持ってしまうんだ」

私はそこで話すのを一旦とめて考えてから、ささやきます。

「なぜだと思う？」

「なぜ他の人にいいことが起こると私たちは面白くないのかしら？」ケリーが繰り返します。

「そうだね…なぜだろう？　大変で、がっかりすることの多い世の中で、誰かがちょっとした幸せを手に入れたことを、どうして私たちは喜べないんだろう？」

ケリーは肩をすくめました。「それは妬みの気持ちですよね」とケリーは話し始めましたが、次第に声は小さくなり、何か他にも考えているようです。

そしてまた話を続けます。

「ある意味、これはもっと根本的な問題に根づいているんじゃないかしら？　他の人たちが何かを手に入れたことを喜べない理由は、自分はそれを手に入れることができなかったからで、それが他の人たちとの隔たりをつくり出しているからじゃないんでしょうか？」

「どういうふうな隔たり？」

と私が突っ込んできくと、ケリーは考えこみながら話を続けます。

「そうね。例えば、あなたと私は根本的に隔てられた個々の存在だと信じていれば、あなたが手に入れた幸福を妬んで面白くないと感じるでしょう。でももし、まるで2人は本当は1つの存在であるかのようにあなたとのつながりを強く感じていれば、8番目みたいな感情を持つことは不可能でしょう」

「つまり、あなたのことを近しく思えば、自分自身かのように思えば、あなたに何か良いことが起こるたびに私も幸せを感じるということよ。反対に、嫌な気持ちになるのは、その人のことを自分とは離れた存在だと思っている証拠ですよね」

私は頷きます。そんなふうに考えたことはありませんでしたが、12世紀も昔の考え、『共通の敵』についての話を思い出します。

「昔、シャーンティデーヴァ（寂天）という名前のインド仏教の聖人がいたんだけどね、彼は私たちが他人と近しくなればなるほど、不幸を共通の敵として見るようになると言っている。誰かが世の

中の幸せをほんの少しでも絞り出そうとすると、それは私たち全人類を悩ます不幸への一撃となるというんだ」

「素敵な考え方ですね。私たちは皆いつも戦争のさなかにいる。全人類を傷つける大きな不幸という敵に対して戦っている、ということは…」

ケリーはさらに考え込みます。

「いつの日か負かすことができるっていう意味でしょう？　すべての人の幸せのために」

「そのとおり」と私は頷いて同意します。

「それで、私が友達と出かけた後に、不機嫌な夫のもとに戻らなくてもすむためには、どうしたらいいのかしら？」

「どうするかの手順はもうわかっているだろう？　何かを望むときには、初めに誰か君と同じものを望んでいる人にそれを与え、種を植えるんだったね。自分がされたくないことは、すごく小さなことであっても同じ種類のことであれば、他の人にするのをやめる。自分に降りかかることは、過去に自分自身が植えた、もっと小さな種が起こしているのだからね」

ケリーはしばらくの間考えていました。

「ということは、少しかもしれないけれど、他の人が欲しいものを手に入れたことに対してイライラすることが時々あったに違いないですね。私が女友達と夜出かけるっていう行為をアーサーが面白く思わないってことは」

「そうだね」

「それじゃあ、普段の生活で私がそんなことをしていないかどうかチェックしないといけないわね」

「そうもできるね。でももっとポジティブな方法で取り組んだほうが楽しいし、有益だと思うよ。チベットでは『お祝いメディテーション』って呼んでいるんだけれどね。これが君にはピッタリじゃないかと思うんだ」

ケリーは鼻にしわを寄せます。

「メディテーション…冷たい床の上のクッションにあぐらをかいて、足がしびれてしまう瞑想のこと？ 心を鎮めるためにするはずなのに、逆に罪の意識で気持ちが乱れてしまうのよ。ああ、なんて私は悪い人間なのかしら！ 今朝メディテーションをしなかったわって」

私はちょっと含み笑いしてしまいました。ケリーの言ったことは確かにあたっています！

「君が言うような、毎日の修業としての瞑想には、日常のエクササイズと同じようにその恩恵があるよ。でも、とにかく楽しむことができれば、もっとそのエクササイズをやるわけだよね。例えば1日に腕立て伏せ50回と腹筋50回をやることにしたとしよう。でも、それって本当に同じことの繰り返しで飽きるし、つまらないよね。でも仲のいい友人と一緒にきれいな田舎道を自転車で走っても、同じ量のエクササイズができるよ。もっと楽しみながらね。そうした方法がお祝いメディテーションなのさ」

「眠りにつく前にする、素敵な楽しいメディテーションが沢山あるんだけど、これはそのうちの1つだよ。いいかい、私たちは自分が持っていない良いものを他の人が手に入れると面白くない。でもそれは、ただの習慣的な癖に過ぎない。古い、癖になってしまった考え方。でもこの状況を変えることは可能なんだよ」

「冷たい床の上のクッションに座ってする瞑想のことは忘れよう。仕事から帰ってきておいしい夕食を食べ、お風呂に入り、見たければ少しテレビを見る。寝る準備ができたらマットレスに腰掛けるか、あるいは横たわって天井をただ見つめながら、思考に意識を向けます。ここ数日間に他の人に起こった良いことについて思いをめぐらすのです。アニーが素敵なデートに出かけたことを喜ぶとか、ニックは新しいキャリアのための学校でトレーニングを頑張っているなとか、休暇が近づいてきていて、国中の人々がお休みをとれるな、なんてね」

他人の成功を祝いなさい

「このお祝いメディテーションを週に数日、寝る前にちょっとでもすると、他の人の幸せを喜ぶことが新しいクセになるんだ。八百屋さんで見かけた子どもがお母さんと楽しそうにしているのを見て、子どもに笑いかける自分に気が付く。地元のコンビニでビールを一箱買おうとしている男性とレジの人が交わす温かい会話を喜んで聞くようになる。君は前より幸せな人になるんだ」

「眠る前に心が幸せになるとよく眠れる。そして安らかな気持ちで目を覚ますことができる。心というのは眠りにつくとき特に感じやすく開け放たれた状態になっている。だから、枕に頭を預けるとき、他の人の幸運を意識して祝うんだ。今日起きた、うまくいかなかったいろんなことを心配する代わりにね」

「これは他の人たちが自分の幸運を喜んでくれるための力強い種まきになるよ。アーサーも……」

そのとき彼が軽食テーブルから離れてこちらに来るのが見えます。

「…君が友達と夜出かけることが、どんなに君を喜ばせるかということに気づいて嬉しく思ってくれるでしょう。そして君が家に戻ってきたとき、もっとお互いを楽しめるようになるんだよ」

ケリーはアーサーを微笑みながら見上げます。私たちが想像するよりもっと、ベッドでのメディテーションがお祝いそのものになりそうです。

質問39
おかしな話に聞こえるかもしれないけど、妻は僕が何かに夢中になっていると、そのことに嫉妬をするようです。本やコンピュータ上の仕事でも。
すると、彼女はいつでも何か口実を見つけては僕の時間を邪魔するので、本当にイライラします。何かに没頭しているときに彼女も楽しんでもらうためにはどうしたらよいでしょうか。

この質問は、1つ前のケリーの質問によく似ていますよね。でも、ここではもうちょっと深く、こうしたタイプの種にどう働きかけるべきか、よく考える機会としましょう。

ご想像どおり、この質問はかなりよくある問題です。

例えば、ショッピングでもよく起こる問題ですよね。1人はもうフードコートのほうにランチを食べに行きたいのに、もう1人は本だのカーテンだの、あと30分は見たいと思っているとか。事実この質問を受けたとき、私はＤＣＩ（ダイヤモンドカッターインスティテュート）ツアーのため東京に来ていて、デパートのベンチに腰掛けているところでした。

質問をした彼のパートナーであるクレアは、すぐ近くのワゴンに山と積まれた手袋をあれやこれや見ることに夢中です。

「何かメディテーションはしたのかい？」

店の後ろ全体を飾る、キッチュなハローキティのディスプレイにもたれかかりながら私は尋ねます。

「ずっと昔。ＴＭ（超越瞑想）を少し。時々いまでもこれをすると気持ちが整理できるんです。禅瞑想も少しやります。それを通して静止して長時間座ることを学びました。最近ヴィパーサナを試しましたが、これは職場で怒りたくなったときに、心を鎮めてくれるいい手だてを与えてくれました」

「そうか。どれもみな良いスタートだと思うよ。こうしたメディテーションをしたことがある人が、もっと内容に集中する古典的な瞑想をやるとすごくうまくできることが多いとこれまでの経験でわかっているからね」

「さて、君が何かに没頭しているとき、それがクレアではなく、またクレアが夢中になっているものでもないことに没頭しているときに、彼女が嫉妬せずに嬉しく思ってもらうための種をまくには、『やりとり』と言う意味のトンレン（Tong Len）と呼ばれるチベットの古典的な瞑想法をすすめるよ」

「ああ」ティムはそう答えましたが、そのゆっくりとした答え方から、彼がそれほど瞑想に興味を持っていないことが私にはわかります。悲しいことです。

最初は私たち西洋人は瞑想のことを何も知らず、そして瞑想法が私たちの国に伝わったのちもなぜか瞑想はとても忙しい私たちの生活において、新たな面倒な仕事のようになってしまいました。

瞑想、メディテーションについて、ここで一度はっきりと理解することがティムには必要だと、私は思いました。

「初めに1つ理解してほしいんだ。瞑想、メディテーションについての考え方だけどね。お香をたくだの、膝の痛みを無視して床に無理に座ろうとするだの、そんなことと瞑想を結びつけないこと。ただ、心を解放できる環境を整えればいいんだよ。心に羽が生え飛ぶことができるような、とても気分が楽しくなるような環境をね」

「『メディテーション』と言われたら、ベッドで半身を起こして枕に寄りかかり、いままで読んだ中で一番面白い本を読んでいるイメージをもってほしいんだ。それか、映画館の端っこの席に座って、お気に入りの映画の大好きなシーンを観ているとかね。ところで、君の好きな映画のとっておきのシーンは何だい？」

「それだったら簡単だ。『天使とデート』っていうあまり知られてない映画なんだ。主人公が森の中で気を失っていたときエンジェルに助けられるんだけど、病院で目を覚ましたときに…」

ティムはそこで急に話をやめます。言葉にはならないようで、ただ微笑みを浮かべて天井を眺め、映画の中の一番いい部分を思い出そうとしています。

「それだよ！」と私が大きい声で叫んだので、クレアは私たちが大丈夫かどうか一瞬振り向きましたが、すぐにまた手袋の山のほうに顔を向けなおします。

「それって何のこと?」とティム。

「それがメディテーションなんだよ。何かを深く楽しみ、とても深く何かに没

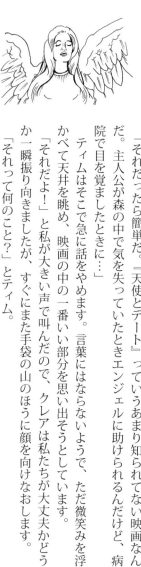

頭していて、何をその前に話していたのか忘れてしまう」

天井を見つめることもメディテーション

「そう、何について話していたんだっけ？」

ハローキティのピンクの世界にもたれながら、ティムがききます。

「君が何かに夢中になっているときに、それから引き離そうとするのではなく、クレアに喜んでもらうためにはどうしたらよいか、という話」

「ああ、そうでした。メディテーションのことですよね」

「そうだよ。トンレンというメディテーション。『与えることと受け取ること、ギブアンドテイク』の瞑想。クレアを変えるために必要な種まきの手助けをしてくれるのが『与えること』の部分。じゃあ、もう一度最初からメディテーション環境をセットアップしようか。まず家の中で居心地の良い場所を探す。仕事から帰ってきたらまず着心地の良い楽な服に着替えて、少し何かを食べる。その日1日のストレスがだんだんに消えていき、お気に入りの椅子に腰を下ろす。背もたれに寄りかかり、足をどこでも好きなところにあげて、組んだ手に頭をあずけ、天井を見つめる。天井でもなんでも、見つめる場所はどこでもいいけど。ただリラックスして心を自由に泳がせるんだ」

「それから友人や職場の人たちを1人ひとり思い浮かべる。誰か助けを必要としている人が君の心に浮かぶまで」

私はティムに時間を与えるため話をそこで一度話を止めます。

「ああ、浮かびました」とティム。

「誰かきいてもいい？」

「ええ。仕事も恋人もいなくて悩んでいる人がいるですが、どうしたらいいのかわからないようなんです。退屈しては怒りっぽくなって、必要ないことまで心配している」

「よし。いいね。彼が必要としているものは何だと思う？」

「目的意識、かな。楽しみながら何かに忙しく熱中し、他の人の役に立つこと」

「わかった。じゃあちょっとだけトンレン瞑想をしてみようか。彼らが欲しがっているものを与えるんだ」

ティムは背筋を伸ばします。彼がベンチの上で足を組み始める前に、私は彼の腕を引っ張りました。

「いまは寝る時間だと思うんだよ。気持ちを軽く、自由にして、その人たちとつながるんだ。ヒマラヤの山のほら穴でメディテーションしている人のように見えなくたっていいんだよ」

ティムはその言葉ににっこり笑います。瞑想の意味が理解できたようです。ベンチの肘掛のところに肘をのせ、ベンチにもたれて天井のほうを見つめています。

「その人生に目標が必要な友達を思い浮かべよう。彼は寝室にいて寝る準備をしている。ベッドの端に座って天井を眺めながら自分の人生のことを考えている」

「君も同じ部屋にいる。彼の向かい側で、椅子に座っている。でも君の姿は見えないんだ。彼には君は見えていない。さあ、いま君の胸に小さなダイヤモンドがあると想像してごらん。ダイヤモンドはやわらかな白い光で輝いている。息を吐くたびにその光のボールから小さな光の流れが君の喉に上がってきて、呼吸とともに君の鼻から出ていく。息を長く吐くことに集中してごらん。そうすると心が落ち着いて瞑想できるスペースができるから」

ティムは目を閉じ、頷きます。彼の呼吸はとてもゆっくりとなっていきます。

「君の胸にある、やわらかなダイヤモンドの光に集中して」

ティムはしばらく静かにしていたあと、頷きます。

「今度は、君の友人のためのインスピレーションと、その光をミックスさせる。どんな人生を歩みたいのか、どうしたらそこにたどりつけるのか、という考えと光をミックスさせる」

ティムは静かに座ったまま、しばらくした後また頷きます。

「さあ、呼吸をするよ。長い、リラックスした呼吸だ。人生のインスピレーションと一緒になったダイヤモンドの光が、息を吐き出すと同時に喉に上がってくる。それが鼻から抜けるのを感じてごらん」

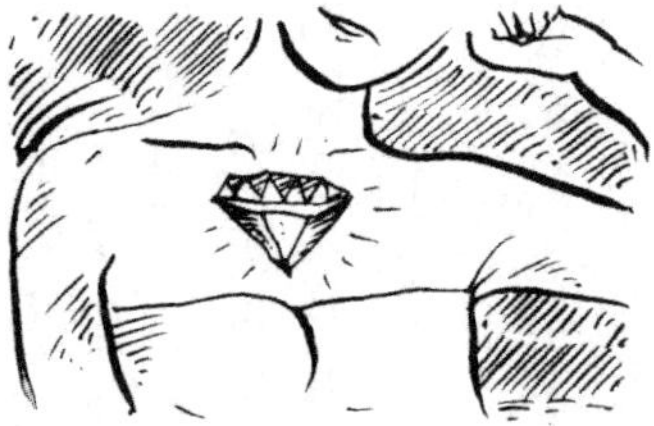

ティムはデパート内の人々の喧騒をよそに瞑想に集中しています。
「いいかい、今度はそれをもっと長くするんだ。普段、私たちは呼吸をするときには、鼻から息を吸って吐き、肺に空気が入ると思っている。でも、吸った息が身体にどのように残って、どのようにまた空気の中に吐き出されるのかは、あまり考えたことがないと思う」
「そのことに、集中してほしい。ダイヤモンドの光が鼻を抜け、目の前に広がっていく様子をイメージするように、深く息を吐き続けて。呼吸をするたびに、ダイヤモンドの光の筋がだんだんゆっくりと君の前の、部屋の向こう側に伸びていくことを想像すると、自然に深く息ができるよ。その光が、君の友達をスランプから救い出すアイデアを運んでいると思いながらね」

ティムはさらに深く静けさに沈みます。ティムがこれまで試してきたメディテーションによる訓練のおかげでしょう。

「さあ、ここからがいいところだよ。君の光の息が鼻から出て、友達の鼻に届くまで、ゆっくりと伸びていく。彼らの鼻に届いたその瞬間、その光の息は吸い込まれ、薬のようなこの光の息は肺に入っていく」

「そうすると友達の心はやわらかい光に包まれる。すると突然、人生で何をしたいのか、どうしたらそれができるのか、正確に知ることができるんだ。これが、『ギブアンドテイク』瞑想の、『ギブ、与えること』の部分だよ。目を閉じたまま、友達がどんな気持ちでいるか感じようとしてごらん。とてもとても久しぶりに、君の友達は特別な幸福感を味わっている。人生において何をすべきか、どうしたら人の役に立つことができるのかわかったという幸福感をね」

「君が好きなことに没頭していることを、クレアにも喜んでもらうために助けとなるのがこの瞑想の最後の部分だよ。君が友達をどんなに幸せにしたかを考えて自分も幸福感を味わう瞬間を過ごすこと、友達の幸福感の中に君も浸る、静かなときを持つことが、その鍵さ」

最後に、そう言うと私はできる限り静かに座ります。

ティムが深い静けさに沈んでいるのが感じられ、彼の心の中で種がまかれる様子が見えるような気さえします。

クレアは興味深そうにこちらを見ますが、彼女のまなざしは、どこかしら、もう既にティムを支えるような優しさを含んでいるように見えました。

IN-LAWS
義理の両親

質問40
私は、妻の実家のイベントにしょっちゅう連れ出され、義理の両親や兄弟と何時間もおしゃべりをさせられるはめになります。
それが私にとってどんなに退屈か妻にわかってもらい、ときどきは家に1人で残らせてほしいのですが、どうしたらよいでしょうか。

この質問を受けたのは、フェニックスとフラグスタッフの間のさびれた地域、ハイウェイ17にある小さなメキシコ料理のレストランでのことです。サミュエルとパートナーのヴィヴはフィンランドからグランドキャニオンを訪れていました。

サミュエルは何年か前にヨーロッパでの講演会に来たことがあります。

このレストランのオーナー、グアテマラ出身の友人ホセが私の耳元でささやきます。

「君の連れてきた友達は、この辺の人たちじゃないね、そうだろう?」私は微笑みます。

「この問題には2つほどの取り組み方があるよ」

私はサミュエルの質問に答え始めます。

「1つには、思いやりのためのごく普通の種を使う方法。何かを一緒にするときにいつでも、相手が君の気持ちを思いやってくれるようにするための種」

「でも、もう1つの角度からこの問題を考えたほうがもっと楽しいと思うんだ。種のことは知っているよね？」

サミュエルは頷きます。こんな場合よくあることですが、ヴィヴは初めにこの質問がされたときから、ちょっと面白くない様子です。でも、一旦会話が始まれば、彼女もどんなふうに種を使ったらよいかわかるでしょう。素晴らしいのは、もし2人が種の植え方と世話の仕方を理解できたら、世界の奇跡によって2人はお互いに望むものを手に入れることができるのです。それぞれ望むものがたとえ正反対のように見えたとしてもね。

「よし、じゃあまず美しさについて考えてみよう」と私は始めます。

「美しさの種になるものは何か。周囲に美しさを見いだし、私たち自身も人から美しいと思ってもらうための種は？」

「うーん…僕が理解する限りでは、一般的に種には二種類あって、人生において何か起こってほしいときは、まくべき種はたいてい明白ですよね。お金が欲しければ、誰か他の人がお金を手に入れるのを助ければいい」とサミュエル。

「でも、それほどわかりやすくない種もありますよね。例えば、美しさの場合も、種は予想外なもの。美しさを感じるためには、また、自分を美しいと感じてもらうためには、自分の機嫌によく注意しないとね。修業の足りない普通の人が怒ってしまうような場面で、いかに辛抱できるかによって、自分や周りの中に美しさを見つけられるようになる」

「うん、そうだね」と私は頷き、言葉を続けます。

「それから覚えていてほしいのは、美しさというのは、種を通じて自分に戻って来るということなんだ。ただ怒らないようにしている人が顔にしわが少ないっていうことじゃなくてね。怒らないようにしている人たちの周りすべての現実が実際に変化して、以前は美しくなかったものが、真に美しいものとなる」

ヴィヴは頷いています。その表情から、彼女が違いを理解したことが私にはわかりました。サミュエルはそれほど確信が持てないようでしたが、じきに理解するでしょう。

「さあ、じゃあきくけど」私は話を続けます。

「耳にすることを美しく、価値があると感じるための種はどんなものか想像がつく?」

「何のことを言っているのかわからないよ」とサミュエルが不機嫌そうにこぼします。義理の両親や兄弟とのおしゃべりを楽しむよう説得しようとしていることに対し、サミュエルは明らかに神経をとがらせているようです。

「人が話す内容っていうのは、重要なことか、あるいはたわいないおしゃべりか、どちらかなのは明らかでしょう」

私は何も言わずにポケットからペンを取り出し、彼の顔の前でペンを振って見せます。

急にヴィヴが口をはさみます。

「種の話のそこが面白いですよね。私が一番気に入っている部分です。どんなものでも見るもの、周りをとりまくすべては、私たち自身から生まれてきているという考え」

周りをとりまくすべては私たち自身から生まれてきたこと

「例えば、私たち2人がある人の話を聞くとき、私の隣の人はその話を意味のない無駄話だと思っているかもしれない。でも、その人の話すひと言ひと言が、私にとっては胸を深く打つものかもしれない。種の話のいいところっていうのは『空』という概念ですよね。言葉は『それ自体』はただの音でしかなく、有意義でも、ありふれたことでもないんです」

ヴィヴは急にここで話を止めます。顔には何か重大なことに初めて気がついたかのような畏れの表情を浮かべています。

それから彼女は、ゆっくりと言葉を続けます。

「それって…ということは、何事も、それ自体、それ自体では存在しないっていうことよね。ペンはペンじゃないって言うこともできる…」

ヴィヴは私のほうを見て反応を探ります。

この部分をきちんと理解できないと、たくさんの誤解が起きて、浅はかな行動に結びついてしまうので、私は注意深く頷き、説明を加えます。

「私たちが道を間違えないよういつでも正してくれる考えというのは…私たちの心の種がペンをつくりだすまでは、ペンはペンでありえないということ。そしてその種はいつでも他の人たちとわかち合うこと、他の人にやさしくするということから産まれるのだ、ということ」

サミュエルのほうを見てみると、彼も私たちの会話についてきていることがわかりました。

「やってみるよ」と笑顔で答えるサミュエル。

「他の人たちにやさしく話すよう注意すれば、話や音を美しいもの、意味あるものとして聴けるようになるんですね。義理の両親たちと話すとき、いつでも無駄話に飽き飽きしていたのは、僕が悪かったということ。それを改善したければ、自分の生活を見直すべきなんですね。周りの人にもっとやさしく、励ましの気持ちを持って話すことができるように頑張りますよ」

囲んでいるテーブルの雰囲気が、前向きなエネルギーに完全に変わったことを感じます。

これは、夫婦や恋人の2人が種の意味を理解したときにいつも感じることです。2人とも自分の人生に責任を持ち始め、新しく、美しい人生へと歩み始めるのです。

こうした最初の一歩の段階でも種の知恵はとてもパワフルで、テーブルの周りの種が、優しいものへとどんどん変化していくのです。

レストランのオーナー、ホセがカウンターの後ろから出てきて、ソパピラスの大きなお皿を運んできました。

「これはサービスだよ!」と満面の笑顔のホセ。

ソパピラスはメキシコのお菓子です。たっぷりのはちみつがかかっているので、膝の上にはちみつを落としてべたべたにせずに食べることはできないでしょう。

質問41
私は夫の両親と良い関係をつくるために、とても努力しています。それなのに夫は全く私の努力に報いてくれず、私の母に何の関心も示さず、敬意も表しません。お互い義理の家族を大事にすべきだということを夫にわかってもらうためにはどうしたらよいでしょうか。

これまでの質問で多分お気づきのように、レストランできかれるものが多いのですが、でも誤解されたくはないのですよ、別に私は四六時中食べているわけではないのですから。ただ、カップルが自分たちの関係について相談するときには、ココアでもサラダでも口にしながらのほうが、リラックスできますし、また周りの人たちの存在にも感謝しやすいのです。

まあそういうわけで、この質問もウクライナのキエフにある、とても素敵なカフェのバルコニー席で、ミナという女性から受けました。DCIプログラムのためにキエフを訪れていたときのことです。

彼女がもっと気楽に話せるように2人のアシスタントを他のテーブルに追いやります。

ミナの旦那さんロブはその夜の講演で使う必要のある音響システムの電気コードを、他のスタッフと探しに行っています。外気の気持ちよさを感じながらくつろいでいるミナに話かけます。

「ミナ、カルマの種について書かれた最高の本は何だと思う?」

ミナは微笑みます。彼女はカルマの種についてては、とても詳しいのです。正しく理解しようと、本当によく勉強していました。

「マスター・バスバンデュが書いた『Treasure house of Higher Knowledge』（『高い知識の宝庫』）でしょう」ミナは即答します。「主に第4章」

私は頷きます。

「じゃあ、ロブが君のお母さんをもう少し大事に扱うようにするための、最もわかりやすい種の植え方を2つあげてみて」

「私たちが言うことや行動することすべて、それが最も明白な種の植え方」暗記しているかのように機械的に答えるミナ。

「そうだね。この場合、植えたい種の種類というのは…」

「彼が敬意を表すための種、ということはもちろん、私自身が敬意を示さなければいけないということ」

「誰に対して?」

「そうですね、誰に対してでもじゃないでしょうか。特にロブの両親や誰かの両親に対してってわけではなくて。例えば、職場の上司にもう少し敬意を表したら、それもロブが私の母を敬うようになる種を植えていることになるのでしょうね」
私は頷いて同意します。ミナは基本的な考え方はわかっているようです。でも、もうちょっと奥深く進んでみましょう。
「よし。君は他の人たちにもっとていねいに、敬った物言いをすることを考えているんだね。それか、敬意を表す行動をとる。でも、その奥にある動機、意図は何だろう?」

ミナは例の天井をじっと見つめるしぐさをします。私たち2人のテーブルに覆いかぶさっているパラソルを見あげます。

「そうね、ちょうどマスター・バスバンデュが言っていたことだけれど、私たちの言動が心に種を植えることになり、植えたものと同じものを後で自分の周りで見ることになるんですよね」

「でも、何か言ったりしたりする直前に、まずは心の中に動きがあるんですよね。それを言おう、それをしよう、という考えが浮かぶわけです。意図とか、動機と言われるもの」

「そうした心の中の考えを植える種は…」

「一番パワフルなもの」とミナは続き、私のほうを見ますが、彼女の目には疑問が浮かんでいます。

「どういうことですか? どんなことを考えればよいと言っているんでしょう?」

私はキエフの下町の建物が見える通りを眺めます。あのひどい冷たい戦争の時代のソビエトの街と最近できてきた見た目の良い場所とが、古いクラシックな建物と共に、いい具合に溶けあっています。

「わかっているよね。何かを言ったり行動を起こすことは、二次的な種だけれども、わかりやすいものだよね。上司が何かしてほしいと頼んできたら、1日一回でいいから熱心な返事をすると心に決める。これからの2週間の間、職場に15分早く着くように約束して、何か自分にできることはないか聞く」

「自分で見たり聞いたりできる、わかりやすい方法だよね。言動を気をつけることで、ロブが君のお母さんに対して態度を変えていくのが段々にわかるだろう」

ミナは首を傾げます。

「ええ…でも段々に、じゃなくてもっと早く変化を起こす方法があるんでしょうか？」

私は頷いて答えます。

「君がさっき言ったことは正しいよ。考えてみると、私たちは、何を言うときも、何をするときも、いつも二セットの種を植えている。何を話すのか、どう行動するのかまずは心の中で決めないといけないからね。実際その通り行動したり話したりするチャンスがなかったとしても、その心の中の考え、決心自体がとてもパワフルな種になるんだね」

「そりゃ、もちろん初めに行動しようと考えてその通り行動すれば、もっともっとパワフルだよ。ある意味、種は二倍だからね。でも私たちが行動しようと決めたとき、その決心が心の中に深く根付くんだ。種が保管されている心の中心にとても近いところにね」

ミナは自分の頭を指さしましたが、私は胸を指さします。

「種の保管庫は心の中心、ハートの中にある、とチベット人は言ったよ。背骨のちょうど前、脊柱にそって流れるエネルギー経路の中。その奥深いところには小さな球がある。針の先よりも小さい一滴だ。これは『不滅のひとしずく』と呼ばれていてその中に私たちが植えたすべての種、まだ芽生えていないものが入っている。毎年、この小さいスペースの中に20億もの新しい種が創られるんだ。芽が開くのを待つ間、24時間ごとに種のパワーは二倍になっていく。だからそこには10億の上にまた10億の種があって、その心の中心で保管されている。君が何か言ったり行動したりしようと決心したとき、実行する直前にその小さい保管庫に新しい何トンにも及ぶ種を直接入れることになるんだよ」

「だから、なぜ君がそうするかという理由、動機のほうが、実際に行動することよりもっとパワフルなんだ」

ミナは頷きます。

「それで意味がわかりました。他のこともこれで説明がつきますよね。一見、正しいことをしているように見える人でも、本当はその人が内側で何を考えているのかなんてわからないですから。たとえ正しい行いをしているにしても、なぜその人がその行動を取っているのかはわかりません」

私はうなずき、彼女がさらに理解するのを少し待ちます。

「ということは、私が人を敬う態度をとっているときに、どんな意図がその奥にあるのか、そのきっかけとなっているものを見つけなくちゃならないわね。それが、私の周りに敬意を呼び寄せる種の本質なのね」

「そう、徐々にじゃなくてもっと早く呼び寄せるための秘訣だよ」私はそう付け加えます。

「さて、この特別な種の話に戻るよ。ロブが君のお母さんをもっと大切にするようになる種のこと。君がロブの両親を敬うことはよい種になるかな？」

ミナはうなずきますが、既にそれよりもっと先まで考えているようです。ミナの目は輝いていて、彼女が理解したのは明らかです。

「義理の両親を敬った行動をとることはよいことですよ。誕生日には素敵なプレゼントを贈るのを忘れないとか、敬った話し方をするとかね。会うたびに優しくお義父さん、お義母さんって声をかけます。でも、彼らのことを本当はどう思っているかっていうと…」ミナは黙り込みます。心の中で唖然としているようです。

「私、義理の両親のことを尊敬していないんです」彼女はそう漏らしました。「尊敬していると思わせたいし、敬っているように見せたいけど、心の底では、本当は何も尊敬なんてしていないんです」ミナはバルコニーの後ろの木に目をやりました。

「きっとロブが私の母を敬わないのはそれが原因なのね」彼女はやさしくそう言って口をつぐみます。真実を知る、というのはいいことではありますが、それに対して何もしないのでは意味がありません。

「なぜ彼らを尊敬できないのかい？」と私はミナに尋ねます。

「そうですね。そんなこと考えたこともありませんでした。ちょっと考えてみれば尊敬する材料はたくさん見つかりますから。彼らの一番よいところは彼らがいかに人に対して好意をもっているかっていうことだと思います。あらゆる人に好意をもっていることが素晴らしいと思います」

ついにここにたどり着きました。尊敬の根っこにあるもの、それは愛情です。

「じゃあ、ミナ、ここからどんな行動プランを立てようか？」

ミナは微笑みます。「そうですね。私がなぜロブの両親を尊敬するのか、その理由を考え続けます。本当に心から彼らを敬う。愛から生まれる尊敬の気持ち。心から愛情を示さないといけないんですよね。単に言葉や行動で表すのではなくて、本当に愛するということ。種の保管庫の一滴にとても近いところにある、私の奥深い心の中でね」

「自分の母親を愛するように義理の両親を愛さなくてはいけない。そうすればきっと、ロブも私の母を愛し、敬ってくれるのですね」

私たちはカフェラテを飲み終えるとアシスタントを呼び戻し、キエフの街角に向かって歩き始めます。自分の種を植えるために交流がある年配の女性のためにおみやげとして何か特別なものを買いに行きたいのでね。

EQUALITY

平等

質問42

私とパートナーとの関係はまったく平等とは言えません。

まず金銭面のことについてですが、彼は私に何の断りもなく勝手にモーターボートを買うのに、私が彼の許可を得ずに新しいブラウスを一枚でも購入しようものなら、すごく怒るのです。

レストランにいるときも、近くの席に座っている素敵な男性を私がちらっと見ることさえ許さないのに、自分はいつでも通りを歩くミニスカートのかわいい女の子を見て、私にもそれを気づかせるようにします。私たちの関係を平等なものにするにはどうしたらよいでしょうか。

ラテンアメリカのDCIツアー中にジュアナから受けた質問です。メキシコのグアダラジャラ、一部オープンエアになった講堂の控え室でのこと。そこでの講演はそれまでに行われた講演の中で、もっとも大規模なものの1つで、作業員が何千という椅子を外に並べていました。

私は外に目をやり、ラベンダー色の花を見事に咲かせているジャカランダの木を眺めながらしばらく考えました。

「1つきいてもいいかな」と私。

「はい」ジュアナは既に守りに入ったような態度を見せたので、ゆっくりと話を進めることにします。

「最近君たちは休暇をとってどこかへ行ったかい？」

ジュアナは少し考えてから答えます。

「ここ2年の間に3回旅行に行きました」

「どこへ行ったんだい？」

「メキシコシティとコロンビアの海岸。一番最近行ったのはヴァラータです」

「どうしてその場所を選んだの？」

「メキシコシティを選んだのは、古いコロニアルスタイルの壁に囲われた庭が見たかったから。ポーチにアーチや柱があって、私はそういうのが大好きなんですけど、そこではマリアッチがよく音楽を奏でてて楽しいんです。コロンビアでは、カリビアンでヨガのリトリートに参加したんです。ヴァラータでは街を離れて北のほうにある小さなビーチタウンでただのんびりして、泳いだり、外のキッチンで料理をつくったりしたわ」
「そう。その旅行の行き先はどうやって決めたの？」
「メキシコシティには私の姉がいたから、コロンビアにはニューヨークへの旅で知り合ったヨガの先生のつながりで。ヴァラータはただ単にインターネット検索で見つけたんです」

「じゃあ、君がこれらの旅行のアレンジをすべてやったんだね？」

「ええ、そうです」とジュアナはちょっと自慢そうに言いました。

「結構、大変だったんですよ」

私は頷き、本当にききたい次の質問に移ります。

「で、君がその旅行の行き先を全部決めたんだよね？」

「もちろん」と彼女は何も考えずに即答します。

「行き先を決めるのはいつも私です」

そのあと私は1分ほどの間、静かにしていました。自分で気がついてもらったほうが絶対いいからです。

ジュアナは少々きまり悪そうに私を見ながらききます。

「私が休暇の行き先を選んだり、レストランを決めたりすることが、種を植えることになったということですか？」

「君の目には、君たちの付き合いの中で誰がお金を使うかとか、通りの向こう側を歩く素敵な人を見ていいのは誰なのかをグスタヴォが決めていると思えるんだよね」

ジュアナは話すのをやめ、しばらく考えていました。

「だけど私…何年間も休暇の行き先を決めてきたんです。どれだけたくさんの種になるんでしょう？この先どれだけの間、影響を受けるのかしら？」

彼女はとても賢く、良い心を持った女性でしたから、私は遠慮せずにはっきりと言いました。

「いいかい、昔、誰かが仏陀に質問したんだ。ある与えられた時間内に私たちはどれだけの種を植

65

えることができるかって。25世紀も前のことだから、時計はなくて、一瞬、というような短い瞬間を表すためには指でパチって音を鳴らして、その時間を表していたらしい。仏陀は指をパチッと鳴らしてこう言ったんだよ。『私が指を鳴らす間に65の小さな瞬間が流れている。だから、あなたが何かをしたり、考えたり、言ったりすると、その瞬間にあなたは65の種を植えていることになる』とね」

「だから、君はここ数年の間に、3、4日間、8時間ずつ、グスタヴォの意見を聞かずに旅行の行き先や詳細を決めるのに時間を費やしていたわけだから…君が植えてしまった種の数は…」

私は頭で計算をしながら続けます。

「10万個以上だね」

ジュアナは片眉を上げながらきいてきます。

「その種が育つとどうなるんでしょう?」

「君の意見を聞かずに彼は何でも決めるようになる、どうやって2人がお金を使うべきかもね」

私はそこで咳払いをし、付け加えます。

「でも…そこで話が終わるわけじゃないんだ」

「どういう意味ですか?」

「心の種は、土にまかれた種と同じ。もちろん水や他に必要なものがあればの話だけれど、種は植えられるとすぐに、どんどん膨れ上がっていくんだ。分裂し、根を広げていくんだ。植えられてから種が実って身の回りの経験として現れるまでの間、24時間ごとに種のパワーは倍になるとチベットの経典には書いてあるよ」

「じゃあ、私はどうしたらいいのでしょう？」とジュアナは緊張した面持ちできます。

心の種は24時間ごとに二倍になっていく

「そうだねえ」私はやさしく言います。

「ここ数年の休暇からでさえも、もう1億個くらいの種ができて、君の頭の周りを漂っているんだよ。グスタヴォが次の数十年間の君の人生に起こることを決めてしまうくらいの数さ」

ジュアナは少しびっくりしたようでしたが、しばらくして私の待っていた質問をしてきます。

「あの、たくさんのそういった種を、どうにかしてキャンセルして、私の脳から取り除くことはできるのかしら？」

私は頭を横に振ります。

「頭の中の種をキャンセルすることはできないって仏陀はかなり強く主張しているよ。ダイヤモンドの知恵システムは公平だ。完全に公平で、正当なもの。君は君にふさわしいものを受け取る、良いことにしろ、悪いことにしろ」

私はその言葉が彼女の胸に届くのを待ってから、静かに付け加えます。

「特別の場合を除いてはね…」

「特別の場合って？」とジュアナはこの言葉に飛びついてきます。

「種をいじるというか、ある意味、ショートさせるんだよ。種は開くかもしれないけれど、本来持っているはずのパワーを持たなくなるようにする、ということさ」
ジュアナは「その話、聞こうじゃないの！」と言うかのように、手を動かして私が早く話すよう急かします。

そこで、私はすぐに本題に入ります。

「25世紀前に仏陀本人によって話されたことが書かれている『4つのパワーの本』という古代本に載っていることだよ。この教えには、君が植えてしまった古い種への対処の仕方が、パワフルな4つのステップに分けて説明されている。

初めのパワーは『復習』。種の働き方について知っていることをすべてを見直すんだ。種がどんなふうに君の周りの人々や世の中を創っているのかということをね。この最初のパワーは、強く意図をもって行えば、より強くなる。簡単なことだよ。ちょっと自分自身のことを考えてみるんだ。『もし私がグスタヴォを良い方向に変えることができたら、私の友達皆が感激して、彼女たちも種を使ってパートナーとの関係を変えようとするかも。そしたら周りの世界が誰もがお互い平等に扱い合う世界になるんだろう！』っていうふうに思いながら行うんだ。2つ目のパワーは『知的な後悔』と呼ばれるもの。君はもうやっているね！」と私は元気よく言います。

「そうなんですか？　どうやって？」

「つまりね、君は古くて悪い種が君の内側に、がん細胞のように倍々に増えて拡がっていったことに気がついているよね。初めからそんなことしなければよかったって後悔するよね」

「この後悔は『ああ、私ってなんて悪い人間なのかしら！』っていうような罪悪感のようなものじゃない。『私は自分の中にこんな悪い種を植えてしまったわ。だからこれに落ち着いて対処して何とかしなくては』というような知的な後悔」

「それが3つ目のパワーにつながるよ。3つ目は『抑制』。これは悪い種をしぼませるのに一番効く。だからよく覚えておくんだよ。今後はこのような種を植えるのをやめるように、ちょっと小さな約束事を自分に誓うんだ。つまり、次の旅行のときにグスタヴォの意見を取り入れることを忘れないようにと、自分に言い聞かせるっていうことさ」

「あの、それってこれから私たちが行くすべての旅行に関してなのかしら?」とジュアナ。

「そのほうがいい」と私は頷き、答えます。

「でもそれは、すべての悪い種に対しても同じようにするっていうわけじゃないんだ。もし君がしょっちゅうグスタヴォに怒っていたら、それは全然いい種じゃないよね。でももし、もう二度とグスタヴォに怒らないっていうような無理な約束を自分にしてしまうと…」

「そうすると、また悪い種を植えてしまうことになるのね」ジュアナは顔をしかめて笑います。

「だって遅かれ早かれ、そんな約束やぶってしまうでしょうから!」

「そのとおりだよ。歴史に残る偉大なラマ僧たちは、この4つのパワーの教えを諭すときにいつも言っていたんだ。現実的に可能なように、期限を決めなさい、とね。『グスタヴォがどんなことをしても、いまから24時間は絶対に怒らない』というようにね」

「そして、ここから次のパワーの話に行くよ。『埋め合わせの行動』という力」私は少しの間考えてから話を続けます。

「ジュアナ、メキシコの風習ではどうかわからないけれどね、僕がアメリカで育ったときには、小学校で『居残り』って呼ばれるものがあったんだ」

ジュアナは頭を横にふり、「それは何ですか？」と尋ねます。

「いや、小学校のとき、本当にいい先生たちに恵まれてたんだよ。ライリー先生を除いては。ライリー先生は僕が7年生のときの先生だったんだけど、ともかくひどかったんだ！　アメリカの歴史を習ったんだけど、アメリカ人がどんなものを発明したかとか、歴史上の戦争でどんなにアメリカがいつも完璧に正しかったかとか、とにかく毎日おそろしく退屈な講義を聞かされたものさ」

「僕は本当にこの授業がいやでね、先生が話しているときに、机の下で小さな紙飛行機をつくり始めたんだ。紙を小さな飛行機の形に折ってね。先生の話は単調に続く中、自分が折ったばかりの紙飛行機がどんなに恰好よくできたかってことだけを考えていた。授業中だっていうことを忘れてしまって、これはきっとすごく飛ぶぞって思ったんだ」

「先生が内戦の話をしていた最中に、僕はいきなり立ち上がって教室の前のほうに向かって飛行機を飛ばしちゃたんだ。そしたらそれがライリー先生の胸のところに当たっちゃって、先生はびっくりしていたよ。クラスの他の子たちもね。すごい沈黙の時間が流れた。そしてライリー先生は言ったんだ。『居残り』だってね」

「どういう意味かっていうと、学校が終わった後、ライリー先生の部屋に行かなきゃならないってこと。座っていなくちゃならないんだ。罪人みたいに拘留されてね。1時間か2時間、先生が命令するバカみたいなことをやらなくてはならない。このときには、黒板の前に立たされて『教室で紙飛行機は飛ばしません』って200回も書かされたよ。先生はその文章がきちんとまっすぐ正しくかけているかチェックして、それからぼくは黒板を消して、また200回同じことを書くのさ。腕が抜けるくらい何度も何度もそれを続けるんだよ」

ジュアナは頷きます。

「わかったわ。グアダラジャラでも私の子ども時代に似たようなことはありました。でもそれが、グスタヴォが私を平等に扱うようになることと、どんな関係があるんですか？」

「ああ、そうだったね」私は話の要点に戻ろうとします。ときどき話が横道にそれてしまって難しいのですが。

「君は埋め合わせの行動をとらなくてはいけない。過去に植えてしまったネガティブな種とのバランスを取るためにね。3つ目のパワーのところで、もう二度と同じような過ちはしないと約束はしたよね。今後、同じような種類のことをしないよう自分を抑制してコントロールする。4つ目のパワーでは、ネガティブなこととのバランスを取るためのポジティブな行動をとることを約束するんだ」

「君はすでに、次回の休暇の予定を立てるときグスタヴォの希望を無視しない誓いを立てている。だからいまは、過去にしてしまったこととのバランスを取るため、何かポジティブなことをしなくちゃいけない。そのときには『第三者』の法則を覚えていてほしい。ネガティブなこととのバランスをとるために、グスタヴォ自身に働きかける必要はないよ。誰に対してでもいいんだ。良い種は、他の人に対して植えられても、君が意図して種を送れば、同じようにグスタヴォとの関係にちゃんと反映されるからね。さあ、何かアイデアはあるかい？」

ジュアナは少しの間考えていました。彼女の目は、メディテーションをしているような、夢を見ているような、ぼんやりと自然な感じで空を見つめています。

「よし、わかったわ。」ジュアナはきっぱりと言います。

「私、母を週に2回ほど訪ねていて、いつも何か料理したものを持っていくんだけど、考えてみたら、何をつくるかはいつも私が自分で決めているんです。次の3週間の間、母を訪ねる前日に、何が食べたいか、母に電話して聞いてみるっていうのはどうでしょう？」

「いいね」と私。

窓の外を見ると外のスペースはすごい速度で埋まっていっています。間もなく、1000人ものスペイン語を話す人々を前に私は立ち、彼らの人生に何か役立つことを話さなくてはなりません。私はそわそわして、落ち着かない気持ちになってきました。

「グスタヴォに種を送るのを忘れないようにね。そうしたらきっと彼は君をもっと平等に扱うようになるから。他には何かある？」と尋ねると、ジュアナは微笑みます。

私の心がすでに他のことに移ったのがわかったのでしょう。

「うまくいくといいわね」とジュアナ。

その言葉は私とジュアナ、2人に平等にかけられたものなのでしょう。

過去の悪い種をキャンセルする4つのパワー

① ペンの話を思い出す。すべてはどこから生まれるかを忘れないこと。

② 自分の内側でその種が倍増してしまう前に、種の拡散を止めるよう強く決意する。

③ 同じ過ちを犯さないよう固く自分に誓う。

④ カルマのバランスをとるために何かポジティブな行動をとる。

SEX, PART TWO

性について　その2

質問42　私の恋人はオーラルセックスが大好きです。でも、私はときどき不潔だと感じていますし、これがよい行いであるのかどうか、よくわかりません。カルマ的にはどうなんでしょうか。

ロビンはネバダ州出身の看護師で、アリゾナ州北部の森で行われた10日間の集中リトリートに参加していました。参加者全員に個人的に会う時間はなかなかつくれないのですが、人生における大きな課題にぶつかっていて、いますぐ話す必要のある人には、できるだけ時間を割くよう心がけています。

この彼女が言う『大いなる課題』にふと笑顔がこぼれます。

「多分、チベットの伝統で言われている、良いことと悪いことについての考え方を君に話せば、この問題の解決へのヒントになると思うよ」

「役に立ちそうですね」とロビンは納得したように頷きます。

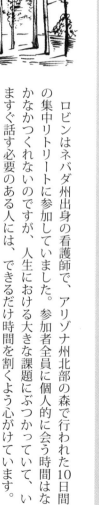

「では始めるよ。君は種についてはわかっているよね？　言動や、思ったことすべてが種となって心に記録されるということ」

「ええ、よくわかっています」ロビンは、あなたが必要なときに隣にいてほしいと思うタイプの、とても冷静な、しっかりした看護師です。

「いいかい、チベット人が物事の良し悪しを判断する方法はとても面白いんだ。あとで君のことを傷つけるような実を付けた種があるとしたら、それは悪い種だったと判断される。あとで君に幸せをもたらすような実をつけた種だったら、良い種だったということさ」

「つまり、道徳は幸福感につながっているということだ。もし結果として君に幸せな気持ちを起こすならば、その行為は道徳的であり、反対にもし君を苦しませるようなら、その行為は道徳に反している」

ロビンは私の言ったことが意味することを理解しようと、額にしわを寄せています。

「とてもおもしろいですね。普通は、人を傷つける行為が不道徳だと思われていますよね。でも、あなたは、私自身が傷つくならば、それが不道徳である、と言っているんですね」

「そうだよ。でももちろん、その2つは関連している。ダイヤモンドの知恵の法則によると、君が誰かを傷つければ、自分自身が傷つく種を植えたことになる。誰かを助けることに関しても同じだよ。不道徳であることによって他の人を傷つけることになり、それは実際、自分自身を傷つけることになるということを知っていれば、道徳的であることは簡単になるんじゃないかな？」

「そうですね」とロビンはそう答えてから、しばらく黙っています。

彼女の心に浮かんだ次の質問は明らかです。

「これはオーラルセックスの問題にどう適用できるんでしょう?」

「君が恋人とオーラルセックスをすることが良いのか悪いのかは、それがあとで君を傷つけることになる種を植えるものなのかどうか、という問題だよね」

「そしてそれは、種が植えられたとき誰かを傷つけるかどうかによるんですね」ロビンはつながりを理解し、すぐにそう続けます。

ロビンはしばらくそのことについて考えたのちに、この種類の議論において一番大切なポイントにたどり着いたようです。

「彼はオーラルセックスが彼自身を傷つけるとは思っていないのは確かです。気持ち良くしてくれることですから。とても好きなんです。だけど、お酒を飲むとか、夕食のときに食べすぎるとか、人っていうのは楽しいけれど同時に結果的に自分を傷つけることもしてしまいますよね」

「だから、私が本当に知りたいのは、彼が楽しんでいるオーラルセックスには、良くない点があるかどうかっていうことなんですよね。もし何も悪い点がないのならば、彼を喜ばせるためにしてあげようと思いますから。まあ私自身はそれほど楽しんでいるわけじゃないけれどね」

私はそれについてしばらく考えます。修業時代の長い年月の間、私は幾人もの大切な師から古代経典に書かれている何千ページもの教えを習う機会がありました。チベット仏教の伝統には10万以上もの素晴らしい経典が伝えられてきているのだから、ありとあらゆる、どんな質問に対しても答えが用意されているに違いないと皆さんは思うかもしれません。

でも、オーラルセックスは、古代の本にはちょっと行き過ぎな質問です。そんなときは質問の裏にある一般化できる法則にのっとってその特殊なケースを考えるか、自分の師だったら、どんなふうに答えただろうかと注意深く考えることによって答えるしかありません。今回はその2つを合わせてこの質問に取り組もうと思います。

「良い面もあると思う」と私は話し始めます。

「そして悪い面もあると思う。ただ好きだからという理由で、パートナーにオーラルセックスを施すケースは、よい種を植えていることになり、あとで君に幸せを運んでくる、ということになると思う。そして、同じ行為が悪い種を植えてあとで苦しみを与えることになるケースもあると思うよ」

「経典には、中毒性のある行為については用心するよう書かれているけれど、セックスはとても中毒性のあるものなんだ。それが悪いことだと言っているんじゃないよ。ただ、パワフルなものだと言っているんだ。だから注意深く、その動機について観察しなくてはいけない。ある種のセックスを強く欲することで、誰かを傷つけてまでそれを得ようとしていないかを見極めないといけないんだ」

「君の恋人を喜ばせるのはいいけれど、それによって彼の欲望が中毒性を帯びるようになってしまったら、それは悪いことになる。だから結局のところ、それを求める彼の気持ちが穏やかで思慮深いレベルに留まるよう、サポートして、彼が自分を傷つけないよう助けてあげることが必要だと思う」

私はまたしばらく考えこみますが、ロビンはもう一歩進んだところまで考えられると思い、続けます。

「このことについて最後に1つ質問があるよ。種についてはわかっているよね、君の人生で起こることや周りにいる人々は、種によってもたらされているということ」ロビンは頷きます。

「オーラルセックスをお互いをいたわりながら楽しんで行うものとして彼が考えるようになる種は何だろう？　反対に中毒的で君に対して傲慢にオーラルセックスを求めてくる、というように見えてしまう種とは何だろう？」

ロビンの目を見ると、私が言いたいことを理解したのがわかります。

「自分の人生の中で、中毒的に何かを欲する人に出会ったということは、私自身が同じことをしているから。反対に、それを清潔で、やさしいものとして楽しんでいると見れば、それも同じ理由から起きていることですね」

「つまり、必要ならば、他の人々に対する求め方を変えることによって、彼がどう君を求めてくるかを変えることができるということ。そのためには、必要なものを手に入れたり希望をかなえたいとき、他の人にどう接するかということに、細心の注意を払うことだ。人を利用せず、お互いの気持ちを尊重しながら行うんだよ」

「例を1つ挙げてみて」私はそう言って時間を見ます。「講座に間に合うように急がなくちゃね！」

ロビンは一瞬考えてから答えます。

「職場にいるある女性、私は彼女の上司なので、もちろん私が選んで与えた仕事を何でもこなすことになっているんだけれども…ときどき私は彼女にちょっと大変すぎる仕事を押し付けている気がします。ただ私が自分の上司によく思われたいからっていうだけの理由で、彼女のためにならないようなことや、彼女がすべきこと以上の仕事を押し付けることがあるんです」

「ある意味、私はときどき彼女に居心地の悪い思いをさせている…それって彼が私にさせている思いとそう違わないですね」ロビンはよくわかったという表情で微笑みます。

私は頷き、私たちは講座に遅れないよう走りだしました。ロビンはどこからこの問題に手を付けたらよいのか、理解したようです。

質問44
カルマ的に見ると、一番よい避妊法は何でしょうか。

皆さんの予想どおり、これは世界中で私がもっともよく受ける質問のうちの1つです。チベット僧たちは（少なくとも私に教えを施した僧たちは）とてもシンプルかつ実用的なアプローチでこの話題に対処していました。

このときの質問は、友人のスティーブから受けたもので、私たちはチューリッヒの銀行員たちのための勉強会に向かうため、スイスの曲がりくねった田舎道をドライブしているところでした。

スティーブとスーザンは結婚していますが、少なくともあと数年間は、子どもを持つことは考えていません。

「僕の先生が、こういった質問にどう答えていたかを話すよ。バースコントロールはとても個人的な問題だから、それぞれが自分で決めなくちゃいけないことだって。この問題はどんな文化的・宗教的な背景で育ったかによって考え方が違うし、多分それぞれ皆が違う意見を持っているだろうからね。チベット人の見方を教えるから、それが君の見解に役立つと思うよ」

「わかった」とスティーブは頷きます。

「まず最初に言うけど、僕の先生は避妊自体は何ら悪いことではないと話していたよ。子どもを妊娠することを避けるのはいいんだ。我々人間は数えられないほど何度も生まれ変わっているとチベットでは思われていて、死ぬたびにバルド（bardo）と呼ばれる霊界、途中の世界（仏教用語では中有と言われる）に入るとされている。死んだあと49日間はその世界にいることができ、そして、もしまた人間として生まれるのならば、霊魂はそれから母親の子宮に入る。父親の精子が母親の卵子に出会う、授精の瞬間にね」

スティーブは少しの間考えてから口を開きます。

「その考えによれば、人生はその授精、受胎の瞬間に始まるんだね」

私は頷きます。

「そうだよ。だからもし何らかの形で避妊をするのなら、その受胎を避ける必要がある。受胎したあとでその命を止めようと働きかけることは、命を奪うことになってしまうからね（このことについては質問74で詳しく話します）」

「さあ、じゃあ避妊の選択肢をそれぞれ見ていこうか。コンドームはどうかい？」

スティーブは含み笑いしながら答えます。

「まあ授精を避けるという意味では、コンドームはいいんじゃないかな」

私はうなずきましたが、彼が言葉を続けるのを待ちます。

「でも、あまり信用はできないよね。コンドームの失敗は実際使用時の20％にあたるらしいよ。男性が使うにしろ、女性が使うにしろね。失敗というのは、コンドームを使用して、1年間のうち20％

の女性が妊娠しているということ。その理由は避妊のやり方がいい加減だからさ。コンドームが破けたり、すべってはずれたりしたら（そういう典型的な失敗はセックスのたびに5％の割合で起こるそうだよ）、2人ともエイズや他の性感染症に感染するリスクにもさらされることにもなる。たった数分の歓びが死を招くなんてね」

「コンドームを使った避妊に失敗したら、新しい命を奪うか、家族を持つかっていう重大な問題に向き合わなきゃならなくなるんだよね」

「そりゃあ大きな決断を迫られるよね。子どもを持つってことは、1人の人間の人生の、初めの20年間、面倒を見るっていうことだからね。霊的修業のうちでも最も深遠なことだと言えるよ。でもだからこそ、望んで子どもは持ちたいよね、アクシデントによって起こることじゃなくてさ。さあ、他にはどんな避妊法があるかな？」

「ピルはどうだろう？」スティーブが尋ねます。

「それもいいよね。妊娠が起きる前に防げるっていう点では。もしスーザンが定期的にピルを飲むことを完ぺきにできたとしたら（彼女が忘れないようにするのは君の役目でもあるよ）、失敗率は3％位だ」

「だけどピルは女性に結構大変な影響を及ぼすからね。だから、男性はそれについて知識を持ち、正しく対処することに責任を持つべきだと僕は思っている。ピルはまず女性ホルモンに影響を及ぼして、気分の浮き沈みを起こさせるし、女性側からしてみたら、あんまりいいものではない」

「ピルを飲むと体重も増えるし、多くの場合、それが女性の自尊心に影を落とすことになる。それにもっと重大なことには、避妊用のピルは、ある種の癌や血栓ができることと関連しているとも言われている。胸の痛みや頭痛が起こると言っている女性もいるし、それにピルじゃエイズのような感染症の予防もできないよね。だからこの場合も結局、スーザンにとって、そこまでしてピルを飲む価値があるのかってことだよね。君たち2人、両方のことを考えなくちゃいけないから」

スティーブは頷きます。

「IUD（避妊リング）はどうかなあ？　名前だけ知っていて、実際どんなものでどう使うのかよく知らないんだけど」

私がIUDや他の避妊具についてよく知っていることに皆さんは疑問を持たれるでしょうね。私は僧院に入る前に、アメリカ人の男の子として、ごく普通の高校時代と大学時代を送ったことをラッキーだったと思っています。だから、グーグルの助けもありますが（注：この話の中で出てくる情報は注意深くリサーチして得た情報ですからご安心を）、私には個人的な経験から学んだことも少なからずあるのです。

「IUDっていうのは大体、銅線でできた小さいT型のもので、医療機関で女性の子宮に挿入してもらうものだよ。科学者たちも、それでどうして避妊できるのか完全に把握できていないみたいだけど、IUDは殺精子剤として働き、受精を防いでくれる。失敗率は1％」

「チベット式の考え方で言えば、IUDは妊娠前に防いでくれるわけだけから、使うことによって命を傷つけているわけじゃないということになる。でもまあ、これもエイズ感染は防げないけどね。他の方法はあるかな？」スティーブは自信なさげに答えます。

「リズム式っていうのはどうだろう？　セックスする日のタイミングに注意する方法」

「かなり注意していたとしても10％以上の失敗率だよ」

私は顔をしかめました。

「あまりいいとは言えないよ。でもまあ確かに数週間妊娠できない期間があるときには妊娠は避けられるけどね」

「射精する前にペニスを抜くのは?」とスティーブ。

「25%は失敗するよ。1年間に、その方法を使っている人のうちの4分の1は失敗して妊娠する。それから、これもエイズその他の感染症を防げないよね」

「モーニングアフターピルはどうだろう?」

「医者は、翌朝よりもっと早く飲むことをすすめている。普通は二錠のようだね。普通の避妊用ピルよりもっと大量の容量が入っている。コンドームが破れたときや、避妊予防なしの性交のあと、妊娠しないように飲む。もし正しく使えば、妊娠したかもしれない8人のうちの7人は妊娠しない。科学者は確かじゃないと言っているが、排卵を防ぐらしい。受精が起こる前のことだからいいんだ。でも受精卵が成長するのを妨げることもあるらしい」

スティーブは少しイライラし始めたように見えました。

「膣外射精っていうのはどうなんだろう?」

「なんだって? 聞いたことないな」

スティーブが説明します。

「本当に挿入してセックスするっていうんじゃなくて、ただ膣外で射精するんだ。だから妊娠することはない」

「膣の外側だったとしても、精子がちょこっとでも服から滴っていたりし

たら、子宮に入ってしまうチャンスはほんの少しだけでもあるし、それによって妊娠することだってある。だからその方法のときは気をつけなくちゃね

「後はもちろん、ただ禁欲するっていう方法もあるよ」

私は以前、飛行機の中で、ダイヤモンド会社の上司と話したことを思い出しました。何人かの顧客との仕事のため日本へ向かっていたときのことです。上司は急に私のほうを見てこんな質問をしたのです。

「マイケル、すこし個人的な質問をしてもいいかな？」

「ええ、いいですよ」と私。かれこれ10年ほど一緒に働いてきましたが、個人的なことに関しては遠慮があるのか、彼がそれまで私にいろいろきいてくるようなことはありませんでした。

「いやね、宝飾制作部門にアニーっていうきれいな子がいるだろう。あの娘は君と付き合いたがっているよね…」という上司に私はあきれた顔をします。

「いやぁ。君がまったくなんの興味も示さないから、あの…ひょっとして君はゲイなのかなあと思ったりしてね…」

「美人に誘われてつきあわないからって、ゲイである必要はないと思いますがね。他にもいろいろ理由はあるでしょう」

上司はかなり長い間黙っていましたが、ある考えが浮かんだようでした。

「ああ、じゃあ、その…君はあえてセックスをしないようにしているの？」

「そうです」と私は笑って答えたんです。もし、禁欲することの良さを発見できるのであれば、それも選択肢の1つです。異性との付き合いに嫌気がさして、ネガティブな気持ちで性的関係を拒むというようなことを言っているのではありません。

私が言っているのは、1週間、あるいはひと月かふた月、セックスをする機会があっても禁欲することを意識的に決心するという意味です。

こうした禁欲はとてつもない、気力と活力の源泉となり得ます。自分の内面を見つめ、静けさを楽しむ時間となります。禁欲することが唯一の選択肢ではありませんが、とても精神を高揚させてくれる、実りある行いであることは確かです。私がいつもやりたいと思ったことをするためのエネルギーが溢れている理由の1つは禁欲しているからだと言えるでしょう。

私はスティーブに、ソフトに、単に1つの選択肢として禁欲をすすめました。

もしひと月かふた月の間、セックスのことについて何も考えなくてよかったら、どんなに心に集中できて、内面の強さを失わなくて済むかを考え、すでにその良さを察し始めたようでした。

これが私の避妊への考え方です。明白ではなく、容易な答えはありません。でも命を傷つけるか否かについての点においては、かなりはっきりしたガイドラインを示してあります。

私たちはチューリッヒの街中に着き、銀行員たちへの勉強会を行う予定の、ある感じのよい小さなレストランに車を寄せます。この避妊についての話の締めのため、私の師がいつも言っていたことをスティーブに教えます。

「授精しないよう、またはすでに受胎した赤ん坊の命を断とうとしない限り、避妊することは何も悪くない、とリンポチェは言っていたよ。でもね、師はもう1つ大事なことを言っていたんだ」

「それは？」とスティーブ。

「命の誕生を避けることは間違ってはいないけれど、それは、この世に生まれてくるチャンスを与えられた魂を否定することでもある。命は信じがたいほど貴重であり、とてつもなく素晴らしい機会を与えてくれるもの。だから、もしもカップルとして子どもを持つ準備ができているならば、世の中にもう1つ、新たな命を迎えることは、一番尊い優しさのうちの1つである、ということだよ」

スティーブは頷いて答えます。「それも選択肢の1つとして2人で考えておくよ」

質問45
私が夫と性行為をするときはいつでも、2，3分して夫が射精し、彼1人が満足して終わってしまいます。私が同じように満足するためにはもう少し時間が必要なことに、全く気づいてくれていないようです。
私にもう少し気を使ってくれるようにするためにはどうしたらよいでしょうか。

フェニックスで毎月行われる講演でのこと、合間の休み時間にサンディーからきかれた質問です。彼女とは長い付き合いで、夫のスティーブとも近しい間柄です。ちなみにこの質問はかれこれ千回くらいきかれたことがあるのですが、2人とも落ちついた表情で私の答えを待っています。

「初めてインドに行ってから、帰ってきたときのことをよく覚えているよ」と私は話し始めます。

「その頃のインドは大変なところだったよ。本当に貧しくて、誰もが飢えていた。何にもないんだよ。ヒマラヤのふもとにあったチベット人の難民キャンプに滞在していたんだけどね、凍えるほど寒いのに燃料がない。木もない、石炭もない、オイルもない、燃料を運ぶ交通手段もない」

「パン一枚でさえ見つけられない。でも精製していない小麦粉のようなものは買えたんだ。チベットの人がそれをこねて、ほんの数本の小枝を燃料にしてカンの中で蒸して、一枚のパンをつくる方法を教えてくれたよ。それを毎朝食べていたんだ」

「そうやって3か月ほどそこで暮らしたんだよ。アメリカへ帰る飛行機チケットの有効期限が切れる前日まで、その何もない場所で生きることを学んだのさ。それからニューデリーに急いで戻り、空港まで自転車の人力車で向かったんだ。飛行機に乗ってエレガントな客室乗務員にまともな食事を差し出されたときのことは忘れられないな。現実のことじゃないみたいだった」

「フェニックスの母の家に到着するや否や、スーパーに行ったんだけど、店の中をゆっくりと歩いたときのことを思い出すよ。何十個もの銘柄のパン、制汗剤も何百もあって、本当に気絶するかと思うくらい目を見張ったね」

「家に帰って母の部屋に入ると、母はテレビを見ていたよ。そのときおかしなことが起きたんだ。まったく予想もしなかった方法でメッセージを受け取ったんだよ。母はそのとき癌を患っていたから、僕は母のベッドの横の床に座って一緒にいたんだけれどね。キリスト教の牧師がテレビに出ていてね、いつもだったらテレビを消すかチャンネルを変えていたと思うんだけど、なぜかそのとき彼の言った言葉がぼくをとらえたんだよ。まるで天国からのメッセージみたいにその言葉に胸を打たれたんだ。

『神はあなた方がどう感じるかについて興味はない。ただあなた方に正しいことをしてほしいのだ』という言葉にね」

サンディーは辛抱強く私の話を聞いていましたが、彼女が早くこの話の要点を知りたがっていることが私にはわかりましたので、話の展開を早めます。

「僕が思うにはね、君の問題の根底にあるのは、あらゆる問題の根底にもあることだよ。ある意味、スティーブは君を利用している。どんな生き物でもそうであるように、彼も気持ちが良いことをしたい。君との性行為は気持ちよくさせてくれる行為なんだよね」

「でも人間が他の人と関わって行うほぼすべての行為はある意味そういうことだよ。つまり、人と人との間の交流は大抵の場合、自分のために相手から何かを得るという目的で行われているんだ」

何かを好む気持ちや、それを欲する気持ち自体は間違ってはいない

「自分のために何かを得ることは悪いことではないんだよ。パートナーと愛しあい、高まった歓びの瞬間を楽しむことは、海のそばを歩いたり、ヒマワリを眺めて喜んだりすることと同じように、悪いことではない。問題は、どんなふうにその瞬間を楽しむかということだよ」

「どんなふうにって?」

「2人の人間は、2つのまったく違う経験から同じ喜びを感じることができる。そうした経験が、

どれだけその喜びが続くか、どれだけ満たされたものであるかを決める」

サンディーは悲しそうに微笑み、つぶやきます。

「私の場合は、全然長くないわ。私が満たされるまでには全く至らないもの」

「そうだね」と私。

「スティーブは君との時間を楽しんでいる。彼はきっと君が彼同様のクライマックスを迎えるようトライしなきゃいけないと気づいてはいるんだろうけど、どういうわけか、最中にそれを忘れてしまって、自分の楽しみのために君を利用して終わってしまうんだ。それがさっきのキリスト教の牧師の言ったことに結びつくんだけどね」

「どう結びつくの？」

「喜びのカルマって何だと思う？　喜びを感じるために植えなきゃならないカルマの種って何だと思う？」
サンディーは顔をしかめました。
「そこが問題なのよ。私、あなたの講演にずいぶん長いこと通っているわ。知っているでしょう？　スターバックスの４ステップのこともよくわかっている。望むことの種を植える必要があること、その植え方も知っているし、種を速く強く実らせる方法もわかってるつもり」
「自分の人生を振り返ってみると、人の面倒を見ることを本当に楽しんでやってきたと言えるわ。いつも喜んでそうしてきたの。他の人が必要とすることに手助けをすれば、自分の必要とすることも満たされるとわかっているから、そうしてきた。いつだって両親や友達、職場の同僚の面倒を見てきたのわ。でもまるで報われたことがないから、この種のことについての考え方にも疑いを持ち始めてしまうわけ」

私は少しの間考えこみます。

「報われたことがないのではなくて、満たされるほど充分に報われていない、というふうに言うことはできるかな? 例えばスティーブについても、彼と過ごす時間を君は楽しめてはいるだろう? ただ充分とは言えない、満足できていないから」

「そうよ、そのとおり」

「答えは牧師が言っていたことの中にあると思うよ。君は人の世話をすることを楽しいと言ったけど、いつも楽しんでいると言えるかい?」

サンディーは一瞬考えます。

「いいえ、まあそうね。誰だってそうだと思うけど、楽しめないことだってあるわ。例えば母に関していえば、彼女の世話をすることを大抵は楽しんでやっているけど、そりゃあ時には、朝起きたときにちょっと疲れていて、今日は母の家に行きたくないなあっていうときもあるわ」

「そんなときはどうするの?」

「母に電話して、傷つけない言い訳を考えて言うわ。職場の誰かに急ぎの用事を頼まれただとかね」

「お母さんはどんな気持ちがすると思う?」

「もちろんがっかりするわ。普段、私たち母娘は本当にいい関係なの。私が世話しに来ることを、母がとても喜んでいるのはわかっているわ。まあでも、母だって望むことをすべて得られるわけじゃないでしょう…」

サンディーの声は小さくなり、例のごとく天井を見上げて考え込みます。

「これがその理由なの？」

私はうなずき答えました。

「ここが最重要点だよ。いま君は誰かに喜びを与えることの例を考えたんだよね。人の必要とすることにスムーズに応じてあげている、でもその流れはときどき中断されることもある。大きな障害じゃないんだ、とても些細なこと、でも流れが妨げられるのは確かだよね。知っている通り、種は育ってしまうんだよ。君が誰かに小さな妨げを引き起こせば、それは大きな妨げとなって返ってきてしまう。スティーブとの絶対満足できないベッドでの時間、としてね。それを変えるには、牧師の言ったことを考えてみるしかないと思うよ」

「『神はあなたの気持ちの状態に興味はない。神はただ、あなたに正しいことをしてほしい』」とサンディーはつぶやきます。

「でも、それをスティーブとのことにどう適用すればいいのかわからないわ」

「ポイントを言うよ。人のために何かしてあげることはいいことだよ。自分が望むことが返ってくる。でも、なぜ他の人たちにそうしてあげているのか、そこに注目しなくちゃいけない。そういった奉仕の行為が、自分の望む喜びをすべてかなえてくれるのか、それとも…」

「…望むことを得る妨げとなってしまうのか」とサンディーが言葉を続けます。

「じゃあ、私に充分な喜びが返ってくるようにするには、どんなふうに人に尽くせばいいのかしら？」

「君は人のために尽くすことが楽しいと言ったよね。だけど、時折そうじゃないこともある。君はそういう気分じゃないときは人の面倒を見ない」

「でも、君のお母さんはどんなふうに感じるかな？」

「わからないけど、多分がっかりするわね」

「お母さんにどう感じてほしいの？」

「それは、もちろん母にはいつも幸せでいてほしいわ」

「君が幸せを感じられるのと同じくらい、お母さんにも幸せを感じてもらいたいんだね？」

長い沈黙がありました。サンディーの頭の中のギアが変わったのが私には聞こえた気がしました。

「正直に言うと、違うわ…」

サンディーは自分の気持ちを認め、そしてまた長い間黙っていました。

「私が幸せな気分になりたいときに、母を喜ばせるために訪ねていっているわ。いいことではあるし、いい種ではあるけれど、自分がそうしたいときだけしているのね。自分の気分がよくて、母を訪ねることが楽しいと感じるときだけ」

理解の光がさらに強く輝いてきたのがわかります。

私は頷き、自分の気持ちを告白します。

「僕も、このことについてはたくさん考えてきたんだよ。世界中を飛び回って、どうやったら幸せになれるのか、成功できるのか人に教えようとしている。でも、ときどき振り返って確認しなくちゃならないんだよ。僕はこれを皆のためにやっているのか、それとも自分がやりたいからやっているのかって。そりゃ、自分のしたいことをするのは間違ってはいないんだよ。でも、他の人のニーズが自分のしたいこととかみ合わないときだってあるかもしれない。でも、そんなときでもやるべきなんだよ、だって人を幸せにすることは僕たちの責任だからね。人のために良いことをするという意味は、その人が必要な、望むことをしてあげるということで（一般的にそれがいいことであればの話）、自分がそのときそれをしたいかどうかは関係なく、その人のためにしてあげることが正しい、っていうことなんだよ」

「1人でいるとき、忙しくないときに考えてみてごらん。君の周りの人は何を欲しているのか、それをしてあげることで、その人たちはどんなに幸せな気持ちになるか。周りの人たちを幸せにすることを君の使命だと考えてごらん。そのときそういう気分であってもなくても、周りの人を幸せにすることに責任を持つんだ。自分の気持ちに関わらず、正しいことをする。そうすれば、スティーブもベッドで自分の望むことだけに終始するようなことはなくなるだろうよ」

サンディーは微笑み、答えました。

「やってみるわ」

自分の感情に関係なく、正しいことをしなさい

SELF-ESTEEM

自尊心

質問46
私たちの関係は大体うまくいっているのですが、時おり彼は私にひどい皮肉を言うのです。例えば、私がお皿を床に落としてしまったときなどに、「やあ、まったく素晴らしいね！」といった具合に。
その瞬間に私の自尊心はぺしゃんこにされてしまい、自分の価値を疑うような気持ちになります。このカルマを止める方法はありますか。

皆さんがいまお読みのこの部分を書き留めているのは、ブルガリアのソフィアという街のとあるオープンカフェでのことです。
ＤＣＩ（ダイヤモンドカッターインスティテュート）の指導者たちと一緒に昨夜、この町の劇場で講演をし、今日の午後にはウクライナに向かうことになっていました。

講演の短い休み時間に本へのサインやブルガリアの経済に関する質問を求められるさなか、ミレーナという女性からこの質問を受けました。

「私も以前、同じ問題を持っていましたよ」私はそう話し始めます。

「自分に自信がなくて、他の人たちの前で間違いをすることが死ぬほど怖かったんです。誰かから批判的なことを一言でも言われると、もうその日は立ち上がれなかったくらいです」

「そんなある日ラジオ局からいきなり電話がかかってきたことがあって、その問題に直面することになったんです。その頃、私たちはチベットの僧院でツパ（tsupa）と呼ばれている面白い習慣を、地元の学校に通う小学生に教えるというプロジェクトをやっていたんだ」

「ツパっていうのはチベット僧が物事を速く学べるよう考案した一問一答式の学習法。質問したり答えたりするときに、後ろや前にジャンプしたり、手をたたいたりするから、子どもたちにとっては面白い。闘わなくていいカンフーみたいなものです」

「現代のアメリカの学校でそれを試したらとていいんじゃないかと思い、そのプロジェクトを数か月間行うため政府からの助成金もおりたので始めたのです。するとラジオ局がそのことを聴きつけて、トークショーの司会者がいきなり私のところに電話をかけてきたんです」

「ローチさん！　いまあなたはKSBUラジオの生放送に出ていますよ！あなたがニュージャージーの公立学校に紹介しようとしているチベットの教育法についてお話くださいませんか?!」

私はあごがはずれたみたいになって、口はパクパクできるんだけど、何も言葉が出てこないんです。

「ローチさん！　もしもし？　あなたのプロジェクトについてお話を聞かせてください！」

口は相変わらずパクパクしてはいたけれど、やはり声が出てこない。

「皆さん、残念ですが電話の線がつながらなかったようです！　この話はまたの機会に伺いましょう！」ガチャン。

私は本当にショックでした。何もできなかった、と感じて、しばらくベッドに腰掛けているしかありませんでした。

ミレーナは頷いています。

「全く私と同じ気持ち、そんな気分です。私も寝室に行ってベッドに座るんですよ。1時間くらいそうしているときもあります。そんなときは絶望して、自分は何にもできない、もう何にもしたくないって思うんです」
その瞬間、彼女の絶望的な気持ちが波のように溢れ出てきているのが身にしみて感じられるようでした。
「私はそのときね…まあ最終的には立ち上がって、2階のラマの部屋へ行き、何が起こったか話したんですよ。きっと先生は怒るだろうなと思っていました。だって一緒にそのプロジェクトを頑張ってきていたし、子どもたちが書いたことを印刷した本を出版するために資金を集めようとしていたときでしたから。でも、先生は怒る代わりに、スターバックスの4ステップを…」
私はミレーナにヒントを与えるために眉を上げ下げします。

ミレーナはすぐに気がつき大きな声で言いました。

「ああ！　あなたがさっきステージで言っていたことよね。ステップ1は…そうね、もっと自分に自信を持ちたい、もっと自尊心が欲しい、というのが、あなたが求める『短い一文』ですね」

「そのとおり。じゃあステップ2は？」

「心の中で友人や家族、職場の同僚を思い浮かべて、自分と同じものを欲している誰かを見つける。誰か、もっと自信をつけて自尊心を高めたい人を探す」

「そうだね。それからステップ3は？」

「その人をスターバックスに連れていく！」そう言うと、彼女はくすくす笑います。

しょっちゅう聞かれる質問を、前の晩にも講演を聞きに来ていた人からきかれたのです。

それは『スターバックスの株を持っているのか』という質問です。私は、持っていないと答えましたが、考えてみれば私たちのＤＣＩ（ダイヤモンドカッターインスティテュート）プログラムはとても多くの街で行われていますから、そろそろ本当に株を買うことを考えてもいいかもしれません。

「スターバックスに連れて行って、その人の問題を助ける。助言をするんですよね」とミレーナは話を続けましたが、そこで少し黙りこみます。

「でも、うまくいくわけがない。昨夜のもう1つの質問を覚えていますか？」

その質問はとてもよい質問だったので、私は覚えていました。講演を聞いていたその女性はこう言ったのです。パートナーを探している友人をスターバックスに連れて行って助言をすれば、彼女自身のパートナーの種を植えることができると言っていますが、パートナーを見つける方法を知っていれば、もう既に手に入れているはずだと。さらに、自分はパートナーがまだ見つかっていないのに、誰かにアドバイスできる権限はないのではないか、というのです。

私はゆっくりと言いました。「じゃあ、ペンの話はどうかな?」

ミレーナは頷きました。

「なぜそうなるのか仕組みを知らなくても、種を植えることについてきいたことがなくても、ペンをペンとして見れる?」

ミレーナは少し考えます。

「もちろん。世界中に、ペンの概念が自分の心の種から来ているって知らずにペンを使っている人はいますよね。」

「じゃあ、もし君が友達をスターバックスに連れて行って、もっと自信を持つために、いくつか提案したら、その提案は効くと思う?」

ミレーナはまた少し考えます。

「あっているかわからないけれど、想像で言うと、正しい種を持っていたら、私の提案は効果があるけれど、そうじゃなければ、効かないということでしょうか?」

「そうだね。それが昨夜の講演で質問してきた女性も行き着いた答えだよ。例えば、種の法則の素人だとして、でもともかくスターバックスに友達を連れて行って、できる限りのサポートをしたとするよね。何らかの助けになるかと思って提案をするけれど、それは必ずしも効果的であるとは限らない。だってその提案自体は種に基づいているわけじゃないからね。その友人が、望んでいたようなパートナーを見つけることに失敗するとしよう。すると、自分の種はどうなるのだろう?」

「どちらにしろ、そうして植えた種はいい種なんだよ。種のパワーのうち90%は意図したことにある。友人が自信を持てるようにできるだけのサポートをしたならば、君自身も自信を感じ始めるんだ。これは覚えておくべきとても大事なことだよ。そうしないと、このシステム自体に信頼を失ってしまうからね。他の人々を助ける。人を助けることで、自分も救われる。両者が得をするんだ。でも、その人が助けを拒否したとするよ。助けようとしたら怒ってくることもある。あるいは、その人の持っていた悪い種のために、助けようとしてもうまくいかないこともある。そのときにはリラックスして、ともかくできるだけのことはやったのだと自分で納得すべきだよ。種は植えられたんだと。助けを必要とする人は他にたくさんいるしね。救いの手を待っている人は限りなくいるんだよ」

私たちは少しの間黙っていますが、しばらくして顔をあげてお互いを見つめます。

「ステップ4は…」私たちは同時に声を出します。

でも話す前からミレーナはこのステップ4を問題なくできるだろうなと私は思ったんです。自分自身を高く評価するということ。

スターバックスの4つのステップをもう一度！

①自分が人生において望むものは何かを短い一文で述べる。

②自分と同じものを望んでいる誰を助けるのかを決め、どこのスターバックスにその人を連れて行ってそのことを話すか計画する。

③その人を助けるために何かを実行する。

④コーヒーメディテーションをする。寝る前に、誰かを助けるためにしたよいことについて考える。

FUN
楽しさ

質問47

僕たち2人は、以前はとても刺激的な関係を楽しんでいました。でも最近は何もかも退屈で、同じことの繰り返しです。

もう一度2人の関係に刺激を取り戻すには、どんなカルマが必要でしょうか。

DCI（ダイヤモンドカッターインスティテュート）の集中コースを行う週末の間、少人数のグループに分かれて、経験豊かな指導員のもとで過ごす時間が多いのですが、小さなホテルの部屋に10～15人もの指導員がぎゅうぎゅうに集まって、そうしたグループ分けについて話し合いを行います。
そのときに教えられるすべての指導員が守るべき基本原則があります。
それは、参加者から質問されて、どう答えてよいか確信が持てないときは、ただ『種！』と言いなさい、ということ。

どんな質問にも「種！」と答えることができる

というわけで、友人のクロードからこの質問を受けたとき、私は「種！」と言ったのでした。１０００人以上もの若いビジネスマンのためにプレゼンテーションをするため、モンペリエというフランスの小さな都市に来ていたときのことです。

クロードは顔をしかめてきいてきます。

「でも、恋愛関係における刺激の種って一体何なのかな？」

質問26のところで、種が老いてしなびていく話をしましたね。

「まず初めに、君にもジョセフィーヌにも、刺激的な関係が消えていくことが悪いことだと思ってほしくない。君のせいでもないし、ジョゼフィーヌのせいでもない。もちろんカップルとしての２人が悪いわけでもない。

「木は成長すると、元となっていた種を殺してしまう。恋愛関係の初めの数年の輝きは、その輝きを創りだした心の種を殺してしまう。残念ながら、それはこれまでも、そしてこれからも、あらゆる恋愛関係における自然な過程なんだ。ほうっておいたら恋愛関係は必ず朽ち、退屈なものとなる。

何ものもそれ自体から成るものはない

だけど覚えておいてほしいのは、ペンが人々の概念なしでペンとして存在し得ないのと同様に、関係が退屈になることも関係自体が退屈だからというわけではない。つまり、恋愛関係は必ずしも退屈なものにならなくてもいいということだよ。

やり方を理解できれば、恋愛関係は刺激を失わずに、毎年刺激を増していく。ジョゼフィーヌは君を虜にできるし、君も彼女にとって刺激的な存在でいられる。初めに会った頃より10年後のほうがもっと刺激的になるんだ」

クロードは私のほうを見ています。その我慢したような表情は、私に対して礼儀を保ちながらも、種やスターバックスの4ステップについてはよく知っているのだと言いたいのは明らかです。彼が求めているのは、相関性でしょう。相関性という言葉は使いませんでしたが、質問40のところでそのことについてお話ししましたね。望むものに対する種があまり明白でないとき、その種をどうにかして探りあてないといけない、ということですよね。

そこでオスロでの出来事を思い出しました。

私たちDCIチームはハンブルグの民芸博物館でプレゼンテーションをしていたのですが、友人のジョンとリヤンがノルウェーから電話をかけてきて、1日休みを取ってノルウェーに飛び、イブニング講演会をしてくれないかと頼んできたのです。そこで私たちは講演を行うことになったのですが、スターバックスの4ステップについて話をした際に、ある質問を受けました。

若い男性からの質問です。「ぼくはクスをしたいんですが、そのための種は何でしょう?」

私は頭をひねって、彼の言うクスと言うものが何なのか考えました。

「キッズ? 子どもを持つための種について知りたいのですか?」とききます。中国ではこの手の質問をたくさん受けますが、ヨーロッパではあまりきかれたことがありません。私は子どもを持つための身体的な種（それは別に複雑なことじゃありませんが）と心の種（身体の種に働きかけるもの）の違いについて彼に助けになる答え方を考え始めました。

「違います、キッズじゃなくて、クスが欲しいんです！」

「それはどういうものですか？」と私。

「クスですよ！　私の唇に女の子の唇が合わさって…」

「わかりました、わかりましたよ」私は急いで答えます。

「どうしたら女の子があなたにキスをしてくれるか知りたいんですね」

「そうです！」と彼は嬉しそうに答えます。

経典の中でここ数千年の間よく尋ねられてきた質問とでも思っているかのような聞き方です。私はどう答えようか心の中で大急ぎでアイデアをかき集めます。

「わかった！　答えはわかってるんですよ！」質問した男性は、満面の笑みを浮かべています。

「カールヨハン通りのグランドホテルへ行く！　ホテルのレストランに入っていって、そこにいる女の子たち皆にキスをするんです！　そうしたら僕の彼女にももっとキスしてもらえますよね！」

会場は、彼の考えたアプローチに大喜びでした。

「あぁ、ちょっとそういうこととは違うんですよ」と私は言ったんですけれどね」

話は戻って、クロードに私はこう言いました。

「君が探しているものの本質は何なのか考えなきゃならない。君とジョセフィーヌの間に存在した輝きは、楽しさだったんじゃないかな。普通の、昔からあった楽しさ、だよ。楽しさのための種を植えるのには、君が他の人のために楽しさを提供する必要がある。周りにいる人たちにね」

クロードは疑わしそうにしています。

「そうかもしれないけど、でも…実際にどうすればいいのかな？」

「どうすればいいかって。いいかい。僕たちの周りには1日中、人がいるんだよ。友達もいるし、入ったお店に働いている人、子どもや両親もいる。そうした人たちそれぞれと毎日やりとりをしているわけでしょう？」

「例えば、買い物をするとき、レジの人と軽く関わっているよね。ショッピングカートから食料品を取り出して、カウンターに並べる。レジの人が『いらっしゃいませ』、お金を払った後は『ありがとうございました』って言ってくれる。だけどこれだけじゃ別にレジの人と自分の間に楽しいことは何もないんだよね。ジョセフィーヌとの間に楽しさの種を植えるために、こんなときレジの人をどう楽しませたらいいか、考えてみてごらんよ」
クロードが考えている間に1つ言っておきましょう。
これまでにスターバックスの4ステップについてはたくさん話してきましたが、あなたの人生において、ある目標に到達するためには、1つの目

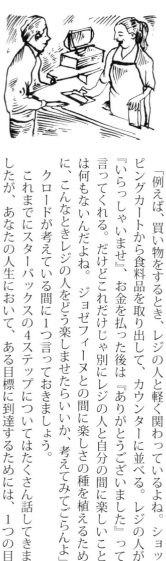

標に的を絞ったほうがよいでしょう。一店のスターバックスで、1人の人に働きかけるのです。とはいっても時には他のアプローチも試してみたくなることもあるでしょう。

1日の間にたくさんの人たちに小さな種をたくさんまく。その日のテーマに何度も何度も戻るように種をまき続けるのです。

「よし、わかったよ」とクロード。

「じゃあ、きこうか」

「レジの女の人がぼくの食料品がいくらになるか計算している間に、カウンターに寄りかかって、彼女に話しかけるんだ。今晩妻と映画に行く予定なんだけど、最近その人が見た映画の中でおすすめのものは何かないかってね。そしてレジの人が何か答える間にぼくは言うんだよ」

「違う、違う、つまらない映画でいいんだよ、だって映画の間、いちゃいちゃしてキスしたりしたいから、その邪魔になるような面白い映画じゃ駄目だって」

「ああ、それはいい考えだね」と私はすばやく答えますが、どうして今週はキスに関するカルマの話ばかりになるんだろうって、内心思います。

「きっとレジの人は面白がって、その日1日楽しく過ごせるね」

「それからレジの人にまたきくんだよ、スーパーの何番売り場に僕が探しているものがあるのかって…」

皆さんにこの会話のすべてをお聞かせする必要はありませんね。もうおわかりでしょう。恋愛関係において、興奮が冷めていくのは全く自然なことです。相手のよくする話やジョークを全部知ってしまい、あなたの話やジョークを全部知られてしまったら、会話は当然少しつまらなくなりますよね。

それだけじゃなく、親密さだって薄れてくる。

問題の解決は、喜びそのものの中にあります。パートナーとの間にスリルを取り戻したいのなら、遅すぎるということはありません。正しい種を植えればいいのです。毎日、毎回、1日中、誰かと関わるときには自分と話し相手が2人とも楽しめるような接し方を心がけるのです。

そして寝る前にコーヒーメディテーションをお忘れなく。今日自分がまいた楽しさの種のことを振り返ってください。パートナーにも同じように楽しさの種をまくよう仕向けてもいいですしね。まこうとしている種がどんなものであれ、夜のコーヒーメディテーション時に、ここ数日に相手がした素晴らしいことをお互いに認めある時間をとると、効果が倍増ですよ。

もちろんお2人が他のことで忙しくしてない場合ですけど。

質問48

私は外出するのが大好きです。新しいものを見たり、人に会ったりするのが好きですし、それに何よりエキゾチックなところへ旅をするのが大好きです。でも私のパートナーは外出や旅行を面倒で厄介なことだと思っています。うちのカウチポテトさんに、もう少し冒険心を持たせるにはどうしたらよいでしょう。

仏教には「巧みな手段」と呼ばれる素敵な解決策があります。基本的に、それはトリックを使って人々によいことをさせるというもので、アンナからこの質問を受けたとき、ちょうどこの方法が私の

頭に浮かんできたのです。ブエノスアイレスのマンバ現代美術館で講演を行う前、控え室でのことです。

アンナとテレビ局の人たちは私たちへのインタビューを撮り終えたところでしたが、アンナは個人的な質問をするために、その場に残っていたのでした。これはよくあることです。

「彼が外出したくなるような種を植えるにはどうしたらよいでしょう?」

「種について1つ言っておくとね」と私は始めます。

「種は他の誰かには植えられないってこと。つまり、誰かに何かをさせることはできないよ。彼は自分で種を植えなくちゃならない」

アンナは顔をしかめます。

「でも私、彼(の状況)は私から起こっていることだと思っていたんです。もし彼が私の見方から起こっていることならば、彼がもっと行動的に見えるような種を植えればいいと思ったのだけれど」

今度は私が顔をしかめる番でした。

「君が彼をどう見るかを変えることはできるよ。でもルイスに種を植えることを考えるときには、彼が自分自身をどう見るか、ということがポイントになる」

「その2つのことは一緒じゃないんですか? マッチしないことなのかしら?」

「全然しないよ。僕たちは映画スターや政治家のことをものすごく落ち着いていると思っているけれど、彼ら自身は自分のことをいつでもパニック発作を起こしそうと思っているかもしれない」

「じゃあ、彼がどれだけ好奇心を持てるかということについて、私は何も変えられないということですか」

「そうは言ってないよ。彼のために種を植えることはできなくても、彼が自分で種を植える方法を君は教えることができるよ」

アンナは頭を大きく横に振りました。

「絶対それは無理です。種のことについて何度か話したけれど、全く彼は興味を示してくれませんでしたから」

「じゃあ、トリックを使うんだ」

「彼をだますの？」

「まあそう。少し前にも似たような状況があったんだけどね。発達障害の息子を持つ女性がいて、その女性は自分の子どもを救う方法を知りたがっていた。お子さんは自分で種を植えなくちゃならない、と言ったら、彼女は絶望的な表情をしたんだよ」

「『大丈夫ですよ』って安心させてあげたんだ。同じような問題を持つ子どもを助ければいいだけだからね。おもちゃをいくつか用意して病院に持っていき他の子どもたちと分け合えばいい」

「でもその女性は、息子は絶対に1人で病院には行けないし、おもちゃを手渡すなんてことをするわけがないと言うんだ。だから教えてあげたんだよ。『ただ子どもを病院に連れて行って、あなたが自分の手を子どもの手に添えておもちゃをつかませ、他の子に手渡せばいいんだよ』ってね。そうやって次の子どもにも同じようにおもちゃを渡せばいい。その子はそうやって種をいくつか植えるんだ。意図があったわけでもなく、自分のし

た良いことについて認識するためのコーヒーメディテーションもしない。だけど、行動は起こしたことになる。それは種植えの大きな部分を占めることだからね」

「こんなふうに種をまくたびに、彼の心や気持ち、この人生においてやれることに小さな変化が生じる。段々とそれが積み重なって、病院へ行くたびに少しずつ意識や意図を持ち始める。そのうち彼の気持ちは癒されていくんだ」

アンナは頷きます。

「じゃあ、ルイスの場合にも私は同じことをしたらいいのかしら？　彼の手に私の手を添えて、何かいいことをするようおぜん立てをするんですね。この場合の良いことは何がいいんでしょう？」

「ルイスはコンピュータのことよく知っているよね？」

「ええ、それも問題の1つなんです。ほとんど1日中コンピュータの前ですから」

「よし。それじゃ、まず家族旅行を計画している友人を見つける。ルイスには、君の友人はコンピュータが苦手だから、助けることを約束してしまったと言うんだ。そして君はパソコンで始めるんだけど、すぐわからないことにぶつかったことにして、できないと大騒ぎをするんだ。すぐにルイスは君の隣に来て、君たち2人はハワイへのスキューバダイビングの旅だの、ロマンティックなカリビアンホリデーだの、次から次へとウェブページを一緒に見ることになる」

「そうしたらルイスの目を引く画面が現れて、どこか旅行へ行こうって私を誘ってくるって言うんですか？」アンナは疑わしそうです。

「そうじゃないよ。何かが起こっているように見えることと、実際に起こっていることとの違いを見分けることがとても大切だよ。もしルイスが旅行に興味を持っていないなら、旅行のウェブページを君と一緒に見るところまで、うまくこぎつけられたとしても、たいして効果はない。それでは種に働きかけることはできないからね。

そうじゃなくて、僕たちはルイスに自分で新しい種をまいてもらいたいんだよね。誰か他の人の冒険心をくすぐる旅行の予定を立てることを手伝って、それによって彼自身に種を植えてほしい。この場合も、彼には人を助ける意図もなければ、良いことをしたと振り返ることもない。だけど、彼は種を植えていることになるから、それが上昇気流をつくるんだ。1つの種がもう1つの種を産み出していく。そう遠くない将来に、ルイスが自分のためにネットでブラジル旅行の予定を立てているのを君は見つけるかもしれないよ」

アンナは驚いて目を上げます。

「あら、私はパリに行きたいと思ってたんだけど」

質問49

週に一度、夫の友達数人が家に来て、3、4時間もの間テレビの前に座りこんでビールを飲みながらフットボールの試合を見ています。私はビールもスポーツも好きではないし、試合を見ても全然わからないので、1人仲間はずれになったような気がします。

夫と友達の楽しみを奪いたくはないのですが、この状況をどうにかすることはできますか。

ウクライナのイルピンと呼ばれるキエフ郊外の町でリトリートを行っていたときにきかれた質問

です。ナターシャが『フットボール』と言っているのはもちろん、サッカーのことです。アメリカ式でも同じような話はよくあるんですけどね。

「ヨーロピアンカップのファイナルの試合になるともっと大変。アンドレイは試合が始まる前に私が家を出ることを期待しているくらいです」とアンナはつけ加えます。

「種のことは知っているよね？」と私は始めます。

「ええ」

「スターバックスの4ステップも知っているね？」

「ええ、知っています。アメリカの経済を助けなくちゃね！」

これは私が人々を特定のカフェに連れ出すことをすすめるときに言うジョークなのです。訪れるほとんどの国で、そう遠くないところにスターバックスはありますからね。

「よし。そしたらまずステップ1だ。まず君は何を望んでいるのか一文で言ってごらん。それが問題の本質を見分けるのに役立つし、どうすればいいのかもわかるからね」

「単純に言えば、仲間外れにされたくないっていうことだと思います」

「ステップ2は？」

「誰か私と同じことを思っている人を、どうしたら見つけられるのかっていうことですか？」

私は頷きます。

ナターシャはしばらく考えてから口を開きます。

「そうね、職場にいるわ。よくオフィスの中の決まった2人か3人の女性とランチを食べに行くんです。同僚にオルガっていう人がいるんだけど、ときどき一緒にランチに出かけたいような感じでそばをうろうろしているんです。だけど私の友達のタニアが彼女のことを嫌っていて、タニアがたいてい何でも決める傾向にあるから、オルガのことを誘ったことがないんです。でも、彼女はきっと一緒にランチに来たがっているんだと思います」

「よし。そしたら君は誰に種を植えたらいいかわかっているね。じゃあステップ3だ」

「そうですね。オルガを誘うことをタニアにはっきり言うときがきたということでしょう。もしそのことでタニアがあれこれ文句を言うのなら、私は1人でオルガと出かけます」

「いいことだね。どこにオルガと行くのかい？」

「オフィスの一階に小さなイタリアンレストランがあります」

「いつ行くのかな？」

「ええっと、今日は金曜だから…火曜はどうでしょう？　月曜に誘えば、彼女は次の日何を着ていくのか準備する時間も持てるし」

「これで計画の詳細も決まったね。それから、よい種を植えるためにはビジョンが必要だよね？」

ナターシャはためらいました。

「ええ、もう一度ちょっとおさらいしないと…昨夜の講演のその部分をちゃんと理解できたのか自信がないんです」

「いいよ。君がオルガをランチに連れ出すとするよ。そのとき、君が心にきちんとビジョンを持っていることが大事なんだ。君は世界中の何百万もの人が悩んでいる問題と向き合っているんだよ。パートナーがフットボールに夢中だとか、あるテレビ番組にはまっていて、その時間になると置いてきぼりにされて、取り残された気持ちになるっていう問題さ。そして君も言っていたように、皆、パートナーの楽しみを否定したいわけじゃないんだ」

「もし世の中が、表面的に、一見そう見えているとおりのものだったら、つまりもし物事が種から起こったものでないとしたら、解決策を見つけることは不可能だ。アンドレイが友達とビールを飲みながらサッカーの試合を見ることを続けながら、同時に君が取り残された気持ちにならないですむなんてことは、あり得ない」

「だけど実際には、この世は種から成っている。過去にどんなふうに他の人々を扱ってきたかによってできているというわけ。だから君が種を直せば、解決策も自然に出て来るんだよ。オルガを誘って、ずっと彼女を仲間にいれてあげるんだ。そうすれば、君は心の中に、いつも仲間として受け入れられているという種をまいたことになって、サッカーの試合中にも仲間はずれにされたような気持ちを持たなくなる」

ナターシャは顔をしかめます。

「それって、私が急にビールを好きになったり、応援しているチームがゴールを決めたときに大声で騒いだりするようになるっていうこと？」

私は頭を横に振ります。

「それは単純すぎるよ。君はまだ問題が問題自体から来ていると思っているんだね。そうだから解決策も問題側から来ると思うんだ。状況を、これかあれって二者選択でとらえている。ビールを飲むか飲まないか、一緒にテレビの前に座るか座らないかってね」

「だけど、君の種は、関係あるすべての人たちの種とも折り合いをつけなくちゃいけない。君の種と皆の種はこの巨大で複雑なネットワークの中に一緒に閉じ込められている。君がオルガと会社の建物を出た瞬間に、この世の何十億もの種も一緒に動くからね。

だから、どんなふうに君たち2人が思いどおりの状態を手に入れるかを予測することは全く不可能だよ。でも、絶対可能で、絶対真実なのは、必ず希望の状況は手に入れられる、ということ。それがどんな形で現れるかはいまは想像もできないだろうけど、でも絶対にそうなるよ。

アンドレイはこれまで通りサッカーとビールを友達と一緒に楽しみ続けるけれど、それと同時に魔法のような予想もしない形で、君を完全に仲間として受け入れてくれるだろう。だから心配しないこと。ただ種を植えて、ゆったりとリラックスして、魔法が起こるのを待てばいいんだよ」

「それはいいですね」とナターシャは満足げです。

質問50

パートナーと過ごしていて自然に産まれる素晴らしく楽しい瞬間、というものは、自然に起こるべきものだろうとわかっています。

でも、その素晴らしい瞬間を、もっとしょっちゅう起こす方法があればよいと思うのですが、カルマで何とかできるものでしょうか。

恋愛関係のほとんどが、いつでも素晴らしいわけではないことは、周知のとおりです。

問題は、その他の多くのことにも当てはまりますが、「周知のこと」というのは完全に間違っている場合があるということです。

少し思い起こしてみれば、予想していなかったときに起こった、素晴らしく楽しい瞬間というものをいくつか思い起こすことができるでしょう。可笑しくて可笑しくて、2人で手を取って大笑いし合い、笑いすぎて目に涙が一杯になったときのことをね。

例えば、初めてパートナーと出会った頃の話。南カリフォルニアの海辺の町に住む遠い親戚を訪ねるところでした。あなたはカジュアルなビジネスウェアに身を包んでいます。メイベル叔母さんは一緒にお茶をするとき、そうしたきちんとした格好が好きですからね。小さなサーフショップを通り過ぎたとき、あなたの恋人が急に言いました。

「ねえ、ちょっと車を停めて、あのお店を見てみない？　何かいい予感がするのよ」

あなたは車を右に方向転換します。すると、普段は絶対に見つけるのが難しいビーチフロントの駐車スペースから、奇跡的にちょうど誰かの車が出ていくところでした。あなたはそのスペースに車を滑らせるように駐車させ、店に歩いていきます。店は2人の変わり者の男の子たちが経営しています。店においてあるTシャツとショートパンツを身につけて、サーフボードを借りてビーチへ行ったらどうかとすすめてきました。

そのあとまもなく、2人は海の中にいました。その時期にしては暖かく、サーフボードは大きすぎもなく小さすぎもなく。駐車スペースを見つけられた奇跡のように、ここでもまた奇跡がありました。

自分たちの他に誰も海にいないのです。太陽はあたりを紅く染めながら沈みかけ、あなたたち2人はジャンプして波の上に乗っては落ちます。2人は笑い合いながら海から上がり、太陽がちょうど完全に沈む寸前に、濡れた身体を寄せ合いキスしました。

そのうえお店の男の子たちは算数が苦手なようで、いくら払うべきか計算できないようでした。彼らは笑いながら「今回はおごりってことにしておくよ」と言ってくれます。あなたは着てきたボタンダウンのシャツに着替え、ハイウェイを運転してホテルへ向かいます。

質問は、このような予定外の素晴らしい瞬間をもっと常に味わうことができないのはなぜか、ということですよね。このサンセットサーフィンのたとえ話のような出来事がなぜ起こったのかを理解することが答えにつながります。チベット人によれば「もしそれが理解できれば他のすべてのことが理解できる」ということ。

私はこの話を、先ほどの質問をしてきたデビーと彼女のパートナー、デイヴィッドにします。2人とも私の古い友人でしたが、彼らは最近になって恋人として付きあい始めたのです。思いがけず2人の心が通い合ってできた2人の温かい関係を見ていると、私も他の友人たちも、なぜもっと前に2人に付き合うようすすめなかったのかが不思議なくらいでした。
大げさかもしれませんが、例えて言うなれば、それは何にもない大洋のど真ん中でタイタニックが氷山にぶつかったような劇的なロマンスでした。私たちはセドナにある小さなサンドイッチショップの外に座って話をしていたのですが、彼らは2人とも西海岸の人たちでしたから、私の話したサーフィンのたとえ話に共感してくれたようです。
「僕たちにもそんな種類のことは起こったことがあるよ。でも大体ひと月に一度くらいのものだよ。

ききたいのは、もっとしょっちゅうそういうことを起こすのにはどうしたらいいかっていうことなんだけどね」とデイヴィッド。私はこう答えます。

「私に言わせればね、君たち2人は『もっとしょっちゅう』くらいで満足すべきじゃないと思うよ。なぜ夢のような素晴らしい瞬間が起こるのかについて理解できれば、それを繰り返すことができる。好きなだけくり返せるんだよ。素晴らしい瞬間が起こる理由を理解できれば、君たちの人生は、想定外の、夢のような瞬間がずっと長く続いたようなものになるかもしれない」

「そうなのね」とデビーは微笑みました。

「そうなるといいけど」

「だったら夢のような瞬間を作りだす種のことを考えなくてはいけない。チベットの古い経典には『途中の道がゴールだと思え』と呼ばれる特別の修業があるんだ。チベットで言うゴールというのは、あらゆる次元の世界に同時に存在し一度にたくさんの人を助けられる光の天使になることにほかならない。まだそのゴールへ向かう道の途中にいても、周囲の人すべては既に光り輝く天使であると思うようにするんだ、そして彼らがすること言うことすべてが、我々をゴールに導くためのガイドであると思うようにする」

「君たちもここから始めたらどうだろう?」

デイヴィッドは歩道の向こう側を見ていました。深緑色のオーバーオールを着た年配の男性がバラの茂みにかがみこみ、あちらこちらを刈り込んでいます。

「わかったよ。じゃあ、あそこにいる男は、変装した光り輝く存在だということだね。あの人は僕たちの会話の内容をわかっていて、僕らが正しい道を進んでいることを示そうと、何か美しいサインを送ることを考えているんだね」

私たち3人の目はその年配の庭師に注がれます。すると急に、庭師は美しいバラのついた茎を切り、顔をあげると私たちと目が合います。それからゆっくりとテーブルに近づいてきました。

庭師はデビーにバラを差し出します。「今日中にこのバラの茂みを刈り込まなきゃならないんだ」と手を振ってバラの茂みを指し、ぶっきらぼうに言います。

「バラがむだになってしまうよ」庭師は足を引きずって、仕事に戻っていきました。

デビーは微笑んでデイヴィッドのほうを見ました。

「1日のうちのある瞬間を夢のようなことだと自分に思わせることが、本当に後で夢のような瞬間を産み出す種となる、ということ。いまの出来事からはそれは想像しやすかったね」

魔法〈のような時間〉の種を植えるには、魔法（だと思って物事）を見ること

私は頷きます。「物事がうまくいっていないときには難しいチャレンジになるよ。職場の誰かについて問題を抱えているとする。同僚が上司の前で君の悪口を言ったりする。そのときのメッセージは何だろう？　何を伝えようとしているんだろう？　すぐには頭に何も浮かばないかもしれないし、実際に正しい答えはないかもしれない。でも君が必要としている、何か特別なことの種が植えられようとしていると、ただ想像してみるんだ…」

「沈みゆく太陽の下でサーフィンをするような種がね…」とデビーはもう一度微笑むと、デイヴィッドに寄りかかり、彼の腕に抱きついたのです。

A LOOK INTO THE FUTURE
未来に思いを馳せて

本書は、もしあなたがマンダラについて学んでいると、もっと役に立つでしょう。マンダラとは完全なる世界観（ヴィジョン）を表すものです。さあ、ビーチでサーフボードを持った素敵なカップルの話が終わり、ちょうどこの本の真ん中まで読んだところですから、少し質問から離れてお休みましょう。

あなたがこの世界観に思いを馳せるとき、いつでも、あなたが創った種は無限のものとなります。なぜならそれは、無限の人々に働きかけられるよう願うからです。

希望するものを得るためにスターバックスの４ステップを使うたびに、このヴィジョンを心に保ちながら行うと、物事は思い通りに、より速く進みます。

事実、あなたが自分の夢をかなえるために４ステップを行うたびに、自動的にあなたは他の皆の夢もかなうよう助けていることになるのですから。

どのようにこんなことが起こるのか気づくことができると、あなたの人生はスーパーヒーローの人生となり、何千人もの人々を救うことができるようになります。それは、最大の愛にほかなりません。

では、実際に例を挙げてみましょう。

最後にあなたに恋人がいたのは、もう5年も昔のことです。その後、何人かとデートをすることもありましたが、深く、本当に愛し合う関係にはなる人は誰もいませんでした。

そこである日、この本に出会ってから、恋人を探すことをやめ、その代わりに恋人の種を植えることを試みます。

自分の住む地域で小さな老人ホームを見つけました。恥ずかしさを乗り越えて、老人ホームを訪れ、受付の人に話をします。誰も尋ねて来る人のいない、とても寂しい年配の女性を週一度、1時間ほど訪問したいと伝えたのです。

あなたは数か月の間その約束を守り、恋人の種を植えます。毎晩寝るときにコーヒーメディテーションも忘れずに行いました。もちろん、試みは成功し、素敵な男性を恋人にすることができました。

さあ、ここからがスーパーヒーローの話の出番です。世界を救うのです。

女友達3、4人に電話をして、驚かせることがあると言ってください。

明日午後7時に、あるレストランで会うことを提案します。

それから新しい恋人にも電話をして、あなたの家に7時に来るよう伝えてください。恋人が家に来たら、大きなグラスに3杯の水を注いで、早く飲ませます。なぜ飲まなくちゃいけないのかきかれたら、後で説明すると言っておいてください。そして一緒にレストランに向かいます。

さあ、もちろんあなたは30分も約束の時間に遅れてしまっていますね。でも、それはプランの一部ですからいいのです。あなたの友人たちはすでにテーブルにつき、なぜあなたが遅いのか不思議に思っていることでしょう。あなたが恋人と腕を組んでレストランの入り口から入って来るのを見ます。

「あのハンサムは誰よ?」

1人がもう1人にききます。

「知らないわ。恋人なのかしら？　彼女、かれこれ、もう5年くらい誰とも付き合っていなかったわよね？」

「ただの従兄弟かなんかじゃないの？」

もう1人の友達がそう言っています。

あなたは彼をテーブルまで連れてきて、席につく前に彼に抱きついて思いっきり熱烈なキスをします。フレンチキスをするんです。ただの軽いキスではなくて、本当のキスをね。

「あれは絶対、従兄弟じゃないわよ」

驚きながら、1人がもう1人にささやきます。

次に何が起こるかわかりますね。メニューが渡されて、皆が何を食べるか決める間にお互い自己紹介をします。メニュー越しにあなたの恋人を皆がちらちら観察しています。

多分、ちょうど食べ物が運ばれてくる頃に、あなたの恋人はトイレに行ってくると言って立ち上がるでしょう。彼に3杯お水を飲ませてきたのは、このためなんですよ。彼がトイレから帰ってくるまでに、たくさんのくすくす笑いと、立ち入った質問が飛び交います。

「いったいどこで彼と知り合ったのよ？」

1人が大きい声でききます。

「どこのクラブ？　ダンスクラブで出会ったの？」

もう1人がきいてきます。

「ネットで見つけたんでしょう？！」

もう1人が言います。

あなたにナプキンが手渡され、「ほら、はやくここにそのサイトのアドレス書きなさいよ！」と急かされます。

あなたは落ち着いて老人ホームのアドレスを書き、皆に回します。

「えっ？　どういう意味なの？」と3人揃ってきいてきます。さあ、ここで、あなたは種を植えたことを詳しく話すのです。スターバックスの4ステップのことを忘れずに伝えてくださいよ」

そこにいた友人が全員、あなたの話を信じることはないかもしれません。信じた友人ですら、種を植えることを実際に試そうとしないかもしれません。

でも、もしかしたら1人か2人は、試しにやってみるかもしれません。そうすれば、もちろん試した人にはそれぞれ素敵な恋人ができます。なぜなら種の原理はいつでも必ず効果を発揮しますからね。

さて、次に何が起こるのでしょう？

まあ、天才でなくてもそれはわかりますよね。彼女たちはそれぞれ自分の友達に新しい恋人を紹介し、恋人たちはトイレに行ってもらいます。そして老人ホームの話がその友達にも広がり、そこからまたその人たちの友達に広がり、またその友達にも広がるのです。

間もなく、老人ホームの外には、寂しいお年寄りを訪ねようとする、若い男女の長い列ができるでしょう。列に並んでいる間に仲良くなってカップルになる人たちも出てくるかもしれません。

そしてそのうちに、皆が夢見たパートナーを手に入れるのです。カップルたちは種を育てていくため、老人ホームを訪問し続けます。そうこうするうちに、どこにも寂しい人々はいなくなってしまうでしょう。

望むものを手に入れようと種を植えるたびに、何が起こっているかを理解しようとしてください。

種植えは成功し、他の人はそれを見て、種を植えようとします。

その人たちの成功を見て、また他の人々がまねをします。

そうしてあなたは世の中を変えてしまうでしょう。種を使おうと決めたときから世界は既に変わっているのです。

完全なる世界、マンダラは実現するでしょう。それはあなたから始めることができるのです。

ですから、しばらく立ち止まって、未来に思いを馳せてください。

あなたが皆のために創り出す未来に。

ABUSE
虐待

質問51 私の友達が、配偶者から暴力を受けているかもしれません。友達に別れるようすすめるべきでしょうか。それとも結婚生活を続けるべきと言ったほうがいいのでしょうか。

南中国の都市シェンチェンでのこと、リフェンという名の友人から受けた質問です。世界中の女性たちから、このような質問を受けてきました。悲しいことに、この質問をするとき彼女たちはいつでも「友達が」暴力を受けている「かもしれない」という言い方をするのです。

「まず何よりも最初に言っておくけど、たとえわずかであっても何かしらの虐待を受けているのであれば、彼女はすぐに家を離れて、実家か姉妹のところ、あるいは友人のところに行くべきだ」と私は始めます。

「そして問題を永久に解決するためには決断を下すのを止めるべきたね」

決断を下すことを止める

質問7でも少し触れたことですが、今回はさらに深く取り組みましょう。

「それはどういうことですか？」

「君はそういう場面にいるんでしょう…いや、君の友人のことだけれど、彼女は決断を下す場面に直面しているんでしょう、夫と別れるべきか、それとも一緒にいるべきか？」

「ええ、だってそれ以外に選択肢はありますか？」とリフェンが尋ねます。

私は少し考えます。

「この状況って彼女にとってはどうなのか、想像できるかい？　この決断を下すことについて、彼女はどう感じているのかな？」

「それはひどい精神状態だと思いますよ。旦那さんとは20年以上も一緒にいたんですから。まだ彼のことを愛してもいる。それに娘さんもまだ家にいるんです。別れることにすれば皆が傷つくことになる。かといって一緒にいることも不可能に思えるけれど。彼女が直面している、決断すべき問題は大変なことなんです」

「でも決断しないままで過ごしている状態も苦しいだろうね。不確かさ、というのは多分一番辛い。どうしたらいいかわからない状態、というのがね」

「まったくそのとおりです」とリフェンはため息をつきます。

「わかるかい、問題となっているのは、決断なんだよ。もし決断しなくていいとしたらどうだろう？」

「だって決断は必要でしょう？」

「何を決断するのか、もう一度言ってごらん」

「旦那と一緒にいると決断すれば殴られるリスクがある。もし家を出れば、娘は親を失って傷つく」

「でも、もし彼女が、どうなるかわかっていたらどうなんだろう？　もし決断が下されていたとしたら？」

「悲劇であることは同じですよね。どちらにしろ誰かが傷つくわけですから」とリフェン。

「いや、もし彼女が誰も傷つけない決断を知っていたとしたらどうだろう？」

「そんなことができるとしたら、それはいいですね。彼女はほっとすると思います。怖れの気持ちが消えて、心配はなくなるでしょうから」

「よし。そしたら誰も傷つけない決断を準備しよう。スターバックスの4ステップを言ってごらん」
彼女が4つのステップを知っているのはわかっています。シェンチェンの新しくスマートな超高層ビルの30階にある金融サービスオフィスで、ビジネスウーマンのグループと一緒にそのことを話し終わったばかりでしたから。
彼女がスターバックスを知っていることもわかっています。前週に上海の証券取引所のオフィスで講演を終えた後に、その近くの上海のスターバックスでスタッフミーティングをしましたからね。

「ステップ1。彼女が望むのは、家を出るか出ないかという難しい決断を迫られないですむ状態」とリフェン。

「ステップ2は？」

「難しい決断に直面している誰か他の人を見つけること。できれば同じような決断を迫られている人」

「よし。他には？」

リフェンは少し顔をしかめますが、すぐに素晴らしい直感がひらめいたようです。こうした直感は中国で多く見てきました。リフェンは慎重に言います。

「彼女の問題は、単に決断する、しないの問題じゃないですね。その決断は嫌なことです、向き合わなくてはならない大変な苦しみ。でもその裏側にあるのは暴力です。決断について働きかけるのと同時に、彼女は暴力についても働きかけなくてはならないでしょう？」

「そうだね。まず決断のことについて見ていって、それから暴力のことに移ろう」と私は言い、質問を続けます。

「ステップ2で彼女は、同じような難しい問題に直面している人を見つけたとしよう。次は何かな？」

「ステップ3はいつでもスターバックスで行うものですよね。彼女は選んだ相手の人と一緒に座って、その人の決断を助けようとします」

「問題を解決することに成功しなくてはならないのかな？」とさらに問いかけます。

リフェンは一瞬考えます。

「成功するかもしれないし、成功しないかもしれない。それはそのお友達の持っている種によるから。

でもどっちにしろ、お友達にアドバイスをしたことによって、彼女は自分の直面している決断に対して種を植えたことになるわけですね」

「あるいは、その下さなくてはならない決断自体が消えるような種を植えるのかもしれないね。もし暴力がなくなったとしたらどうなんだろう？」

「そりゃあ、それが一番いいですよね。その場合、下さなきゃならない決断はもうなくなるわけですから」

「じゃあどうやったら暴力は止まるのだろう？　どこから暴力は起こったのかな？」

私は手に持ったペンを振りましたが、リフェンにはそのヒントも必要ありませんでした。

「ペンと同じですね。彼女の旦那さんも娘も、人生そのものも。すべては彼女の心、種から起きていること」

ここで少し止まって、説明させてください。配偶者による暴力というのは、とても繊細な問題です。一番、誰もが聞きたくないのは、暴力を受けている人側に過ちがあるということでしょう。もし私が政治的に正しくありたければ、この種の質問はすべて避けるのがよいのでしょうが、それでは真実を語れません。

真実とは、私たちの周りのすべては、良いことも悪いことも自分たちが起こしているということで、過去に他人をどう扱ってきたかということに由来している、ということです。人生の中で起こることのうち、何パーセントかは自分に由来しているけれど、他の何パーセントかは他の人やものが原因だとは言えないのです。心の中でこの点をしっかり押さえておくべきです。

人生の中で起こるすべてのこと、暴力でさえも、自分に責任がある、ということ。そしてそれは同時に、暴力をストップする力が自分自身にあるということでもあります。自分自身を変え、自分自身の種を変えることによって、そうした暴力を止める力を自ら行使することができるのです。自分の責任を認めることで、物事を変える力をもたらすのです。

「じゃあ、すべてはペンのようなものだとしたら、この状況をどう変えることができるんだろう?」と私は続けます。

「私の中の種を取り除きます。例えば、決断問題が自然に解決するよう望むのであれば、まず初めに同じことを他の人に提供しなくてはならない。つまり、自分に対して望まないことを他の人にするのを止めなくてはならないのでしょう」

「全く同じことを?」

リフェンは私が何を言おうとしているのかわかっています。

「同じでなくても構わないんですよね。配偶者から受ける暴力は、必ず、自分が行った小さな暴力が発端。こうした種をストップするには、自分の生活をよく見なおして、わずかなことであっても自分がしてしまっている他の人へのよくない行いを見つけようとすることですね」

「完璧だよ。2本柱の戦略だね。決断すべき事柄が問題になる前に自然と解決するような新しい良い種をつくる。と同時に、自分の生活の中にある、暴力の原因となっている過去の悪い種を取り除く。そうすると何が起こる?」

「殴られることはなくなるでしょう。さらに同時に決断すべきことは消えてなくなるわけです。決断に伴うひどい心配も一緒に」

「じゃあ、やってみてごらん」私は一言、そう言ったのです。

質問52

妻と過ごしてきた何年にも及ぶ日々を振り返ると、私は虐待というのは身体的なものだけでなく、精神的な虐待もあり得るのだと思います。

妻が気に入らないだろうからという理由で、自分自身でいることを怖れてきました。私の存在はどんどん小さくなって、いまではもう、縮んで隅っこにいるような気がしています。

どうしたらこの目に見えない虐待を止めて、自分の人生を取り戻せるのでしょうか。

私はこの類の質問を本当に多くの人々から受けます。テルアビブの郊外で週末のビジネスリトリートを行っていたときのこと、モイシェから受けた質問です。モイシェは善い人です。どんなタイプの人かおわかりになるでしょう。

人を助けるために何でもしてくれるような人です。モイシェはエリのためにどんなことでもしようと努力し、エリはそれを利用しているようです。身体的虐待と同じように、精神を衰弱させるような虐待の1つの形です。さあ、本書の100個の質問の半分あたりにきましたから、そろそろ正式に4つ1組になった法則のうちの他の3組の紹介を始めましょうか。

「それで、君は同じようなことをしているの?」

「同じって何が?」

「他の人を支配して、ゆっくりと彼らの存在を打ち消すようなことをしている?」

私たちは2人とも答えを知っています。そんなことはモイシェが一番、他人に対して望まないことです。モイシェは私がいままで出会った中でも、最も謙虚で控えめな人の1人です。もしもダイヤモンドの知恵の原則がこの宇宙の完璧な正義の法則であるとするならば…つまり、自分が与えるものがそっくりそのまま自分に返ってくるのだとしたら、モイシェが支配されることはあり得ないはずです。それとも、そうではないのでしょうか？　私は彼を試してみることにしました。

「モイシェ、君は4つの法則を知っているよね？」

カルマの4つの法則

① 植えたものを刈取る。スイカの種を植えたらスイカを収穫する。

② 自分のしたことは何倍にもなって返ってくる。

③ 何もしなければ何も得ることはない。

④ 何かをしたら必ず何らかのお返しを得る。

モイシェはうなずきます。「カルマの4つの法則…ええ、知っています」

「いいね。じゃあ最後から逆に言っていこうか。4番目の法則は何？」と私。

「種を植えなければ何事も起こらない」

「3番目の法則は？」

「もし種を植えたならば、何かが起こる」

「よし。じゃあ教えて。何かいま起きているかい？」

「ええ！　モイシェは消えていなくなっています！　エリによって支配されて段々と、でも確実に消え去っていっています。思慮深く、責任感があり、奉仕の心に満ちていた昔の自分はゆっくりと消えていき、いまでは、たとえ本来の自分がしたであろうことの正反対のことであってもエリが決めたことだけを行っているんです」

「では、第4の法則によると…何もないところには何も産まれない」

「第3の法則によると…いま自分の身に起きていることは、自分がその種を植えたから」

「じゃあ第一の法則によると…」

モイシェは少し考えていましたが、彼がこの4つの法則を理解しようとこれまで頑張ってきたことは明らかです。答え方が確信に満ちていましたから。

「同じことに違いないですよね。自分に起こっていることは、自分がしていることと同じはずなんです」

でも、そう言ってから彼は困惑しているようでした。それはそうでしょう。モイシェは絶対に、支配的な人間ではないからです。その正反対であることは、私も彼自身もわかっています。

「どういうことなんでしょう？」声を少しあげるモイシェ。

「僕はそんな人間じゃないんです。他人を打ちのめすようなことはしませんよ」

「でも2番目の法則は何だった？」私は静かに尋ねます。

「種は育つ。心に種が植えられたら、急激に増加していく。無意識のなかに深く植えられた種は、毎日、倍の力を蓄えていく」

私はうなずきます。

「例えば職場で、所属部署のために何か決定しなければならないとする。君には、どうしてもこうしたいという考えがあって、その考えを少し押しつけ気味にする。それをするのには数分あれば十分だよね」モイシェはこの話のポイントを理解します。

「職場で自分の部署のやり方に自分の考え方を押しつけるのに3分かかったとしたら、200個くらいの種を植えたことになるのかな？　例えば月曜にそうしたとして、給料日までの2週間の間に200個の種はいくつに広がっていくんだろう…」

モイシェは携帯を取り出して計算を始め、はっと息を吸います。

「種は100万以上になるよ」さらにモイシェは続けていくつか計算しています。

「この100万の種が実って、僕という人間をコントロールするエリを創りだしたわけですね。1秒間に65の種をつくる割合です。部署の誰かを3分間コントロールすると、エリが僕を3～4時間コントロールすることになる計算。ということは、しょっちゅう自分のやり方を押し通そうとしなければいいってことですね。週に1、2回、とても些細なことであっても意見を押し付けようとすれば、カルマの法則の2番目と4番目…それから1番目と3番目によって、一緒にいるときに僕が僕自身であることを許してくれない妻を持つ羽目になるわけですから」

私はモイシェの目を誇らしい気持ちで見ます。理解したようです。カルマの2番目の法則はこう言っています。たった3分間でも、他の人がその人らしくあろうとすることを邪魔すれば、妻からの完全なる支配を受けるのに充分な種を植えたことになる。4番目の法則はこう言っています。もし職場で自分のやり方を押し通そうとしなかったならば、そんなことは起きなかったのだ、と。

1番目の法則は、コントロールされるのならば、それは自分も同じことをしたから起きているのだと言います。つまり誰かを支配しているわけです。

そして3番目の法則はこう言っているのです。モイシェが職場の1人ひとりの考え方を無視するのを止めない限り、コントロールされる状況は続くだろう、とね。

「誰か心当たりある?」と私は尋ねます。

モイシェはうなずきます。カルマの4つの法則から、スターバックスの4ステップに移ろうとしていることがわかっているようです。スターバックスのステップについてはこれまでの質問のところでたくさん取り上げてきましたよね。ステップ2は、モイシェの場合、職場で自分が支配してしまっている誰かを思い浮かべることに始まります。モイシェは少しの間考えます。実は、そうした考える瞬間はメディテーションにもなっているのです。なぜなら彼は意識的に心をある1つの事柄に向けようとしているからです。モイシェの言動によって自分らしくいられないようになっている職場の人とは誰でしょう?

「シモーネだ」モイシェは頷きます。

「シモーネはもっとクリエイティブな方面の仕事をしたいと常々言っているんだけど、彼は経理の仕事に優れているから、経理をやってくれていたほうが僕は助かるんです。だから、言ってみれば僕は、自分の都合がいいように、シモーネにとってはつまらない仕事を押し付けていることになりますよね」

これでモイシェは、何が起こっているのかわかったようです。さあ、解決法を見ていきましょう。

質問34で、他人のことを自分のことのように真剣に考えてあげられるようにするには名前を交換するのがいいというアイデアについてお話ししましたよね。例えば、あなたの名前がジョンで私の名前がマイクだとします。どうしたらよりよい人間になれるか学びたい場合、私はあなたに自分の名前をくっつけて、自分にはあなたの名前をくっつけるのです。いつもマイク（つまり自分）が望むことにひいきだったわけですから、マイクとなったあなたは、望むことについて普段よりずっと私から関心を払ってもらえるということになります。

この特別スピリチュアルな方法は、前にも触れましたが、13世紀ほど前に存在したラマ、シャンティデヴァ師によって編み出されたものです。彼はこれを「あなたと私の交換」と呼びました。

シャンティデヴァ師は、これを行う準備として『あなたと私の平等な権

利』というプラクティスをするといいとも言っています。それは、他の人たちと接するときに公平であるようにという意味のことです。職場のチームでもそうであるように、パートナーとの関係においてもね。他の人も、自分らしくいる権利があるということを認識せよ、ということです。

「じゃあ、君はシモーネに、彼のやり方で仕事をまかせるようにするんだね。そうしたら、帰宅する前には、エリが君自身でいられる権利を尊重しているように思えるための、新しい種をいくつか植えたことになる。エリから何も学ぶことはないということじゃない。お互いから学び合い成長するというのはどんな関係においても一番大切なことの1つだからね。でも、2人で何かを一緒にするにしても、それぞれ個々の性格や独自のやり方には平等な権利があるんだということなんだよ」

モイシェは安心したように小さなため息をつきます。そこで私たちは立ち上がり、講堂に戻っていったのです。どんなに恥ずかしがり屋の人でも、1人の人間として生きたいのです。

EMOTIONAL SUPPORT

感情面のサポート

質問53
今年、仕事上でいくつかの重大な問題を抱え、また個人的にも大きな悩み事に直面しています。自分だけで問題に向き合うのは大変すぎるので、妻のサポートを求めるのですが、あまり支えられている気がしません。
２人一緒に寄り添っているように感じるためには、どんな種を植えたらいいのでしょうか。

テリーという友人から受けた質問です。

テリーと妻のリーは南アリゾナの観光地を訪ねているところでした。旅の途中でテリーは職場から電話で非常に悪いニュースを受けます。テリーはそのことをすぐにリーに伝え、なぐさめてもらおうとしましたが、リーは携帯メールをしている最中で、テリーの話を聞いていないようでした。こんな状態がしばらく続いているのだということです。

「『４本の花』のことは知っているよね？」とテリーに尋ねます。

テリーはほんの少し考えてから答えます。

「ああ。ダイヤモンドカッターインスティテュートのレベル2トレーニングで勉強したことだよね」

「じゃあ、『4本の花』について知ることがどうして大切なのか言ってみて」

「トレーニングで学んだことの中で、僕にとっては一番大事な内容の1つだったなあ」とテリー。

「だって、僕たちは皆、カルマという言葉に、ある種の考えを持って育ってきているわけでしょう。『ジョニー、虫を踏んづけるなよ。いつかお前も誰かにやられるぞ』なんてことを言われて育ってきたからね。それに聖書にも書いてある。『自分がまいた種は自分で刈り取らないといけない』ってね」

「だけど、ほとんどの人はカルマや自分のまいた種が、実際にどんなふうに働くのかがよくわからないから、その考え方に従うことはしない。だって、僕がしたことが、一体どこに記録されるっていうの？　妻に大声でどなったとき、何か悪いことをした気持ちはするけれど、どうしてそれが悪いことになるのか？　どうやってそれが自分に返ってくるというのか？　妻に発した言葉はブーメランのように空中に飛んでいって冥王星の周りをまわり、２か月後に戻ってきて僕の頭を打つとでもいうのだろうか？　あるいは聖人ピーターが天国の門に座っていて、僕の一生の間、毎日行動のすべてをノートに記録していると言われているけれど、それは本当なんだろうか？　人生の終わりに聖人ピーターが僕にそのノートを見せて、その後僕がどうなるかの決断が下されるとでもいうのだろうか？　ってね」

「どんなふうにでも考えることはできるけれど、僕にとっては『4本の花』は、これまで学んできたことすべてが腑に落ちる、納得の行く考え方だと思うんだ」

4本の花　のおさらい

①　人に与えたものと同じものを受け取る。
②　行動は習慣になる。
③　あなたの行いが、周囲の人と世の中を創る。
④　あなたの行いは、あなたが踏み入る次の世界をも創る。

「なぜこれが『花』と呼ばれているのだと思う?」

「なぜ花と呼ぶのか理解するのに時間がかかったよ。カルマがどんなふうに自分に返ってくるのか、『4本の花』は本当によく説明してくれるよね。さっきの例で言えば、パートナーに大声で怒鳴ることで、怒鳴っている自分を自ら見聞きし、怒っていることを自分が感じることで種を植えてしまう」

僕たちの目や耳、一般的な感覚意識すべてからそうした印象が入り込み、心の無意識な部分に深く植えられ、意識的な考えの下に居座るんだ。ちょうど、土の表面下に種が植えられているようにね。どういうわけか、種はそこで「料理」されるのだ、そこが本当に謎な部分だよ。種の中で、それが芽吹く準備をしている間に何が起こっているのか。そして時期と状況がマッチすると、種は割れて開いて、芽吹くんだ。

ただし、そうやって出てきた芽は光からできている。反射した光じゃなくて、電球の中身やキャンドルの先端の炎のように、それ自体が光からできている。光でできた小さなイメージのようなもの。大きさはなくって、大きいとか小さいとかは言えない。でも、とても敏感な人や瞑想を沢山してきた人たちには、実際に種が開いてイメージが浮き上がるのが見えるらしい。1・25㎝ほどの高さで、頭の後ろのほうで浮かんでいるような感じがするという。

それから、これが『4本の花』で一番好きなことなんだけど、その小さな輝きのイメージは僕の目から出て来て、目の前にある色と形の上に重なっていくんだ」

「なぜ色と形なんだい？　物や人ではなくって？」と私。

「それがいいところなんだよ」とテリー。

「考えてみてごらんよ。身体の機能としての眼、眼球は明暗の度合いと形の輪郭だけを探知できるもの。眼の後ろ側には、棒状と円錐状のものでできているとても繊細な組織があって、それらが目の前に現れるイメージに応じて変化する。昔のカメラのフィルムのようにね」

「目の前に赤っぽい色の楕円形の形が現れる。それからその楕円の中にはもう1つ、開いたり閉じたりしている丸い形がある。最初のやつは、上司が僕に向かって怒鳴っている顔で、2つ目のは彼が怒鳴っているときに動いている口だ。でも僕の眼自体が、怒った上司を楕円形として解釈しているわけじゃない。眼球の後ろ側にある棒状と円錐状の組織が決断するわけじゃない。眼の組織にそんな能力はないんだ」

「何が実際に起こっているのかというと、種は僕の心の後ろ側で開いて、輝くイメージが2つの丸い形に向かって飛んでいき、そこに重なり、意味を与えているということ。これらの絵は（上司がぼくに怒鳴っているにしろ、いい仕事をしたとほめているにしろ）、すべて僕の心の種から起きている。これらの種は、前の週にパートナーと話していたときに植えられたものなんだ」

「だから、種とこれらの小さい光のイメージは、なぜ自分のしたことが自分に返ってくるのかを完ぺきに説明してくれるんだよ。盲目的に信じるのではなく、ただ理解しなければならないっていうことさ。良い人になることが、もっと簡単にできるようになる。リーに怒鳴ろうとする自分を止めることができるようになる。

「種とイメージ、『4本の花』の内容は、なぜ宇宙には完全なる正義が存在するのかを正確に説明してくれる。僕にとっては、何ていうのか、ただ、すごくいい慰めになるんだ」

私は「よし！　そのとおりだよ！」と答え、テリーに愛情を込めて微笑みかけます。

多分、仏教の本の中でも一番有名な、般若心経の中に、仏陀が自分の生徒がペンについて説明するのを聞いている場面があるのだけれど。この生徒はうまく説明をしたので、仏陀は「よし！　よし！」と言っているのだ。私はこの部分がとっても好きなんですよ。

「さあ」私はここで一呼吸置きます。

「じゃあ、君の質問に答えなくちゃね。心の中で種を咲かせる4つの方法のうちの3つ目は何かな？」

テリーは心の中で数え、考えながら答えます。

「環境…1日を過ごすうえで出会う周りの物事や人々。家で僕が妻に怒鳴ることだけが、職場で怒鳴る上司を創り出すわけじゃない。店の中やテレビ、歩道を歩いているときでも、お互いに怒鳴っている人を見る」

テリーはそこで少し考え、きいてきます。

「『3本目の花』をすれば、僕は今とは違うリーを見ることができるのかな？　リーは僕の周りの世界の一部だから、もし僕が自分の種を変えれば、出会うすべての人と同じように彼女も変わるというのかな？」

「それはそうだね」と私は同意します。

「でも、実はさっき言っていた他の人たちのことを考えていたんだよ。ある意味それはフィードバックループのようなものだと考えているんだけど…例えば、マイクを使って君が話しているとき、立っている場所によっては話すこと全部がスピーカーから二重にダブって聞こえてくるようなことがあるだろう？　何度も何度も本当に速く繰り返されて、鋭いキーキーしたうるさい音をたてるんだ」

「最近になって、私たちの文化には大きな変化が起きたよね。皆が携帯電話を持っている。電話が鳴ったり、メール着信の音がしたら、すぐに携帯を取り出す。たとえ誰かとの会話中で、話の途中であってもね。急にその会話相手を無視して、携帯の相手と連絡を取りたがるんだ。そして、テーブルに向かい合って座っている相手は1、2分黙っているしかない、待つしかないってわかっているからね」

「この『3本目の花』の法則によると、会話をしている相手を急に無視することは、あなたの周りにたくさん、お互いに無視をする人々を創り出すということになっている。

そういえば、この間ハングジョウという中国の中央の都市に行ったとき、喫茶店のテーブルに10代の女の子が4人一緒にいたんだけどね。45分もの間、彼女たちはお互いに無視し合って自分のメールばかりチェックしていたんだ」

「喫茶店を出ていくときに、私の中国語の先生が彼女たちにそのことでジョークを言ったんだよ。そうしたら、彼女たちはくすくす笑って、お互いにメールを送り合っていたって言うんだ。これってどう思う？」

「それはともかく、仏教ではこのフィードバックループの考え方に関して特別な呼び名があるんだ。サンサーラと呼ばれている。基本的にそれは、巨大な、終わりのない悪循環のことなんだ。君が妻に怒鳴ると、上司は君を怒鳴り、君は上司に怒鳴り返す。そうすると、何度も何度も怒鳴り返す上司を見ることになる種を植えてしまう。その悪循環の輪はもう一周するってわけ。種のことを知っている私たちにとっては、この輪の話は周知の事実だよね」

「でも他の輪もたくさんあるんだよ。『3本目の花』はそのうちの1つにとても役立つんだ。例えば君が休暇旅行にノートパソコンを持って行って、ホテルのベッドでも、リーを無視してパソコンに夢中だとするよ…」

種を植えて人生における悪循環を断ち切ろう

テリーはすぐに理解したようでした。彼の顔は少し赤くなっています。

「…そして君は会社からのメールを読んで悪い知らせを知った。君の人生において大変な事態が起きて、リーのなぐさめを得ようとしたけれどかなわなかった。リーを無視してメールをチェックしていたことが、彼女が君を何週間も無視する種を植えてしまったことが、わかるよね」

「でも『3番目の花』は、その同じ種が、お互い無視し合う人々を君の周りにも創り出すと言っている。喫茶店にいた女の子たちのようにね。それはもう1つの悪循環だ。君は他の人たちが会話の途中でメールをチェックするのを見て、そうすることは構わないのだと思い始める」

「そして君はリーに対しても、他の人に対してもそうし始める。君がそうするたびに、お互いに無視し合う人々を創る種を創り出す。そして多分、君もそういう種からつくられたから、目の前にいる人を無視する。そして無視された人たちは、社会的に会話途中にメールをチェックすることはOKなんだと思ってしまい、すぐに世の中はお互い無視することが当然になり、長い間、無視を許容することを保証する種を創ってしまう。無視の文化を創ってしまうというわけ」

「『3番目の花』をひっくり返すこともできるよ。それこそが、君とリーの間に起きていることに取り組むために、君にトライしてほしいことなんだ。お互い無視し合う人々が周りに溢れているからといって、それを無意識に受け入れて自分も周りの人を無視しだすんじゃなくて、そうやって無視し合っている人たちに、上手にアプローチして、もっと暖かさを持って関わり合い、お互いに共感しながら話を聞くよう勧めてみるんだ」

「そうすることでもう1つの輪を産むよ。ポジティブな輪だ。その輪が、君の周りに違った世界を創り出す種を植える。会話中に電話やメールがきたときに、実際に目の前にいる人との会話がちゃんとおしまいになるまで、携帯をチェックするのを待つ、そんな世の中だよ」

「そうなったら、僕が心から助けを必要としているときに、リーは僕を支えてくれるようになるんだね」

テリーは微笑みます。

そう言いながらも、テリーの目は彼のノートパソコンのケースをちらちらと見ています。彼はメール中毒だということをよくわかっていますので、まあ、少し時間が必要なのでしょうね。

質問54

私はこれまで、とても健康的で、パートナーの彼とも行動的に過ごしてきました。それはベッドの中でも外でも同じです。自転車で一緒に出かけたりよくしたものです。でも最近、私は病気になり数週間の間ふせっていました。それなのに、彼は何の心配もせず、逆にまるで迷惑であるかのような態度だったので、本当に気分を害しました。彼にもう少し思いやりを持ってもらうためのカルマはどんなものでしょうか。

この質問を受けたのはアメリカ南西部に私たちが創った大学、ダイヤモンドマウンテンでのことです。サム（女性です）の表情から、彼女が深く悩んでいること、苦悶しているといっていいほど辛い状態であることがわかります。自分が病気のときにパートナーが何も心配してくれない、どんな気分かを聞いてもくれないなどというのは、人生において最もつらい状況の1つだと言えるかもしれません。

「ねえ、サム。君はペンのことはよく知っているよね?」（ところで、これは質問1で話しましたよね。なぜって…これは一番大事なことですから！）

「ええ」サムが答えます。

「ペンを目の前にあげたとき、人間はそれをペンだと見るし、犬はそれを噛むためのおもちゃだと見る。そのことは、ペンの概念が自分からきていることの証拠、つまりすべてのことは自分から起きていることの証」

「そうだね。それから5つの道（Five Paths）についても聞いたことはあるよね?」

サムは頷きます。

「ええ、気に入っている考え方の1つです。スピリチュアルな生き方を目指す人の道標ですよね。例えば、フェニックスからロサンジェルスまで運転しているときに、ずっと標識がありますよね、あと何キロで着きますっていう。

でも、スピリチュアルな道においては、そんなに簡単じゃないですよね。昔抱いた怒りの気持ちが何パーセント現在の自分に残っているかとか、1から10までのスケールで、自分は一体どれほど愛情深い人間なのか、悟りに到達するまでには、あとどのくらい修業が必要なのかとか、疑問はたくさん。私がこの5つの道の考え方が好きな理由は、自分がどこまで来て、あとどのくらい進めばいいのか、目安を与えてくれるからです」

「そう。じゃあ、この『5つの道』がどんなふうにペンの話に結びつくのか見ていこう。1つ目の道は何だったかな?」

サムは少しの間考えこみます。「『収集の道』と呼ばれる道です。基本的にはスピリチュアルな面で成長する期間のこと。3番目の道で起きる、大きな進歩、躍進のために充分な良い種を集めること」

「そうだね。でも、最初にその1番目の道に君を導くものは何だい?」

「5つの道のその部分も好きです。本当にそのとおりだと思います。古代チベット人によれば、初めに人をスピリチュアルな道に導くものは、人生における大きな災難だということですよね。愛する

人を亡くすとか、長い年月過ごしたパートナーとの別れだとか、本当に深刻な病気にかかっていると医師に告げられたとか、そう言う種類のこと。そういうことが人生の本当の目的や、人生を充実させる方法を考えさせるきっかけになるから」とサムは苦笑しながら答えます。

私たちは少しの間、黙っていました。サムがどうしてスピリチュアルな道に入ったのかを思い出していたのです。何年も前の母親の自殺です。サムはその思いを振り払って、会話に戻ります。

「次の道は？」と私。

「準備の道、2番目の道標です。誰かがあなたの人生に現れて、ペンのことを教えてくれます。ペンの概念はペンそのものからではなく、自分側から、自分の心から生まれるものだということ。それはつまり、どんな物事もすべて、そのもの自体ではあり得ないということ。少なくとも私たちがそれまで思い込んでいたような意味ではね」

「ああ、」サムは急に声を上げます。

「いままで気が付かなかったけど、1番目の道で良い種をたくさん植えようと働きかけると、つまりそれまでしたことがないくらい、人々の世話をすると、そのことがペンの概念について説明してくれる人を創り出してくれるのね」

私は思慮深くうなずこうとしました。でも正直に言うと、それまでそんなふうに考えたことはありませんでした。

人からの質問に答えようとするときに生まれた種は、自分自身の質問に相手が答えてくれるという形で花開くこともあるものです。

「それで、この準備の道っていうのはどんなものかな？」

「次に進むために必要な道です。大きな躍進、『究極の現実』とか、あるいは『神』とさえ呼べるような状態を観るという3番目の道のためのね。だから3番目の道は『観ることの道』と呼ばれているわけです」

「そうだね。これは宗教的な意味でなくても日常的な言葉でも表現できるよ。まあ、宗教的な言い方のほうが君にとってよければそれでもいいんだけどね。

『観ることの道』は1日かかるようなものでもない。最初の2つの道に到達するには何年もかかるかもしれないけどね」

「『観ることの道』には2つの部分がある。初めの部分が君が話していたことだよ。高次の場所と霊的に交わること。20分くらいのことだよ。その最中にはどのくらい時間が経ったのかもわからないだろうけどね」

「誰かがペンのことを教えるとき、犬が見るものと自分が見るものが違う、ということが大切な話のポイントでは実はないんだよ。もっと深く考えると、ポイントはペンがいつでもペンそのもの、ありのままで存在するということなんだ。自分が1人でいるとき、キッチンで椅子に座ってペンを見ている1人の人間にとっては、それがその瞬間にはペンであると言うことができる」

「でも犬がドアから入ってきてテーブルに近づくと、物事はちょっと複雑になってくる。小さな棒はペンでなくてはならないし、同時に噛むためのおもちゃでなくてはならない。専門的には…」

「この話、本当に聞きたい？」

私はサムがこの続きを聞きたくないのではないかと急に思い、尋ねます。

「変に謙遜しないでくださいよ、ゲシェ・マイケル」サムは笑います。

「誰だって核心に触れる部分を聞きたいし、それを理解したいんですよ。現実の生活に生かすことに役立ちますから」

私は怒られたような気がして、しばらく下を見ていました。

「わかった。専門的に言うと、そのキッチンでは同時に2つの現実が起こっていることになる。犬は人間の手に握られたおもちゃが存在する世界を経験している。それは犬にとって紛れもない現実。だってそのおもちゃを噛むことを考えただけで犬はよだれを出すし、実際本当に噛むことだってできるんだから。

もう1つの現実、人間としての現実では、その棒は本当にペンなんだ。手に取って、それを使って物を書くことができるからね。でも、もし犬を散歩に連れ出して、ペンをキッチンテーブルの上に残していくとする。そうすると、その時点ではどっちなんだろう？　ペンなのか、それとも噛むためのおもちゃなのか？」

サムは笑います。

「その答えは知ってますよ。あなたの講演で12回は聞きましたから。その時点では、ペンでも噛むためのおもちゃでもない。何ものでもない。何かになるのを待っている、何になってもいい状態。仏教で言うところの『空』、あるいは『潜在性』と呼んでもいいでしょう。もし犬がキッチンに戻ってきたら棒はおもちゃになる。もし人間が戻ってきたら、棒はペンになる。でも、そのものだけでは、ただ…何ものでもありえない」

「そうだね」と私は微笑みます。

「その考え方を忘れないで。『5つの道』の2番目で、ペンは自分たちから、心の中のカルマの種が芽吹いて小さな輝くイメージの中から出てきたものだと言う考え方に慣れましたね。他の人に優しくすることによって、先週植えた種が、ペンの考え方の理解につながったのだと。でも3番目の道、『観ることの道』は、もっと濃い内容だ。いいかい、サム、いまここで、この部屋の中で君の概念から来ていないものを1つ、指さしてほしい」

サムは手を上げて人差し指を伸ばし部屋を見回しましたが、急に笑って肩をすくめます。

「何にもありません。指させるものは何もない」

サムはそう言って満足げに笑います。

「いいね。じゃあ、そのことを覚えておいて。自分たちの周りに何も指さすものが、なかったということを覚えておくんだ。それが君が観ているものだよ。『5つの道』のもっと深い見方でね。それが究極の現実であり、神もそうであるのかもしれないね。何ものもそれ自身では何にもなり得ることはなく、それは正しい種によって初めて何かになり得るのだということ。キッチンにある棒がペンであるように、世の中は天国にもなり得るというわけ」

サムの瞳が興奮に輝くのが見えますが、その後また彼女は少し顔をしかめます。

「じゃあ、私の調子が悪いときにフィル（サムの夫）がやさしい愛情を示すようになるためにはどうしたらいいんでしょう?」

「ああ…そうだよね」私は少し口ごもりながら最初の質問に戻ります。「そうだね、いま話したのは最初に言ったように、『究極の現実』を『観ることの道』の前半の部分だよ。その20分が過ぎたら、その後の1日、他の驚くべきものを見始めるんだ。そこで目にすることの1つが、どれほど自分たちが利己的であるかということ。いかにいつも自分本位であったか。私たちがしたり、言ったりすることがすべて、どれほど利己心に満ちているのか。祈りを捧げるときでさえ、他の人の仕事を手伝っているときでさえ、他の誰かに種のことを説明しているときでさえも、いつでも利己的な想いに影響されている。どうしたら利己心から離れられるんだろう？　って思い始めるんだよ」

少なくとも20分の間、究極の現実に向き合わなくてはならない

私はそこで話をやめ、サムは思いをめぐらしながら天井を見上げました。

「じゃあ、この部分を前の部分とつなげることができると考えていいんでしょうか？　例えば神を見るとか、そういうことだけれど、その経験は自分が一体どんな人間なのか、自分の本質を観ることとつながってくるんですね？」

サムの洞察力に私はびっくりし、私たちはしばらく黙こみます。

「じゃあ、フィルのことだけど」とサムが私を急かしてきます。

「フィルのことについてはね、君が病気であることもわからず、何も助けてくれないというほど彼が利己的なとき、一体何が起きているのか理解しなくてはならない。君自身の心を観て、これほどまでの利己心を創ってしまった種が何なのかを明らかにしなくてはならない。フィルだけじゃなく、君自身、そして私たちあらゆる人間の利己心についてだよ。人で一杯のこの星全体。どうして私たちは自分のことばかりにかまけているんだろう？」

サムは少しずつ段階を踏んで理解しようとしています。

「もしいま言ったことがすべて本当なら、『3番目の道』、つまり『観ることの道』でどんなに自分たちの行為が自己本位か、やっと気が付くということですよね。そして3番目の道での本質は、私たちの周りには何1つ、私たちの心から来ていないものは何もない、ということだから…」

サムの瞳が光ります。

「世界がどこから成るのかを知ることが、利己的であるという病気から地球を救ってくれるのですね。それを知らないでいることが、利己心を見てしまう種を植えるということ。私が病気のときにフィルがまったく心配してくれないのは…」

サムの目を大きく見開きます。

「彼は私が生み出したもの、私だけの責任だということを私がちゃんと認めていないからですね?」

「どうしたらいいと思う?」私はすばやく尋ねます。

「そうですね。簡単なことだと思います。次にフィルが利己的だと思えるときに、私、1〜2分バスルームに行って考えてみます。利己的な彼をつくり出すのは自分が他の人に対して何をしてきたからか、考えてみるんです。それ自体が利己的な行為には思えなくても、利己心の根っことなるもの、自分の周りに利己心が現れる原因となるものですから」

私はサムをよく見て、もうちょっと先に進むことを決めました。

「いいね。プランができた!でも、もしもう一歩進みたいのなら…」

「準備はできています。」サムは嬉しそうに答えます。

「種を使ってフィルの利己心をなおす方法だよ。でも、さっき話したように、問題は相当大きいよ。世の中全体が利己的だから。世の中すべてが自己本位な興味によって動いているんだよ。どうしたらこの問題に対処できるだろう？」

サムはそれについて考えます。

「大きな教育キャンペーンはどうでしょう？　世界中を旅して、人々に、物事は何から起こっているのかを説いてまわるとか。世界中の皆が、物事はどこから起こっているのかに目覚めたら、利己心は過去のものとなるでしょう。良いことが起きてほしいなら、そのための種を植えなければならないし、良い種を植えるためには、自分が欲しいものを他の人に提供するしかないわけですから。それは利己心が完全にない状態」

彼女が言ったキャンペーンのことは、私が多くの年月を費やしてきたことだと、２人ともわかっていましたから、私は微笑みます。

「でもその一方で…」と彼女はいたずらっぽい微笑みを浮かびながら続けます。

「『3番目の花』のこと、種が周りの人々を創ることを考えたら、そのキャンペーンはもっとうまくいくと思いますよ。周りの世界から利己心を踏み消したければ、自分自身がいい見本となること。人生のあらゆる問題に種を使って対処して解決すれば、自然と周りの人に広がっていくはずですからね」

そう言うとサムは意味ありげに私を見ます。

「やってみるよ」と私は答えます。

私たちは立ち上がり、ドアに向かいはじめますが、「何か忘れてませんか?」とサム。私は何か忘れ物をしたかと思い、後ろを振り返ります。

「違う、違いますよ。」サムは笑って言葉を続けます。

「4番目の道と5番目の道について全然話さなかったですよね」

「ああ、そうだったね」私は歩きながら話します。

「4番目の道は、『慣れる道』それは単に、種の本質についての新しい考え方に慣れること、理解したその考え方を、怒り、嫉妬、欲望などといったネガティブな感情を永遠に取り去るのに使うということ」

「そういう感情は、無知な利己心に基づいているに違いないわね」

またしてもサムは物事のつながりをズバリと見抜きます。私は素晴らしいなと感心するばかりです。

「5番目の道は、もう道ではないのでしょうね。完全に利己的でなくなったときに到達する場所ですから。そこに行きつく頃には、人生に物事を起こすために種を使わないということはない、わけです」

私は頷きます。

「それは『学びの必要がない道』と呼ばれているよ。あるいは、単にニルヴァーナとも呼ばれる状態」

「それは良さそうですね」とサムも満足そうに頷きました。

質問55
結婚生活を振り返ってみると、妻はいつも僕のことを非難しているように感じます。不平不満、愚痴ばかりで、良いことは殆ど認めてもらえていない気がします。
もっと感謝の気持ちをもって高く評価してもらうには、どういったカルマが必要なんでしょうか。

これもパリで聞かれた質問です。でも誤解がないよう言っておきますが、私はパリ常連というわけではなく、熱狂的なファンなだけなのですよ。経済的にあまり意味がなかったとしても何だかんだ理由をつけてダイヤモンドの知恵のプログラムをパリで行なうのです。パリの優雅さや気品が自分にもちょっとでも移ってくれたらと思ってね。

それはともかく、質問に戻りましょう。モンマルトル地区のとあるバルコニーでマリー・エリースと彼女の旦那のジョージと一緒に、あずき色がかった金色に輝く夕日が淡い青空に沈んでいくのを見つめながら話をしていました。左下にはエッフェル塔を望んだその景色は、ハリウッド映画の完璧なパリの1シーンそのものでした。

「いつものごとく、『ペン』とダイヤモンドにすべて関わってくるんですよ。まずはダイヤモンドの話から始めようかな」

ジョージはいぶかしげな目を向けましたが、すぐに落ちついて耳を傾けます。

「そう、ニューヨークに設立した私たちのダイヤモンド会社が大きく成長した頃にはね、すごく業績が良い日には3000点ものジュエリーをつくっていたんです。取り扱っていたダイヤモンドの殆どはごく小さなものだったので、一点のジュエリーに平均10個ほどのダイヤモンドを使っていたとします」

「ということは、その日のオーダーをこなすためには3万個ものダイヤモンドを買う必要があったということです。ダイヤモンドは袋単位で取引されますから、完全に同じサイズのダイヤモンドを3万個手に入れようとするとしたら、その日には使わないダイヤを2万個ほど余分に仕入れないといけないことになります」

「ですから、5万個のダイヤモンドを今日買い入れないといけないということ。その5万ものダイヤを手に入れるには、1万個入りの袋（実際には「一組」と呼ばれるのですが）を5つの異なる仕入先から1つずつ買わなければいけないかもしれません」

「ただし問題は、すべて完全に色合いが同じのダイヤモンド1万個入りの袋なんてどんな業者もストックに置いていないんです。1つの指輪にいくつかのダイヤモンドを使う場合はすべて同じ色合いの石を使わないといけないので、使える1万個のダイヤモンドを手に入れるためには1万2千個のダイヤモンド入りの袋を注文しなければいけないことになります」

「その1万2千個の石のうち、欠けていたり、穴があいているもの、黒い点があるものなども多いので、さらに3千個ほど多く仕入れないといけないでしょう。ということは合計して1万5千個のダイヤモンドを5組仕入れることになります。それから、小ちゃなダイヤモンドを1つひとつつまみ上げて、色合いや透明度を見極めて選別しないといけません」

「ということは、その日のオーダーをこなすためには、高層ビルの1フロアいっぱいに人を集めて、宝石レンズと先が尖ったピンセットを手に7万5千ほどの小さいダイヤモンドを1つひとつ検証しないといけないということ」

これを聞いてマリーエリースは「モンデュ！（フランス語で『何てこと！』という意味）」と感嘆の声をあげます。

「それでは仮に、1組のダイヤモンドの中に含まれる品質基準外のダイヤモンドの数が全体の3分の1ぐらいだとします。仕入業者と交渉をするバイヤーは1組のサンプルを元に、何パーセントの品質基準外ダイヤモンドを拒否、返品できるか取り決めます。それからバイヤーは仕分け部門の監督者と話をし、3分の1の石、黄色っぽい色のものや黒い点が含まれていたり欠けている石を選別して除外するよう仕分けスタッフに指示してもらいます」

「大勢の選別スタッフが7万5千ものダイヤモンドの山を前に座り、ほぼ1日中かけて1つひとつの石をつまみ上げて検証し、2万5千ほどの石を除外します。そうして除外された2万5千個の石は別の紙包みに入れられ、仕入業者に返品されます。残りの5万個は在庫行きの紙包みに入れられ、そこから下の階の宝石工場に送られるんです」

「ただし時折、何時間も何千もの石を見続けて目がショボショボと疲れている人が、良品質のダイヤモンド包みを未選別の箱に間違えて戻してしまいます。監督者はこのすべて白く輝く欠けていない石の包みをまた選別スタッフに渡し、3分の1の石、黄ばんだものや欠けた石を取り除くよう指示します」

「そうすると、どうなると思いますか？」

ジョージは大げさに手を振りながら「それはもちろん！　選別スタッフは最初いくつかの石を見て即座にこの包みはすべて良品質のものだということに気づいて、監督者に間違えを指摘するでしょう？」

「そうじゃないんですよ」と私。

「選別スタッフは既に良品質の認定を受けたばかりのこの完璧な5万個のダイヤをすべてまた選別にかけて、3分の1の石を黄色がかってるとか欠けている、といって取り除いてしまうんです。この選ばれた石をまた選別にまわすと、同様に3分の1除外します」

マリーエリースは少々苛ついてきているのがわかります。多分心の中で「一体全体それがジョージの問題とどう関係あるの？」と感じているのかもしれません。

「そこで、我々ダイヤモンド会社ではこれに名前をつけて『相対化現象』と呼ぶことにしました。これと同様の考えは古代チベットの教典にも書かれています」

「どんなふうに書かれているんですか？」

「10人いる部屋に入ったとき、人は1時間以内にそのうちの3人を好み、他の3人を嫌い、残りの4人に対してはどちらでもないと感じます」

出会った10人のうち必ず3人は嫌いだと感じるのだから、問題はその人たちではない

「でも次に気に入った人だけを10人、他の部屋に集めて、同じ人をその部屋に入れた場合、先ほど好んだ人を3人また好み、先ほど好んだ人のうちの3人を気に入らないと言い、これまた先ほど好んだ人である残りの4人に対してはどちらでもないと思うのです」

マリーエリースが最初にその意味に気づきます。

「なるほどね。どんな部屋であろうと関係なく、部屋の中にいる10人をどう見るかは実は自分の内側から生まれるもの、だからこれはさっきのダイヤモンド選別と同じね。1袋のダイヤモンドのうち

3分の1が実際に劣っているんじゃなくて、どんな袋であってもその内3分の1は劣っていると選別者の頭の中で決めつけることで、全て問題なしと決めて選別したばかりのダイヤモンドでも3分の1は劣っていると見えてしまう」

「そう、いいね。パートナーとの日々の過ごし方でも同じことが言えるんだよ。相手のすることや言うことの3分の1に対してイライラする、不愉快だと見なす種をマインドに植え込んでいたら、もちろんそう感じ、それについて不満を訴えるでしょう、もっともらしい理由でね。でもある日突然、それまで不愉快だと感じていた言動を改めて、やめてくれたとしたら、次の日には他の何か不愉快なことを3分の1見つけるに違いありません。不満不平を言うのが間違っているというわけではありません。相手のすべての言動や態度の内33％は不満を漏らす価値があると正当な理由をもって信じているからです」

マリーエリースはそれを聞いて軽く自己満足の目線をジョージに送りますが、ジョージは食い下がりません。

「でも、じゃあなぜ妻は僕の33％をいらつくと感じ続けるんでしょう？」

「ああ！」私は笑顔で答えます。

「それは簡単なこと。彼女の言動の何％か、まあ5％くらい、は他の誰かをいらつかせる不愉快なものだからですよ。それが、君のやること成すことの33％を不愉快だと感じさせる種に成長したからなんです」

今度はジョージが奥さんに目線を送る番です。この話の流れの方向を早く変えなければ、「チーズキャセロール」の問題が起こってしまいます。

「チーズキャセロール」の問題は以前、若い同僚の1人から聞いた話にゆえんします。彼女が生まれたとき、彼女の母親はあるニューエージグループの一員でした（私はそのグループについて当時の様子を覚えていますが、そのときはまだほんの小さな赤ん坊だった子が立派に大人になったいま、その話をしているのを聞くと、自分が年をとったのを感じます）。

それはともかく、彼女の母親は、インドからやってきたグループのマスター（指導者）の家で料理の手伝いをしていたそうです。よくあることなのですが、弟子たちは皆ここぞとばかり、マスターの一番のお気に入り料理をつくろうと競いあっていました。

そんなある日、彼女の母親ができたてのホカホカのチーズキャセロールを手に階段を昇っていた際に、最後の段でつまずき、料理を丸ごと全部床に落としてしまったんです。

「それはあなたのカルマね！」とライバルの生徒が満足げに笑って言います。

すると、マスターはこの女性に近づき、足を持ち上げ、彼女の足の親指を踏みつけてから笑顔でこう言ったんですよ。「それは君のカルマだね！」とね。

ここでちょっと警告しますよ。カルマの種について学び始めてから、道を外れて『カルマのゲーム』に陥ってしまわないように注意しましょう。先ほどの話でジョージが奥さんに向かって言っていたこと（言葉に出す出さないに限らず、思考の中で）『君が僕の中に見いだすものは元々、君の中から出てくるものなんだから、すべて君の問題に過ぎなくて、改善を求める君の愚痴には耳を貸さなくてもいいんだ』といった考えがこの『カルマのゲーム』です」

マリーエリースだって「不満を正当化する問題がどんなときでも33％あるからよ」とジョージに応戦して同じゲームをプレーすることができます。

そこで、私はペンを取り出して2人の間に割り込みます。「この悪循環、負のフィードバックをどうしたら止めることができるかな？　すべて白いダイヤモンドの袋の中に含まれる黄色がかった石が何割あるのかという話と同じように、ジョージのする事なす事の33％が不愉快だとか、あるいは90％、10％が不愉快だというわけではないのです。問題は、マリーエリースが33％不愉快だと感じてしまう種を植えるのを止める方法を見つけないといけないということ」

「4本の花の最初の花を通してトライしてみたらどうでしょう？」と提案してみます。

「つまり、ジョージが私に対してすることを私自身が他の人にしないようにするということは、人を不愉快にするような言動をしないようにすごく気をつけることで、ジョージのすることにいらついてしまう原因の種を閉じ込める…」

「そのとおり。それは1つの方法ですね。他に何かできることがあるかな？　2本目の花はどうでしょう？」

「それは習慣の問題だ！」ジョージが声を上げます。

「33％は不愉快だと見始めると、他のものもすべて33％不愉快だと思い続けてしまう。本当にそうかどうかは別としてね」

本当にという言葉に私とマリーエリースはジョージをあきれ顔で見つめます。どうしてかはわかるでしょう？

「そうだね。すべてのものに対してそのうち33％は不愉快だと思わずにいられないのは自分のマインドの働きであることにまず気づいたら、他のものでその習慣に対抗しようとすればいいんです」

「どうやって？」とマリーエリース。

「ごく簡単なことですよ。子どもの頃、私は聖歌隊の一員だったんだけれども、指揮者の先生は優しいおじいちゃんタイプで、ヘンデルのメサイアみたいな古典を教えてくれたものです。でもそれだけじゃなくて、ジュディー・ガーランドを有名にしたあの歌も…」

「それってあの古い映画オズの魔法使いの主人公の女の子ね」とマリーエリースが笑います。

「そうそう、それは“Look for the Silver Lining”という歌で、ひどく感傷的なんだけれど、それと同時にとても意味が深いんです。歌詞のメインの一節はこんな感じ、日々のつまらない日課を楽にする物の見方を見つけたよ、だから何度も心の中で繰り返すんだ『希望の光を探してみようよ』ってね」

2人のぽかんとした顔に、フランス人向けに英語の表現について軽く説明が必要だってことに気づきます。

「どういうことかというとだね、嵐に見舞われて、空が不気味で真っ黒な雲に覆われていても、よくよく見れば、そんな真っ黒な雲の1つは背後に差し込む太陽の光によって金銀色に輝く光に縁取られているのに気づくだろう、ということ」

「ジョージに関しても、どんな状況下でも何かしら、とてつもなく素晴らしい部分を見いだせることができるはずということ。だから33%の黄色がかった石じゃなくて、67%の純粋な白いダイヤモンドに注意を集中する習慣をつけるべきなんです」

「種をまくアプローチらしくないですね…」とジョージは少し不満げです。

「前向きに物事を考えようというアプローチみたいに聞こえますけど。悪いことに対してどう対応していくか、じゃなくて、そもそも悪いことが起こらないようにしようとするんじゃなかったんですか？」少し考えてから答えます。

「そう、確かにそういうふうに聞こえますね。でも、ここで私が言いたいのは2本目の花のことなんですよ。パートナーの言動の何%かは不愉快に感じるということは既に決まっていて、たとえそうした不愉快に感じることを相手がしなくなったとしても、次の日までには他の何かを見つけて同じ割合で不愉快なことを見いだす。なぜってそうした割合の悪い種がマインドに植え付けられてしまっていますからね」

「でもどんなに関係がひどかった日でも、何かしらまだ魅力を感じる素敵な部分が残っているはず、だからこそ伴侶としてそもそも選んだのだから」

ジョージとマリーエリースはフランス人でなければできない仕草で切望のまなざしをお互いに送ります。既に良い方向に進んでいるようです。

「だから、自分のマインドをつかみなさい。それは野生の象を捕まえるみたいに暴れるかもしれない、そしたらそのつかんだマインドと少し格闘して、相手の素晴らしい点に注意を向けるよう仕向ける。そのときに感じている不愉快な点じゃなくてね。こうしたマインド内の格闘は『瞑想』という言葉が意味することそのものなんですよ。思考が行きたい方向に勝手にブラブラとさまようのではなく、自分が行きたい方向に思考を導く方法を学ぶのが瞑想ですから」

「もちろん最初の数日間はとても無理矢理なうわべだけの訓練に感じるかもしれません。相手の言動の3分の1にいらつく気持ちは相変わらず強くあるから、その気持ちにひっぱれがちになるでしょう。でもマイナス面を見るたびに、プラス面、希望の光を思い起こすきっかけとして

活用するようにするんです。ポジティブなことは沢山あるんですから」

「相手の良い点、好きな点に目を向けるだけで、その度に種が植えられるわけです。苛つきを感じるときに植えられる種の力よりも小さく弱いかもしれないけれど、2本目の花の法則にあるように、こうした弱い種でさえも習慣として開花するでしょう。こうした新しい習慣を繰りかえすことで数日後には、相手に対する苛つきの気持ちが毎回沸き起こるたびに、相手の良いところを探すという2番目の思考が自然と引き起こされます。そうした1つひとつの良い種は更に多くの良い種をまく習慣につながるというわけ。だから、相手の素晴らしさしか全く目に映らなかった付き合い始めの時期にすぐに戻ることができるんですよ」

この時点でもう既にジョージはマリーエリースの肩に腕をまわし、2人ともうっとりした目をしていましたが、マリーエリースには疑問が後1つ残っています。

「それはわかったけど、じゃあ苛つきの種も、もっとさらに苛ついて不愉快に思う習慣につながるんじゃないの？　なぜ、より強力な苛つきの種よりも弱い称賛の種のほうが強い習慣をつくり出すことになるのかしら？」

「それは真実に基づいているからですよ」私はそう言って立ち上がろうとしますが、ジョージに腕をつかまれ、また座らされます。

「それはどういう仕組みなのか教えてくださいよ」

「うん、それはね、チベット僧としての生涯のうちで最も感動的な瞬間の1つなんです。修行のため精力的な勉強や瞑想、論争に25年ほど費やした後、最後にとても大変な口頭試験を数週間かけて僧院の僧全員の前で受けないといけないんだけれども、私がいた僧院では当時1000人もの僧侶がいてね」

「その最終試験に合格すると、古代ギリシャ戦士のヘルメットみたいな、あのでっかい黄色いゲシェ帽をもらえるんです。最終試験の日には僧院の僧侶全員、小ちゃな子どもの僧でさえもこの帽子を渡される」

「全員がこの帽子をかぶり、25年間の修練最後の最終質問が問いかけられるんだけど、そこで訊かれる質問はいつも同じ」

「それで？　それは何て質問なの？」とマリーエリースが答えを促します。

「『全世界の苦しみに終わりはいつか来るんでしょうか？』ときかれるんです」

「で、その答えは？」とジョージ。

「答えは『はい！』それからその理由を訊ねられるんだけど、その答えもいつも同じ。『真実は偽りよりも強いから』とね。どういうことかと言うと、遅かれ早かれ、世界中の人が皆、自分が求めるものを得るためにはまずは他の人がそれを得る手助けをしなければならない事を理解するだろう。そうすると、決して上手くいかない偽りの利己主義に打ち勝つことができるだろう、ということ」

「それから全員がゲシェ帽をつかんで頭から外し、フリスビーみたいに宙に投げ飛ばしながら、声の限り叫んで祝う。すごくカッコイイでしょう？」

「すごくクール！」

質問56

もうかなりの間、私たちの結婚生活はうまくいっていなくて、月を重ねるごとに緊張はひどくなるばかりです。でも、私たち本当に愛し合っているし、何とかうまくいくようにしたいんです。プロのカウンセラーに頼ってみたらどうかなと考えているんですが、どう思いますか。

これはペルーのリマでのこと。荒波が打ち寄せる長い海岸線を見下ろす崖際を散歩しながら受けた質問です。エストレラと彼女の夫であるカルロスを両脇に私は歩いていたのですが、エストレラがこの話を切り出したときにカルロスの体が緊張するのがわかりました。

これは、こうした質問に対してよくあることです。長い間、これは2人にとって痛い問題であったことが明らかでした。

「でも、ほら」とっさにカルロスが口を挟みます。

「良いカウンセラーかどうかなんてわからないじゃないですか。僕がこれまで会ったカウンセラーの人は皆、自分の離婚を乗り越えたばかりなんて人ばかりだったし。ただお金だけ取られて、いま以上に関係がひどくなるなんて結果にならないって保証はないんじゃないかい？」

これは、私が『空の先生の魔法』と呼んでいることにつながってきます。4本の花の中でも非常に重要な1つである3本目の花についてまた話すよ

い機会でもあります。

「それじゃあ結婚カウンセラーを見つけようとするとしますよ。インターネットでとか、周りの人に訊いてみたり。でも問題は…カウンセラーは本当に見つけるものなのかな？」

カルロスとエストレラは既に近郊のパシフィコ大学での私の講義に何度も出席していたので、それに対する答えはわかっています。

「そうではないわね」とエストレラが答えます。

「見つけるための人は元々存在しないわけだから」

「それはどうしてかな？」

カルロスが引き継ぎます。

「自分自身から、自分のマインド（心）の中の種から生まれるものだから。オフィスの入り口で結婚カウンセラーが待っていて、そこにただ歩み寄って話し始めるってわけじゃない。オフィスにつながる廊下の端からみると、カウンセラーの小さなイメージがまず自分のマインドから出てくる。その廊下を歩いて入り口にたどりつく頃にはもっと大きなカウンセラーのイメージがマインドから飛び出してくるというわけ。廊下を歩いて近づくのは錯覚に過ぎなくて、本当はマインドが描き出すカウンセラーのイメージがどんどん大きくなっていって、気づいたら目の前に立って、握手するまで近づいているということ」

「ということは、結婚カウンセラーを見つけるわけではなくて、結婚カウンセラーを創るということかな？　パートナーを探すときと同じように」

「そのとおり」と2人揃って答えます。

「その人を創りだしたとして、じゃあその人が話す内容も君たちが創りだすのかな？」

「そうじゃないかしら」明らかにそのことについて考えこむ様子でエストレラが答えますが、すぐに眉間に軽くしわを寄せて続けます。

「結婚生活を助けてもらうために結婚カウンセラーに行くわけよね」

「そうだね」

「カウンセラーということは私たちに助言を与えてくれる人って意味なわけだから、私たち自身が知らないことを知っていなきゃだめよね」

「それもそのとおりだね」

ここでカルロスも問題に気づきます。

「じゃあ…カウンセラーや先生は自分の中から生まれるものだとしたら、どうしたら自分以上に知っている人を創ることができるんだろうか？」

「カルマの第2の法則」と私は答えます。

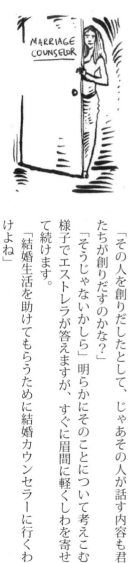

それを聞いてエストレラは思い出します。「種は常に、開く頃にはかなりの大きさに膨張するもの」

「そのとおり。だから例えば、先生を求めるための種をまくために、自分のスキルを使って同僚の人を助けるとするよ、コンピュータソフトの使い方とか、スマホのアプリの使い方を覚える手助けをしてあげるとかね。そうすることで植えた種はマインドの奥深い所でどんどん増幅して、最終的にパックリと割れて花を咲かすでしょう。先生だとか結婚カウンセラーという形でね」

「やっぱり、結婚カウンセラーに行くべきなのね」とエストレラは笑顔で結論づけます。

でも、カルロスは一歩先を行っています。「どうもそうする理由がわからないよ。だって、他の人に自分が知っていることを分かち合う努力の種が強ければ、それだけで自分の心の中で種が開いて、自分たち自身で関係を修復するために必要な理解が突然ひらめいたりするんじゃないのかな？　どうして結婚カウンセラーを通して戻って来ないといけないんですか？」

私はうなずいて答えます。「それはとてもよい質問だよ。これは『パターン』と『道具』という考えに関わってくるんだ。自分が知っているノウハウを他の人と分かち合うことで植える種は（予想以上の割合で）単に新しいアイデア、どうしたらパートナーとうまくやっていけるかという新しいひらめきとして頭の中に浮かび上がって戻ってくることはあり得るよ。でも、シェアする種の植え方に応じて、その種がどう開いてどう花咲くかには一定のパターンがよく見られるんだ。何か知りたいことを学ぼうとする状況では、先生など、他の人を介して戻ってくるというパターンがよくあるんだよ」

「先生は私たち自身が創るものであり、元々の種が大きく膨張することで自分1人では考えつくことができなかったアイデアを創りあげるというのも確かなのだけれどね、でも特にこのパターンはとても典型的なものだから、『道具』、つまり先生という手段を通して学ぶべきことが自分に帰ってくることが一番多いんだよ」

「この『道具』とはインターネットショッピングをしたときにお店から玄関に届くまで商品を運ぶ小包み、宅配システムのようなものだと考えてごらんなさい」

これに対してカルロスは微笑みながら答えます。「でも、種が花を咲かせる媒介となる先生、その『道具』自体も種から生まれてくるものですよね。」

「それもそのとおりだよ」私は認めます。

「そこで3本目の花が話にはいってくるんだ。どんな結婚カウンセラーでもよいというわけじゃない。有能な結婚カウンセラーを求めている。自分の周りの世界に現れて欲しい人を創る、これが3本目の花だよ。でもこの3本目の花には、そうした周りの人たちが私たちに語りかける言葉、つまり周りの世界から私たちの耳に入ってくる言葉も創りあげるということも含まれているんだ」

「つまりは、結婚カウンセラーが役に立つかどうかも私たち自身から生まれてくるものなんだね。これがいわゆる車と追加仕様のことだよ」

一瞬沈黙の後、エストレラが口をようやく開きます。

「えーっと、講義の中でそんな話あったかしら? 覚えていないわ」

そこで、私は説明するのに良い例がないか頭をひねります。「それじゃあ、例えば恋人がいない場合、パートナーを見つけるにはどうしたらよいのかな? もちろんダイヤモンドの知恵のやり方で」とまず問いかけます。

「見つけるわけじゃない、創るんでしょう?」とカルロスが答えます。

「そうだね」言葉を換えてもう一度問いかけます。「じゃあどうしたらパートナーを創れるのかな?」

「えーっと、まず種をまくんですよね。老人ホームに暮らすお年寄りの方を『迎え入れて』、2週間に一度や毎週のように定期的に訪ねていってあげることで。そばにいて話し相手になってあげることで、自分の人生にもそばにいてくれるパートナーを迎えるための種をまく」

「そのとおり。それが新車を注文するのと同じなんだよ。わかるかな? でもそれからどういう仕様にしたいのか選ばないといけないでしょう？　赤い車にするのか、青い車にするのか？どんなステレオシステムを搭載したいのか、ハンドフリー電話機能をつけるのか、などいろいろね」

「これはパートナーを選ぶときも同じ。3本目の花を使ってパートナーに求める性質をすべて自分で創りあげるんだ。誠実さだとか、繊細さ、頼りになる、とかね。こうした性質の1つひとつはそれぞれ独自の種をもっていて、単にベーシックなパートナー、ベーシックモデルの車を創りだす種とは異なるものなんだよ」

カルロスが自分たちの結婚生活に戻して話をつなげます。

「ということは、助言を与えてくれるカウンセラーを創るということと、良い助言を与えてくれるカウンセラーを創るということは全く違うということなんですね！」

「そのとおり。自分が持ってる知識を他の人とシェアする、知っているノウハウを職場の同僚に教えてあげる、たとえその結果、後々その人が自分の競争相手になることになってもね。それが先生を創るための種まきです。自分と同じくらい上手く仕事ができるようになるようしっかりと教えてあげるということが、良い助言を与えてくれる、有能な結婚カウンセラーを引き寄せるための種になるんだよ」

最後に、2人に問いかけます。

「それじゃあ、どうかな？　結婚カウンセラーに行くべきだと思うかい？」

それに対して2人同時に答えます。

「自分たちが植えたカウンセラーならよし、そうじゃなかったらダメ！」

よし。

FIDELITY

貞節

質問57
夫が浮気をしていたことが最近発覚したんです。ショックに打ちのめされて、どうしたらよいのかわかりません。
別れるべきなのか、それとも私のことを愛しているからもう浮気をしないという夫の言葉を信じて留まるべきなのか、どちらの選択をしたらよいのか、身を引き裂かれる思いです。

この質問、あるいはこれと同様の問題に対する質問は、残念ながら私が最もよく耳にする質問の1つです。これには様々な問題があげられますが、「4本の花」の話をしてきているので、その角度からこの質問を見ていきましょう。特に、これまで詳しく話す機会がまだなかった「4本目の花」に注目して話を進めていきたいと思います。
マレーシアからシンガポールに渡る経路に位置する都市ジョホールバル、その近郊にある小さなリゾートホテルでのこと。

リゾート敷地内の芝生を散歩していたときに聞かれた質問です。このリゾート地はシンガポールの人が多くビーチ休暇に訪れる場所で、私たちはその週末、人生の情熱を見つけるためのリトリートをそのリゾートで行っていました。

これはイエリンからでた質問でしたが、彼女の夫リーも近くのテラスレストランに座っている姿が見えました。この問題について相談していることは彼も承知しています。

「人生では、正念場を迎えるときがあるよ」と私は話し始めます。「これは、決定的瞬間、二股に分かれた人生の分岐点、その決断によってその後の人生を決める重要な瞬間だ」

「今がそういうときだって気がします」

「でも、それ以上にもっと重要な瞬間があるんだよ。それは人生最期の瞬間。そうした重要な最期の数分について考えてみたら、今後リーとどうしていったらよいのか見極めることができるようになるんじゃないかな」

「ちょっと不思議な考えだけど」とイエリン。

「でも、ワラにでもすがりたい気持ちだから、それ試してみるわ」

「よしじゃあ、4本の花のことは知っているよね?」

「ええ。去年シンガポールでの講義で聞きました。種が開いて人生に花となって割かせる4つの方法でしたよね」

「そのとおり。4本目の花について一緒に見ていこうか。リーと君が直面している分岐路をどう進んでいったら良いか決めるために、この4本目の花の考えをどう活用できるか考えてみよう」

「ええ、ぜひ！」

「4本目の花は他の花よりも多分理解が一番難しいかもしれないね。まずは最初から順を追って見ていこう。いまこの瞬間、この芝生の上を歩きながら、私たちは何か種をまいているのかな？」

「そうだと思うわ」とイエリン。

「だって、かなり深刻な問題を解決しようとしているわけだから。うまくいけば2人の人生これから何年も先に大きな違いをもたらすでしょう？　もちろんパワフルな種、良い種をいくつかまいているんだと思うわ」

「そうだね。じゃあ、この問題を話しながらここまで歩んだ最後の10歩の間に、いくつの種を植えたのかな？」

「えーっと、1秒間に65粒の種をまくのだから、1秒間に1歩だとして、既に600粒以上の種を植えたことになるわ」

「そのとおり。カルマの第2の法則によると、それらの種はマインドの『土壌』にある限り種が開いて花を咲かせるまで増え続ける。24時間毎に倍増し続けるんだよ」

「了解」とイエリン。

「それからその種が芽をだす準備が整ったとき、一瞬一瞬いくつの種が開くのかな？」

「それも65粒ですよね」とイエリンが答えます。

「人生は映画のフィルムのようなもの。毎秒65コマのスピードで種が開き続けるので、世界や時間が私たちの周りを動き続けているような錯覚が起こる」

「ということは…何か計算がおかしいと思わないかい？」

頷きながらイエリン「確かに、問題があるわね。毎秒65粒のスピードで種がつくられていて、さらにそうしてつくられた種は成熟するまで常に倍増し続けているけど、開くのは毎秒65粒だから、毎日何千もの余分な種が山積みになっていく計算になるわ」

「そのとおり。じゃあそうした余分な種はどうなるのかな？」

「そうね。カルマの第4の法則によると、種は一度植えられると消えることはないから、まいた種は1つ残らず永久にマインドに保存され、その後の人生の中で何らかの経験として花咲くまで必要であれば何年もマインドに留まる。でも、それでも問題は残るわ」

頭の中で計算をしながらイエリンは気づきます。

私もそれに同意して「そうだね。マインドには常に予備の種が多数溜まっていくことになるね。それじゃあ肉体という自動車が故障する、人生の最期にたどり着いたときにそうした種はどうなるんだろう？」

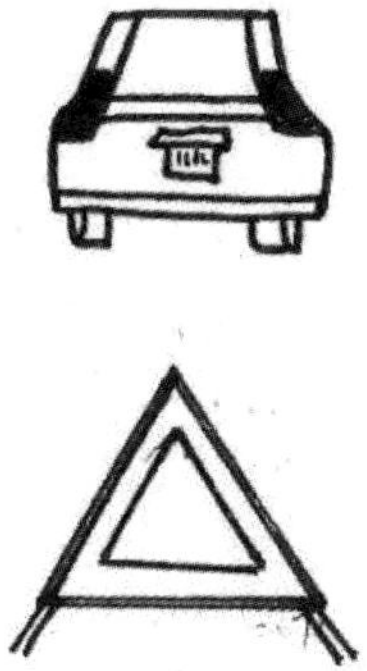

「肉体を自動車として捉える考え方は、以前話に出たからどういう意味かわかります。高速道路の脇に止まった車、明らかに何か問題があって、前に進むことができない様子。でも、道路の脇に止まった車を見たときに、中にいる運転手の人が死んだんだな、なんて誰も思わないでしょう？　車が動かないからといって、運転手も動けないってことにはつながらない」

車が壊れたからといって、運転手が死んでしまったというわけではない。

「そのとおり。つまり肉体は壊れて、止まってしまっても、それは必ずしもマインドの状態に直結するものではないということ。唇の動きや手の動きを通して意思伝達ができなくなったからといって、マインドの働きまでも止まってしまったとは限らない。故障した車に閉じ込められた運転手のように、壊れた肉体の中に生きたマインドが閉じ込められているかもしれないね」

「それじゃあ、その時点で種はどうなるのかな?」

「そうね、それは4本の花の考え方のうちで一番興味深い部分だと思う。4本目の花がまさにこの瞬間を説明しているわ。破壊することのできない予備の種を、一生かけてマインド内の貯蔵室にため続けてきた。肉体が働かなくなってもそれらが消え去ることはなく、そこに留まり、開き続けて、新しい世界を未来になげかけるというわけ」と、イエリン。

「例えば、それはどういうこと?」

「前回観た映画みたいに、映写室に映画全部があって、そのうちの少しずつを瞬間瞬間スクリーンに送り出していると思いがちだけど、本当は種はいつも通り毎秒65粒ずつマインドの中で開いていて、庭の踏み石みたいに映画のシーンを数分、次々と送り出しているだけ」

ここでイエリンが話しているのは、私がチベット僧の先生と同じ屋根の下に住みこみで学んでいた25年の経験から例としてよく話に出す内容の1つです。

先生と暮らしていたときですら長年の間、身につけるべき知識はすべて、先生の部屋の壁を埋め尽くしているチベット古代から伝わる教典の中にあるのだと私は信じきっていました。

ですから、できる限り時間を見つけてはそうした教典に顔を埋めていたものです。そうして落ちついて読もうとしているときに、台所から先生によく呼ばれました。

「マイク！　ちょっとこっちに来て手伝ってくれないか？」なんてね。

もちろん、決していつも「ちょっと」なんてことはなくって、大抵1時間であったり、時には1日中だったりしました。ある日のこと、リンポチェ師は敷石の通り道を庭につくりたいと思いついたのです。

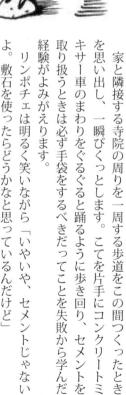

玄関先のポーチに立ち、庭を指差して、「マイク、観てごらんよ。雨が降る度に（私たちが住んでいた地域ではほぼ常に雨が降っていました）芝生の上を歩かないといけなくて、足が泥でぐちょぐちょになるだろう？　車道まで小道があったらよいと思わないかい？」

家と隣接する寺院の周りを一周する歩道をこの間つくったときを思い出し、一瞬びくっとします。こてを片手にコンクリートミキサー車のまわりをぐるぐると踊るように歩き回り、セメントを取り扱うときは必ず手袋をするべきだってことを失敗から学んだ経験がよみがえります。

リンポチェは明るく笑いながら「いやいや、セメントじゃないよ。敷石を使ったらどうかなと思っているんだけど」

なるほど、それならまあ悪くないな。20個くらい敷石を買って、玄関先からドライブウェイまでの芝生にドシンっと置けばよいだけだから、すぐに仕事を終わらせてチベット教典にまた没頭できるはず。そこで先生からどんな色あい、どんな種類の石がよいか希望を細かく聞いた後、ガーデンショップに向かいます。

1時間も経たないうちに最初の敷石を手に玄関先に立ち、階段の先の芝生に向かって敷石を投げ落とします。

次に、その敷石に足を踏み出し、2番目の石を芝生に落とします。10分もしないうちに車道までたどり着き、新しくできた敷石の小道を満足げに見つめました。それじゃ後は同じ石の小道を戻って、台所のドアを通って自分の部屋に戻り、敷石がどうしても欲しいとリンポチェが突然言い出す前に読んでいた15世紀の本の世界にまた没頭できると思っていたんです。

実際、でき上がった敷石に玄関先から足を踏み出す先生の姿が見えました。石をつたって芝生を横断せず、最初の石の所で立ち止まっています。片足ずつ体重を左右に移動させ、少し眉間にしわを寄せながら下を見つめています。

先生とはもう何年も一緒に過ごしてきたので、大抵先生の考えていることはお見通しです。

「リンポチェ師、何か問題ですか?」

「いやマイク、この石、前後にぐらぐらするよ。テレビで見たことがあるんだけど、イタリアに関する番組で、職人さんは敷石がぐらぐらしないようにその下に砂を敷いていたな」と言い、期待げな目を私に向けます。

そこで、私は他に何も言わずに家の中に戻り、砂利の販売会社に電話をし、砂を注文したんですよ。

そんなかんだで、経典を恋いこがれながら、小道づくりに1日の大部分が消え去っていきます。敷石をひっくり返し、砂を下に敷いて、また敷石を1つひとつ置いていく作業。石の上に立って、砂を平にしてから次の石を落とし、その上に足を踏み入れる、するとちょっとグラグラ、リンポチェはしかめっ面、石をもう一度持ち上げ、石の輪郭に合わせて砂を調節。リンポチェ基準に達成するには1つの石につき30分くらいかかります。

ようやく終わりに近づき、紛れもない充実感につつまれながら最後の敷石を踏んで車道にだどり付きます。仕事をきちんとこなすのはとてもよいことだ、でもこれでやっと読書に戻ることができると思ったのですが、既に夕暮れ時、リンポチェ師の夕飯をつくる時間帯です。でも、後で静かに勉強出来る時間がとれるだろうから、まあよいかとそのときは思ったんです。

暗く影が落ちる玄関先にリンポチェ師が現れ、最初の敷石に足を踏み入れます。左右に体重を移動させてから満足そうに笑顔を浮かべ「グラグラしないぞ！」と庭の反対側にいる私に向かって叫びます。

でも、今度は前かがみになって石をじっくり見つめています。石から踏み降りてしゃがみこみ、ゴルファーがショットの角度を見極めようとしているかのように横から覗き込みます。

「おい、マイク！」と呼びかけるリンポチェの声に私は明日の過ごし方について嫌な予感がします。

最初の敷石を指しながら、「大問題だよ！」とリンポチェ。

私は不満の声を抑えながら、「リンポチェ師、何でしょう？」

「砂によって石が盛り上がっているよ！」

「それは、そうですね。リンポチェ」

ラマに対して接している際に苛つきを見せるのはチベットの伝統ではとても悪いマナーなので、苛立ちをこらえます。

「この部分の芝生を刈るときに芝刈り機の刃が石にあたってしまうじゃないか」

私は体を乗り出して、石を見ます。もちろんいつものごとく、先生は全くもって正しいのです。

「それじゃあ明日の朝、もう少し深く掘ってからまた砂を敷いてやり直すように」と言い放ちます。

ラマの言葉は絶対ですので、次の日の朝、言われた通りにそうしました。こうしたやり取りが、4日ほど続いたと思います。あの芝生を100回くらい行き来したに違いありません。敷石に乗って、次の石を落とし、位置を調節し、また次の石にとりかかって、というように作業を繰り返しました。

そうしているうちに、あるときふと気づいたんです、リンポチェと私の間のやり取りの多くがそうであるように、この作業もまた、学びの1つなのだと。人生は敷石を1つ敷いて、足を踏み出し、次の石をまた敷いていく、その繰り返しであるということ。種がマインドの中で成熟し、次に訪れる瞬間を私たちの目の前に投げかけてくれる。そこに足を踏み入れるんです。

その次の瞬間に私たちの周りを取り巻く環境や人に向かってね。その瞬間また新たな種が成熟して、人生の次の瞬間を目の前に投げ出してくれます。イエリンが出した高速道路で故障した車の話はこの考え方に基づいています。

「じゃあ、肉体が死んだ後、車が故障した後も、種は開き続けるのかな?」と私は問いかけます。

イエリンは一瞬考え込んでから

「その時点までにはもう何百万もの種がマインドの中に溜まってきていて、それらの種は決して消え去ることはない、ということはさっきの話でわかったわ…それにその種は遅かれ早かれいずれは成熟して花咲き、私たちを取り巻く周りの世界を創りだすのよね。だけど…」

イエリンに何かひらめきの光が差し込み、エキサイティングな発見したときの顔つきに変わります。

「マインドの中の種はいかなる瞬間にも開いて、私たちを取り巻く環境や人をつくり出すのは周知の通りだけど、じゃあそうした場所や人を見るために必要なこのマインド自体は何によってつくられるのかしら？」

私はこうした質問が出たときのために、常にポケットにペンを用意しています。ペンを取り出し、目の前で揺らしてから、口を大きく開けてかじる振りをします。

「ああ」とイエリン。

「マインドも種から生まれてくるのね」

私はうなずいて同意します。

「ということは、肉体が死んだ後も、マインドの中の種は…マインドの次の瞬間を投げかける…『私』の次の瞬間が生まれる…」

私はこれにまた頷きます。

「そこからまた予備の種が開き続けて、マインドは新しいもの、新しい場所、新しい人、新しい世界を見始める」

もう一度頷き、「それが4本目の花だよ」と答えます。

イエリンの思考をうまく必要な方向に導くことができたので、彼女からの次の質問を待ちます。

「それで…じゃあそれが浮気をしたリーと別れるべきか、それとも続けるべきか、もう二度としないという彼の言葉を信じるべきかの問題にどう関係するの？」

「なぜ彼の浮気に君は直面しているのかな？」

その質問にイエリンは顔を赤らめて答えます。

「それは、彼が浮気をするという種が私のマインドの中で開いたから。ということは、その種を私が植えたことになる。ということは、過去に私自身が誰かを裏切って浮気をしたことになる」

「でも、そんなことしてないわ！」

「カルマの第2の法則は何だったかな？」

「種は倍増する…ああ！」そこで何かを思い出します。

「単にメールを何度かやり取りしただけなのよ、本当にそれ以上何にもなかったけど」

「種はそこから成長したのね」ため息をつくイエリン。

「じゃあこれからどうしたらよいんでしょう？」

「できることは沢山あるよ。種をきれいにする、他の人が関係を修復するためのお手伝いをする。でも更に深くつきつめて考えてみようか。君がいま求めていることは、数週間、数か月後にどうなるかを知りたい、ということでしょう。いま、君は結婚生活の岐路に立っている。どっちにも転びかねない分岐点。約束を守ってもう浮気はしないかもしれないし、もしかしたらまたするかもしれない。絶対に守るっていう保証が欲しいんだよね」

「こうした人生の瞬間は、これまで話をしていた人生最期の瞬間にとても似ているんだよ。死の瞬間、これもまた特別な瞬間、人生の岐路。マインド内に溜まった何百万もの予備の種が特に強い影響をもたらす瞬間。その内の1つが最期の決断の瞬間にパックリ開いて、次に生まれる世界、どんな人に囲まれるか、どんな体をもってその新しい世界に足を踏み出すのかを決定するんだ」

「この瞬間には非常に高い注意を払うべきだと古代から伝わる経典に記されているよ。なぜなら、肉体が壊れる最期の瞬間に開くマインド内の種は、現世の瞬間瞬間を決める種よりも強く、来世の人生全体を左右するものだからね。この重要な瞬間に、悪い種が開くのを許すことはできない、いいえ、決して許してはいけないんだよ」

「私のいまの状況も同じ」とイエリンはその意味を理解して答えます。

「リーとの関係においてとても重要な瞬間に立っているから、彼の浮気にまた直面してしまうような種が開くのをどうしても防がないとだめなのね。そうなったらもう完全にお終いだもの」

「そうだね」と私は同意し、最後の質問を待ちます。その疑問が解決すればすべてうまくおさまるはず。

「もしも、マインド内の倉庫に貯まった何百万個の種のうち、また彼が浮気する状況につながる種が既にいくつかあったとした…それらの種が開かないようにするための方法が何かないんですか?」

「やっと正しい質問にたどり着いたね」と笑顔で答えます。

「君は新しい人生、旦那さんとの新しい人生のチャプターの出発点に立っていて、だから決して悪い種が開かないようにしたい」

「既に存在する種は破壊することはできない、というカルマの種の原則は知ってのとおり。じゃあ、浮気をする旦那をつくり出す種の力を奪うためにできる何か特別なことはないんだろうか? と思っているんだよね?」

イエリンは希望に満ちた目で頷きます。

「そのための方法はあるよ。古代経典が『種を焦がす』と呼んでいる方法。うちの家に訪れる野鳥にあげているニガー種子のようなものだと私は考えているんだけどね」

「聞いたことのない種だわ」

「インドからアメリカに輸入されている特別な種だよ。イエローフィンチの大好物なんだ。ただし問題は、その種子は成長するとひどい雑草アザミの茂みになってしまう。だからアメリカに輸入される際には芽が出ないように特別な殺菌処理を行わないといけないという法律があるんだ。種の形はそのまま、鳥が食べても問題なく美味しさもそのまま、でも万が一、土に落ちて芽を生やし、庭全体に茂みが広がってしまうなんてことがないようにね」

「君が既に持っている、旦那が浮気する種にもそれと同様に、殺菌しようというわけ」

「わかったわ」と決意固く答えるイエリン。

「どうすればいいか教えて」

何だか脳の手術みたいなすごく劇的なことをしなきゃいけないと思っているようです。

「人生を変えるような決断の瞬間、残りの人生全体に影響をもたらすような結婚生活の岐路、さらには次に踏み入れる新しい世界のための種が選ばれる死の瞬間、それらの重要な瞬間に、悪い種が決して開かないようにするための特別な方法が1つある」

「それはただ単に、自分を取り巻く環境や人、出来事は自分のマインド内の種から生まれるものだということを、毎日できるかぎり多く何度も考えるということ。かなり変わった考えだけど、よくよく熟知してみると、なるほど当たり前って納得できることかもしれないよ」

「悪い種を殺菌する方法、旦那の浮気に二度と直面しないようにする方法、それは単に、1日に何度も立ち止まり、自分を取り巻くすべてのものは元々自分の中から生まれてきたものだということについて考えるということ」

「今朝昇った朝日は、周りの人の人生に幸せや光をもたらそうという努力の種から生まれてきたもの。今朝食べた朝食は、他の人が十分食べれるよう手助けをすることで植えた種から生まれてきたもの。こうした文章を読むことができるための目は、他の人が人生に必要なことを理解し、見ることができるよう手助けをすることで植えた種から生まれてきたもの」

「ですから、旦那さんの浮気を止めるのは、1日に何度も立ち止まって、喜びや感謝、思いやりの気持ちを絶えず思い起こすということ」

イエリンはその真実味、正しさを感じたのでしょう。この先どうするかを考えて彼女の目はキラキラ光っています。

SELFISHNESS

身勝手さ

質問58
会話の際に特に顕著なんですが、それだけじゃなくて一緒に何かをするときはいつも、僕の彼女は自分のことにばかり没頭して身勝手で、僕が何を求めているかとか何を必要としているかを全く気にかけていないようなのです。
どうしたらたまには他の人のことを考えるようになってもらえるんでしょうか。

メキシコシティにあるソウマヤ美術館隣接の劇場入り口にある、ちょっとした白いアルコーブ空間(壁のくぼみを利用した空間)に座って、ダイヤモンドの知恵のメキシコ支部のスタッフと話をしていたときのことです。
ソウマヤは亡き妻のためにと実業家カルロス・スリムによって最近建てられた新しい美術館です。素晴らしいロダンのコレクションを誇っています。余談ですが、スリム氏は現在、ウォーレン・バフェット氏やビル・ゲイツ氏を超えて世界一のお金持ちであるとされています。

道

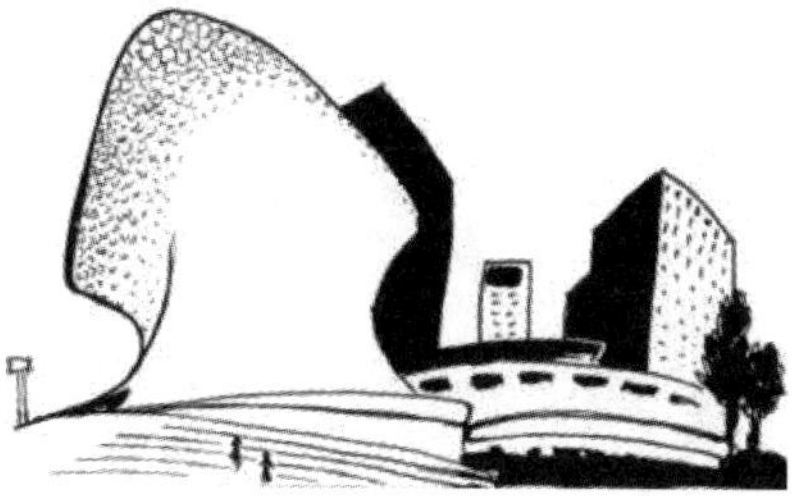

この劇場でイブニングトークをそろそろ始めようかというときに、ロドリゴが私に質問を投げかけます。

これと同じような質問に対しては、これまで本書の中でもいくつか対応法を取り上げてきたけれども、今回は道（タオとも呼ばれる）の観点から見ていこうと思います。

「私だったら、彼女にタオについて考えてもらうようにするね」

「タオですか、聞いたことがありますが、どういうことなのかははっきりと思い出せません」

「道（みち）を意味する中国語だけれども、中国古代の書物「道徳経」(Tao Te Ching あるいは Dao De Jing と英語では記載される）の中で特別な意味をもつ言葉なんだよ。経 (Jing) は「古代から伝わる知恵の書」という意味、徳 (de) はそのまま、徳、美徳という意味。だから徳が生きる道になるという考え方なんだ」

「いいですね」とロドリゴ。

「でも、このタオがどうフェルナンダの身勝手さを直すのにつながるんですか？」

「そう、じゃあヘビとロープの話から始めようか。」

「その話は知っていますよ。アリゾナの庭を夕方散策しているとき、ふと足元を見たらガラガラヘビが目の前にいる。飛び上がって声を上げるけど、それはただの古いロープだったことに気づいて、落ちつくけれど、勘違いしてそこまで興奮して反応した自分に少し馬鹿らしく感じてしまう、という話でしたよね」

「そう。要するに、最初から現実は自分が思い込んでいたものとは違っていた、ということ。さらにはその現実に気づかないことで、悪い結果につながることもある。例えば、ガラガラヘビ（じゃないもの）をよけようとして飛び跳ねたときに、足がよろついて転んでしまうかもしれない」

「身勝手であることも同じ基本的な間違えなんだよ。上手くいくわけがないんだ、なぜって、現実は全くそうではないのにも関わらず、ある決まった方法で世界が動いていると思い込んでしまっているわけだからね。自己中心な態度は、世界本来の動き方に逆らっている、つまりタオ（道）に逆らっていることになるのだから」

身勝手さは決してうまくいかない

「タオに逆おうとすると、必ず失敗に終わるんだ。普通に物事を考える力がある人なら誰でもわかるから、自分勝手であることで自分自身を傷つける結果になることをフェルナンダにも教えてあげれば、自ら止めるはず」「どうやってタオを彼女に教えればいいんでしょう？」とロドリゴ。

「チベットではそれに関する素晴らしい言い回しがあるんだよ」

あらゆる生き物、命の1つひとつを常に慈しみ大切にしよう
—究極のゴールにたどり着くには、あらゆる願い事を叶えて

くれる宝石よりも大事なものなのだから

「この宝石とは古代インドに伝わる伝説の宝石のことを言っていて、アラジンのランプみたいに、宝石に願い事を頼むと、すぐに叶えて与えてくれると言われているもの」

「自分を取り巻く周りの人に関しても同じこと。他の人の求めることや必要としていることを無視して自分勝手に振る舞うと、種を植えるための土壌がないから、何をしても上手くいかない」

「種についてフェルナンダに教えてあげなさい。これがタオ、徳の道。ここでいう『徳』とは単に他の人に優しく接するということ、他の人が必要とすることにできるだけ気づいて、得られるよう手助けをしてあげるということ。そうすれば、自分が望むものすべてを得るための種を植えることになるのだから」

ロドリゴはもっと話を求めるような顔つきで私に目線を送りますが、マイルズ・デイヴィスがかつて言ったように「少ないほうがより効果的」ですから、私はそこで切り上げ、立ち上がり、劇場に向かったのです。

FOOD & WEIGHT

食べ物と体重

質問59
夫は料理を全く手伝ってくれなくて、夕食を1人で済ましてもらうと、テレビの前でポテトチップを一袋食べて終わり。
夫が料理に興味をもって、私と一緒に美味しい食事を食卓に座って味わうようになるような種はどうやって植えたらよいのでしょうか。

ウィルシャー通りとI－405号線の近くでのビジネス講演会のためロサンゼルスを訪れていたときのことです。講演会参加者の6、7人が集まり、ヴェニスビーチにある素敵な邸宅でプライベートディナーが開催されました。

ディナーの後コーヒーをいれて、家のほぼ前面に広がる大きな窓からビーチを見下ろしながらくつろいでいたときにこの質問が話にあがりました。

夫ウィリアムは妻のローリーが彼の食習慣を非難するような質問をしたことに少々気分を害してい

るように見えます。２人の仲を取り持つような答えを見つけなくては！

「これについては、これまで沢山考えてきましたよ。私自身も同じような癖があるんでね。１日中間食ばかりするのに気づいて、たまにふと立ち止まって、本当にお腹が空いているのか自分に確認するんです」

「そうすると、大抵の場合、お腹は空いていないことに気づきます。そこで、じゃあなぜいま食べてしまっているのかを自分に問いかけます。単なる神経症的な習癖なんですよ。足で床をコツコツとしたり、数分前にチェックしたばかりなのにメールをまたチェックせずにいられなかったりするようにね。特別何か不安やストレスを抱えているというわけではないけれど、ただ何かをしていないと落ちつかないんです。だから冷蔵庫を開けて、ほぼ無造作に何かを取り出して食べてしまう」

「でも、それと正反対のときもあって、ヘルシーな野菜サラダを遅めの昼食に取ってからは満足して冷蔵庫のことは全く頭に浮かばないときだってある」

「そこで、この満足したマインドの状態を特定できるようになりました。そこにあるときと、ないときの違いがわかるようになったのです。それで気づいたのは、これはただ時折ランダムに起こる状態ではなく、真の瞑想状態だということ。これを私は『瞑想の心』と呼び始めます。これは食べ物に関する問題の多くを解決してくれるとても実践的な方法だと思います」

ウィリアムの耳がピンと反応します。自分の家族の食習慣の話には別に興味はないけれど、瞑想に対しては好奇心旺盛です。

「その…『瞑想の心』というのはどんなものなんですか？　どうやったら手に入れられるんでしょう？」とウィリアム。

「瞑想の全行程を、車の運転を学ぶときにたとえて考えてみましょう。ただし、この際は車がマインド、心だとしてね」と私。

「いいですか。チベット僧院で勉学に励んでいたときのある日、私の先生の1人がガンデン僧院に行こうと思い立ちました。当時の交通事情では、その僧院までの道のりは車で12時間ほど、緑豊かな田舎道だけじゃなくて、インドの田舎町の人や牛、ブタでごった返した道も通らなくてはいけませんでした」

「その頃の僧院には、おんぼろのヒンドゥスタン・アンバサダーが一台あるのみ。この車は1950年後半に英国車をモデルにつくられて、それ以降全くモデルチェンジしていないというインドの代表的な車で、私がインドで過ごした長年の間、そこで買える唯一の車だったんですよ」

「それはともかく、10代の若い僧の1人に特に手に負えないいたずら好きな男の子がいたんですが、私が所属する僧侶の集まりのトップにいる長老たちは、この子が生まれたのと同時期に亡くなった有名なラマの生まれ変わりだと決めました。ですから、宗教学者にさせようとしばらく無理強いしたんですが、本人は全く興味がなく、最終的には、僧院の車の運転を習うことで何とかそうしたプレッシャーから逃れることができたんです。僧院の運転手というのも同じくらい名誉の

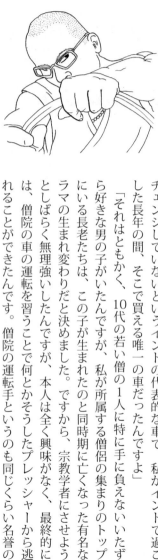

ある仕事ですから」

「というわけで、彼が運転をし始めます。運転をするという行為自体、特に標識なんてほとんどない国ですから恐ろしいんです。あるときなんてバンガロール空港に行こうとして、どうしようもなく迷って、トウモロコシ畑のど真ん中の泥にはまって抜けれなくなったこともありました。でも、先生はさらに、付き人のナワンも運転を覚えるべきだと言い始めたので、2人が運転席を交代します。数分以内に、ナワンが特別な空間感覚を持っていることに私たちは気づきます。運転の仕方を教えている僧のほうを向く度に、上半身、腕と手も一緒に動かすんです。ということは、道路脇の溝に向かって一直線を数秒ごとに繰り返し、車の中の私たちは皆、恐怖で悲鳴をあげたというわけ」

ローリーは、コーヒーの準備をしているリビングの脇からこちらを見つめています。お砂糖を混ぜながら、この話がウィリアムのポテトチップ大食いにどう関係があるんだろうと思っているに違いありません。

「そう、瞑想の話でしたね。わかるかな、瞑想もこの話のようにインドのデコボコ道を、両脇の溝に落ちないように運転するようなものなんですよ」

「それはどういうことでしょう?」とウィリアム。

「瞑想とは、普段の生活で私たちの殆どが陥っている2つの心の状態の間を上手く擦り抜けて真ん中の道を進むことだと定義することができるでしょう。これら2つの心の状態が、『瞑想の心』を台無しにしてしまう。瞑想の心が不在だと、何気に冷蔵庫を開けて食べてしまう。これはお腹が空いているからじゃなくて、根本的なところでマインドが少し神経質であったり、飽きてしまっているからなんです」

「こうした2つの溝に陥らずに心をキープできると、瞑想の心を得ることができる。そうすると幸せ、満足感、明晰さを感じることができるというわけ。マインドの状態がクリアで明晰だと、食べ物に対しての関わり方が変わってきます。何も考えずにポテトチップの袋を歯で裂き開こうなんて気にはならないはずです」

「そうする代わりに」と言いながら私はローリーに意味ありげな目線を送ります。

「美味しい食事をつくったり、味わうことに心を集中することを瞑想のようなものと感じ始めるかもしれませんよ。2人が一緒につくるのを楽しめるようなレシピを厳選して、新鮮な材料を求めて食料品店の野菜コーナーをじっくり見たり、台所で肩と肩を合わせながら愛情あふれる沈黙の中、一緒に料理をしたりね」

瞑想の敵は、忙しいマインドと死んだマインド

「でも、そこにたどり着くためには瞑想の心を得ないといけない、そしてその心を得るためには2つの溝を避けなければいけない。さらにそのためにはその2つの溝とは何なのかを知り、自分の頭の中でそれらを認識できるようにならなければいけないのです」

「それで、最初の溝とは何でしょう?」とウィリアム。

「最初の溝は『忙しいマインド』と言えるでしょう。『忙しいマインド』は誰しもが持っているものですが、残念なことにそれに気づいていないことが多いのです。たとえ気づいていたとしても、たい

して問題ではないだろうと思うかもしれません。携帯電話やゲーム、携帯メール、ネットサーフィン、分刻みで変わる最新ヒット曲など、数々の新しい電子娯楽の到来によって、昔からある忙しいマインドの問題はこれまでの100倍もひどくなっていると言えるでしょう」

「忙しいマインドは落ち着きがありません。朝ご飯を食べようと食卓につきますが、他にしなくちゃならないことをふと思い出します。携帯電話を取り出して、誰かに携帯メールを打ち始め、メールの合間にちょこっと一口シリアルを食べる。携帯メールを打ちながら、新しいeメールが来てないかチェックしようと思い立って、トーストを片手にリビングを通り抜けコンピュータに向かいます」

「メールをチェックしようとノートパソコンを開けると、『今年の映画ワースト10』というニュースフィードがポップアップ。そこで元々知る必要もなかった情報を律儀に読んでしまう。30分後には忘れてしまうようなことなんですけどね」

「じゃあ、この忙しいマインドはどこでつけが回ってくるのでしょうか。次第に何事にも集中する能力が失われていき、インターネットを通して多くの情報を手に入れ、他の人ともっと『つながっている』と思い込みますが、本当は人と（あるいはこの話の場合、口にする食べ物と）意味深い関わりをもつ能力を失いつつあるだけなんです」

「食べ物を味わう能力を失い、何が体にいいもので何が体に悪いものなのかを識別する能力を失い、すべて同じ味に思えてきてしまうのです。こうして徐々に体、健康を蝕んでいくのです」

「集中力を失ったり、他の人と意味深い関わりをもつ能力を失うと、人生の他の部分も避け始めます。チャレンジに対して元気いっぱいに断固たる決意をもって立ち向かうのではなく、人生から引きこもりがちになるのです。そうして忙しいマインドで過ごし続けると、死んだマインドに陥ります。これが避けるべき2番目の溝です」

「死んだマインドは、忙しいマインドよりも認識しやすいでしょう。死んだマインドがどんな感じが知りたければ、ボリューム満点の食事をお腹いっぱいに食べてから、家やオフィスで何か仕事に集中しようとしてみます。眠気に襲われ、頭が鈍く、どんよりと感じ、仕事に無理矢理向き合おうとしても、すぐに引き下がって、解決しないまま放置することになるでしょう。死んだマインドを経験する簡単な方法としてもう1つ。頭がすっきりするために必要ないつもの睡眠時間よりも1～2時間減らしてみるとわかるでしょう」

「それじゃあ、そうした溝を避けるにはどうしたらよいのですか？」と興味が湧いてきたローリーはソファーの端、ウィリアムの横に腰をかけて話に参加してきます。

「そうですねえ、さっき言ったようにまず最初は、私たちは常に忙しいマインドあるいは死んだマインドを持っていることに気づくことですね。これはそんなに難しいことではないですよ、これら2つがどういう状態なのかを誰かに教えてもらったら、日々の生活の中で時折ふと立ち止まり、それらマインドの状態のどちらかに陥ってしまっていないか自分自身を見つめる時間を取ればいいだけですから」

「忙しいマインドに対しては、刺激を減らす必要があります。どれくらいコンピュータを使っているか自動的に時間を計るタイマーのソフトをダウンロードして、一回の使用を1時間半にとどめ、合間は最低でも30分空けて、何か他のこと、特に外に出たり体を動かすことに時間を費やしましょう」

「eメールや携帯メールへの返信は1日の中で特定の時間を決めて行うようにする。自分でコントロールし、メールにコントロールされないように。誰かと直に接している際は、注意を完全にその人に注ぎ、電話やメールが来ても後まわしにする」

「ニュースを見たり、聞いたりする時間を制限する。自分の国や世界中で何が起こっているか全般的な認識を持つことはもちろんよいことですよ、特にそうした知識が他の人を助けるきっかけを与えてくれるのならば尚更ね。だけどニュースの大部分が、スポンサーが何か売り込むために、ただ注意をひきつけて、時間をとらされるだけで終わるものにすぎない。ニュースを見て、自分の人生に実際関わってくるような主な世界の流れを認識し、残りのニュースは素通りさせる癖をつけましょう。そうすればマインドをより穏やか、安らかに保つことができるはずです」

「所有物の多さは忙しいマインドに大きく影響します。クローゼットの中身を考えて、そこにあるあらゆる色や形の靴を見渡してみましょう。あなたの記憶の中には自分が所有しているものすべての一覧表があって、マインド内のその記憶ににこれら靴のイメージが焼き付けらているわけだけど、これはコンピュータ内のファイルを保存しているフォルダーみたいなもの。新しいものを買う度に、そのイメージが記憶に追加されるのです」

「でも、コンピュータのハードディスクに容量があるように、マインドの空間も限られています。コンピュータをダメにする一番の方法は、ハードディスクを満杯にしてしまうこと、これはマインドにも当てはまります。ですから、忙しいマインドから抜け出したいのならば、家の中にあるすべての物を定期的にチェックするとよいでしょう。全く使っていないもの、ただ家やマインド内の場所をとっているだけのものがあったら、捨てたり、人にあげたりしましょう。地元の慈善団体などに寄付すれば、より必要とする人たちに分け与えてくれますから」

「最後に、予定をつめすぎないようにしましょう。穏やかで明晰な注意を向けられる範囲に抑えます。穏やかで明晰な注意がどんなものかは知ってのとおり、本を静かに楽しむ時間やお気に入りの音楽に耳を傾ける時間、素晴らしい映画に没頭する時間に感じるもの」

「でも、行き過ぎて正反対の状態に陥らないよう注意しましょう」

「それはどういうことですか?」とウィリアム。

「車の運転の話と同じですよ。助手席の友達とおしゃべりしながら運転しているとき、手は無意識に右、左と動かすでしょう? 瞑想の心も同じ。忙しいマインドの溝に落ちそうになっているのに気づいて、軌道修正をはかり、他の人のためにすると約束した予定をすべて切り捨ててしまう」

「でもそうすると行き過ぎて、家で何もせずぼーっとしてしまう危険性があります。これは反対側の溝、死んだマインドに陥りそうになっている状態。いかなる瞬間にも自分のマインドがどこにいるのか感じることができるようになると、常に忙しいマインドと死んだマインドの間を行ったり来たりする傾向があることに気づくでしょう」

「忙しくなりすぎる、そこで予定を減らす、でもそうすると面白いことが足りない、つまらないと感じ始める。そうならないためには、ハンドルを操作するときのように、修正、逆方向に修正を繰り返します。人生は静止することは滅多にありません、ですから、よく考えた上での軌道修正は人生において学ぶべきとても重要なスキルなのです」

「それじゃあ仮に、死んだマインドの溝に陥りそうになっていることに気づいたら、どうすればよいんでしょう?」とローリー。

「死んだマインドに陥りそうなことを教えてくれる危険サインにはいくつかあります。目的意識を失ったり、やるべきことを後回しにしたり、現実的じゃないとわかっていることを優先して行ったり、やるべき課題を後回しにし、そんなに重要でないことに何時間も時間を費やしたりね」

「人生の軌道を正しい方向に戻すには、落ちついて座り、やるべきことをリストアップし、予定をたてます。落ち込んだ状態から抜け出す手助けをしてくれる友達を見つけ、その日に取り組んだ課題や作業を毎日メールで報告させてもらいます。そうした取り組みはほんの数分であったとしても、大きな人生の目標、ゴールに向かっての一歩です」

「友人は、マインドの車が道の両端の溝に落ちないために最も大切な要素の1つです。ですから慎重に選びましょう。友人は仏像をつくるときに使われる型のようなものだとチベットでは古くから言われています。型に軟らかい石膏を押し付けるように、自分を取り巻く友人に私たち自身の人格が形づけられるのです」

真ん中から離れないようにしましょう。

「それはどういうことかというと、忙しいマインドや死んだマインドに陥らない方法を見つけたかのように上手くうまを歩む人と友達になり、そういう人と過ごす時間を増やすということ。助言を求めるとよいでしょう」

私はここで一呼吸おいて考えてから訊ねます。

「じゃあ…元々何でこうした道の真ん中を走る話や瞑想の心を保とうとする話をしていたのか、覚えていますか？」

ウィリアムは頷きます。話の意図を理解したようです。

「それは、安らかで思慮深い状態の心・マインドを促すような生き方を毎日の生活に取り入れようとすると、うわべだけでなく心から周りの人やものを楽しめるようになり、それは食習慣にも広がっていくということですよね。そうすると、緊張を和らげるためとか単に退屈で口寂しいから食べるのではなく、口にするもの1つひとつを意識して、味わうようになる」

ウィリアムは恥ずかしげにローリーに目を向けます。

「クレーム・ブリュレの良いレシピを知ってるよ」

ローリーは「まずは美味しいシーザーサラダにトライしてからよ」と笑いながら、旦那の腕をパチンと優しく叩きます。

質問60

出会った当初、妻はとてもスリムだったんです。それが今はほとんど1日中ひどいジャンクフードを食べ続け、外見もひどくなってしまいました。

それだけでなく健康も心配です。食欲を減らす種はありませんか。

この質問は、1つ前の質問にとても似ていますので、この質問に進む前にその答えをまずもう一度読み直すとよいでしょう。これまではこの食べ物の問題に対して従来の方法でアプローチしてきたことに気づきましょう。

忙しすぎたり、忙しさが足りなかったりといった両極端の状態に陥らないよう、マインドを道の真ん中にとどめ、注意深く落ちついた場所にたどり着く。バランスがとれ、焦点が落ちついた心は、散漫な気持ちで食べ物を口にすることはありません。

問題は、こうした妥当な助言に従おうと思っても、どうしてもできない日が何日もあるいは何か月も続いてしまうことです。マインドが忙しすぎるから、あるいは退屈しすぎているから、悪い食習慣がついてしまっているんだよ、と指摘するのは簡単ですが、おそらくそんなことは自分でもわかっているでしょうし、変えようと既に何度もトライしてきたけれど中々習慣から抜け出すのは難しいと思っているかもしれません。

ですから、今度は先ほどのように従来の方法ではなく、種の観点からこの食の問題を見ていきましょう。この新しいダイヤモンドの知恵は、これまで生涯かけて頑張ってもうまく対処することができなかった人生の側面に変化をもたらすための力を与えてくれるでしょう。

4本の花の最初、1本目の花は、「自分に起こって欲しいと望むことは他の人がそれを得られるよう助けることで自分にも起こる」ということでしたね。ですから、いましている話に当てはめると、自分の悪い食習慣を止めるには、他の人の食習慣を変える手助けをする必要があるということ。

だからといって、あなた1人の力で全国民のジャンクフード中毒を断ち切ろうとする必要はありませんよ。カルマの第1の法則によると、同じような問題を抱える人を助ける努力をすればよいだけです。

類は友を呼ぶ。カルマの第2の法則、種は大幅に増幅する。周りの人皆の問題を解決する必要はなくて、健康的な食生活を送ろうとしている1人か2人に対して、控えめかつ集中したサポートをしてあげるだけでよいのです。そうして潜在意識の中に植えられた種は自然と増幅し続け、あなた自身の食生活をも健康的なものへと変えていってくれるでしょう。

2本目の花の考え方によると、食生活の問題に取り組むこのユニークな方法を小さな1歩から始めれば、ちょっとした変化につながり、それは自然とより大きな変化、新しい食習慣へと広がっていくでしょう。ですから、他の人がバランスのとれた食事をとれるような手助けをほんの些細なことでいいので始めればいいのです。

誰しも心の奥底では、他の人の面倒を見ることに喜びを感じます。食事を分かち合うことはそうした喜びを感じる最も基本的な例です。ですから、自分の悪い食習慣を変えるためのシンプルかつパワフルな実践法は、例えば、健康的な軽食を職場に持っていき、休憩室のコーヒーメーカーの横に置いたりすること。人参やセロリなどの新鮮な野菜スティックや果物を毎日持っていき、皆が集まったときに食べてくれるか観察します。どのアイテムが人気かチェックし、次の日にはその野菜や果物をもっと多く持っていきます。

いますぐ自分の食習慣を変えることはできないかもしれないけれど、だからといって他の人が健康的な食事をする手助けができないというわけではないのです。そうした手助けをすることで、種をまき、その種は新しい食習慣の種として成長し、必然的に自分自身の食べ物との接し方に大きな変化をもたらすことになるでしょう。

でも、それでは、これらすべてがあなたの奥さんを変えていく話にどうつながっていくのでしょうか？　先ほど言ったように、他の人の面倒を見てあげたいという気持ちは私たち1人ひとりの奥底に根づいていますから、人参をあげる実践に奥さんを巻き込むのも難しくないはずです。友達を家に招待した日、台所に立つ奥さんに向かってこんなふうに売り込んでみたらどうでしょう。

「ねえ、今日サムとジェーンがくるだろう？」

「水曜日だから、そうね。毎週水曜日に来るものね」

「うん、それで…ここ数年サムは以前のような元気を失ってきてることを考えてたんだけどさ。テレビを見てばかりで他に何もやる気が起こらないみたいなんだ。この間テレビで見たけど、新鮮な野菜をもっと食べると活力を高めることができるんだって」

「だから思ったんだけど、サムとジェーンが来るときに人参とか野菜をカットして、リビングのテーブルに置いておくにはどうかな？　それで僕たちが目の前で野菜をボリボリするのを見て、サムたちも試す気になるかもしれないだろう？」

こうした提案に奥さんは喜んで飛びつくかどうかはわからないけど、君がするのを制止することは多分ないでしょう。奥さんが自分からやりたいと思う範囲で協力してもらったら、健康的な軽食を出す習慣の種を植えることになるのです。

最初のうちはお友達のサムとジェーンのためにと思って新しい野菜を探しているかもしれないけど、次第に自然と自分の食生活にも変化をもたらすようになるでしょう。そうなるまでし続けます。

他の人が健康的な食生活を送るよう奥さんが手助けできるような方法をいろいろと見つけていけば、奥さん自身も健康的な食事をとるようになるでしょうから。

質問61 最近、私はベジタリアンになったのですが、夫は全くそんな気はないようです。なので、別々の食事をつくらないといけないことが多くて、二度手間ですし、別々の料理を食べてることで何か2人の間に距離感ができていくように感じるんです。カルマ的には、どうしたらよいでしょうか。

台湾の中心街に位置する101階建てのとても『グリーンな』環境を配慮した高層ビル、台北101でのこと。

講演を終えた後に、メイリンという女性から受けた質問です。エレベーターはとてつもない速さで下の階に降りていくのですが、高層ビルなのでそれでも時間がかなりかかります。

仏教に従う中国の方は菜食主義を精神修行の一部として捉えます。一生囚われの身で過ごし、恐怖を感じながら屠殺される動物の肉を食べると、マインドに影響を及ぼし、怒りや恐怖を感じやすくなると信じているのです。

個人的にその考え方はもっともだと思います。正直、ディナーの食卓からナイフを取り上げて、温かい毛で覆われた動物の喉を切り裂いて、その場でその肉を食べるなんてことはとうていできません。だから、誰か他の人にやってもらい、パッケージに入ったお肉を買うわけなのでしょう。

ベジタリアンになってもらおうと説得するのがここでの目的ではありませんが、注解として少し触れますね。パートナーにもっと愛情深く、優しくなってもらいたければ、できる限り動物性食品を避けることが種の考え方からすればベストでしょう。肉食の結果、アメリカでは毎年80億以上もの家畜が惨い死に方をしています。

健康の観点から見ても、菜食がもっとも好ましいものであることが明白になりつつあります。植物性の食べ物からも十分なタンパク質を得ることができますし、スリムで丈夫な体を維持することができます。私自身、25年以上ベジタリアンですが、私の子どもといってもおかしくない若い子たちと一緒に、同じようにヨガをしています。

動物が囚われの身のときや屠殺されるときにどう感じるかどうかという問題に関しては、個人的に観察して気づいたことがいくつかあります。私の父は猟や魚釣りに熱心だったので、私を含め兄弟皆、小さい頃から猟銃や遠洋漁の器具に慣れ親しんでいたのです。かぎ針を魚の顎に引っ掛けると、魚は痛みでじたばたと暴れ、ガラス繊維でできた釣り竿を半分に折ってしまうことさえありました。あまりの痛みに気違いじみたように水から飛び跳ね、呼吸ができない陸地に自ら上がってしまったりするのです。

最後に私が動物の命を奪ったのは、鹿を銃で撃ったときです。内臓を取り出してきれいにするために、父に言われてまだ息をしている鹿のお腹を切り裂いたのですが、その瞬間に鹿があの丸っこい茶色の目で私に向けたまなざしをいまでも忘れることができません。私はその場で父にライフル銃を手渡し、もう二度と動物を殺さないと宣言したのです。お店に並ぶお肉もすべてこんなふうに殺され、内臓がとりだされているのです。

最後の話です。同じことを長々と繰り返すわけではないですが、もう一言言わせていただきたいのは、動物の感じる感情についてです。2000年から2003年にかけて、アリゾナ砂漠のど真ん中、小さなモンゴル式ゲル（テント）で3年間に渡る黙想を行ったのですが、ゲルの周りは高い木製のフェンスで覆われていて、そのフェンスには木箱が取り付けられていました。友人が毎日訪れてその木箱に食べ物を入れてくれていました。

5000エーカーほどある手つかずの砂漠に、地元の牧場主がゲルを建てるための土地を提供してくれました。彼は100頭ほどの牛を放牧していたのですが、砂漠にただ放して、牛たちは見つけられるものをすべて食べるという仕組みです。多くの牛は死に絶えてしまい、生き残った牛は捕まえられて屠殺場に送られるのです。

1頭1頭の牛は特別な器具で耳に穴があけられ、黄色いプラスチックの番号札をつけられています。牛たちは私のことが気になったのか、よくフェンスの近くにのぞきにやってきました。23番の札をつけた牛は特に人懐っこかったので、毎朝食べ残しのシリアルを大皿に入れて差し出し始めたのです。そのうちに、フェンスの下の隙間から鼻を触らせてくれるまで仲良くなりました。

ある日、この牛が2頭の子牛を連れてやってきます。彼女の子牛であることは一目瞭然で、長い黙想の期間で高まった感覚によって、その子牛たちに対する母親の誇りをはっきりと感じ取ることができました。私の目の前でお乳をあげたり、愛情深く鼻をすり寄せていたのです。

ある日、子牛たちは耳にプラスチックの札をつけて戻ってきました。他の牛とは違う、明るいオレンジ色の札。気になったので、札を間近で見るためにフェンスをよじ登ったのです。番号ではなく、大きな黒字で「TERMINATE」（終了）という文字が見えます。

後で聞いてわかったこの札の意味は、考えてみれば明らかだけれども、誰も教えてはくれなかった畜産の仕組みでした。雌牛は私たち人間が牛乳やチーズ、バターをつくるために乳を絞られます。乳を出すためには、妊娠、授乳を繰り返し続けさせられます。雌牛を妊娠させるには雄牛が1頭か2頭いれば十分。

乳を出さない雄牛は餌を多く食べるだけで、役に立たないと思われているので、雄牛の赤ちゃんが生まれると、ある程度成長したら、子牛のうちに殺してしまうのです。子牛の肉が考案されたのはこのためです。男の子として生まれてきたほぼすべての子牛がこうした不幸な運命をたどります。23番札の牛の子は2頭とも男の子でした。

この子牛を見たのは数回だけで、その後その家族は1週間か2週間で姿を消しました。ある日23番の牛が1人で戻ってきました。やつれ果て、いまにも気が狂いそうな様子です。フェンスに近づいてきたので、シリアルのボウルを差し出しますが、見向きもしません。柵の隙間から、私をじーっと見つめていました。それからフェンスを支えている太い支柱に向かって突撃し、嘆き声をあげながら頭を打ち付け始めたのです。その声はいまでも決して忘れられません。

動物も痛みを感じる

こうした自らの経験から、動物にも気持ち、感情があるのだと確信しています。私たちが行う行為すべてがカルマの種になるとしたのなら、動物たちに苦痛や恐怖を引き起こす行為は私たち自身を不幸せにするだけでしょう。動物の肉を食べたり、無理に乳を出させたりすることで、悪い脂肪やコレステロールがそうした食品につくり出され、高血圧や動脈閉塞、心臓の問題や癌、特に乳がんなどの病気を生み出しているのだと考えています。

まあ、これは皆さんにお伝えしたい個人的意見に過ぎません。それでは先ほどのメイリンの質問に戻りましょう。旦那さん（ジアンホンという名前）の食事を自分とは別につくるかどうか、という問題でした。

「そうだね、まずは旦那さんに話をして、ベジタリアンになるよう説得したらよいと思わないかい？」

「それはもちろん、最初は頑張って説得しようとしたわ。ベジタリアンになるよい理由をいっぱいあげてね、でも全然聞く耳を持たないんです。つまり、結局のところ、ただ美味しいステーキを食べたい気分だから、他の理由なんかどうでもよいと思っているんです」とメイリン。

「それは全くよくある話だよ」と私。

「ダイヤモンドの知恵の本質は、人生における悪い選択を止めるということにある。つまり、どちらに転んでも絶対に上手くいかないとわかっている2つの選択肢から一連の行為を選ぼうとしないということ」

「いまの君の状況で言えば…旦那さんと言い合って、ベジタリアンになるよう説得しようとする。うまくいくかもしれないし、うまくいかないかもしれない。あるいは、反対に、肉を食べるのを容認して、毎晩別々の食事をつくる。でも仕事から帰ってくる頃にはもう疲れているし、夫婦が一緒の食事を分かち合うのではなく、同じ食卓で別々の料理を食べるのは変な気がする…ということ」

「じゃあ一体私はどうしたらいいの？」メイリンは憤慨気味に答えます。

「カルマの4つの法則は知っているよね？」

「ええもちろん、今週ずっとそれについて話してらしたもの。あそこで」と言い、台北101の建物のトップを指差します。もうこのときにはもちろん、私たちはエレベーターを降りて、建物の周りの広場に立って話をしています。

「それじゃあ、第3の法則は何だったかな？」

メイリンは少し考え込んでから答えます。

「種をまかなければ、結果は期待できない」

「そのとおり。旦那のジアンホンに1日中ベジタリアンになる話を持ちかけてもよいけれど、それで彼を説得できないことはもうわかっているよね。でも、まず必要な種を植えてから、話を持ちかければ、言葉に力が宿って彼の心を動かすでしょう。必要な種が植えられてなければ、どんな言葉でも効き目はないのだよ。人を動かすのは言葉自体ではなく、その言葉の背後にある種だからね」

「種のことを知らないと、2つの可能な解決策の間で苦戦するでしょう。説得しようとするのか、お肉料理をつくってあげるのか。うまくいくかもしれないし、いかないかもしれない、どちらにしてもその可能性があるわけで。そうではなく、ダイヤモンドの知恵では根本の原因に取り組むべきと教えていて、そうすれば状況は何の苦労なしに自然とすんなり解決するはずなんだ」

「正しい種をまけば、夫は自分からベジタリアンになるってこと?」とメイリン。

「そうかもしれないし、あるいはいままで君たち夫婦が思いつかなかったような新しい解決法が突然沸き起こってくるかもしれない。例えば、種をまくことで、大豆タンパクを鴨肉みたいに調理するのが好きな人が隣に引っ越してきて、それがジアンホンの大好物になるかもしれないでしょう?」

「それじゃあ次にカルマの第4の法則は何だったかな?」

メイリンは頷いて答えます。

「種をまけば、望んだ結果は必ず来る。たとえ途中で止めたくても、種が花咲くのは止められない」

メイリンの顔に笑顔が広がります。

ジアンホンがジューシーな大豆ダックを食卓で大きな口でほおばる姿を想像しているのかもしれません。

「じゃあ、そのための種はどんなものだろう?」

「この鴨肉の奇跡を迅速に起こすのに必要なスターバックスの4つのステップ、最初のステップは何でしょう?」

自分が求めるものの本質は何か?

「自分が何を求めているのかを決めなくてはいけない」とメイリンは答えます。

私はそれに「自分が求めるものの本質を見極める」と付け加えます。

「ジアンホンにベジタリアンになって欲しいのか？　長生きにつながる食生活をしてもらうのが一番の目的なのか？　それとも別々の食事をすることで感じる2人の間の緊張を取り除きたいのか？　それとも二度手間の家事が嫌なのか？　自分に正直に考えてみるんだ。いまあげた理由のどれであっても問題ないよ。だけど、正しい種を選ぶには、正しいゴールを選ばなければいけない。種とゴールは一致しなければいけないからね」

メイリンは1分ほど考え込んでからにっこり笑います。

「望むものの一部だけで満足して妥協するべきではない、といつも先生はおっしゃっていますよね。私はジアンホンにベジタリアンになってもらいたいのだけれど、それには3つ理由があるんです。太って、お肉の脂肪やコレステロールから心臓発作を起こしたりしないよう、スリムで丈夫な体を維持してもらいたいのが1つ。それに、2人一緒の料理を毎晩食卓に座って仲良く食べたいというのがもう1つ。さらに、2つ別々の料理をすることで調理や片づけにかかる余分な時間や手間を避けたいんです」

「1本取られたな」と私は笑顔で返します。

「じゃあ、その3つそれぞれに対する種はどんな種かな？　ぱっと思いつきで答えてみて。まあ本当は、1つの種に焦点を絞ってその種が花咲いてから次の種に進んでいくべきだと私は思うけどね」

「オーケー、1番目のベジタリアンになって欲しいという願い。これを叶えるには3本目の花が使えると思います。私自身が良いベジタリアン、つまり正当な理由によるベジタリアン、であるよう努めれば、自然と周りの人もベジタリアンが増えていく、夫も含めて。だから、どんな生き物にも痛みや苦しみを与えないよう、注意して食べ物を選んでいきます」

「それからスターバックス4番目のステップを使ってこの種をジアンホンに送ります。つまり、夜眠りに落ちながら、助けることができた小さな動物の命について考え、その命のエネルギーを夫に送ります」

「2番目は、毎晩一緒に食卓に座り、食事を楽しみたいという願い。そのためには、4つのパワーの2番目と3番目を使って過去の悪い種を取り除きます。職場で共に密接に働く2人の同僚との不和の原因となった私自身の言動を思い起こし、同じ間違いを繰り返さないよう特に細心の注意を払っていきます。毎日ちゃんとできているか記録をとるためちょっとした日記をつけるかもしれません」

「3番目は、余計な料理や片づけを避けたいという願い。これに対しては、カルマの法則の2番目の法則に焦点を当てて取り組んでいきます。どんなに些細な言動であっても自分に戻ってくる頃には大きく拡張するということを忘れずに常に頭に置いておくということ。職場の部下に仕事を頼む際には慎重に吟味して行なうようにします。どんなに小さな仕事であっても、時間の無駄や残業になるような仕事を与えないようにします。他の人の時間を尊重するよう細心の注意を払うことで、自分自身の時間の節約になるでしょう。そうすることでどういうわけか、2人別々の食事をつくる必要が一生なくなるような種を植えることにつながるんです」

「大豆ダックの、例の隣人だね」と私は笑顔で答えます。

「もう目の前にいるようにイメージできるわ。」とメイリン。「大豆ダックをつくってお隣におすそ分けするのが好きなだけじゃなくて、アパートの掃除まで好きでやってくれるような人！」

「うーん、それには別の種が必要だよ」と注意しますが、もう既に彼女の頭の歯車は回り始めたようです。

質問62 つまらない質問に聞こえるかもしれませんが、私にとってはとても重大な問題なんです。妻は自分好みの料理ばかりで、私が好きな食べ物は全然つくってくれません。妻に私の好みも考えてもらえるようにするには、どんな種をまいたらよいのでしょうか。

これはロシアでのこと。モスクワの郊外でロシアの大手銀行員向けに行ったリトリートから戻る長いドライブ中に訊かれた質問です。ユーリは大柄の男性で、昨晩ディナーで隣に座ったときの様子からすると食べることが大好きなのは一目瞭然です。ですから、本当に食べたいものをたまにしか食べれないのは気の毒です。

彼はもの静かで控えめな熊のような素晴らしい男性で、結婚生活をうまくやっていくために奥さんの望むことにいつも黙って従ってきたようです。

「違う観点から取り組むべきだと私は思うよ」

「どういう意味ですか？」とユーリ。

「君はいま、家庭内の平和を保とうとしているんだよね。特に子どもたちに夫婦喧嘩している様子を見られたくない。だから奥さんのユージーナにすべての決断、特に台所での決断を任すことで、正しいことをしていると思っている」

「でもね、つい最近、ある非暴力コミュニケーションについての本で読んだけど、その中で著者が言うには、本当はしたくないと思っているのに誰か他の人の思い通りにさせてあげると、心の中でスコアをつけ始めるんだ。『今週は3回も君の好きなようにディナーを決めさせてあげたんだから、今晩は何を食べるか僕が決める』というように思うわけ」

「君はユージーナにディナーの献立をいつも決めさせてあげていると思っているけど、心の奥では快くやっていなくて、密かにスコアをつけているんだ。そのスコアがとても不均衡だからとても苦々しく思い始めている」

ハンドルに置くユーリの大きな手は落ちつきなく動き、雪に覆われた景色をじっと見つめています。

「そのとおりなのかもしれません」と認めます。

「スコアをつけていて、それがいままではかなり不公平になってきているんですよ。今後10年間、毎晩ディナーの献立を選ばせてくれたとしても、おあいこにはまだ遠いですよ」

ロシア人特有の仕草で肩をすくめます。

「ということは、この問題に対して、もっとスピリチュアルな対応をしたほうがいいってことですかね。彼女のやりたい通りにさせてあげて、何も見返りを求めない、たまにはディナーの献立を選ばせてもらえることを期待しない。そうするのが高潔な行為だってことですよね」

その言葉に私は苛ついて怒鳴ります。

「車を寄せてくれ！　ほら、そこのガソリンスタンに！」

ユーリは目を真ん丸にしますが、車を止めます。ガソリンスタンド内のコンビニに向かって肩を寄せながら黙って歩き、いまにも壊れそうな木の椅子に座ってブラチーノ（キャラメル味のソフトドリンクみたいなもの）をすすります。ユーリは当惑した様子ですが、しばらくしたらようやく私の気持ちも落ちついたので、話を続けます。

「君がさっき言っていた考え、黙って耐えるのが高潔だ、奥さんに自分がディナーに食べたいものを伝えるのが間違っている、っていう考えは、すごく不愉快に思うんだよ」と私は苛つきを認めます。

「奥さんの望み通りになるか、あるいは君の望み通りになるか、のどちらかというだという、とても、とても間違った考え方に基づいている。でもそれだと、1つのディナーで2人ともが自分の望み通りになることが不可能じゃないか」

無言で耐えるのが美徳ではない

「相手の望むことに苦々しく応じたり、何度もそうやって相手の言うことを承知してあげればいずれはスコアが自分に有利になり、自分が欲しいものを正々堂々と要求できる、などといったマインドゲームは決して上手くいかないんです。ゆくゆく2人の関係は崩れてしまうでしょう。人は自分に足りないものが満たされるから恋人を求めるのであって、その人との関係を続けることで、自分が望むものを得られないとなると、その関係はひどい結果に終わるでしょう。一緒にいたいと思わなくなったり、別れなかったとしてもお互い憎み合うことになりかねない」

「shto delat?」（＝じゃあどうしたらいいんだ？）とユーリはまたこれもロシア人らしい仕草で訊ねます。

「ただ種をまけばいい。種を植えて、あとはくつろいで待てばよい。カルマの第4の法則。正しい種を植えれば、彼女は君が好きなものをディナーに出し始め、そのディナーを彼女も好んで食べるようになる。種のアプローチをとれば、どんな状況もお互いにプラスの状況になるんだ。でも反対に、種のアプローチを取らないと、どちらかが負けることになり、不幸せな結婚生活から抜け出せなくなる」

「それじゃあどうしたらいいんだ？」とユーリはまた考え込みます。

「うちの職員が好きな仕事をできるよう、もっと注意を払うっていうのはどうかな！」

ユーリはとても成功した輸送会社を経営しています。

「そうするのもいいね」と同意しますが、さらに続けます。

「ゆくゆくその効果は現れるはずだよ。だけどね、君は教えるべきだと思うな」

「教える？」ユーリの体がこわばるのを感じます。大きな会社を経営しているかもしれないけど、ユーリは大勢の人前に立って話すのが大の苦手だってことは知っていますから。

教えるという行為は最も素晴らしい種の1つ

「いいかい、種の考え、つまりダイヤモンドの知恵の原則を使ってアプローチするのは1つの方法だよ。君がディナーに食べたいと思うものをもっとユージーナに気遣ってもらいたい、そこで君は従業員が楽しんで行える仕事にもっと気を使っていく、というようにカルマの法則を守るのは1つの方法、とても必要不可欠なステップだね。

でもね、そうした法則を守る際に、自分は周りの人のお手本になっていることを特に意識して欲しいんだよ。

会社の従業員に仕事を与える際には、それぞれの職員が好きなことをできるよう、できる限り、いま以上に考慮して便宜を図ってあげたらいい。でもそれと同時に、自分が何をしようといるのか、どんなシステムに従って行動しているのかを周りの人にシェアすることで、カルマの法則に則ってまいた種ははるかに強い力を発揮するだろうよ。ユージーナが求めるとおりのディナーと君が求めるとおりのディナーが一致した夢のディナーをより迅速に届けてくれるはず

現場監督にその週の従業員の仕事リストを渡しながら、『よし、これで今週ヴァレニキがディナーに出るといいな！』というふうに言ってみたらどうかな。一体何のことを言ってるんだって数人にきかれるはず。そうしたら、半分冗談気味に説明したらいい。他の人が欲しいものを得られるよう手助けすることで種をまいて自分が欲しいものを得ようとしているんだ、ってね」（ところで、ヴァレニキとは、ロシアに伝わったウクライナ料理の甘いサクランボ入りの水餃子で、信じられないくらい癖になる味なんです）

それから水餃子が実際に出てきた際、つまり、何とも奇跡的にユージーナが食べたいと思うものが君が食べたいと思うものに一致して、君の思いどおりのディ

ナーが出てきた際には、必ずそのことを職場で自慢するんだ。

人生を思いどおりに実現させるための新しい方法を見つけた人の模範になりなさい。良いお手本となることが、まさに人に教える最適の方法なのだから。

「他の人が望むものを手に入れる機会を与えてあげるのは、自分が望むものを手に入れるための種だけれど、『自分の夢を叶える方法は人の夢を叶えさせてあげること』という真理の生きるお手本となることが、そうした種を大きく成長させる一番の近道なんだよ」

しばらくしてモスクワの渋滞に巻き込まれたのですが、ユーリの顔はいつもどおり穏やかで、さらにそれに希望の光が加わったように見えます。目の前に連なる車が全部サクランボ水餃子に見えているのかもしれません。

FINANCES

経済面

質問63　夫を愛していますが、安定した職に就くことができなくて、家計の出費についていくのがいつも大変なんです。
経済面の責任をもっと担ってもらうには、どのようなカルマの種が必要なんでしょうか。

コロンビアの都市カリ、ハヴェリヤーナ大学のキャンパス内にある小さなチャペルでのこと。

そこで300人ほどの大学生を相手に講演をする直前の準備中にきかれた質問です。外はどしゃ降りなので、信者席の後方に座り、シタールのチューニングを行っていました。シタールは本物のカボチャをくりぬいてつくられた胴部に長い棹を挿した、大きなギターのようなインド伝統楽器です。

私は講演の始めに1～2曲インドの古典音楽を奏でて始めることが多いのです。アヴィシタールを布カバーから取り出すと、乾燥したカボチャの破片が教会の床に飛び散ります。アンカ航空のおかげでね。この騒動が起こっている真っ最中に、講演の主催者の1人であるアンジェリカが、旦那に家計を助けてもらうための答えをいますぐ知りたいときいてきたんです。

当時のアシスタントの1人がカボチャを直すための粘着テープを探している間に、彼女の話に耳を傾けます。講演が始まる予定時間まで6分ほどというときにね。

「そうだね…4つのパワーを使ってその問題にとりかかろうかな」と言い、彼女の反応を待ちます。

おさらい

過去の悪い種を打ち消す4つのパワー

① ペンの概念を考えて。どこからすべてが産まれるのかを忘れないこと。

② 自分の中でその種が倍増してしまう前に、種の拡散を止めるよう強く決意する。

③ 同じ過ちを犯さないよう固く自分に誓う。

④ カルマのバランスをとるために何かポジティブな行動をとる。

「ああ、昨日の夜インターコンチネンタルホテルでの講演でお話していらっしゃった、あれね」

ちなみに、エアコンが壊れた会場に1000人以上の方が集まったその講演会はかなり大変な経験でした。

「4つのパワーの3番目と4番目を使ってもらいたいんだけど、どうやって活用するか考えてごらん」

アンジェリカは、1分ほど考え込んでから話し始めます。

「4つのパワーを使うということは…家計を助けるための経済的責任を全く担おうとしない夫アンドレスをつくる原因となった私の中の悪い種をショートさせようとしているわけで」

「第3のパワーはそうした悪い種を一番摘み取ってくれる力があると言われているものですよね。アンドレスが元々こんなふうに見えてしまう原因となった種をまいたときと同じ間違いを繰り返さないよう、決意固く自分に誓うべきだ、ということ」

「そう、その同じ間違えとはどういった行為かな？」

「えーっと、私がしていることが、アンドレスがしていることと本質的には同じようなもの、ということ。ただしカルマの第2の法則によると、夫がしていることよりもっと小さなレベルで」

「そのとおり。そこで探偵みたいに推理が必要だよ。アンドレスが家計を助けようとしないのと似ている、ほんの些細な君の行動とは何なのかを探り当てないといけない」

アンジェリカは天井を見上げて考え込みます。その間に私はカボチャの破片をどうやってテープで貼り合わせるか考え始めます。

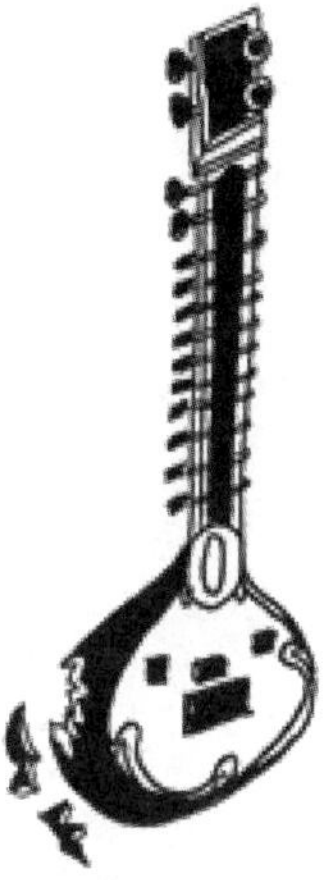

ジグソーパズルみたいなものだけど、数分しか解く時間がないから、かなり神経がいる作業です。

「オッケー、わかったわ」とアンジェリカが声をあげます。

「じゃあ教えて」カボチャの破片を合わせるのに少々

気を取られながら答えます。

「職場でやるべき仕事でちょっとした細々とした仕事がいつもあるんだけれど、例えば大学のオンラインコースを立ち上げる計画に関するメールであまり重要じゃないものへの返信だとか、登録オフィスのエアコンを修理するための資金繰りだとか。でも最近、こうしたメールに返信するのを完全に避けてしまっているんです。

そうしたからといって、誰かにうるさく言われるわけではないけれど、返事を待っている人たちにとってはちょっとしたプレッシャーを与えることになるわよね。

これは、自分の責任だって十分承知していることを避けているちょっとした例にすぎないけれど、ここに第3のパワーを引き出してくるには、そうした些細なメール返信の職務を避け続けないよう、決意を固めるべきなんででしょう」

「そう、良いね。じゃあ4番目のパワーについてはどうかな？」

「第3のパワーが『何かをし続けないようにする決意』というネガティブ方面からのアプローチだとしたら、第4のパワーはポジティブ方面からのアプローチね。これまでまいてきた悪い種の埋め合わせをするために、何らかの行動を起こすという決意」

「それは例えば…？」と私。

アンジェリカは少しの間考えてから口を開きます。

「職場の上司から2週間前ぐらいに渡されたアンケートを提出するよう言われていて、このアンケートは、職場で大変の状況に直面したときに職員全員がお互いどのようにコミュニケーションをとるか調べるためのものなんですが、2回ほど既に意見を上司に訊かれたけれど自分にはあんまり関係しないと思って、毎回無視してきたんです。

この状況で、第4のよいパワーを得るためには、ただ自分のアンケートに答えるだけではダメで、責任もって全員分のアンケートを集めましょうか、と申し出るべきだってこと。直接的に自分の問題ではないことに対しても責任を負うことで、アンドレスが家計を助ける気になってくれるかもしれない」

「そうだね」と私。

「じゃあ確認だけど、アンドレスと家計の問題の解決に決してつながらないアプローチは何かな?」

「ああ、それは簡単」とアンジェリカは即答します。

「家計を助けるように仕向けようと私がこれまでしてきたこと全部よ。口論だとか、問題に目を向けてもらおうと思って電気を止められるまで請求書を払わなかったりとか、どの支払いを誰がするのかを座ってじっくりプランを立てたりとか。どれもこれも、結局はただお互いにイライラしてお終い!」と怒りの声をあげます。

「うまくいかないことを止める、という責任も自分でとるべきなのかもね」と私は静かにつぶやきます。

「努力してみるわ」とアンジェリカ。

そこで粘着テープが届いたので、身をかがめて目の前の課題にとりかかることができました。

質問64　私たち夫婦は2人とも　クレジットカードによる借金の山に埋もれているんです。収入のほぼ全額が毎月の利息払いに消えてしまい、いつまでたっても返済に近づけないままです。この問題は私たちの結婚生活に大きな負担をのしかけています。カルマ的な良い提案はありませんか。

モントリオールのとあるモスクでのこと、地下のキッチンで受けた質問です。

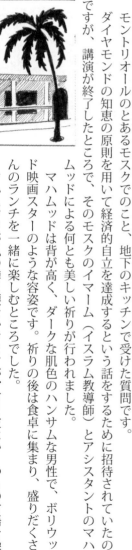

ダイヤモンドの知恵の原則を用いて経済的自立を達成するという話をするために招待されていたのですが、講演が終了したところで、そのモスクのイマーム（イスラム教導師）とアシスタントのマハムッドによる何とも美しい祈りが行われました。

マハムッドは背が高く、ダークな肌色のハンサムな男性で、ボリウッド映画スターのような容姿です。祈りの後は食卓に集まり、盛りだくさんのランチを一緒に楽しむところでした。

マハムッドが私の隣に腰をかけますが、何と彼はいくつもの言語を操り、国際的に成功した銀行家だそうです。

「あなたがお話していた、他の人に対しての気前の良さが、自らの金銭的な成功の根元となるという考え方、これはとてもイスラム教の考え方の一部でもあるんですよ。パキスタンでは、イスラム信仰の5つの柱

（五行と言われるもの）というものがあるんですが、その1つがzakat（ザカート・喜捨）です。

これは毎年、困窮者に与える施しのことですが、自分の収入の一定の割合に基づいていて、年収の2・5％ほどからスタートし、時に状況に応じてその割合が上がったりします。例えば、思いがけない大収入があったときなんかにはね。ですから、話に出てきたような種を植える教えはこれまでずっと受けてきたと思うんですよ。でもね、これらの種がどう働くのかという細かいことはあまり聞かないんです」

「キリスト教徒の友人からも同じコメントをよく受けますよ」と私は頷きます。

「まいた種を刈り取るのだということを聞いてとても喜びます。マインドの中で開いた種を通して、自分自身に返ってくるんだということ」

マリカという名の女性が隣にやってきて、私たちの会話にじっと聞き入っています。彼女はインド沖にあるイスラム教の小さな島、モルディブ出身なのですが、モルディブ諸島はそのほとんどがぎりぎりの海抜なので、今後十数年で地球の温暖化による海面上昇で消失してしまう恐れがある島々です。

先ほどのクレジットカード借金の質問をしたのは、実はこのマリカです。

「ということは結局のところ、おっしゃっているのは、答えは知識に基づいたザカートにあるということですか？　イスラムの信仰でこれまでも教えられてきたように他の人を金銭的に助け続ける、ただしそれが潜在意識下でどう働くかをよくよく理解した上で行う。つまり、クレジットカード借金に立ち向かうベストな方法は自分のザカートを行い続けて、他の人が借金から抜け出す手助けをしてあげる、ということ」

「それはとても大変なことだよね、自分たちは既に借金まみれの場合」と私は指摘します。

「お金が全然ないときに、気前の良い、寛大な心持ちをもつのは難しいでしょう」

マリカはそれに食いつきます。

「そう、それが大きな問題なんです。これには2つの要素が関わってくると思うのですが。そうあろうとする意図が大きく関わってくるのはよく理解できます。大切なのは、与えるものが少なくても、他の人に与えようと思う気持ちを失わないようにすること。これはそれだけでも大きな種をつくるのがわかります」

「でも、疑問が残るのは、先ほど説明していたスターバックスの4つのステップについてです。私が理解した限りでは、ステップ2は意図と計画についてですよね。クレジットカードの問題を助けてあげる相手を決め、一緒にその問題に取り組み始めるためにどこのコーヒーショップに連れて行くか決める」

「でも、ステップ3で思い悩んでしまうんです。これは何か実際に行動に移す段階ですよね。コーヒーショップに出向いて、その人の借金を何とか解決するための方法を話し合う。このときに、金銭的に直接助けてあげたり、例えば新しいスキルを学ぶための学費の支払いを手伝ってあげるとか、そうすることが多分一番効き目のある助けなんじゃないかと思うんです」

「ここで私が疑問に思っているのは、もしカルマの最初の法則があっているとしたら、つまり類は友を呼ぶとしたら、一体どうやって自分の借金から抜け出すことができるんでしょう？　自分の財政状況を向上させたいのであれば、友人を金銭的に手助けしないといけない。でも手助けする元々の理由は、自分自身金銭的に苦しくて、友人を助ける術を持っていないから。もっとお金を引き入れるためにまくお金が元々ないんです」

私は笑顔を浮かべます。これに対する答えはもう用意されています。

「これはパタゴニア質問と呼んでいます」

「パタゴニアって何ですか?」とマハムッドがききます。

「南米の南端部に近いところに位置する、山や湖に囲まれたとても美しい場所ですよ。アルゼンチンとチリにまたがっているんです。数年前のことだけれど、マティアスという名の友人にブエノスアイレスで声をかけられました。彼は不動産会社を立ち上げて、パタゴニア地方の土地を売りたいと思っていて、そのための正しい種を植えるためにはどうしたらよいかききたがっていたんです。そこで私は…」

マハムッドが口を挟みます。

「誰か他の人が事業を始められる手助けをしなさい、と言った」

「そのとおり。そうしたら今度は彼が…」

マリカもすかさず参入します。

「他の人が事業を始めるのを助けるようなお金はない、と言った。そんなお金があったら自分の事業を始めるためのお金をどうやったら集められるかきいたりしないってね」

「そのとおり。そこで知っておくべきとても大切なことを教えてあげたんです。

「似たものが似たものを生む、というのは確かです。自分のクレジットカード借金をなくしたい場合、誰か他の人がクレジットカード借金をなくす手助けをしてあげなければいけない。でもお金を得るためにはお金をあげないといけない、というわけではないんです。自分にある何かその人の役に立つものを与えて、その種を方向転換してお金として自分に導けばいいんです」

「このマティアスの場合、誰かビジネスを始めようとしている人を見つけて、ペンキ塗りとか簡単な大工仕事や水回りの仕事なんかの作業を手伝ってあげなさいって奨めたんです。それからその種を自分の事業の経済的成功に方向付ければよいってね」

「そうして探しているうちに、ブエノスアイリスのvillas miserias（困窮地区）と呼ばれる地域で子どもたちのためのヨガスタジオを設立しようとしていたフロレンシアという女性に出会ったんです。1か月ほど釘を打ったりペンキ塗りの日が続いた後、貧しい子どものための素晴らしいヨガプログラムをスタートすることができました」

「センターの最後の仕上げを終わらせた日、家に帰ってベッドの上でノートパソコンを開いたマティアス（オフィスとして使う部屋さえなかったんです）。そこには、パタゴニアでの150万ドルの不動産事業に参入しないかという誘いのメールが待っていました」

「この話の教訓はだね、自分のカード借金から抜け出すには、同じようにカード借金に苦しんでいる誰かをまず探すこと。返済するためにお金をあげることはできないかもしれないけれど、忘れないでください」

『時は金なり』時間を惜しみなく与えて、その人がもっと借金をしなくてすむように助けてあげることができるはず。子どもを見ていてあげたり、食料品を買っていってあげたり、家の庭に野菜畑をつくってあげたり、何らかの職業訓練プログラムにいれてあげたりね」

「夜にはその種の方向を変える努力をしなくてはいけませんよ。スターバックスの4番目のステップを使います。寝る前のコーヒーメディテーションを続けましょう。夜ベッドの上に横たわりながら、心の中で唱えます『今日、友達がカード借金から少しでも離れられるように自分の時間を割いて手伝ってあげた。この種を私たち夫婦が苦しんでいる借金に対して送ります』とね」

マリカの顔に笑顔が浮かびます。

おそらく初めて、クレジットカード借金がない人生をイメージすることができたのでしょう。そうするための方法がわかったのです。

「ところで、マティアスとフロレンシアだけど、恋に落ちて、後に結婚したんですよ」と最後に付け加えます。それを聞いてマリカが微笑みます。誰しもハッピーエンディングが好きですから。


スターバックスの4つのステップをもう一度！

①自分が人生において望むものは何かを短い一文で述べる。
②自分と同じものを望んでいる誰を助けるのかを決め、どこのスターバックスにその人を連れて行ってそのことを話すか計画する。
③その人を助けるために何かを実行する。
④コーヒーメディテーションをする。寝る前に、誰かを助けるためにした良いことについて考える。

質問65 私の夫は時々すごくけちで、とても恥ずかしいんです。外食したときに勘定書を30分くらいかけて細かくチェックして、ウェイターと50セントがどうだかんだで口論になったりします。どうしたらもっと気前が良くなってもらえるんでしょうか。

ニューヨークのアッパーウェストサイド、ガヤガヤと騒々しいダイナーでエヴァから受けた質問です。南アジアの難民を助けるプロジェクトのために、彼女と彼女の旦那とそこでミーティングをしていたときのこと。お勘定を待っていたのですが、旦那が別のテーブルの友人に話しかけている間に、エヴァがこっそりとこの質問を切り出します。

「まず始めに、1つきいてもいいかな?」

「ええ、何ですか?」

「他の人を気前よくさせることは可能なのかな?」

「えーっと、3本目の花があるでしょう、なぜ気前がいいのかをしっかりと理解した上で気前よく振る舞えば、周りにも気前の良い人が見られるようになる」

エヴァはここで一息おきます。

「でも、わからないのは、なんで一番身近な人がこんなにも気前が悪いのかということ。私もそりゃ稼いだお金一銭残らず他の人にあげているわけじゃないけど、自分の持ってるものを周りの人と喜んでシェアしています。ウェイターにチップを沢山あげたり、友人皆を招待してディナーをごちそうしたりね」

私は一瞬沈黙し、しばらく考えます。これは私も気にかかっていた点です。

「最近考えていたんだけどね、私が生きている間にも、時間の概念が変わってきたなあって。僧院で学んでいた頃には、他の僧院にいる僧と会う約束をするときは『来春のいつか会いにいくよ』なんて言ったものだよ。それで気が向いたときにあのインドならではの時代物のバスに飛び乗り、2日ほどかけて突然訪ねていったものですが、それで何の問題はなかった」

「でもいまでは、誰かとネット電話で7時に話す約束をしたら、ノートパソコンの目の前に待機して1秒ごとカウントダウン、それで相手が50秒とか90秒遅れるだけで苛々してしまう。私たちは時間をどんどん細かく勘定するようになってきていて、お金よりも何秒かという時間のほうを大切に考えるようになってきたと正直思うんだ」

「それじゃあ、スターバックスの4つのステップの最初のステップを見て、君が本当に望むものは何なのか、本質的に何を望んでいるのか、を探っていこうか」

エヴァは少し考えてから口を開きます。

「何を言おうとしているのかわかります。私はお金自体のことを気にしているわけじゃなくて、ジョセフのお金に対する姿勢が気になっているんですよね。1セント1セント数えてしまう、あまり重要じゃない細かい勘

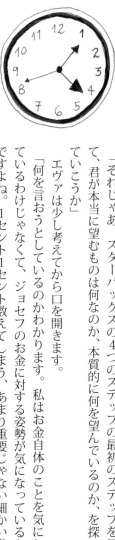

定に捕われてしまう癖が。だってそうでしょう、勘定が50セント間違っているのなんかどうでもいいじゃないですか？　特にディナーに満足したなら、尚更」

「君の話からすると、そういうことなんだと思うよ。ジョセフに気前よくなってもらいたいというとき、実際にいくらお金を使う、使わないっていうふうに考えているわけじゃなくて、もっと思考を気前よく、寛大に、懐が大きくなってもらいたい、と思っているんだよね」

「君も僕も知っての通り、ジョセフがケチで細かいことにこだわりすぎてしまう根元は、君自身から来ているんだよね、『ペン』の考え方のように。それじゃあ、君はお金に関してケチケチしていないとしたら、何に対してケチっているのかな？」

エヴァはうなずいて答えます。

「さっきのお話のとおりだと思います。私、数ドルに対してどうこう言わないけれど、時間に対してはとても厳しいんです。1分、1秒単位で動いているから、4時に約束したのに4時10分に来たら機嫌が悪くなるし、レシピに書いてある時間よりもケーキが膨らむのが5分遅いだけでレシピを書いた人に対してブツブツ不満を漏らしながらオーブンの前で苛々したりするんです」

「いいね」と私は同意します。

「ということは、大多数の人が気前よくなれないのは、お金じゃなく時間だってことだよね。自分のためにプランした1日のスケジュールをロケットのようなスピードで駆け回る中、他の人に数分の時間を割くのをためらってしまう」

「最近、運転免許のテストを受けないといけなくて、そのためには何十年も見ることがなかったドライバーのためのマニュアル教本を読み返さないといけなかったんだ。とってもつまらないだろうと覚悟していたけど、その本の中で素晴らしい一節を見つけたんだよ。非常に多くの事故、特に重傷に至る事故は、急いでいるドライバーによって引き起こされているそうだよ。酔っぱらい運転よりも、悪天候よりも、高速道路でのタイヤパンクよりも多くね」と私。

「そこで、その解決法としてマニュアルの中で提案していることは、ほんの簡単なこと。どこかに車で向かうときには、普段より10分余裕をもって計画を立てましょう。そうすれば急いで慌てることもないので、急いでいるために起こる事故を避けることができるでしょう。と書いてあったんだよ」

エヴァは納得して頷きます。

「ということは私の場合、やることすべてにおいて、時間的な余裕をもう少しもって行動するように習慣づけていけばいいということですね。余裕のあるスケジュールを組むということ、友達とお茶をしているときも行かなくてはいけない時間の10分前に立ち上がって、車に歩いて向かう間に何か話が長引いてもいいように。そうすれば焦らずしっかりと話に注意を向けることができる。毎日の生活に寛大さや気前の良さ、何だかまるで贅沢な気持ちが生まれるんですね」

「もう既に何だかそんな気分になってきましたよ」とエヴァ。

「そうだろうと思った」と私。

ウェイターが勘定書を持って私たちのテーブルに向かってきます。ジョセフが反対側からこちらに向かって戻ってきていて、お財布を出そうとポケットに手を入れるのが見えます。種が成熟する最速記録かな?

OUT WITH FRIENDS
友人との交流

質問66
私の夫は口が軽くて、他の人と話しているとき、黙っていられないんです。個人的なことだと私が思うようなことを次々といつも漏らしてしまいます。
もっと口が堅くなるには、どんな種を植えたらよいのでしょうか。

皆さんはどうかわからないけど、これは私が最も不愉快と感じる行為です。ダイヤモンドカッターインスティテュートプログラムで、パートナーとの問題を改善する方法について参加者の1人と話をしているときに、突然口を挟んできて、相手が前日に言ったとても個人的なことを言いふらす人がいますけれど、状況を悪化させるだけなのですがね。
それはさておき、ここで2つのとても単純な事実をあげたいと思います。1つは、他の人に対して最も不愉快と感じることは、まぎれもなく自分自身がしている最も不愉快なことであるという事実。何か言うべきでないときに口を滑らしてしまうような人たちが身の回りにたくさんいるとしたら、それは自分自身が常にそういうことをしてしまっている証拠。

人生の如何なるときでも私たちは何らかの困難を抱えています。そうした困難は毎日、毎年変わり続けるものですが、いま現在直面している問題がこれまでで一番大変なものであると思いがちですよね。過去の困難の辛さは時間とともに薄れがちですし、将来起こり得る問題はまだどんなものかわかりませんから。

人生は鏡のようなもの

でも、私たちの人生は鏡であるという考え方を思い出してください。今日直面している問題は、過去数週間や数か月の間にどう過ごしてきたかを直接反映するものだということ。そこで2つ目の要点につながってきます。周りにいる人が自分に似ていれば似ているほど、その人たちは自分から生まれてきたものだということに気づくのが難しくなります。

従業員の1人がクライエントに対して不適切な言葉を漏らしてしまうということが個人的にあなたが最も嫌う行為であったとしたら、目の前のそうした状況は自分自身の習慣的行為が周りの人という鏡になって現れているのだ、という事実を認めるのがとても難しいでしょう、というわけです。

ここでの解決法は、酷いほど正直すぎるかもしれませんが、とても単純で簡単なものです。周りの人の行動にイラついたら、数分その場を離れ、

1人になって考えてみましょう。彼ら（の行動）は自分に帰しているのだ、本当に苛つくのであれば、それは自分自身がいつも他の人に対して行っていることに違いない、と考えてみるのです。

（直接的でなくとも心の中でも）周りの人を批判するのではなく、マインド、思考の方向を転換してみましょう。イライラさせられる他人の行為に何か近いことを、ここ数日間に自分でも行っていないか、思い返すのです。自分のそうした行為をどうしたら止めることができるだろうかと考えます。

これが4つのパワーの3番目です。夫婦間の個人的なことを周りの人に言いふらしてしまう旦那さんを目にする原因となっている種を打ち消してくれます。

この方法が素晴らしいのは、旦那さんに対して何も言う必要がないことです。言い争ったり、話し合ったり、二者選択を迫られることもありません。ただ自分自身の心の中で静かに、穏やかな修正をすればいいだけなのです。

質問67
妻はあらゆる場面で自分の女性らしさをひけらかす癖があるんです。駐車係や銀行員に対してまで、会う人すべてに対して気があるような振る舞いをするので、とても不愉快です。
この問題に対する僕の気持ちにもう少し繊細に気遣ってもらうためのカルマはありませんか。

マンハッタンの五番街を歩きながらマークに訊かれた質問ですが、高級デパートやプラダ、ハリー

ウィンストン、ティファニーなどのショーウィンドウが溢れるこの五番街はこの質問に相応しい場所のように感じます。

奥さんのトニはショッピングに夢中なので、その間に私たち2人はセントパトリック大聖堂の近くの道端で立ち話をします。

「この現代社会では、それは難しい質問だよね。だって、矛盾があるじゃないか…」

マークは眉をひそめます。何のことを指しているのかわかっています。

「ええ…パートナーの相手には美しく、ハンサムであって欲しいし、セクシーに着飾って欲しい。素敵な姿で隣を歩いて欲しい」

「そうだね。他の人にもその素敵な姿に気づいて欲しいけれど、変な視線は送って欲しくない。思わせぶりな視線はやめて欲しいし、実際に口説いたり、手を出そうとしては欲しくない。素敵だと称賛するのと、思わせぶりな態度は紙一重だよね」

「そうなんですよ」とマーク。

「じゃあ、僕はただ嫉妬しているだけだって言うんですか？　妻は単に陽気なだけで、別に気がある振る舞いをしているわけじゃないって？」

「それはダイヤモンドの知恵の考え方で大切なことだけどね、彼女は気があるそぶりをしているって君が感じるのであれば、それは君にとって紛れもない現実、その気持ちは本物なんだよ。不愉快な思いをしているのであれば、それも本当の気持ち。通りすがりの男の人に対する彼女の態度、それに対するその男の人の反応とか、それを見て君がどう感じるかとか、この状況に関わることはすべて現実のもの。君から生まれてきたことだから、君自身が変えることができるんだ。どう変わって欲しいのかな？　君が描く理想的な状況はどんな感じ？」

「妻には美しくいて欲しいのですよ。綺麗に着飾るためにいろいろ買ってあげるのが好きなんです」とマークは笑顔で言いながら、道の反対側のロックフェラーセンターのショーウィンドウを指差しているトニに頷いて合図を送ります。

「街を一緒に歩くとき、綺麗でいて欲しいし、道を歩く人たち、他の男性にも、彼女がどんなに素敵か気づいて欲しいんですよ。でも、安心感をもっていたいんです。誰か別の男に言い寄ったり、本気でイチャイチャするんじゃないかって不安な気持ちになりたくないんです」

「美しくあることには賛同するけど、不誠実であることに異議がある、と言えるかな？」

「そのとおり」と、ため息混じりに答えるマーク。

「彼女の素敵な姿を鑑賞するのに適切な方法と不適切な方法がある、っていうことかな？」

「そう、そのとおりですよ」

「いいかい、1つ確認するよ。彼女はただ単にとても社交的である可能性もある。これは良いことだよね。あるいは本当に本気で気のある素振りをみせているのかもしれない。これは悪いことだね。全く同じことを言ったり行ったりしたとしても、状況や相手によって、人に温かく接することができる素敵な人だな、と思えるときもあれば、思わせぶりだって感じることもある、と思わないかい？」

「おっしゃりたいことはわかりますよ。先生の講演を何度も聞いていますからね。道端で誰かが『ドレスが素敵だね』って声をかけているのを僕が見て、その状況をあるフィルターを通して見ているんですよね。知らない人にも優しく声を返しているなんて素晴らしいなと感じるフィルターのときもあれば、なんかイチャイチャしてるって気分を害してしまう悪いフィルターを通して見ることもある。両方のシチュエーションでも彼女は同じように振舞っていたとしても、フィルターの違いによって僕の感じ方も変わってくるということですよね」

「そのフィルターはどこから来るんだい？」

「知ってますよ。種からです」

「で、どんな種が悪いフィルターをつくってしまうのかな？　他人にも温かく接していると見るのではなく、思わせぶりに話していると見てしまう種」

「美しいものの不適切な称賛と見てしまうのはなぜだろう？」

「ええっと…ダイヤモンドの知恵の考え方からすれば…僕自身何らかの形で不適切な称賛を行っているから…」マークはあまり深く考えずに思いついたことを口に出します。

「話の方向は合ってるよ。じゃあ実際にどんなことをしているのか思い当たることはある？」

マークは急に顔を真っ赤にします。

「あの、そりゃ時々…ネットで女の子を見たりすることも…」

「それは美しいもの？」

「ええ、まあ僕にとっては魅力的なものですね…」

「適切なこと？」

「それって、トニが納得するようなものかっていう意味ですか。だとしたら、そうじゃないと思いますよ」

「これまでの話に合わせて考えたときにはどうだろう？　つまり、トニが本当に思わせぶりに誰かとイチャイチャすることで君たちの関係に悪影響があるのと同じように、君がネット上のポルノ画像を見ることで誰か他の人の関係を傷つけることになっていないかな？」

「そんなふうに考えたことはなかったけど」とマーク。

「だって、ただ可愛い女の子の画像をみてるだけだし…」

「その娘たちは恋人がいるかな？」

「そんなこと知りませんよ」

「君はどう思う？　だって可愛い女の子たちなんでしょう？」

「まあ、多分いるんじゃないですか？　恋人がいる娘が多いでしょうね」

「それじゃあ、その恋人たちは、君がネット上で観れるように服を脱ぐことに対してどう感じているんだと思う？」

「でも、誰も強制しているわけじゃないんだし」

「君が言いたいのは、お金のためにやっている、ということ。いいお金になるんだろうね、多分そのお金が必要だからしているんだ。恋人は最初はそのことに気づいていないかもしれないけど、いずれはわかってしまうだろうね、インターネット上にのっているんだから。それに対して何か不満を漏らすかもしれないし、何も言わないかもしれない。家賃の支払いや子どものためにお金が必要かもしれないから。そうすると、本当はありたくない状況に追いやられていることになる。君が追いやっていることになるんだよ」

「そう見ると、かなり不適切なことに思えて仕方がないね。悪いフィルターで周りを見てしまう種を植える結果になるだろうね。トニはただ周りの人に優しく接しているだけかもしれないのに、毎回それは思わせぶりな行為だって君は見てしまうような種をつくり出すんだよ」

「美しい体というのは悪いことだって言うんですか？」

マークはつっけんどんに答えます。

「そんなことは言ってないよ。世界一美しいことであってもいい。ただその美しさを称賛する適切な方法と適切でない方法があるってこと。適切な方法とは誰も傷つけることがない方法。奥さんに聞いてごらん、何が適切で何が不適切か多分はっきりわかっているから。誰ともイチャイチャしたりしないパートナーが欲しいなら、彼女の話にしっかりと耳を傾けてごらん」

私たちが立っていた五番街の道角にトニが走って戻ってきます。笑いながら走る彼女の姿はドレスが風に揺られとても素敵です。

そんな彼女の美しさを私たち2人は一緒に鑑賞します。マークはそこで納得したように頷いたのです。

COMMUNICATING, PART TWO
コミュニケーション　その2

質問68
時折僕はパートナーと一緒に心地よい沈黙、静かな時間を楽しみたいと思うのですが、彼女は僕が彼女の話に興味がないんだと誤解してしまうんです。
彼女にも打ち解けた沈黙を楽しんでもらえるようにするにはどうしたらよいんでしょうか。

メキシコの都市、グアダラハラでのこと。少々北に位置するデュランゴ州の料理を専門とする、非常に見つけにくいバルコニーレストランで遅い時間にディナーを楽しんでいたときに出た質問です。
店の前の道を数ブロックほど行ったり来たりし、一階のお店正面を1つひとつ綿密にチェックしながらこのレストランを1時間ほど探し続けたのですが、誰も上を見なかったので、二階にあるこの店を見つけられなかったんです。

この質問を切り出したのはエンリケです。エルサは上の階のバルコニーでウェイターとやり取りし、カルディーヨやレジェーノなんかを頼んでいます。エンリケは4×4のシステムをしばらく教えてきているので、ちょっとした頭の体操の準備ができているはずだと思い、質問を投げかけます。

「まず4×4とは何か教えてもらおうか、4組の4つ、それぞれの名前と、それらの意味、役割について話してくれるかい」と私は、夕闇が訪れる街の風景を見つめながら尋ねます。

「4本の花、これは4つの種の開き方。スターバックスの4ステップ、これは開花を早める4つの方法。カルマの4つの法則、これはすべての種を左右する4つの法則、あとは4つのパワー、これは過去の悪い種を打ち消すためにしなくてはならないこと」

「いいね。それじゃゲームをしようか。君のことを無愛想だと非難せずに、打ち解けた沈黙をエルサにも楽しんでもらうのための方法が、ゲームの最後にはわかるはず。スターバックスのステップ1は…」

「短い一文で述べる。機嫌が悪いからとかではなく、心地よい沈黙、静かな時間が好きなんだということを彼女にわかってもらいたい」

「3本目の花」

「一般的に言って、自分の種は自分でまかなければいけない。僕は彼女を変えることはできない、彼女自身が変わらなければならない。でも僕がまいた種は僕が目にする周りの世界や人をつくる。3本目の花の法則によると、とても良い種を植えれば、彼女の変化を目にすることができるようになるし、それだけでなく自分の周りの世界すべてがもっと静かな時間を大切にするようになる」とエンリケ。

「1つ目のパワー」

これに対してエンリケは数秒考え込みます。

「多分それは、なぜ僕はネガティブな状況に直面しているのかを理解すること。エルサは僕が黙っていたい理由を誤解して、気分を害しているからと解釈してします。これは僕が過去に、誰かの意図を間違えて解釈してしまうことでそうした種をまいてしまったから。つまり、問題は僕から生じたものので、彼女にあるわけではない。ということは僕自身が変わることで、この状況も変えることができる、ということ」

「カルマの第2の法則」

ここでまたエンリケはしばらく考え込みます。

「これには2つの要素が関わっているんじゃないかな。だって、僕が直面しているエルサの問題は、僕自身が以前やっていたこと、おそらくいまでもやってしまっていることであるからまず自分を顧みてそれを探し当てないといけないのだけれど、そこには2つの異なる行為が関わっていると思います。静かな時間にあまり興味がない人を見る根元となった行為が1つ、もう1つは静かに過ごしたいという僕の気持ちを誤解してしまう人を見る根元となった行為」

「どちらの場合でも、カルマの第2の法則によると、こうした彼女の態度を引き起こす根元となった自分の行為を思い起こす場合には、より小さな、些細な行為を探すべきだと言っています。種を植えてから花咲く間には、潜在意識の奥深くで、その種はものすごく増幅するからです」

「よし、4×4の概念はよく理解しているようだね」と私。

「それじゃあ、実際にその2つの種を探っていこうか。日々の生活で君自身が静かでないのはどんなときかな?」

エンリケは眉をひそめます。

「うーん、それに関しては大して問題がないと思いますけど。近所の人を騒音で悩ます事はないし、うるさい音楽をたまに聴くことがあるけれど、イヤフォンを使うようにしているし。僕の職場はタイルの床なんだけど、椅子を引きずってキーキーと音を立てる人がいてとっても嫌だから、自分はやらないようにとても気を使っているんです。僕は騒がしいタイプではないんです」

「テニスボール」とつぶやきます。

「は?」と、エンリケ。

「テニスボールだよ。古いテニスボールを集めて、片側に小さな穴を空けて椅子の脚に突き刺せばいい。そうすれば椅子を引きずり回してもすごく静かになるよ」

エンリケは頷き、笑いながら「ねえ、それは普通の解決法で、カルマ的な答えではないじゃないですか」

私も笑って答えます。「全くそのとおりだよ。ダイヤモンドの知恵によると、普通の解決法はお粗末だと言われている、なぜかっていうと…」

「うまくいくかもしれないし、いかないかもしれないから」とエンリケ。

「そのとおり。ということは結局のところ、それらは本当に解決法なのかどうかも疑問だよ。全世界の苦痛や混乱の原因であるからね。問題の本当の原因に対処しなければ、テニスボールに対してひどい反応を引き起こしかねない」

「そうですよね」エンリケは一瞬考えにふけります。

「例えば、オフィスの皆が蛍光緑のボールに乗っかった椅子に座っている姿は、裕福なクライエントの目にどう映るかとかね」

「そうだね。それが『普通』の解決法が抱える問題だよ。それじゃあ、種探しの話に戻ろうか。もう一度訊くけど、君の人生の一面で、静かでない時、場所がどこかにないかい？」

エンリケはしばらく考え込みますが、突然頭に何かがひらめいたのが目に見えます。

「僕の頭の中だ」軽い驚きの気持ちに吐息しながら答えます。

「そう、1日中頭の中で自分に話かけているんですよ。ひっきりなしにおしゃべり、いつも先のことを考えて計画、数分でもただ静かにしてくれと自分のマインドに頼んだことはありません。時折の沈黙の時間にエルサが興味を持ってくれない状況に陥る根元となる種は、それに違いない」

「いいね、それじゃその種に注意しなさい。自分のマインド内を意識して静かにさせる時間をいくらか持ち始めるんだ。例えば職場からの帰宅中、運転しているときなんかにね。先のことをプランしたり、1日を振り返ったりしないで、ただ注意は意識に向け、内なる静けさを感じる。その瞬間瞬間に在るということ。周りを行き来する車の動きのパターンを観察したり、空や雲の様子を見つめたり、握りしめているハンドルの感触を感じたり。静かになってごらんなさい」

「わかりましたよ」とエンリケ。

「じゃあ、2番目の種はどうでしょう…」

「沈黙を求める君の気持ちを彼女は時折誤解してしまうのだったね。ということは、彼女は君に対して判断を下していて、それは間違った判断、思い違いだということに気づいていない、ということだね。

じゃあ、判断、批判の分野では君はどうかな?」と問いかけますが、これはちょっと意地悪な質問かなとひそかに思います。私たち人は皆、常にお互いを誤解し合っているように思われるので。

エンリケは少々考え込みます。

「過ごす時間の多い周りの人に対してはそうでもないと思う。うまく接するから、反応やフィードバックに触れることが多いし、大抵の場合は何を考えているのか推測できると思うけど。知らない人、道を歩いている人やお店ですれ違った人に対しては勝手に判断してしまうことが多いかもしれない」

これに関しては質問20で触れましたね。もう一度戻って、そこで提案した解決法を読み返してもよいかもしれません。

それは空想の力についての話でした。目にする周りのものがただ普通のものだと決めかかるのではなく、人生がもっとマジカルなものに思えるような壮大なストーリーをつくる。そうすることでそれはいずれ現実のものとなるということでしたね。

ですが、今回は違った取り組み方をしてみましょう。

「4×4の話に戻って、4つのパワーの2番目を見てみよう」

「悪い種を植えてしまったことに対して、罪悪感ではなく、真の後悔の気持ちを持つ」とエンリケ。

「後悔の気持ちと罪悪感の違いは何かな?」

「後悔、知性を伴った後悔の気持ちは、問題を解決する方法を探し前進する気持ち。罪悪感はただ座り込んで『何て私は悪いんだ』って落ち込むだけ」

「では、そうした健全な後悔の状態に至るにはどうしたらいいのかな?」

「それはカルマの第2の法則につながってますね。毎日通りすがりの人を軽率に見かけで判断してしまったことを後悔する。こうした些細な決めつけは後にもっと重い判断として自分に返ってくることを十分に承知しているから」

「そう、例えば君がたまには静かにいたい気持ちを身近な人がいつも誤解してしまうとかね」

それを聞いてエンリケの顔に笑顔が浮かびます。わかったようです。考えがあるのでしょう。

下を見ると、いかつい外見の男が街頭下に止まった車から降りてきて、何かを探している様子で道を行ったり来たりしています。

「あの人の職業は何だと思う？」

「さあ、どうだろう、マフィアか何かじゃないの？　ズィータギャングの一員かもね」とエンリケ。

「彼は映画監督だよ、グアダラハラで一番腕のいいフィルムメーカーの1人。自分の子どもを主役に世界を救うスーパーヒーローの映画を撮り終えたばかりさ。私たちとディナーしに来たんだよ。こだって教えてあげなくちゃ」

エンリケは悔しそうに下を見て、つぶやきます。

「そうか、もっと頑張るよ」

①　スターバックスの４ステップ（種を早く、大きく育てる！）
②　カルマの４つの法則（種の働き方を理解する）
③　４つのパワー（過去の古い種を食い止める！）
④　４本の花（種が現実になる方法）

質問69
私の妻は、どういうわけか大声で叫ぶように話かけるのが好きなようです。例えば、家の反対側の部屋にいる私に向かって何か聞きたいことがあるとき、ソファから立ち上がって私がいる部屋に来て普通に話すのではなく、６枚の壁越しに叫んでくるのです。もう少し感じよく話してもらうためのカルマはないのでしょうか。

アイルランドのゴールウェイ（Galway）の郊外にある素敵なコテージで受けた質問です。奥の部屋でガラスのスライディングドアの向こうにどこまでも広がるとてつもなく緑緑しい丘の風景を見つめながらくつろいでいたときのことです。近くで燃やす泥炭の甘い匂いが漂っています。

ちょうどナナカマド（純白の小さな花を咲かせるアイルランドの木）の花が開花する時期だったので、真っ青な空にまばらに広がるフワフワの雲が降りてきたように見えます。
「だって見てくださいよ」とリーアムは続けます。
「アメリカによくある安っぽい石膏ボードの壁じゃなく、アイルランドの頑丈な石の壁ですよ」
幸いにもリーアムの奥さんエルラ（『アイルランド』という意味

の名前）はキッチンで焼きたてのスコーンの山にバターを塗っています。この家族のボスは誰かというのはきくまでもありません。

「声のボリュームの問題ではないようだね」と私。

「というよりも、話し方の問題でしょう。要するに君は、エルラにもっと優雅な話し方をしてほしいんじゃないかな？」

リーアムは少し考えてから「ええ、そうですね」と頷きます。

「実際、結婚したばかりの頃はそうだったんですよ。書斎のドアにセクシーに寄りかかってはとても優しい感じで何かきいてきたものです」

そう、これが本当の問題だな、と私は心の中で思います。

「これは質問26で触れた問題ですね。なぜ物事は変わってしまうのか？　エルラが優しい歌い手から叫ぶ人に徐々に変わっていってしまったのはなぜでしょう？」

「種が古くなったんだね。それは4×4のどれに当てはまるかわかるかい？」

リーアムが16の可能性を頭の中で1つひとつ考えているのがわかります。それから飛躍的な思考が思い浮かんだようです。パイプを口の端に移し、彼の真っ青な眼がきらりと光ります。

「スターバックスの4ステップの最後のステップがこの問題に関わってくると思います」真剣なまなざしで答えるリーアム。

「どんなふうに？」

「そうですね。ご存知のとおりステップ4はコーヒーメディテーションですよね。もちろんここアイルランドでは濃い紅茶なんですけど」

「うん、それでそれが壁越しに叫ぶことにどう関わってくるんだい？」

「そう、結婚当初の僕は、素晴らしいエルラを見る種をたくさん持っていて、その種が常に花開いていたんですよね。書斎にいる僕に優しい言葉をかけるためにソファから立ち上がって会いにいく理由を探していたようにね」

「でも、彼女が毎回そうやって顔を出す度に、その良い種をいっぱい使い切ってしまったんでしょう。でもしばらくしてそうした種が全部なくなったので、何か欲しいときには壁越しに叫ぶようになってしまった」

「それで、コーヒー、あるいはティーメディテーションがそれにどう役立つのかな？」

「ええ、思ったんですけどね、普通コーヒーメディテーションはここ数日に行った良いことについて考えますよね」

「そうだね」
「それから、コーヒーメディテーショには使用期限はないといつもおっしゃっていますよね」とリーアム。
「そうだよ、眠りにつきながら、あるいは早朝や夜中に目が覚めてしまった時に、明確な意図をもって自分が過去に行った良いことに思考を向ける。それは昨日のことでもいいし、去年行なったことでも、10年前のことでもいいんだよ。そうすることで、新しい良い種を沢山得ることができるんだ」
「こうして意図的に思考を自分が望むとおりに方向つけることを瞑想と定義してもいいいんじゃないかと思う」

「オーケー」とリーアムは頷き、今度は立場を逆転し、質問を投げかけてきます。

「でも、4本の花の、3番目があるじゃないですか？」

「ああ」少し慌てて答えます。

「ネガティブなことをもうしないと決意をする？」

「そう…でも僕が考えていたのは、やめると決意すべきネガティブな行為が何なのかをまずは見つけないといけないという点についてです。つまり、探偵みたいに過去を探り、何をしてきたか突き止めないといけないということです」とリーアム。

「じゃあ、なぜこれを転換させられないんでしょう？　だって、エルラと結婚するずっと前、最初に出会った頃に良い種を植えたに違いないでしょう。彼女のことを魅力的で優しいと感じるような種をね。

よいカルマに使用期限がないのだとしたら、大昔にまいた良い種をティーメディテーションで使うことができますか？　その種をまくために実際何をしたのかはっきり思い出せなかったとしても、その種がどう花開いたかを覚えていれば十分じゃないですか。エルラが書斎の入り口に艶めかしく立って、僕に何か優しく訊いてきた様子とか？」

私はそれについて少し考えます。

「そうできない理由はないね。だって、原理上それは3つ目のパワーと同様でしょう。まいた記憶がなかったとしても、そうした過去の悪い種を植える原因となった行為を探し当てることで、その種をきれいにすることができるのだから、ティーメディテーションも同じようにできるはずだと思うよ。

たとえ実際に何をしたのか思い出せなかったとしても、初めてあった頃の素敵なエルラとして現れた種を植えるために君がしたに違いない何らかの行為について良い気持ちを持てばいいんだね」

「そうでしょう！」とリーアムは興奮気味に答えます。

「ということは、その昔エルラが優しく話かけてくれるよう植えた良い種に対して、眠りに落ちる前に満足な気持ちを思い浮かべたら、また同じような種をもっと植えることになるはずですね！」

「そうしたら、エルラは壁越しに叫ぶのをやめて、ソファから降りて書斎までやってきて、とても感じの良い聞き方をしてくれるだろうね」

でも、リーアムの思考はそれを既に超えて大きく広がっているようです。

天井を見つめながら思いに耽る彼の周りはプカプカとふかすパイプからの青い煙で巨大な雲のように包まれています。

エルラが優しく何かをきいてきた後に、書斎のソファーで起こったことについて何かつぶやいているようなので、その種をまきなおす計画は彼自身にまかせたのです。

質問70

私と夫は怒鳴り合いのような大きな喧嘩は殆どしないのですが、ほぼ常に些細なことで言い争いをしているように感じます。毎日何度も何度も、思いやりに欠けるちょっとした言葉をお互いに言い合っているのです。夫婦間のやり取りにもう少し優しさを取り入れるには、どういったカルマが必要なんでしょうか。

これはカナダ、バンクーバーでのことです。

かなり大きな中国商工会議所のメンバーに対して講演会が始まる前に受けた質問です。中心街にある職業センター内のダイニングルームで、青いプラスチックの椅子に座り、隣接する講堂に列をなして入ってくる人たちを窓越しに見ていました。時間の余裕があまりなかったので、何とか手短に答えられないか考えます。

キングワンがテーブルの向こう端から真剣な眼差しを投げかけます。パートナーに関する質問が皆そうであるように、この質問は彼女にとってとても重要な問題であることがわかります。入ってくる参加者の人たちにプログラムを手渡している旦那のツワイウェイの姿が窓越しに見えます。

「循環、連鎖の話に関わってくる問題だね」と話を切り出します。

こうした循環、連鎖、フィードバックループについては質問26および53で取り上げましたね。その質問をもう一度読みなおしてから、この会話に戻ってくるといいかもしれません。

「それは私でも目に見える問題です」とキングワンはしょんぼりと答えます。

「夫が何かちょっとした思いやりのない言葉を投げかける、そこで私もそれに対してちょっと刺々しい受け答えをしてしまう。そうすると、夫もさらに鋭く応戦して、その場を離れるのだけれど、2人とも心の内には何かしら苦味が残っているから、次に話すときにはまた前回の会話の続きから苦々しく始まってしまう。それは悪循環だってわかってはいるんですけど、どうやってそこから抜け出したらいいのかわからないんです」

悪循環の仕組みを理解することで、それを断ち切ることができる

「そうだね、悪循環を一時的に遮断する方法と、永久に悪循環を打ち止める究極の方法があるけれど、一時的な方法はいくつか既にわかっているよね。」

「ええ、そう、一応うまくいっている結婚生活を長年続けてきている両親から、そうした助言をたくさん受けています。一応うまくいっているというのは、家庭内には平和がある、というより私に言わせれば長年の休戦状態なだけで、そこに喜びはありません。家庭円満のために両親は別れずに一緒にいるので、私たちにもそうするための提案をしてくるんですけど、2人は一緒にいて幸せそうにはどうしても見えないんです」

「お互いに腹を立てたまま寝てしまうのはダメだと両親は言います。それは大抵の場合、効き目があるんだけれど、その法則に徹しようとすると、一晩中起きていることになってしまう場合だってあるんです。それだとか、絶え間ない口論が子どもたちに与えている影響について考えなさいとも言います。その大切さはわかりますし、子どもたちの前ではしないように心がけてはいますが、そうすると気持ちをただ封じ込めているだけで、心の中でわだかまり、後にもっとひどくなるだけなんです」

「ですから、私が知りたいのはもっと永久的な解決法です。私たち夫婦がはまってしまっている悪循環を断ち切って、1日中お互いに些細なことで言い合ってしまい、絶え間なく悪化し続ける2人の

間の緊張から抜け出す方法はないでしょうか？」

私は頷きながら答えます。

「方法はあるよ。それは1～2分で教えてあげられる簡単なこと」

バンクーバー中国商工会議所の所長さんが私を紹介するために、立ち上がって壇上に上がるのが見えるので、本当にそうでないと困るな、と内心思います。

「いいかいキングワン、良く聞いて。短く簡潔なことだから」

「そうした些細な口論の悪循環を本当に断ち切ることができるのはたった1つ。何が起きているのか完全に理解すること。古代の経典はこれを『智慧の完成』と呼んでいるんだ」

クモの巣がはっている記憶の片隅から中国語の訳を絞り出します。

「般若波羅蜜多」（“Bo-re bo-luo mi-duo”　注：日本語ではハンニャハラミッタと読む）

「聞いたことがあります。でも、ここでそれはどういった意味合いがあるんでしょう？」

「とても簡単なこと。この些細な口論の悪循環を動かし続けているのは何かをはっきりと理解しなければいけないんだ。それは心理的なことではなくて、カルマ的なこと。この2つは全く違うものだからね」と私。

「朝起きてベッドメイキングをしているとき、昨日の夕食はひどかったなんてことをツワイウェイが言ったとする。それに対して憤慨するのではなく、なぜ彼がそんなことを言ったのかを考えないといけない」

「それは彼が自分で決めて言ったことではなく、言わずにはいられなかったこと。言わされたことなんですね」

「なぜ？」

「昨夜ＵＢＣ（バンクーバー大学）でのお話どおりだとしたら、夫がディナーの不満をこぼしているのは、たぶん1週間前に上司について不満を誰かにこぼしていたからということでしょう？」

「そう。君から生まれたもの。彼が口論するのは君から生まれてきたもの」

「それじゃあ、彼がディナーについて不満をもらしたときに君がすべきでない最も愚かな反応は何かな？」

キングワンはきまり悪そうにうつむきます。

「えーっと、一番すべきでない馬鹿なことは、彼の言葉に口論し返すこと」

「なぜ？」と私。

「そうすると口争いする種をもっと植えてしまうから」

「そうだね。そうすると彼は君に対して些細なことをぐちぐちといい、君も言い返して口論になり、口論につながる種をさらに植えてしまうことになる。こうして悪循環が続いてしまう」

「じゃあ、こういうことですか？　悪循環の仕組みをただ理解することがそれを断ち切る唯一の方法だって言うのですか？」とキングワン。

「そのとおり。それが智慧の完成だよ。最も賢明な方法。口論し返すのを拒んだ。言い返さないのは彼がひどいことを言わなかったからではないよ。実際、本当にひどいことを言われたかもしれない。でもそれに対して同じように振る舞ったら、彼がひどいことを言い続ける種を植えることになってしまう」

「いいですか」と私は立ち上がり、ネクタイを直します。隣の講堂では私の紹介が終わり、観客は見回して私の姿を探しています。

「すぐにできるようにはならないよ。循環、連鎖がどのように続いているかの知識、この『智慧の完璧』を使おうと最初に思いつくのは、既にツワイウェイに言い返した30分後だろうね。また次の週に彼が君と口論になる状況をもたらす悪い種をたくさん植えてしまったことに気づくのにそのくらい最初は時間がかかるんだ」

「それから次の週になって、彼が口論を始めたときにおそらくまた言い返してしまうだろうよ。でも今後の口論の種をまたつくってしまったことに気づくまで、今度は15分かからないかもしれない」

「言い返す自分の言葉への意識がどんどん高まっていくにつれて、この時間差は徐々に短くなっていくんだ。そうしてある日、言い返す前に自分を止めることができるようになるはず。次の週にまた口論する旦那さんを見たくないからね」

「こうして悪循環が断ち切られるんだよ」と笑顔で締めくくり、ドアに駆け寄ります。

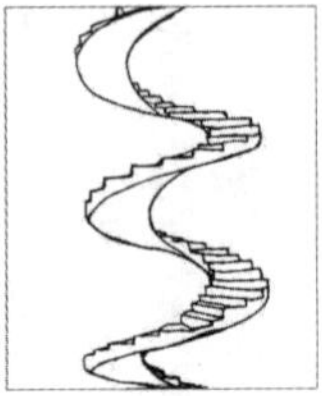

ADDICTIONS

依存症

質問71 私のパートナーは、私に目を向けるよりも、インターネット上の女の子の写真のほうに興味があるようなのです。
彼の注意を惹くためには、どういった種を植えたらいいのでしょうか。

これまでの話でもうおわかりのように、私は幸運にも世界中を旅して回り、様々な国の人とかかわり合う素晴らしい機会に恵まれています。こうして出会う方たちは私に教えを受けていているつもりなのですが、同時に私も彼らに学んでいるのです。そこで、彼らの話から最近よく見られる傾向についてお話したいと思います。

アルコールや薬物に対する依存症のひどさは嫌というほど思い知らされていますよね。しかしながら、コンピュータへの依存はさらに深刻な問題になりつつあると思います。それは人口が増え続ける現代において、人の衣食住にコンピュータが大きく貢献しているからです。ここ数十年の進化はコンピュータの力なしには不可能だったでしょう。

それと同時に、コンピュータは私たちに害を与えているのですが、どんなにひどい害なのかを理解するにはもう一世代、二世代ほどかかるかもしれません。インターネット上のポルノ画像に依存している人に関するこの質問の答えは、他のネット依存の形、オンラインゲームやフェイスブック、あるいはeメールに対して依存、執着する人にも当てはめることができるでしょう。

依存、中毒の特性は、それが自分にとって良くないとわかっていながら、やめるための力がない状態だと思います。依存症は家族や友人を傷つけ、評判を落とし、自分の心身を痛めつけるものである。ふと我に返ってはっきりと物事を見たときにそれを理解するのですが、それでも自分では止めることができない。そんな状態を『中毒、依存症』と呼んでいます。

そのように止める力がないときでも、止めるための力を与えてくれるのがダイヤモンドの知恵システムの素晴らしいところです。

それはともかく、この質問と同様の質問を数多く、様々な形で世界中から受けてきました。あらゆる形で現れるコンピュータ依存の問題は世界共通だからです。

この質問をしたイヴァーナとの会話に戻りましょうか。

それはチェコ共和国でのこと。首都プラハの非常に美しい名所の1つ、チャールズ橋を一緒に歩いて渡りながら話をしていたのです。

「ああ、それは中毒だね。私が思う依存症の定義にぴったり当てはまるよ。それをしたがる、自分に害があることを知っている、だけれど止めることができない」

「先生が思うよりもっとひどいんですよ。立たせられなかったり、途中で萎えてしまうことがどんどん増えていて、それはネット上でポルノを見過ぎだからだと私は強く思っているんです。それだけじゃなくて、うっかり私が部屋に入ってきて、見ている現場をおさえる度にすごく慌てふためいています」とイヴァーナ。

旦那さんのブラニスラヴは私たちより前方を歩き、橋の途中にある有名な像の1つを友人に見せています。確かに彼はここ数年で前みたいなどっしり感が消え、少し神経質になったような気がします。

「彼自身は本当に止めたいと思っているのかな?」

「そうだと思います。ポルノが好きだから依存してしまっているけど、本当は止めたいと思っているなんて、矛盾しているように聞こえるのは承知していますけど、心のどこかで安っぽい行為だと感じているんだと思います。自分の品格を落としめると思っているので、捕われているマインドを取り戻して、もっと他のことに気持ちを向けたいと思っているはずです」

「わかった。それじゃあ彼自身が種に働きかけるのを助けてあげればいいんだね。ダイヤモンドの知恵を使って依存症に取り組む際に忘れてはいけないのは、中毒行為を止めさせるためにその人の理性や意志の力に訴えるわけではないということ。そのやり方がうまくいくのだったら、とっくの昔に自分でそんなことはできたはずだからね」

「わかります」と同意するイヴァーナ。

「何度もそれは試してきましたから。この中毒を断ち切るためには、違うアプローチ、新しい何かが必要になってくるはずですね」

「それじゃあ、ブラニスラヴがどんな種を植えるべきか話そうか。それがわかったら家に帰ってから2人でゆっくりと自分たちがやりやすい方法で種を植える努力をすればいい」

イヴァーナはそれに対して頷きます。

「アメリカではアルコールがとても深刻な問題だってことは知っているよね?」と私。

「ええ、ここでもそうです」

「飲酒癖を止めようと、人は莫大なお金をつぎ込んできたよ。1日1000ドルもするリハビリセンターがあるくらいだから、そのひどさはわかるよね?」

イヴァーナはまた頷いて同意します。

橋は観光客にあふれ、私たちの周りを取り巻いていますが、彼女は話に集中しており、まるでそこにいるのは私たち2人だけのようです。

「でもそれがね、最も効果的な治療法はタダで受けられるものだってことがわかったんだ。それはアルコホリークス・アノニマス(AA)と呼ばれる自助グループだよ」

「聞いたことがあります。どういう仕組みですか?」

「飲酒問題を抱える人と形式張らずに集まり、自分について話をし、お互いをサポートしあう。このプログラムの鍵となるのは『スポンサー・スポンサーシップ』と呼ばれるシステムなんだ」

「AAのミーティングにしばらく関わってきた人で、1年以上お酒を口にしないで過ごすことができた人が大抵スポンサーの役割を担う。ミーティングに新しく加わった人は、誰かに自分のスポンサーになってもらうようリクエストすることができる。スポンサーは新メンバーがAAの指針を学ぶ手助けをしたり、例えばお酒を飲みたくなってしまったときに電話で相談相手になったりといった役割を果たすんだよ」

「他のアルコール依存症者のスポンサーの役割を引き受けたのにはいくつか理由があるとAAの共同設立者の1人は言っているよ。まず1つ目は、それは自分の義務だと感じたから。さらに、他の人の助けとなることに大きな喜びを感じたので、自分を助けてくれた人に対して恩返しする素晴らしい方法だと思ったそうだ」

「でも、彼があげたいくつかの理由の中で、一番重要だと私が感じたのは、誰か他の人のスポンサーとして助ける度に、『自分自身が飲酒癖にスリップしてしまう危険性に対してちょっとした保険をかける』ことになったと言っていたこと」

「それが重要な鍵、AAがこんなにもうまくいくシステムである理由だよ。依存症がある誰か他の人を助ける責任を担うことで、自分自身の依存を断ち切るための種を植えるんだ」

「ということは、ブラニスラヴが自分を救うための一番の方法は誰か他の人を助けるということですね」

「いつもどおりにね！　そうしたら、これが意志の力とか理性の問題じゃないことがわかるでしょう。何かに依存しているときは理性は働かないんだから。彼はただ種をまき、まき続ければいい。その種が心の内で大きく成長して占領し、自然と止めれるようになるでしょう」

「でも自分自身やめられないのに、どうやって他の人を助けるんでしょうか？」

「しようとする意志、誰かを助けようとする努力だけで、種をまくことができるんだよ。自分ができる範囲で、できる限りを尽くす。それだけで十分。スターバックスの４ステップについては知っているよね？　ということは彼が何をすべきなのかわかるね」

「あっているか聞いてもらえますか？」とイヴァーナ。

この頃にはもうすぐ橋の終わりに近づいており、ブラニスラヴが私たちのほうに戻ってきています。

「まず、何を望んでいるのかを決めなくてはならない。『ネットポルノへの依存を断ち切りたい』というように。次に、誰か同じ問題を抱えている人を見つけて、その人を助けるためのプランを立てる」

「あるいは似たような問題を抱える誰かを」と付け加えます。

「彼と同じ依存症ならもちろんよいけど、他の依存症、アルコールや食べ物に対する依存などでも大丈夫。ただその種をコーヒーメディテーションの時間に方向転換しないといけないよ」

「わかったわ」とイヴァーナ。

「それで、３つ目は、その人を実際に助けるための行動を起こす。例えば、スターバックスとかの喫茶店に連れていって、お互いの依存をどうしたら断ち切れるかアイデアを出し合うといったように」

「そう、それから４つ目のステップとして、自分が行った良い行為。助ける人を選んで、どうやって助けるかプランを練り、実際に行動に移したことについて寝る前に考えるべきだね」と私。

「コーヒーメディテーションね！」とイヴァーナは笑顔を浮かべます。

「コーヒー？」とブラニスラヴが近づきながら声をかけてきます。

「いい考えだ！　橋の反対側の河岸にいい場所があるよ」

「そうか、今度はさっき通り過ぎた像をじっくり見ることができるかな」

私たちは振り返り、また同じ道を戻り始めます。

質問72

妻と一緒になってしばらくの間、彼女がアルコール依存の深刻な問題を抱えていることに全く気づきませんでした。でも、いまではお酒に完全に飲まれてしまっている日が多いのです。僕との関係よりもお酒の瓶との関係のほうが深いかのように感じます。この依存症を克服するための種を教えてください。

香港湾を一望する香港コンベンションセンターで講演をしたときのこと。途中休憩の間にステージで本にサインをしているときにウィリアムから聞かれた質問です。彼は観客席に座っている奥さんのスーに向かって合図をし、スーはその質問をしても大丈夫だというようにうなずきます。２人とも中国人で、仏教徒でもあります。

「彼女がお酒を飲むのを突然止めてくれるような真言とかお守りを私から欲しいんでしょう？」

ウィリアムの表情から私の推測が正しいことは明らかです。

「そういうものを私は使わないんだよ。たとえ使ったとしても、君自身の種があって初めて効き目があるもの。だから種の話、種を植えることについて話す必要があるね」

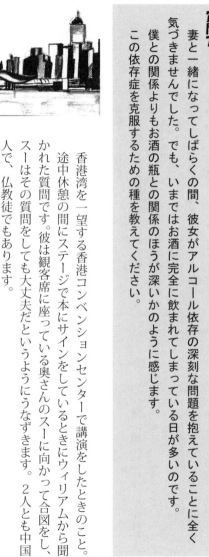

「スーに上がってきてもらったほうがいいですか?」とウィリアム。

「その必要はないよ。依存症の問題に取り組むには2つの方法がある。1つは飲酒問題を抱えるその人自身がアルコールを欲する気持ちがなくなるようになる種を植えること」これは1つ前の質問71で取り上げたアプローチですね。ですから、次に進む前にもう一度読み返してもよいでしょう。

私「状況に応じてはもう1つのやり方があるんだよ。これは君の役に立つかもしれないね。このアプローチは3本目の花、カルマの第2の法則、および3番目のパワーを組み合わせて使うんだ」

「3本目の花は…自分を取り巻く世界を変えるために自分自身が何か行動を起こすと、僕の周りの人や環境が変わると共にスーも変わるということですね」とウィリアム。

「そうだね。それじゃあこれから話すことは耳に痛いかもしれないし、大抵の人は目を向けたくない問題なのは百も承知だけど、君は大切な友人だから、試してもらいたいことがあるんだよ。最終的にはとても力を与えてくれるだろうから」

「わかりました」とウィリアム。中国人の忍耐強さと英国の唇をぎゅっと締めて頑張る気質が混ざった香港ならではの態度で答えます。

「問題なのは、スーは既に君を取り巻く世界の一部で、その世界は君が常に植え続けている種から生まれてくるものだということ。身近な人が依存症に悩んでいるの姿に直面するということは、3本目の花によると君自身がその問題に直面する種を植えたに違いないんだ。そうした種が生まれるということは、同様のことを君自身もしてきた、いまも何らかの形でし続けているということだからね」

「つまり、僕自身が何らかの常習行為をしているから、スーのアルコール依存の問題に直面しているっていうことですか?」

「そのとおり。カルマの第2の法則によると、その種、つまり君自身の依存の問題はスーの問題よりもずっと小さな些細なもの。マインドの内に植えられた種は自然界に見られる種よりも速いスピードで増幅し続けるからね」

ウィリアムがそこから話を続けます。「それから3番目のパワーによると、問題があることを認め、それに向き合う決意をすることで、僕自身の依存の種を打ち消すことができる」

「そのとおり。ダイヤモンドの知恵のアプローチは、周りを取り巻く人や状況は自分の種がすべてつくり出しているということを認めることに基づいている。何か問題が起きたときに大抵の人はそんなことは聞きたくないと思うでしょうね。どんな依存であったとしても、家族の一員が深刻な依存問題を抱えているというのは、その家族全員に大変な重圧をのしかける。どんなに素晴らしい人でも、時に何十年も続くと、依存症を抱える家族の面倒を見るために悩まされてきたことを不快に思い始めかねないよね」

「だから、その人の行動は自分から来ているのだという考えに抵抗感を示すんだ。家族の人はそんなことは聞きたくないからね。でもこの考えに取り組むと、すぐに謙虚、共感的になることができる。さらに、自分を取り巻く状況は自分に責任があるということだけでなく、その状況を変える力が自分にあるのだとふと気がつくので、大いなる喜びも与えてくれるんだよ」

「ということで、探偵のように探っていこうか？　その種は何だと思う？　君が目にするスーの姿の根元となる種、君自身の些細な依存行為、常習行為は何だろう？」

ウィリアムは天井を見上げて考えます。自然な瞑想の形ですね。

「コーヒーかな？」と一言もらします。

「それは中毒みたいなもの？」

「うーん、コーヒーに依存しているとは思いたくないけど、まあ依存症の定義には当てはまるかもしれない。毎日飲まないとダメだし、良くないってわかっていながら止めることができない」

「どんなふうに自分に良くないと思うんだい？」

「それについてはいろいろ考えてきたんですよ」とウィリアム。

「確かに神経質になりますし、午後2時以降にコーヒーを飲むと夜眠りにつきにくくなります。だから日中早い時間に飲んだとしても、良くないんじゃないかなと思うんですよ。カフェインが体から出ずに、血中に何日も残っているんじゃないかなとね」

「自分自身に対するコーヒーの作用を認めるのを躊躇したとしても、周りの人に与えている影響は確かに目につきます。常にコーヒーを片手に飲み続けている人は、そうでない人と違うことは明らかです。集中力が弱く、物事に心の焦点を合わせ続けることが難しいように見えるんです」

「それじゃあ3番目のパワーをどのようにして使ったらよいのかな？」

「自分および周りの人に与えるコーヒーの影響について考え、1日一杯に抑えたり、飲むのはお昼前までにすると自分自身に誓いを立てる。その誓いを守り続けることによって、これまで何年も続けてきたちょっとしたコーヒー依存の問題の古い種を壊すことができる。そうすると開く依存の種が段々と少なくなり、身の回りで目にする依存の問題も少なくなってくる。スーの飲酒問題を含めてね。そうすることで少しずつ、でも着実に彼女の気持ちの焦点が、お酒の瓶から僕のほうに戻ってくるんですね」それに対して、私は「いいプランなんじゃないかい？」と笑顔でしめくくりました。

KIDS
子ども

質問73
子どもが欲しいのですが、夫はそうじゃないようです。家族を増やすことに興味をもってもらうのは、どんなカルマなんでしょうか。

マレーシアの首都のクアラルンプールでのこと。講演会の途中休憩の合間に聞かれた質問です。

マレーシアで初めて行った講演だったのですが、(1500人以上もの)観客の数とそこで出会った人たちの温かい人柄に圧倒されました。ダイヤモンドの知恵の考え方は世界中の人たちを国境を越えてつなげるという話を切り出したときには、お固い実業家の人でさえも胸を詰まらせていたくらいです。

ステージの下を見ると、並んで質問の番を待っている人の列は広い講堂の後ろ端近くまで続いています。でも大丈夫、この質問は簡単だから、1分以内に次の人に進めるはずです。

ファラは観客のざわめきの中、私の答えを聞こうと身を乗り出します。旦那のアミールはステージの反対側に立ち、カメラと格闘しています。

「なぜ君は赤ちゃんが欲しいのかな？　子どもを持つということは本質的にどういうことなのかな？」

ファラはしばらく考えてから答えます。

「誰か他の人に完全に自分自身を捧げる素晴らしい機会だと思います」

「ということはつまり、君たち夫婦の人生を他の人に捧げるという考え？」

「そのとおり」

「それじゃあ、そのための種はどんなものだと思う？」

「さあ何でしょう。多分…赤ちゃんができる前から誰かに自分を捧げることで、また同じように自分を捧げるために赤ちゃんを授かることができる、ということでしょうか」

「誰に対して、いま以上に自分を捧げることができると思う？」と私。

ファラはすぐにその意味をつかみます。

「それはもちろん、夫、アミールにもっと献身的になれるはず」

私は頷き、話を続けます。

「いいかい、多分これまであまり考えたことがないようなことを教えてあげる。奥さんが子どもをつくる話をし始めると、心の奥底でヒヤヒヤと不安になる旦那さんが実は多いんだよ。子どもができてから夫婦生活がどうなるかを見たことがあるからね。奥さんは子どもに献身的になるあまり、旦那から心が離れ、旦那は取り残された気分をひどいと残りの一生感じるはめになる。そうすると、子どもや家族に対して思ったほど献身的になれないかもしれない。２人が結婚したときは、お互いに心身を完全に捧げあうと誓ったのに、どうしたものか君はその約束を破ろうとしていると、旦那さんは感じてしまっているのかもしれないよ」

ファラは頷き同意します。

「わかります。夫が喜んで子どもをつくろうと思うようになるには、私自身が夫に献身するという当初の約束をしっかり守らないといけないのですね。そうしたら夫も私と一緒に子どもに献身的になってくれる。子どもが生まれた後も子どもだけでなく夫に対しても尽くせば、夫も子どもと私に対して一生尽くしてくれるんですね」

「それからずっと幸せに暮らしたとさ」

通訳の人は多分アメリカのおとぎ話は聞いたことはなくて、いつもそういう結末だなんて知らないんだろうな、とファラとアミールがステージを降りていく後ろ姿を見ながらふと思いますが、まあ二人の場合はきっとそうなるだろうって気がするのですよ。

質問74

妊娠しているのですが、中絶を考えています。

でも、本当にそうすべきなのか１００％確信が持てません。何か助言がありませんか。

これはほぼ毎日、時に1日何回もきかれる質問です。簡単な問題ではないのは承知ですし、男性であり、さらに僧侶である私には、女の人がこの問題に関してどう感じるかを本当に身をもって感じることは決してできませんが、これまでその問題に関わってきた経験はありますし、個人的に感じることをここでシェアしたいと思います。読み進む前に、これから話すことの背景を理解するために、質問44をもう一度読み返すとよいかと思います。

今回、この質問はロシアの「黄金の三角地帯」と言われる南部の古都が密集する地域出身の友人何人かと集まったときに受けました。他の人からかなり離れて座っているのにも関わらず、アナスタシアはささやくように話しています。

「君の代わりに私が決められるような問題ではないよ」

「この問題に限らず、他の人のために決断をくだそうとすることは殆どないけれどね。様々な国、人種や社会、宗教伝統はそれぞれ、中絶に対して異なる考えを持っていて、育った環境におけるそういった考え方の違いを尊重することは大切だと思っています。でも、君が決断を自分で下すのに助けになるかもしれない話を2つほど教えてあげましょうか」

アナスタシアは無言で私が話を続けるのを待っています。

「そう、あれはかなり前になりますが、一カ所の小部屋に閉じこもって、3年ほど黙想したことがあります。それを終えて出てきたとき、その経験を話してほしい、といろいろな都市に講演に呼ばれたんですね」

「そのうちの1つ、ニューヨークでの講演を覚えています。大勢の人と接するのがまだ少し辛かった時期です。会場は比較的小さめだったので、多分100人くらいの観客で埋まっていたでしょうか。

講演の前に静かな場所で考えをまとめられるようにと考慮して、主催者の人が隣接する控え室を用意してくれました」

「控え室のドアはパックリ開いていたので、前のほうでうろうろする観客の人たちが見えます。それから席に着くよう呼ばれたので、ロビーはがらんと人気がなくなります。すると突然、もう1つの通用口から小さな姿が現れます」

「可愛らしいアジア系の女の子、4歳くらいでしょうか、ピンク色のシフォンドレスを着ています。全く人目を気にせず、自然体で屈託がない優雅さでロビーを飛び跳ねまわっていますが、講堂のドアが開き、誰かに呼ばれてその女の子は中に消えていきました」

「そこで私も立ち上がり、講演のために中に入ります。それからいつもどおり途中休憩の時間が取られ、私はお茶をすすりながら、参加者の個人的な質問に答えていたのですが、中国系の女性が近づいてきて、私の横にひざまずきます」

「あなたが3年間の黙想に入る前の講演会に参加したんですけど、そのときに、ラマがおっしゃった話についてお話くださいましたよね。子どもの心は受胎の瞬間にお母さんの子宮内に宿るのだ、という話。後ろの列に座っていたので、きっと覚えてはいらっしゃらないと思いますが、実はそのとき妊娠していて、中絶を考えていたんです」
「講演の後、家に帰ってから、ラマのお言葉を考えました。そうしたら、『私の赤ちゃんはもうここにいるんだ、既に生

きているんだ』って思えて、その子を育てることに決めたんです」

「彼女はこの時点で顔を涙でぐちょぐちょにしながら泣いています。そして『人生最高の出来事、これ以上ない幸せそのものです』と言うのです。それから振り返り、後ろにいる誰かに合図をします。すると、ピンク色のドレスを着たさっきの女の子が恥ずかしそうに顔をのぞかせます。そこで私も泣き出し、心の中で思ったんです。『何年も何年も教えてきた、いや、不完璧ながらも教える努力を続けてきたけど、少なくとも1つ良いことができた、この素晴らしい子どもがこの世界に生まれてくる手助けができたんだ』とね」

外の森がたそがれる中、アナスタシアも静かに涙を流しています。

「それともう1つ」と私は続けます。

「中絶に関する論争や意見は別として、心から伝えたいことが1つあります。現実的な話です。若い頃、大学時代のことですが、女の子を妊娠させたことがあります。いつも確認をちゃんとしていたのですが、彼女は女性用避妊具を使っていました。でも、このときばかりはそれがうまくいかなかったのです。私は避妊についていつもうるさく言っていましたし、ちょうどそのとき海外にいたので私にきくこともできなかったため、彼女は1人で決意し、中絶を受けたんです」

「学校の先生とか、周りの大人たちからそれまで何気なく中絶は悪いことではない、という話を耳にしていたので、私もずっとそう思っていたんです。でも実際に自分の身の周りで起こった後、とても悲しい気持ちに襲われました。それは何年も続きます。後にラマから種をきれいにする方法を教えてもらってからは、しばらくの間その種に働きかけ、しばらくしてその種を打ち消すことができたんです」

「それから何年も経ちましたが、これまでの間に何百人もの女性から、自らの中絶経験について、それによってどれほど悲しい気持ちになったか、ということを聞いてきました。私の講義に定期的に参加していた女性が、中絶後に正気を失ってしまったと聞いて、精神病院に会いにいったことさえあります」

「これらはすべて私個人の考えですよ」と最後に付け加えます。

アナスタシアは頷きます。

「貴重な話をどうもありがとう」彼女はその子どもを産んだのですが、その後もよく私に感謝の気持ちを伝えてきます。

ところで、種をきれいにする方法としてラマが教えてくれたのは、質問42で話した4つのパワーを使う方法です。もう一度おさらいのために読み返してもいいでしょう。私がそのパワーを自分の状況にどう当てはめて使ったかを教えますね。1番目のパワーについては、「ペン」について考えました。私の人生を取り巻くすべてのこと、すべての人は、良い悪いに関わらず、すべて自分から、自分が植えた種から生まれてきたものだ、ということについて思考を巡らせました。

それから、2番目のパワーのためには、この種をただ野放しにして増幅させて成熟させてしまったら、どういう結果になるか考えました。誰かの命をこすり落としてしまったことから自分に返ってくるカルマの報復はどんなものかと考えるのは悲しく、辛いものでした。

3番目のパワーのためには、今後一生、決して中絶には関わらないという決意を固く自分に誓います。これは僧侶の誓いをたてるのにつながった要因の1つです。

前向きな誓約である四番目のパワーのためには、アジアの子供対象に子供のためのダイヤモンドの知恵の原則を教えるグループを設立したんです。

こうした4つのパワーの実践を5年ほど続けた後、種が消えたことを示す典型的な徴候にいくつか気づきます。そういった徴候の1つは、短期間で消えるちょっとした災難が起こるということ。2日間続いて消える偏頭痛とかね。これは悪い種が時期早々に開いてエネルギーを解放し、死んでいったことを示しています。致命的な自動車事故に遭う代わりに、頭痛で済んだのです。

これはお釈迦さまが実際ダイヤモンドの知恵の元となる経典『金剛般若経（英語でDiamond Sutra)』の中で説いていることです。

こうした突発的出来事を経験した後に、種が終わりを告げたことを示す徴候がもう1つ現れます。肩から重荷が降りたかのように、即座にとても軽く、幸せな気持ちになるのです。それがなくなってから、それから解放された状態がどんなものか実感して初めて、重荷を抱えていたことに気づくことが多いでしょう。突如、毎日が光に満ちあふれ、人生のあらゆる瞬間に喜びが取り戻されるのです。

質問75
私たち夫婦には3人子どもがいます。2人の間の子どもが2人、前夫との子1人。夫は自分で気づいているかどうかはわからないんですが、いつも自分の子ども2人のほうをひいきして、私の第一子に目を向けないことが多い気がするんです。

子どもたち3人に平等に愛情を注ぐようにしてもらうにはどんな種を植える必要があるんでしょうか。

これはテキサスのある街で聞かれた質問。アメリカの心情を身をもって感じたいと思い、アメリカ全土の小さな街を車で回ったちょっとした講演ツアーをしていたときのことです。

ケイティと旦那のボブは郊外にある自分たちの大きな家に私たちを招き入れてくれたのですが、その家はフカフカに敷かれたカーペットの隅々まで3人の子どもの形跡であふれています。

「なぜそんな質問を私にきいてくるのかな？」と私は少し不機嫌気味に尋ねます。

「だって、スターバックスの4ステップを教えたことを覚えていないんですか？」

こんな質問をきかれたときのために、スターバックスの4ステップの説明を録音したテープをポケットに忍ばしておいたらどうかとアシスタントの1人が提案したことがありますけれどね。

「4ステップのことはもちろん知っていますよ」とケイティも少し苛つき気味に答えます。

「ちゃんとわかっていることを説明して見せましょうか？」と言うケイティに、彼女が気分を害したままでいないように、私はおどけた表情でうなずきます。

スターバックスの4つのステップをもう一度！

① 自分が人生において望むものは何かを短い一文で述べる。

② 自分と同じものを望んでいる誰を助けるのかを決め、どこのスターバックスにその人を連れて行ってそのことを話すか計画する。

③ その人を助けるために何かを実行する。

④ コーヒーメディテーションをする。寝る前に、誰かを助けるためにした良いことについて考える。

「ステップ1は、自分が望むものを述べる。ボブに子どもたち全員に対して平等に接して欲しい」

「ステップ2は、友人や家族の中で同じような問題に悩んでいる人を捜す。それは実際にしました。周りの人に話しているうちに、親しい友人のうち3人も私と全く同じ問題を抱えていることがわかったんです」

ここでケイティは一息置くと、目がきらりと光ります。同じようなひらめきの光が頭の中に灯ったに違いありません。

「あれ、面白いことに気づきましたよ。友人が3人も私と同じ問題を抱えていることがわかったとき、これまで彼女たちの悩みに気づいて来なかったからだって思いがちだけれど、いま、ふと思ったのは、もしかしたら3本目の花の法則が働いているのかもって。同じ問題を抱える人たちが周りにいることに気づいたのは、私自身の問題を引き起こしている同じ種から生まれてきている問題だからなのかもしれない。だから自分の種に働きかければ、友達が抱える似たような問題を解決させる手助けにもなるんじゃないかしら？」

ケイティは首を振って、その思いつきをぬぐい落とします。

「それはともかく、次のステップ3は、友達を実際にスターバックスに連れて行って、旦那さんの問題に対してアドバイスをする。ここで問題に突き当たるんですよ」

「何が問題なのかな？」

「だって、スターバックスのステップ3にくると、このシステムはちょっとおかしく聞こえますよね。お金に困っている人は、お金に困っている他の人に助言して問題解決の種をまかないといけない、子どもを平等に扱ってくれない旦那を抱える女性は、同じような旦那を抱える他の女性を助けるためのアドバイスをしないといけない、ということでしょう」

「でも、お金をつくるのに困っている人は、同じ問題を抱える人に一番助言すべきでない人なんじゃないですか？　旦那の問題でも同じ。悪循環のように感じます。ボブに子どもたちを平等に扱ってもらうためにどうしたらいいのかわからない、だから同じ問題を抱える友達にその解決法をアドバイスすることなんか到底できない。ということはボブが変わる姿を目にする新しい種をつくることがいつまでたってもできないじゃないですか」

私は頷いて同意します。

「そのとおり、それが現実だよ。悪循環なんだ。お金が足りず困っている人は決してお金を人と分かち合おうと思わないし、同様に忙しく時間がいつも足りない人は、他の人のために時間を費やそうと思わないからね。ダイヤモンドの知恵の世界では、何万年も私たち人間が文化的に培ってきた習慣、人の本性を逆らって行動しないといけないんだ」

「人の本性を超越しないといけない。これはただ理解の力を使うことによって可能だよ。新しい夫が前夫との子どもにどう接するかの問題を友達のために君が解決してあげる必要はないんだ。ただサポートの手を差し伸べて、話し相手になって心の支えとなってあげるだけでよい。助けようとするだけ、つまり助けたいと思う気持ち、意志が大切なんだからね」

「誰か他の人を助けようとする意志が種の強さをつくり上げる要素なので、そういった強い意志をもって植えられた種はものすごい勢いで成長する。３人のお友達のうち1人に対して、自分は助言をするのに最適ではないとわかっていながらも、自分ができる範囲でベストな助言を与える、そうした小さな行為は種を植えるのに十分なんだよ。そしてその種は成長し、幸せな家族に花開くというわけ」

ケイティは茶目っ気ある笑顔を私に投げかけます。

「これでコーヒーメディテーションで考えることが思いついたわ」

「どういうこと?」

「今晩、ベッドの上に座って、自分とお友達を助けることができるように、この話をしたってことを満足な気持ちで思い浮かべます」

「それがステップ4ですよね」と確認するように話を締め、私たちは立ち上がり、講演会場に向かったのです。

質問76　私たち夫婦は過去数年の間に2回流産を経験しました。もうこれ以上子どもはつくれないのかと思うと不安で、悲しくなります。家族を増やすために必要なカルマは何でしょうか。

これはベルリンで受けた質問ですが、アルベルトはベルリン出身ではありません。彼は講演会に出席するためではなく、ホテルの部屋で5分間の対面時間をもらい、この切迫な質問を私にきくためにわざわざ遠くから飛んできました。

彼とマリアの間にはクリスティーナという愛らしい女の子が既にいますが、2人目をつくろうと長年試してきましたがうまくいかず、ドクターの希望も薄いなか地元の病院で受けた前回の不妊治療もひどい結果に終わっていました。

「1人ずついたらいいのに、って思うんです」とアルベルト。

「1人ずつ？」

「ええ、男の子が1人、女の子が1人だったらいいな、と」

「ということは、単に子どもが欲しいという種ではなく、男の子が欲しいという種を植えたいんだね？」

「そうです」とアルベルト。

彼は私がそのためのカルマを知っているに違いないと確信しているので、私は確かにそのカルマを知っていることに気づきます。

「それはね、2つの種になるね」

「どういうことですか？」

「子どもを授かるための種と、望みどおりの子どもを授かるための種」

「なるほど、そうですね」

「それじゃあ、まず最初の種のための4ステップを聞かせてもらおうか」

「1つは、マリアと僕は子どもが欲しい。2つは、同じように子どもを欲しがっている人を探して、手助けをするためのプランをたてる」

「そうだね。じゃあ、前回の病院での治療がひどい結果に終わったことを考えて、お2人に提案があるよ。先天性の問題、つまり生まれつきの問題を抱える小さな子どもを扱う地元の病院を見つけて、そこでその子どもたちを助けるボランティアをしてみなさい。おむつを替えるとか、床を掃除するとか、ね」

「わかりました、いいですよ。それがステップ2のプランですね。じゃあそれをしたとして…」

「そう、1週間に1回、2時間くらいだとしても十分。小さな種から大きな木が成長するからね」

「それからコーヒーメディテーションですね。3つの点に対して。ステップ2で病院に奉仕するプランを立てたことに対して、そしてステップ3で実際に赤ちゃんの手助けとなる行為に身を費やしたことに対して、満足感をもって思いを巡らす。それから最後に、種をただ植えるだけで赤ちゃんを欲するカップルは誰しもが子どもを授かることができるという未来のビジョンを思い浮かべます」

「そのとおり」と私は同意します。

「それじゃあ次に、2番目の種について話そうか。クリスティーナに弟ができるよう、男の子が欲しいという願いだったね。ステップ1は何だろう？　君がここで望んでいることは本質的にどういうことかな？」

アルベルトはしばらくこれについて考え込みます。

「僕たちが望んでいることの本質は…何って、それは望みどおりの子ども、男の子が欲しいってことでしょう！」

「まあ妥当なことだね。望みどおりのことを叶える種を植えたいというんだね」

「ということは、誰か他の人が一番大切にしてきた望みを叶える手助けをすることに専念すべきですね」

「そうだよ。望むことが何かはあまり関係ないんだね、その望むものを手に入れるということが重要なんだ」

「じゃあ誰か人を選んで、その人が本当に心から望んでいるものを見極める手伝いをし、さらにそれを得るための手助けをすればよいのですね」

「そのとおり。人は不思議な生き物だからね。望み通りにいかないと不満をもらすけれど、じゃあ望むものとは一体何なのかをはっきり答えられないことが多いでしょう。本当に欲しいものは手に入らないことになれてしまっているので、本当に欲しいものとは何かを考えることすらしなくなってるんだよ」

「だから、望み通りのこと、つまり君たちの場合、男の子を授かるための良い種を植えるステップ3は、誰かを喫茶店に連れて行き、その人が人生に望むことは何なのかを一緒に考えてあげるということ」

「大きく物事を考えるようにとか、妥協なしに本当に望むことを考えてみるよう促してあげる。心の奥底では欲していながらも、望むことすら怖くてできなかったような、本当に望むことを見極めるまで、数回会わないといけないかもしれないね。そうして見極めたことを手に入れるためのサポートをできる限りしてあげるんだ」

アルベルトはうなずき、気持ちが先走るように部屋のドアのほうに顔を向けながら「もちろん最後にコーヒーメディテーションで締めるんですよね」と笑顔で答えたのです。

さて、その後のアルベルトとマリアですが、かなり注意深く、かたくなにこのアドバイスに従い、嬉しいことにぷくぷく太った元気な男の子が生まれたと最近報告を受けましたよ。

RELIGION

宗教

質問77

何年もスピリチュアルな道なしに過ごしてきた後に、ようやくとてもエキサイティングな道に出会うことができました。なので夫にもイベントに一緒に参加してもらおうと誘っているのですが、興味がないようですし、それどころかひどく嫌がるようなんです。一緒に夫がその道を歩むようになるにはどんな種を植えたらよいのでしょうか。そうなってくれたら私の人生にさらなる幸せをもたらしてくれると思うんです。

カナダのトロントの西部に位置するグエルフでのこと。街のミュージックセンターで行われた講演会できかれた質問です。グエルフは世界中の小さな街の中でも一番スピリチュアル探求者（求道者）が多い街じゃないかと思います。ヨーロッパからカリブ地方に至るまで、世界中のあらゆる場所でグエルフ出身の人に出会ってきましたから。

今回この質問を切り上げたのはミッシーで、旦那はエリック。
「ミッシー、まずは何がうまくいかない方法かについてははっきりさせるところから始めようか。君自身も自分の経験からわかっているはずだけれども、はっきり言葉にする価値があるはずだよ。エリックを君の新しい道に引き入れようと説得しようとしても無駄、何度やっても毎回うまくいかない方法だからね。彼と言い争っても無駄、これも何度やってもうまくいきっこない方法なんだからね。何も言わないでいる、だんまり戦術も同じだよ」

どんな場合でも上手くいかないということは、
それは駄目だってこと

「わかったわ」とミッシーはうなずきながら答えます。
「そのとおりです。もっと早く気づくべきだったんだけど、それを自覚するまですごく時間がかかってしまったんです。でももうわかりました。これまで何度トライしても上手くいった試しがないんですから、彼と口論したりすることで何かを達成することはできないってことはもう十分に承知しています」
私は頷きます。
「君の物の見方を家族の人にわかってもらおうとプレッシャーをかけるのは間違っているということもできるし、あるいは反対に、スピリチュ

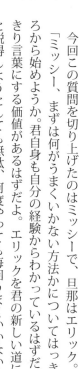

アルな道の素晴らしさをエリックと分かち合おうとしなければ後に後悔するでしょうということもできる」

「でも結局のところ、ダイヤモンドの話に戻ってくる。望むものがあるのなら、誰か他の人を傷つけない限り、君の思い通りに望むものを手に入れるべき。君が見つけた新しい道に対してエリックにもっとオープンに受け入れて欲しいと思っているんだよね。それは可だよ、ただ種をまけばいい」

ミッシーは窓の外に広がる素晴らしいカナダの森の風景に目を向けます。

「そういうふうに言われると、どんな種を植えたらいいのかは明らかですね」

「じゃあ、どういう種なのかな?」

「エリックに私の考えにもっとオープンになってもらいたかったら、私自身が他の人の考えにオープンになる必要がある。そうすることで種をまくことができるのでしょう?」

「そのとおり。いつも通りの法則が当てはまるよ。カルマの第2の法則によると、望む結果よりも植える種はかなり小さいものでよいんだったね。つまり、君が大切にする考え方に対して、エリックに心を常に開くように欲しい場合、周りの人から聞いた考え方や提案にオープンになる時間を週に数時間ほど意識するだけでよいということ」

「そして、一番大事なのはステップ4のコーヒーメディテーション」と言ってミッシーの反応を待ちますが、彼女の表情に不安がよぎります。多くの人が同様の反応をするのをこれまで見てきましたから。コーヒーメディテーションはその名前から何かお気軽なもの、可愛らしいものだと考えているに違いありません。「極めて重要なものには思えないとね」

「で、それはとても重要なステップなんだよ」と繰り返して彼女の注意を引こうとします。

「ええ、重要だってことは知っていますよ、じゃなければそんなに大げさに言わないですよね」とミッシー。

「コーヒーメディテーションは本当に重大なことなんだよ」ともう一度強調します。

「実際、難しいと感じる人が多いんだ。最初からあまり真剣に捉えないで軽視してしまったり、寝る前に毎日続けようとする人でも、なかなか集中できないことが多い」

「どうしたものか、頭を枕に落とした途端、心配事や神経質な不安に完全に気を取られてしまうんだよ。今日上司に言われたこと、信じられないとか、旦那がもっと愛情を示してくれたらいいのにとか、今月の請求書をどうやってやりくりしよう、といった考えで頭が一杯になってしまうというわけ」

「問題は、ベッドにつく頃には、長い1日を終えて疲れているってこと。疲れているときは誰しも子どもみたいに機嫌が悪くなるよね。疲れていると、すべての問題、すべての心配事が必要以上にかなり誇張されて感じられる」

「だから頭の中で誇張された問題と一緒に眠りに落ちてしまうので、一晩中寝ている間にその問題はさらにもっと大きくなってしまう。そうすると、眠りにつきにくくなったり、夜中の変な時間に目が覚めてしまったり、朝アラームがなるまで1時間や2時間ほど目が覚めたまま天井を見つめるはめになるわけだ」

「こうした問題はすべてコーヒーメディテーションで変えることができるんだよ。眠りに落ちながら、自分が他の人のためにした良いことについて意識的に思いを巡らす（それが、瞑想をするということ）。つまり幸せな気持ちで眠りに落ちる。そうすると眠りに落ちながら植えたその種はマインドの中で働き始め、意識下の土壌の中でどんどん増幅する。すると起きたときには喜びあふれ、すっきりした気分になっているだろう」

「これまで世界中の無数の人がダイヤモンドの知恵の教えに耳を傾けてきた。そのうちの多くの人がその知恵を活用し、種を植えようと試みてきたけど、それらの種が強く、早急に成長し、花を咲かせるのはコーヒーメディテーションの質に大きく左右されるんだよ」

「人生に望むことを手に入れられるか、入れられないかはコーヒーメディテーションにかかっている。そのシンプルさや、夜寝る前に横たわって自分がした善行について考えるのは割と心地よい楽なプロセスであることに惑わされないように」

「最もパワフルなカルマは最大限の努力やストレスを要するというのは間違った考えだよ。よくよく考えてみれば、実はその反対だってことに気づくだろうね。本当に最もパワフルな精神ツール、あらゆる成功への鍵を見つけたとしたならば、それは多分、穏やかで、単純かつ簡単なことに違いない」

「コーヒーメディテーションはあらゆる実践法の中で、最も楽しく、最もパワフルで、最も必要とされる実践法の1つだよ。コーヒーメディテーションを飛ばしたら、成功と幸せへの鍵を飛ばしてしまうことになり、君の道へのエリックの意見は一生変わらないよ」と私は片眉をあげてミッシーに目線を投げかけます。

それを見てミッシーは笑いながら「わかった、わかった。言いたいことは十分わかりましたよ。種を植えても、日光や水、肥料がなければ育たない。コーヒーメディテーションは日光のようなものということですね」
私は頷きます。そこで迎えの車がやってきたのが見えるので、別れの言葉を告げ、講演の場を離れます。トロントに着くまでの間、車の後部席でコーヒーメディテーションでもしようかな、と思いながらね。

質問78
誰かと付き合うということ、特に親密な関係を持つということは、とても世俗的に感じ、人生の精神面、スピリチュアルな面が欠けているように感じてしまうのです。
肉体関係を持ちながら、その関係を精神的なものにすることは可能でしょうか。

ある午後に北京で受けた質問。半伝統的なお茶屋さんでピンリアンと旦那のジュンロンと一緒にくつろいでいたときのことです。
私は「親密さについての疑問ですよね」と話を切り出します。
「母国アメリカではそれは特に強い願望だと思います。親密さは人として生きる上で最も喜びと心の安らぎを与えてくれるものの1つですから、誰もが求めるものであると同時に、性的欲求が強いために親密さが様々な他の問題につながってしまうことがあるでしょう。

例えば、独占欲だとか、支配欲の問題だとか、様々な種類・レベルの暴力や相手を弄び操るなどといった問題です」

「確かに」とピンリアン。

「それでアメリカ人だけじゃなく、ここ中国でもそうですが、精神分裂症みたいな状況が生まれてしまっています。セックスは良いことなのか、それともセックスは悪いことなのか？　という混乱状態。何かしらセックスは汚いものだという感覚があるから、例えば子どもたちが性的に露骨な情報に触れないよう注意しますよね」

「それだから自然と君がいまあげたような疑問が生まれるわけですね」と私も同意します。

「精神性と親密性はお互いに相反するものなのか、という疑問です。自分の精神性を高めたいとしたならば、誰かと肉体的に親密な関係を持つことを制限したり、完全にやめたりすべきなのか？」

「そうなんです」とピンリアン。ブース席の背もたれに体を沈めます。

少し考えた後に、答えの方向が見えます。「この疑問に対する答えには2つの要素が関わってきます」と私は頷いて話を続けます。

「最初の要素は、お釈迦様が悟りを開いたときの話に関わっています」

「それはどういうことですか？」とピンリアンは甲高い声を出します。

「そう、この話には2つの非常に異なるバージョンがあるんですよ。お釈迦様が説いた教えの中では、12の異なる人生体験を経て今世での悟りに辿り着いたと言っていますが、親しい弟子たちには、実はこの姿をもって今世に生まれるずっと前に悟りを開いていたが、人々に悟りにたどり着く方法を見せるために、そのプロセスをただ演じただけなのだと打ち明けています」

「それからその大昔、別世界で悟りに到達した方法を仏陀は説明しています。これに関する記載はダライ・ラマの宗派の開祖であるツォンカパ（Je Tsongkapa）や彼の弟子であったケドゥプジェ(Kedrup Je)の著書など、チベットに古くから伝わる書物に記されています。

この悟りの記録が細かく記された書物の1つに、『Jetsun Welmang Konchok Gyeltsen』という名のラマによって書かれた書物があり、Secret Books of Gyume Tibetan Monastery（チベットギュメ僧院の秘伝書）と呼ばれ、その第7巻に記されています。ちなみにギュメ僧院は私の先生が上級の仏教の教えを学んだ僧院です。さらに『モンゴル賢人 Chuje Ngawang Pelden』の著書の中にも詳細を見ることができます」

「仏陀が大昔に高次の菩薩レベルに到達してから、完全なる悟りに移行するまでの難関を、これらのラマたちは著書の中で描写しています。仏陀は悟りを開く最初の人物ではなく、彼の前に悟りの目的地に到達した数え知れないほどの聖人の1人に過ぎません」

「最後の突破口を見出せずにいる仏陀の周りに、そうした悟りを得た先人たちが集まり、どうしたら仏陀を助けることができるか相談し合います。最終日の真夜中に、『最上の宝物』という名のティロッタマーという妖精を呼び出します」

「そして仏陀に彼女をスピリチュアルなパートナーとして娶ることを特別許し、2人は聖なる親密さを実践することになります。2人の結びつきは力強いパワーをつくり出し、夜明けの最後に、2人一緒に悟りの域に到達することができたのです。こうして新しい1日の始まりを告げる太陽の光とともに、新しく悟りを得た者が2人生まれたといいます」

ピンリヤンとジュンロンは私と同様、話に夢中になっているのでそのまま続けます。

「2人の悟りの瞬間が地平線に太陽の光が最初に現れる瞬間と合わさったのは、偶然ではありません。私たちの内なる体、内側に張り巡る経路やチャクラのネットワークにおける変化は、外の世界の季節の変わり目に深く繋がっています。魂が解放の最終段階に到達する合間にも、プラーナと呼ばれる私たちの肉体の内側に流れるエネルギーは深いところで最終的な飛躍を遂げているのです」

「ということは、2人の間の肉体的な親密さは、精神性の発達を妨げるのではなく、前進させてくれるということですか?」とジュンロン。

「そういうことになるね」と私は頷いて同意します。

「電池のプラスマイナスみたいなもの。肉体面はもちろん、感情面および魂のレベルで男女間の間に深いつながりができると、男性が満ち足りるために必要な女性的エネルギーが彼に流れ込み、反対に女性に男性エネルギーが流れ込むのです。ですから、我らが仏陀もこうしてパートナーのティロッタマーと共に悟りを開くことができたというわけですね」

ピンリヤンはこれについてしばらく考えます。

「そうね、何となく意味がわかります。最初におっしゃっていたように、人の性的欲求は多分、良かれ悪しかれ本能の中でも一番強いものだろうから。でも、悟りへの願望、万物の幸せに何らかの形で貢献したいという願望は、心の奥深くでは同じくらい強いものだと、私たちは皆何となく感じているんですよね。だからその2つが何かしら繋がっているという考えは合っている気がします」

頷いて続けます。

「種の考えに合わせて考えてみようか。スピリチュアルな進化のための種をたくさん植えてきたとしたら、一般的にとても良い種が溜まっていると考えられるよね」

「スピリチュアルな進化を遂げる過程は難しいこと、長年に渡る献身的な努力や実践を通して初めて達成することができるものであると、思っているわけで、確かにそれは本当だけれども、そうした精神性探求の道をさらに奥深く進めば進むほど、さらに他人に対してより優しく、より大切に接していかないといけないのです」

「ということは、進歩すればするほど、もっともっと多くの良い種が生まれるということ。そうすると良い種の間に相乗効果みたいなものが働き始めるのです。ますます優しさを増す種を持った人はもっともっと幸せに感じる種をつくりだす。そうした種は内側の微細体に影響を与え、その結果その人の健康状態にその影響が広がります。強く健康的に輝き始める。内なる安らぎのための種が自動的に力強い肉体の健康をつくり上げるのです」

ジュンロンは頷きながら「ああ、そうするとまた違うレベルでも意味が通じてきますね。スピリチュアルな進化の最終段階では何かしらの苦を抱えているのではなく、正反対に違いありません。ゴールに近づけば近づくほど、肉体面ではより深い至福を感じるのですね」
「いや本当に」とジュンロンは感嘆しながら続けます。
「完全に理にかなっていますよね。妻や夫の腕の中で悟る、スピリチュアルな幸福と同じくらい強い肉体面の幸福感の最中、悟りに至るというのはね。2つとも全く同じ種類の種から生まれてきたものなんですから」

ジュンロンは奥さんのピンリヤンに優しい目線を送り、彼女もそれに応えて優しく見つめ返します。しっくり感が漂い、静かに座ってその愛情溢れる時間を味わいます。それから、質問に対する答えの2つ目の要素に移ります。

「『妻や夫の腕の中で』という表現はいいね。肉体的な親密さが精神性の発展に貢献するという考え方は危険性を秘めているので、正しく理解する必要があるからね。これは古代から伝わる考え方だけれども、昔から悪用されてきた概念なんです。性的行為そのものが悪用されてきたようにね」

「肉体的な親密さとともに、魂の親密さも同時になくてはいけないのです。魂の親密さ、男女間の真実の愛は互いに対する大いなる尊重と敬意なしには不可能です。完全に潔白な心を両者が持ち、誠実な行動規範を持って接することで初めて可能なのです」

ピンリヤンは頷きます。

「それも納得のいく話ですね。2つの魂を結びつけるのは単なる肉体の親密さではなく、お互いに対する深い愛情と優しさがなければいけないということ」

ジュンロンもそれに続きます。

「ということは、2人の関係は安定した、信頼し合った関係でなければいけないわけですね。お互いに対する愛と貞節の誓い。カジュアルなお付き合いではダメだということ。悟りを得るために親密な関係をもっただけだと自分に言い聞かせて、パートナー以外の人と浮気をするようなことはもちろん、もってのほか！」

「そのとおり。夫婦一緒に精神性を高めていくためには、２人の親密さのための良い種をたくさんまく必要がある。もし、２人のどちらかが倫理的な生き方から外れたりして、２人の親密さが何らかの形で汚されてしまったら、関わる人全員に問題を引き起こしてしまうでしょう。親密さは素晴らしいものでありえますが、そうあるためには素晴らしい善良さが必要なのです」

ジュンロンは頷き、ピンリヤンにまた優しい目線を送ります。

世界中のどんな国でも、また歴史を通していつの時代でも変わらず、男女はお互いの腕と心の中に抱かれることを望んできた真の理由を、そこで私たちは３人とも実感したのです。

SEX, PART THREE
性についてその3

質問79
夫はキスの仕方が下手で、教えようとしても上手くならないんです。まともなキスができるようになるカルマはありませんか。

「質問に答える前に、まず「まともな」キスとはどういうキスか説明してくれるかな?」
これはテキサス州オースティンで、古い友人のデビーから聞かれた質問。あるヨガスタジオで30分後に仏教の教えについての話をする予定だったので、スタジオの隣にあるレストランで時間をつぶしていたときのことです。たまにはこういった軽い質問を受けるのは良いものです。2人の結婚生活はうまくいっているのは知っていますので、人生を揺さぶるような質問ではありませんから。旦那のティムはその質問に首をすくめ、笑顔を浮かべていますが、テーブルの下で奥さんに優しく蹴りをいれたと思われます。

デビーは詳しく説明し始めます。

「どういうことかっていうと、キスはネチャネチャしていないとダメだと思うのよね。いっぱい唾液を交換するような感じで」

ティムはあきれた表情でデビーに目を向けます。

「冗談じゃなくって」とティムを睨みつけて続けます。

「私に言わせれば、頬っぺたにチュッとか、唇にチュッなんていうのはキスとは言えないわよ」

経典の中に唾に関するカルマなんてあったかな、と私が一生懸命考えている間中、デビーは腕を組んで、決意に満ちた目で私をじっと見つめています。

「唾の問題ではないね」と結論に至ります。

「集中の問題じゃないかと思うよ。ネチャネチャが欲しいということは、かなりの時間続くような長いキスが良いということでしょう。時間をかけてキスをするためには、2人とも熱中していないと続かない。熱中するということは、キスしている間、君はティムにもっとキスに集中、専念してもらいたい、ということなんじゃないかい？」

ティムはそれに対して頷きます。これから時間までずっと唾の話をしないで済むことにホッとしているようです。

「専念するということは、キスをしている間に他のことを何も考えないということ。キスをしている間ティムに心ここにあらずの状態にならず、気持ちを込めてもらいたい。お互いに完全に集中し、一緒にキスを楽しみたい、ということだね」

これに2人とも頷きます。話の方向はこれで良さそうです。

「それは瞑想の定義とほぼ一致しているよ」と付け加え、彼らにとって一番の助けになるものは何かな、としばらく考え込みます。それは一番最初に考えるべき大切なスタート地点だとラマが常におっしゃっていたことです。

「わかった。それじゃあ、これは少し時間はかかるけど、最後には解決法にたどり着くからね。いいかい？」

デビーとティムは2人同時に頷きます。

「完全に集中するための種を植える方法を考えないといけない。毎日もっと瞑想をしないといけないよとか、メールとかフェイスブックを控えて刺激を避けなさいとか、よく睡眠をとったり食生活を改善したり運動をしなさいとか提案してもよいけどね、もちろんそうした提案はすべて集中力を高める助けになるかもしれない、でも、かもしれないだけなんだよ。うまいキスの本当の秘訣を知るためには、もっと深いところを探らないといけない」

「じゃあ、こんなふうにアプローチしていこうか。毎日、1日中、自分のマインド、頭の中の声を聞き続けている。そうでしょう？」

「確かにそう」とティム。

「そりゃ実際に気づくことは少ないだろうけど、マインドは常に話し続けているよね」

種は、毎日頭の中で話しているマインドの声

「そう、いいね。じゃあ1つ質問があるよ。マインドが話していて、それと同時にその思考の声に

耳を傾けているとしたら、君は話している側？　それとも聞いている側？　だって両方同時にはムリでしょう？」

デビーとティムは少し面を食らって困っているようです。

「それじゃあ言い換えて考えてみようか。誰かと職場で会話をしているとき、声に出す前に何て言うか、まず最初に頭の中で考える？」

「もちろん」とデビー。

「考えを伝えるために、常に言葉を探して選ぶ作業の繰り返しよ」

「そう。それじゃあ、頭の中でマインドが話しているときは、同じ？　何を言おうか言葉を探して選ぶ作業をしているのかな？」

「そんなことはないよ！」とティム。

「思考は勝手にただ浮かび上がってくるだけ」

「私もそう思う」とデビー。

「だって、とっても悲しい考えが頭に浮かんで、気分が落ち込むことがあるじゃない、でも自分では止められないわ。全くコントロールできないように思えるけど、だから落ち込んでいる人に助言を与えるのはとてももどかしいのよね。だってその人だって頭の中に浮かんでくる悲しいことを考えたくて考えているわけじゃないわけだから」

「そのとおり。それはキスをしている間に浮かんでくる取り留めのない思考にも当てはまる。もしかしたらティムは一生懸命ネチャネチャしたキスをしようと頑張っているのかもしれないけど、他のことについての思考がどこからともなく勝手に浮かび上がってきてしまっているのかもしれない。なぜそういった思考が頭の中に浮かび上がってくるのかを解明することが、上手なキスをする秘訣への道なんだよ」

そう言いながら私はペンを指でクルクル回しています。それに気づいたティムは俯いて笑顔を浮かべます。

「わかった、わかった。僕の頭の中にある種によってペンをペンだと認識しているのだとしたら、周りを取り巻く他のすべてのこと、すべての人をどう認識するかについても同じことが言えるんですね。ということは、頭の中の思考の声にも当てはまるはず。そうした思考もすべて種から飛び出してきているに違いない！」

「君が過去にまいた種からね」と付け加えます。

「問題は、そうした種はどのようにして植えられたか？ だね。さらに突き詰めると、来週、頭の中の思考が穏やかで明確なものになるには、今週どんな種をどのように植えたらよいのかということを考えないといけない」

「論理的に考えたら、誰か他の人に対して穏やかさと明確さを示すべきということですよね？ そうすることで種を植えられる」とデビー。

「そのとおり。そのためにとても役に立つ方法があるんだよ。毎日私たちはいろいろな人と関わるよね。道を歩いていて誰か知っている人に気づく。そこで二言三言交わすために近づいてくる」

「その人に向かって歩きながら、少し一息置いて、その人がその瞬間どんな気持ちなのかを見るために表情を観察するんだ。頭蓋骨を透視して頭の中を覗き込むようなつもりでね。それを一生、あらゆる人に対して、いつ時も、心がける」

「その人の頭の中は小さな湖のようなものだと想像してみて。水晶のように澄み切った水があふれんばかりに満ちている湖。その水面の状態を探るんだ」

「湖面が完全に静かで穏やかな人もいるだろうね。それはその人の心が穏やかで、明確であるということ。その場合、2人の距離が近づくに従って、その人に掛ける言葉を選ぶけれど、焦点が定まったマインドの透明で滑らかな湖面を荒立てないよう、その穏やかな心に配慮する必要があるんだよ」

「ジェスチャー、顔の表情に至るまで細心の注意を払って言葉を選ぶ。このように思いやりをもって接するカルマは、1週間後や後々に自分の心が穏やかで明確に感じる種を植えることになる。そうなれば、キスをしながら相手に全神経を集中できるようになるというわけ」

私は時間をチェックするために時計を見ますが、「それにきっと、」とデビーが話を続けます。

「もし話し相手の湖がイライラと波立っていたとしたら、もっと多くの種をつくることができるはずよね。自分の心の湖をなるべく穏やかに留めておいて、会話が始まって2人の湖がお互いに触れた時、その人も安らかな気持ちになれるよう手助けをすることで種をうえる。神経質になったり、テンション高くなりすぎたり、相手にきつく当たったりしないように、気をつけながらね」

「そういうふうに考えると面白いよね」とティムも同意します。

「だって、人が出会って言葉を交わすときはいつも、その言葉や身振りによってお互いの湖に影響を与えるわけだから。うまいキスのための種をまきたかったら、あらゆる人との交流が相手にも自分にとってもポジティブなものになるように、つまりお互いの湖の水面がガラスのように滑らかになるように、心がけないといけないということだね」

「そうだね、頑張ってごらん」と私は笑顔で答え、スタジオに向かったのです。

質問80

夫が隠しているポルノ雑誌を見つけたんです。多分マスタベーションをするのに使っているのだと思いますが、そう思うだけでまるで誰か他の女の人と浮気をしているかのように嫌な気分になります。どうやってそのことを夫に伝えたらよいのでしょうか。

どうしたら変わってもらえるのでしょうか。

これはシアトルのショッピングモールでのこと。

小さな本屋で著書のサイン会をする前に向かいのベンチに座って話をしていたときに受けた質問です。キャロルから内密な話があると相談を受けたのです。

彼女の旦那さんジミーは本屋のガラス戸の向こうで第一弾のお客様たちを誘導しています。何人かは幾つかある椅子に、残りの人はカーペットに座ってもらっています。

「性的欲求には健全なものと、あまり健全でないものとがあると思います。健全な性的欲求はとてもロマンチックで、とてもフィジカルなものでもあり得るけれど、その奥には愛と敬いの気持ちが流れていて、オープンで輝く2つの心の魂のつながりが根底にあるのです。2人ともクリアで安らか、幸せ溢れる健全な心の状態にあるということ」

「不健全な性的欲求は、正反対の状態に起こるような気がします。2人とも、あるいはどちらかが疲れていたり、心配事があったり、退屈していたり、怒っていたりする状態。安らぎや満足感を得たいと思い、それが性的解放に対する欲求と間違えられてしまう。そうした性的解放は本当に求めているものを決してもたらしてはくれません。それどころか反対にただ空虚感、疲労感を感じて終わるだけでしょう。でも、そうなることはわかっているはずなのに、私たちの多くはその教訓をいつまでたっても学べないようです」

「私がここで言いたいことはですね、君の旦那さんが性的イメージを見たがったり自慰行為をしたがるのは、健全な性的関心や性欲を反映しているものではないということ。君とのセックスが足りないとか、君に魅力を感じないとか、そういうわけではないでしょう。そうではなくて、彼の性的欲求は、人生の他の問題によって脱線してしまっているだけです。ですから、その問題に目を向けるべきなんだね。それを解決すれば、もっと健全な性生活を君と一緒に送ることができるはず。どうかな？何か思い当たることがありませんか？」

キャロルは澄み切った青空を見上げます。シアトルの不動産屋はこうした1か月に1回くらいしかないレアな良い天気の日を選んで、他の州からやってくるお客様に物件を見せて回るんだよね、と先ほど冗談を言っていたところです。本当に信じられないくらい綺麗な青空です。考えに浸る彼女の答えを少し待ちます。

しばらくしてキャロルが口を開きます。

「そうね、全くそのとおりだと思います。だって思い返してみると、彼が最初にそうした雑誌を見始めたのは、仕事で問題が起き始めた時期と一致します。会社が人員削減をしだして、いまもそれは続いているのだけれど、来週仕事があるかわからない不安と、解雇された人の分、倍増した仕事量、二重のストレスがかかっているんです」

「それじゃあ、どうしたらよいと思いますか？　新しい仕事を探すようすすめるべき？　それとも何故そんな性的欲求があるのか彼自身が理解できるよう手助けすべき？　止めてもらうのに一番効果的なのは何でしょう？」

私はよく子どもを笑わせた変なしかめっ面をして見せます。

「聞いたことがあるかな？　それはダイヤモンドの取引ですよ」と言い、宝石店で困惑したお客さん相手に2つのダイヤモンドを見せるかのように両手を前に差し出します（『ダイヤモンドの取引』何のことか思い出せない人は質問34をもう一度読み返しましょう）。

ダイヤモンドの知恵の愛好家が間違った考え方に捕らわれてしまったことに気づいたときに出す笑い声でキャロルも大笑いします。

「それはもちろん、そうです。色んな意見を彼にしたって、それはどれもうまく行くわけがないのだから無駄ですよね。ただ種をまけばいいだけですね」

「どんな種をまくべきなのかな？」と私。

しばらくキャロルはまた静かに考え込みます。

「ジミーはいま、人生において不安定な状態。それが性的欲求の混乱につながっていると思います。だからダイヤモンドの知恵の考え方を使ってこの問題に対処するには、2つの異なるやり方があると思います」

「どういう方法?」

「えーっとまず、この問題の根源にあるのは、彼が職場で抱える一般的なストレス状態だと仮定しますよね。スターバックスの4ステップによると、全く同じでなくてもいいですが、似たようなストレスを抱える誰かをまず探さないといけません。そうして選んだ人をコーヒーに誘って、問題について話、解決するための手助けをします。ストレスを解消する具体的な方法などを教えてあげたりして。それからその後、寝る前にコーヒーメディテーションを行って、その人を助けるために自分がした良い行いについて思いを巡らせる」

「完璧なプランだね」と私。本屋のオーナーが私のことを探していないか店のほうに目を向けます。

「実はそうでもありません」とキャロル。

「ジミーはダイヤモンドの知恵にそこまで熱心ではないんです。自分で試す前に、まず私がそれでうまくいくか様子を見ているんじゃないかと思います。だからスターバックスの4ステップは後々には役に立つかもしれないけれど、いまは使えません。だから2つ目の方法をトライしようと思っているんです」

「それは?」

「3本目の花です」とキャロルは笑顔で答えます。

自分の知識をひけらかしているなと思いますが、まあよいとしましょう。様々な選択肢を理解していることはよいことですから。

「ジミーがそんなストレス状態にあるのを目にしているということは、私自身、同じようなストレスを何らかの形で自分に課しているからに違いありません。その種が私の内側から皮膚の隔たりを超えて、外側に広がり、私を取り巻く状況や人、ジミーをつくり上げているわけです。ですから、私が自分自身のライフスタイルを整えれば、ジミーも雑誌を置いて私のベッドに戻ってきてくれるはず」

「ストレスに悩まされている人が周りに現れる原因になっているかもしれない君のライフスタイルの問題は何だと思う？」

ここでキャロルはいつも以上に時間をかけて考え込みます。こうした沈黙の時間には2人とも慣れています。ようやく顔をあげ、3本の指を立てて見せます。

「それはもちろん、私の生活はストレスに満ちていますけど、そのストレスは3つの異なる理由から来ていると思います。それ自体は小さな種かもしれないけれど、ジミーのストレスとして私の目の前に現れるくらい成長するもの。結果としてそのストレスを解消しようと女の子の写真を見ることになるような種にね」

「まず1つ目に、1日中忙しく駆け回っているようです。実際に使える時間より10％多く時間がある計算で毎日の生活を計画してしまっているみたい。いま、忙しくしている仕事の半分を削ったとしても、2週間後には同じくらい忙しくなるような何か他のことを見つけるに違いないって思うんです」

「2つ目は、食べ物に関する神経癖です。1日中何かしらスナック、軽食を口にしている気がします。頭の中の思考を観察すると、ほぼ常に次に何を食べようかって考えていることに気づきます」

「3つ目は、静かに座っていられないということ。この間、ベッドの上に座って何気なく窓の外を見ていたら、この家に引っ越してから初めて、家の裏庭にこの完璧な形をした素晴らしい緑いっぱいの木があることに気づいたんです。それまでただ座って、堪能する時間をとったことがありませんでした。でもそう思った最中に、eメールをチェックしてしまったんですよ。2分前に見たばかりなのに」

「つまり私のライフスタイルは、神経質で不満いっぱいな人になってしまうような生き方だってことです。不安とストレスに誘発されて、健全なセックスの代わりに惨めな代用品を使うジミーに直面する羽目になったのは、こうした私自身の生き方の問題によって植えた種だ、と気づいたことは本当に驚くべき飛躍だと言えます。

本当にそうなのだとしたら、その行為をやめさせる力は私自身にあるということですから。いままでもずっとその力を本当は持っていたんですね」

「いいね」と私は立ち上がって本屋に向かいながら答えます。

「ライフスタイルを変えるというのは、自分では中々難しいことだけれど、自分のためではなく、ジミーのため、結婚生活のため、というモチベーションがあれば、成功させる力を見出すことができるんじゃないかな」

キャロルは静かな決意の表情で答えます。安らぎとバランス、偽物じゃない本物の喜びに満ちた家庭の様子が既に近い将来に見えるようです。

質問81

私はたまに、妻と一緒に試してみたいちょっとした性的妄想があります。例えば、妻にすごくセクシーな下着をつけて欲しいとか。でも、そういう話を切り出そうとすると、何だか不適切なことのように感じてしまうし、妻もあまり乗り気じゃないようです。こうした妄想は悪いことでしょうか。もしそうでないとしたら、どうしたら妻にもっと興味を持ってもらえるでしょうか。

私はメキシコで教える機会がとても多いのです。シカゴやニューヨークなどよりずっと私の住んでいる地域に近いですし、アメリカ人と違ってメキシコの人たちは、溢れんばかりに人生を楽しんでいます。鮮やかな緑溢れる山々の間に所々で地平線を越えて広がっている、メキシコ最大の湖チャパラ湖の近く、ある山小屋でのこと。暖炉の前の居心地良い大きなソファでくつろいでいたときに受けた質問です。

成功への道を教える週末リトリートの半ばでしたが、予想より2倍近くも多い参加者がいたので、夕食の準備に時間がかかっています。ですから、このロドリゴの質問に答える時間が十分にありました。奥さんのカーラは増えた参加者のために布団を探してくれています。まずは確認したい点が幾つかあります。

「これは本当にちょっとした妄想で、2人とも同意して行うようなこと、お互いに対する愛情と敬いの気持ちを常に持ちながら行うこと、だよね？」

「誓ってそうです」とロドリゴは胸に手を当てて答えます。

「オッケー、じゃあとても個人的な提案を誰かに賛成してもらうための種はどんなものかな？」

「えーっとやっぱり、自分も同じことをしてあげないといけないのじゃないですか？」

「で、君はしてあげている？」

ロドリゴは天井を見つめ、そのことについて考えてから、私のほうに目線を戻します。

「はっきりそうとは言えません」とロドリゴ。

「例えば、どういうこと？」

「そうですね、例えば2週間前、子どもが履くような靴を僕に履いてもらおうとすすめてきたんですけどね、スケートボードにハマっているような若い男の子が履くような靴ですよ。僕はもう40歳になろうっていう歳なのに、カーラはスケーターの靴を履いてほしいなんて言うんですよ」

私は「それじゃ、まあ当たり前の結果だね」と言うかのように、手の平を天井に向けて揺らします。それを見てロドリゴは一瞬眉をひそめますが、カーラの下着姿はサーファーの靴を履く価値があるか頭の中で計算しているのでしょう。てんびんが片側に傾いたようです。

「そうかわかりましたよ、履けばいいんですね」と言って、これで話は完結したかのように立ち上がろうとします。そこで私は彼の手を掴み、座らせます。

「それ以上の努力がもう少し必要かもしれないよ」と私。

「何故もっと必要なんですか？」少し気分を害したように言葉を返すロドリゴ。

「種は常にもの凄く増幅するものではありませんか？」

「そのとおりだよ」と私もそれに同意します。

「でも、もう少し火力をあげても無駄になることはないよ。だって、カルマの倉庫にどのくらい過去の悪い種が溜まっているかわからないからね。カーラが新しいことにもう少しオープンになるための種の植え方は何か他に思いつかないかい？　家庭内でのことに働きかけるからといって、種を植えるのは家庭内でないといけないわけではないことを忘れないで」

「言いたいことはわかりました。そういうふうに考えたら、確かに、家庭内よりも職場でのほうが種を植えるチャンスが多い気がします。あれこれいろいろな新しいアイデアをいつも同僚のみんなから聞く機会がありますから」

「そういったアイデアの中には、もっと楽しむためとか、もっとクリエイティブになるためのものがある？」

ロドリゴはそれについてちょっと考えます。

「ええ、そうですね。提案の中には職場を楽しくするようなものが結構あると思います。オフィスの皆でニワトリの着ぐるみを被って社内トレーニングビデオをつくろうなんてアイデアとか。でもちょっとそれはおかしいんじゃないかって思ったんですけどね」

そこでロドリゴは一瞬口を止め、少々あぜんとした表情を浮かべます。

「ニワトリの格好がおかしいと僕が思うように、ランジェリーを着るのはちょっとおかしいとカーラは思っている、ということ？」

もう既に彼の思考は良い方向に導くことができましたから、ここは無難な答え方でかわします。

「いやいや、彼女がどう思っているかは私が言えるようなことではないし、どうでもよい問題だよ。

君がすべきなのは、職場で新しいクリエイティブな考えにオープンでいる努力を続けるということ。それから夜、眠りにつきながらコーヒーメディテーションをして、そうした種を頭の中でカーラに送ってあげるんだ。すべて完璧にうまくいくはずだよ」

ロドリゴは満面の笑顔を浮かべます。

「よし、これで決まりですね」と言ってから一瞬ためらいます。

「もう1つだけ。これをどのくらいの期間続けないといけないですか?」

「他の人の新しいクリエイティブで天地がひっくり返るほどの質問にどれくらいの期間オープンでいないといけないかっていう質問かい?」

ロドリゴはニヤリと笑って答えます。

「いえいえ、わかっています。一度、周りの人にオープンになったら、オープンなままだってことは。そうじゃなくて、カーラがランジェリーのアイデアにオープンになってくれるまでどのくらいかかるのか知りたいんです」

「そうなるのに必要な時間だけかかるよ」とあっさり答えます。

そうなるまで必要な時間だけ種を植え続けなさい

「必要な時間だけ?ってそれはどういうことですか?」

「そのとおりの意味だよ。君の頭の中の種銀行には何万何十万もの種が巡っていて、開くのを待っている。これまでに君がしてきたこと、言ったこと、考えたことは君独自のミックスで種をつくりだしてきたから、君の種銀行は他の誰のものとも違うというわけ。だから、これがどれくらいの時間かかるか、と聞かれても、必要なだけとしか言いようがないんだよ。君の心の中にある種の独特なミックスによって人それぞれ違うからね」

「それじゃあ、他の人のクリエイティブな提案にただオープンにいれば、いつかカーラがセクシーな格好をしてくれるかもしれないっていうことですか？」

「いつか、というのは当たりかもしれない、というのは間違いだよ。アイデアにオープンになって種をまき続ければ、遅かれ早かれ、カーラはランジェリーのアイデアに心を開いてくれる」

「でも大切な点が2つ。1つ目は、これはカーラがランジェリーを受け入れてくれるための唯一の方法であるということ。メソメソと愚痴を言ったり、説得しようとしたり、わめき散らしたとしても、ちっとも効果はないってことは君自身もう既に薄々と気づいているよね。彼女がもっとオープンになるのを見るための種がなければ、彼女はいつまでたってもそうはならない、そうなれないんだよ。実に易しくて単純なこと。仕事に取り掛かって種をまき始めるしか選択肢はないというわけ。2つ目は、必要な時間だけ種をまき続けなければいけないということ。ある日の夜、君が想像したとおりの姿でバスルームのドアから出てきたとき、種を十分にまいたことがわかる」

ロドリゴは少し不満げです。

「でも、何年もかかるかもしれないじゃないですか！」

「何年もってことはないよ」と私は首を振ります。

「どうしてそんなことがわかるんですか？」とロドリゴは切り返します。

「だって君には秘密兵器があるからだよ。普通の何十倍、何百倍にもそのプロセスをスピードアップできるという特別な方法だよ」と言って、ソファの前のテーブルに目を向けます。

そこには私自身のコーヒーメディテーションのためのコーヒーが待っています。ロドリゴとの話が終わったらしようと思っていたのです。

ロドリゴは笑顔を浮かべながら、自分用にコーヒーを注ぎ、私の隣に座ります。そうして2人で一緒に、暖炉の前でソファに座りくつろぎながら、スピードアップさせるためにコーヒーをすったというわけです。

質問82

夫は以前、セックスがとても上手だったんですが、ここ数年は立たせることすら難しいのです。何か私に問題があるんじゃないかって、罪悪感を感じます。彼がまた立たせられるようになるには、どういったカルマが必要なんでしょうか。

こういった質問を敬遠しなくなったのは、かなり前のことです。こうした問題を抱えるカップルは予想以上に多く、それによって2人の関係にきしみが生じている場合がたくさんあります。

マンハッタンにあるジョイスシアターに座りながら話をしていたのですが、ナンシーは身を乗り出し、声を落としてきいてきます。これは素晴らしい現代舞踊の公演の幕間でのことです。旦那のスティーブンは反対側を向いて友人とおしゃべりをしています。

「2人の親密な時間がなくなったこと自体が一番辛いわけじゃないんです…」ナンシーは話を進めます。

「それよりも、夫はもう私のことを魅力的に感じなくなって、私を求める気持ちが全くなくなってしまったんじゃないか、って考え始めたら止まらなくなってしまったのです」

「君が言いたいことはわかるよ」と私は頷きながら答えます。

「体を触れ合う温もりが恋しいというわけではない、というわけだね。まあもちろん本当はそれも恋しいのだろうけど、もっと辛いのは彼がもう自分のことを求めていないのではないか、自分のことを大切に思ってくれていないのではないか、という不安な気持ちなんだね」
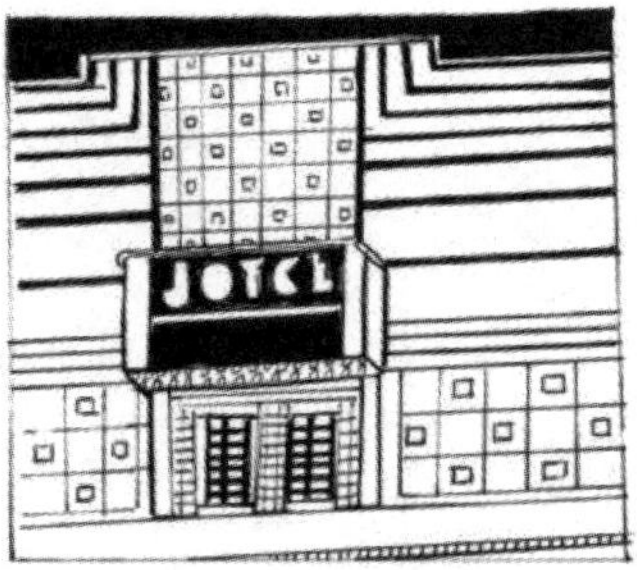
「そのとおりです」とナンシーも頷きます。
「ということはそれがステップ1だよね。愛されている、求められている、大切に思われていると感じたい。自分の求めることをそうして頭の中でクリアに考えたら、次のステップは簡単になるはず」
「つまり、大切にされていない、誰にも求められていないと感じている人を探して、その人を助けるためのプランを立てなければいけない、ということですね？」
「そのとおり。君が考えていることはお見通しだよ。誰にも求められていない、大切にされていないと感じている人なんて1人も知らないって思っているでしょう？　こうした会話を何度も経験してきたから、どうなるかはわかっているよ。これから24時間の間、友人や親戚、職場の同僚の人たちのことを1人ひとり考えてみたら、この条件にぴったり合う人を3～4人思いつくはずだよ」

「自分が抱えるのと同じ問題に悩んでいる人が周りにいないのではなく、自分の問題に囚われすぎて、周りの人の問題に気づいていないだけ。周りを見回してごらん、自分と同じようなことを求める人がたくさんいることに気づくから。そういった人たちを見つけることが自分の問題を解決するための鍵であると気づくことで初めて、その人たちがどれだけ自分と同様に困っているかということに気づくのかもしれないね」

「わかりました。ということは、大事にされていないと感じている人を見つけて、その人がそう感じられるように手助けをすればいいということですね。私自身がその人のことを高く評価している、大事に思っているのだということを伝えたりして」

ナンシーは上を見上げ、誰かそういう人がいないか考え込みます。考え終わるまでしばらく時間をあげてから、まだそれだけではないことを教えるために、咳払いをします。

「それからね、ナンシー、君がいま言ったことに関連してなんだけどね。君自身がその人のことを高く評価、大事に思っているということをその人に感じてもらいたい、と言っていたけど。これはこれまでに書かれた書物の中で最もうまく種について説明している書物の1つに遡る考え方だよ。これはおよそ17世紀にヴァシュバンデュ(Vasubandhu)によって書かれた『アビダルマ・コーシャ』(Abhidharma Kosha)という書物。その中で、ヴァシュバンデュはこう述べている。

『私たちがすること、発する言葉はすべてカルマの種をまくけれども、その内でも一番パワフルなのは内なる思考の声です。ですから、大事に思っているということを相手に伝えるのと、心の中で本当に大事に思うことは違うことなのです』とね」

「何が言いたいのかというと、どれだけその友人が君自身や他の人から高く評価されて、大事に思われているかということを感じてもらうために喫茶店で話をすることで、ステップ3ではたくさんの種を集めることになるでしょう。でも、喫茶店にたどり着く前に、それからお茶をした後に家についてから、どれだけ本当にその人のことを素晴らしいと思っているのか、もっと高く評価して大事にしようと思う理由について考える時間をとることがとても重要になってくるんだ」

「その人が自分の価値を実感する手助けをするためにその人と過ごす時間は、そうすることでより信用性があり、パワフルなものとなるよ。その人のことをもっと高く評価して大事にする理由は本当にたくさんあるはずだからね。でも、自分の心の中でその人の素晴らしさを考える時間をとると、種がマインドの中心、種が保存される場所にとても近い所に植えられるので、そうした時間は更にパワフルな効果を表すんだ」

「だから、大事にされていると友達に感じさせるのは重要だけど、それ以上に本当にその人を大事にすることがもっと重要。スティーブンが本当はどれだけ君のことを大事に思っているか気づいてもらうための種をつくれば、彼はその気持ちをストレートに表現してくれるはず。それがどういうことかはわかるでしょう?」それに対しナンシーは笑顔で答え、私たちは公演第二部のため席に戻ります。

コーヒーメディテーションの話は、終わった後に向かいの店でデザートを食べながらにしましょうか。

HABITUAL PATTERNS

習慣的なパターン

質問83

年月を重ねるにつれて、私たち夫婦の関係は習慣的なパターンの連続に陥ってしまったように感じます。同じような食事をし、同じような話を繰り返し、同じような言い争いをしているんです、万年変わらずにね。こうしたマンネリから抜け出すカルマは、何でしょうか。

これはニューデリーの郊外に住むインド人夫婦から受けた質問。難民プロジェクトのための単調で辛い仕事をこなすために、この夫婦宅の一室を借りて、そこで過ごすことが多かった時期の話です。一緒になって間もない頃にこの2人に出会ったのですが、その最初の頃はお互いに熱々でしたがそれから何年もたったいま、確かに習慣的なマンネリパターンに日々の生活が乗っ取られているように感じられました。そのパターンのいくつかは文化的なものでしたが、ほとんどが万国共通のもので、これまでも世界中で繰り返されるのを見てきました。

夫婦生活に刺激を取り戻す方法については質問47でいくつかとりあげましたので、この質問に共感する人は、もう一度戻って読み直してもいいかもしれません。

それはさておき、先ほどの話に戻りますが、旦那のクマーは、近隣住宅地の夜間警備員とラッシーを一緒に飲んでおしゃべりをして玄関先から戻ってきたところでした。この夜間警備員ですが、一晩中アパートの周りを行ったり来たりしながら、数メートルごとに何か大きな物を床に投げつけて大きな音を立てるのです。これは泥棒を寄せ付けないためなのでしょうが、同時に居眠りせずにちゃんと見張っていますよ、と住民の人たちを安心させるためのものなのでしょう。

数週間するとその音にも慣れてしまって、玄関先を30分おきに通りすぎる度に起こされることはなくなります。クマーの奥さん、ミーナはテレビのニュースを見ていますが、耳は半分こちらの会話に傾けています。

「だからね、すべてペンの話と同じなんだよ。夫婦生活の習慣的なパターンを予想可能で落ち着かせてくれる、とても居心地の良いことだと捉える人もいるでしょう」

「でも私たちはそうは思わないんです！」とミーナが肩越しに叫びます。

「ほら、だから私が言いたいのはそういうこと。パターン自体がつまらないというわけではなく、君たち2人がそれをつまらないと感じるだけだということ」

「ということは、この繰り返しのマンネリを好きになる方法を探すべきだというのですか？」とクマーが口を出します。

「いいえ、全くそういうことではないよ。退屈さは確実に君の中から生まれてきていると言いたいだけ。習慣的なパターン自体から来ているとしたら、誰もがつまらないと感じるはずでしょう。でも実際はホッとすると感じる人もいるわけだから、感じ方はそれぞれ個々の心から生まれてくるものに違いないということ。自分から来ているものであったら、簡単に自分で変えることができるはず」

「だから、習慣パターンに対して1人ひとり感じ方が違うのはよいこと。そうでなかったら、変えることは不可能だからね」

「それじゃあ、どうやって変えたらよいのでしょう?」とミーナはさっきより優しく声を出します。彼女の注意はほぼ完全に私たちの会話に向いています。あるいはインドならではの終わりなきコマーシャルが始まっただけなのかもしれませんが。

「そうだね、君たち2人が経験していること。この場合、結婚生活にはびこる習慣的なパターンに対するイラつき、不満だけれども、これは君たち2人が一緒に、誰か他の人に対して行った同じような行為に最終的には結びつくんだよ。そうした行為の種がまだ君の中に残っているということ。だからそうした過去の行為を見極めて、その種を解放させないといけない」

クマーは頷きます。「私たちが他の人に対して行っている行為は何だと思いますか?」

「うん、まず聞くけどね。君たち2人はいつも何時に寝ている?」

すごく新鮮な材料でつくる家庭料理を大切にするインドの場合、これはかなり遅いことが予想されます。仕事の後、近くの産地直売所に行って、そこからゆっくり歩いて帰宅してから食事の支度を始めますから。

「えーっと、いつも11時半きっかりにベッドに入ります」と言ってからミーナは少し顔を赤らめます。

「それもとても習慣的ですよね。まあそれはともかく、夜の最終ニュースが終わった後に寝ているんです」

「それじゃあ、お隣さんは何時に寝ているのかな?」

「アルーナとアジット? さあ、その時々で違うと思うけど、多分私たちより早いことが多いともいます。アルーナと携帯メッセージを日中交わすことがあるけれど、夜の10時以降に送ってきたことはない気がします」

「それで彼らのアパートはどっち側にある?」

ミーナはテレビの方向を指差し、「そっちです、通り側」と答えます。

テレビは壁にぴったりついていますので、壁の向こう側で音がどんな感じなのかは想像がつきます。

「じゃあ、君たちのテレビの音が聞こえていると思う? 夜遅くに」

ミーナは首をかしげます。

「ええ、まあ確かに聞こえているのかもしれないですね。そんなこといままで考えたことなかったわ」

「ということは、君たちが寝るまで彼らも眠れないわけだよね」

「そうかもしれないですね」

「ということは、君たちのスケジュールを彼らにも押し付けていることになるよね」

「そうでしょうね」とクマーも認めます。

「これは現代社会で助長しつつある問題に関わっているんだよ。私たちは皆、それぞれ個々の生活リズムを持っているよね。ある特定の時間帯に特定のことをする傾向があって、それは人それぞれ違う。君が好む寝る時間は友達の好む時間とは異なるかもしれない。これは食事の時間とか、好きなテレビ番組を見る時間、朝起きる時間にも当てはまるよね」

「さらに最近はお互いにコンタクトを取り合うことが多いでしょう? 携帯メッセージだとかeメールを、自分のスケジュールに合わせて送っているけど、それが他の人のスケジュールに合うかどうか考えることは少ないよね」

「お姉さんに携帯メールを送るお気に入りの時間は、お姉さんにとっては家族のための食事づくりに静かに専念したい時間帯かもしれない。君が通常起きる時間は、ある友達にとっては深い睡眠を取れる唯一の時間かもしれない。過剰につながり合っているこの時代、他の人の日々のプランに常に割り込んでいるだよ。自分たちの習慣的スケジュールや習慣的な関心を押し付けているというわけ」

ミーナの目がキラリと光ります。

「なるほど。その人の都合に合っているか考えもせず、自分の都合で携帯メールを送ったりしたら、ある意味、他の人をマンネリ、習慣的パターンに陥りさせている、というわけですね」

でも、クマーはまだ完全に納得しません。

「それじゃあつまり、何かをするには他の人の都合をもっと考慮する必要があるということ。そうすることで自分の都合を押し付けずに、彼ら自身が自分の意志で1日の流れを選ぶことができるということ。そうやって他の人がもっとクリエイティブに1日の流れを選べるよう手助けをすることで、自分たちの1日の流れも自然ともっと自由になる、ということですね」

「そのとおり」

「でもそれには問題があると思います」と反論するクマー。

「友人や家族の予定、都合を尊重しないといけないと言いますが、そのためには1人ひとりの食事の時間とか寝る時間なんかを聞いて、覚えないといけないじゃないですか」

私は頷きます。

「でも、それが思いやりというものだよ、他の人が必要とするものを考慮する、そのためには何を必要としているのかをまず知らないといけないよね。ヴァシュバンデュ師はさっき話した書物の中で言っているけれど、他人への思いやりはすべての良い種の源なのです。まずは周りの人の日課を知ることから始めて、それぞれの人の1日の流れを繊細に考慮する努力をすればするほど、自分の人生の流れがうまくいくでしょう。これはあらゆるカップルの関係を息詰まらせる原因となる退屈なマンネリから抜け出す方法の1つだよ」

「さらに、そのマンネリが消え去っていく過程は、とても自然でたやすく起こることに気づくだろうね。他の人に自分の習慣を押し付けないよう思いやりをもって行動することで種が成熟し、それまでの頑固なパターンは自然と消え去っていく。多分消えたことに気づかないくらいにね。でも確かなことが1つ、君たち自身の結婚生活は新鮮で衝動的なものになるよ」

ミーナはテレビを消してクマーに歩み寄り、肩に腕を回し、「楽しくなりそうね！」と甲高く声をあげます。いつものごとく、結婚生活を変える良いやり方についての話をするだけで、既に良い方向に向かいつつあるようです。

BREAKUPS

別れ

質問84
辛い別れ方をした最後の恋人のことがなかなか吹っ切れないんです。思いを捨て去るためにどんな種をまいたらよいのでしょうか。

「できることは2つあると思います」と私は答えます。

インドネシアの首都ジャカルタ、高級ホテルの会議室でのこと。地元で人気のテレビ番組のために、ダイヤモンドの知恵式ビジネス戦略の特集を撮影するためにセットアップされた会議室です。

観客の方たちが集まり始めていたので、イスラム教のインドネシア人、仏教徒のインドネシア人、フランス人のビジネスマン、素晴らしいシンド族の実業家に囲まれています。

セティアワンはうなだれた頭を両手で抱え、惨めなあまり、何人もの人に聞かれていることも気にもしていません。「そうですか」とため息をつきながらきいてきます。

「1つ目は何ですか？」

「スターバックスの4ステップで取り掛かれるのは明らかですよね」それについては前日に、ボロブドゥーの仏教遺跡を訪れた際に飛行機の中で話しましたが、彼にとってはまだ馴染みの浅いことなので1つひとつ説明したほうがよいでしょう。

「ステップ1、簡潔に言って、君が望んでいるものは何なのか？」

「僕は古い恋人のことを吹っ切りたい。心の傷や痛み、常に頭にかけめぐる記憶、リアのことを忘れて、生きていきたいんです」

「じゃあ、ステップ2は？」

セティアワンは一瞬考えます。

「えー、同じような問題を抱える人を探して、その人が乗り越えるのを助けてあげなければいけない、ということですか」

そこで苦笑いしを浮かべながら続けます。

「そんなに難しくないですよ、友達の半分は全く同じ問題に悩んでいるみたいですから」

「別れの憂鬱は万国共通のようですね」と私も同意します。

「うまくいかなかった恋の痛みや記憶を吹っ切るのはすごく難しいことなんですね。ステップ2には2つのパーツがあるのを覚えていますか？　選び、計画する。自分と同じことを求めている人を選び、その人をどう助けるかプランを立てるわけです。それじゃあステップ3はどうでしょう？」

「それは覚えやすいやつです。コーヒーショップのでしょう？　中立な場所に連れて行って、どうしたらそうした痛みから立ち直ることができるか提案をする」

「そうだね」と頷きながら答えます。

「それからとても大切なことだけど、これらすべてをする際には思いやりの気持ち、万人に対する思いやりの気持ちを加えることです。ダイヤモンドの知恵の原則をまず自分で試して、うまくいったら、辛い別れから立ち直れないという同じ問題を抱えるすべての人に対して生きる手本となって見せることができるのです。大規模な連鎖反応を起こして何百人もの人の人生を明るくすることができるかもしれません。では最後のステップ4は？」

「コーヒーメディテーションですね。夜、目を閉じて眠りに落ちながら、誰か他の人が抱える同じ問題を解決する手助けをするために自分がした努力について細かく振り返ります。これがまいた種を早く開かせるための重大な肥料」

「そう、すべて完璧にわかっているみたいだから、素早く吹っ切って次に進むのは何の問題もなくできそうですね。でも、どこに向かって新しい一歩を踏み出すかにも取り組むべきでしょう」

「確かにそれも必要ですよね。新しい恋をしたいけれど、リアとしたようなひどい体験は繰り返したくないですから」

「それが君に対する2つ目の提案につながります。1つきいてもいいかな？　この人生に起こるすべてのことの奥には何か自分を超えた大きなプランがあると感じることがありますか？　目では見えないもの、生まれたときからずっと君の人生についてまわってきたこと」

セティアワンは頷きます。カメラやサウンドの撮影班が最後の調整をバタバタとしている最中、シンド人とフランス人のビジネスマンたちは一塊に集まって話に聞き入っています。

「いつもそんな気がしていました」とセティアワン。

「これまでずっと、何か特別な存在が目には見えないけれどいつも近くにいて、人生の意義につながるような、何か重要なことに向かって僕を導いてくれているかのように」

「そうだね。種の考え方に沿って見ると、ただ人間の体をもって生まれてくるだけのために何百万ものとても良いパワフルな種が必要だと経典に記されています。人間の体は何千もの異なる構成要素やシステムが合わさり、信じられないくらい素晴らしい調和をもって働いているんですからね」

「チベットの考え方によると、私たちが今世でこうして正常な体と心を授かって生まれてくるためには、前世でとても、とても善い人間であったに違いないと言われています。さらに、そんなにまで善い人間でいるためには、自分1人だけの力では無理だろう、素晴らしい献身的な先生の導きのもと学んでいたに違いないと考えられているんですよ」

「そうすることで、習慣をつくったのです。これは2本目の花と言われるものです。身の回りの世話をしてくれる師が身近に現れるという習慣です。人間として生まれてくるほぼすべての人は、特別な自分だけのための先生、師にお世話になる種を持っていると仏教の考えでは信じられているのです。そうした種は毎日の生活の中で見えない力となってあなたを導いてくれるかもしれません。時に異なる役割に姿を変えながらね」
「何だか目に見えない守護天使みたいですね」とセティアワンが笑います。
「インドネシアのイスラム教の伝統にも似たような考えがあります。メッカに向かって1日5回、毎日の祈りを行う際に、頭を左、右に向け、自分の守護天使にささやきかけるという慣習があるんです」

自分の守護天使にささやきかけなさい

「全く同じことですね。そうした守護天使が自分の人生に現れる種を持っていたら、様々な人として姿を現してくれるでしょう。必然的に、毎日の生活において言葉や行動を通してあなたを導いてくれるよう、非常に身近な人として現れるはずです。ということは恋人という形であなたの目の前に現れる可能性は高いですよね」

セティアワンは戸惑った顔つきでこちらを見ています。

「恋人として？　リアは守護天使だったたって言うんですか？　だとしたらなぜ僕を捨てたんでしょう？」

「ああ、それが問題ですよね。彼女が君の守護天使だったと仮定しましょう。もしそれが本当だとしたら、どうして君を手放したんでしょう？」

セティアワンはそれについて考えながら眉を大きくひそめます。心の痛みがまだ記憶に新しいのでしょう。

「もし彼女が守護天使みたいなものだったなら、僕たちが付き合っていた間に彼女がしたことはすべて、何らかの大きな意義があったはず、人生の大きな計画の一部だったに違いないですよね」

「別れるという選択も含めて？」

「うーん、そうなのかもしれません」とセティアワンここで言葉を切り、さらに少し考え込みます。

「だとしたら、最初から何らかの計画があって、別れたのもその計画の一部だってことになりますよね。それなら、彼女は何かに向かって僕を送り出していたに違いありません。先の将来にある何かに気づいて、それに向かって僕を送り出したと言うこと」

「例えば、新しい恋人とか？　君の人生の新しいチャプターを導くために、守護天使が次のパートナーの姿で現れるのかもしれないよ」

「まあ、そうかもしれませんね」とセティアワン。

「それじゃ、始めてみようよ」カメラが回り始め、番組のアナウンサーが私を紹介するのが聞こえる中、セティアワンに最後に一言。

「メソメソするのはもう止めなさい。守護天使は君が次の新しい姿をした天使に出会えるよう、君を手放したのだから。その新しい恋人は人生の次の道のりを一緒に歩んでくれるでしょう。だから君はその彼女を見つければいいだけのこと！」

そうしたら「彼女を『植えないといけない』ということでしょう？」とセティアワンに間違えを指摘されたんですよ。

質問85
夫と結婚して10年になりますが、これまで結婚生活に何の問題もありませんでした。でも、本当のソウルメイトと感じる人に出会ってしまったのです。どうしたらよいのでしょうか。

「結婚したとき、どんな約束をお互いに交わしたんだい?」とまずききます。

ウルグアイ南東部のプンテ・デル・エステ。ビーチの端に建つとても素敵な邸宅のバルコニーに座って話をしていたときに受けた質問です。

夏になると、南アメリカのお金持ちや有名人が10万人ほど訪れるビーチリゾート地ですが、その内の60名ほどがビジネスの話をするディナー会に招待されていたのです。

私を含めアシスタントたちは紛れもなく場違いな気がしてしょうがありません。ビーチで地元のファッション誌の撮影をしたときなど特にそう感じます。でもこのイベント自体はとても素晴らしく心温まるものとなったようです。

夜中過ぎていましたが、皆少人数のグループに集まってダイヤモンドの知恵ついて熱心に語り合っています。光が反射し綺麗なプール際にゲストの1人が私を誘い込み、この質問をこっそりと投げかけてきます。ちなみにこのプールにはその日の夕方、陽気なゲストの1人がふざけて落っこちてしまった出来事がありました。

ルチアは軽く眉間にしわを寄せます。

「それはもちろん、カトリック教に則った一般的な結婚式ですから、イグナチオと私は一生涯連れ添うことを誓いました」

「それで、彼はこの誓約に対してどう捉えていると思う? いまの時点では?」

「それは、まあ、ものすごく幸せというわけではないけど、まあうまくいっています、問題はありません。だから彼は一生涯の誓約だとまだ思っているはずです」

「ということは、君がこの新しく出会った人、ソウルメイトを選んだとしたら、自分の自由な意志で決めた一生涯の誓約を破ることになるわけだよね」

「ええ、それはそうですし、わかっています。嬉しい気持ちはもちろんしません」とルチアは静かに答えます。

「今晩話した内容を思い出して考えてみて。そうしたら、君の新しいソウルメイトとの関係に対して、どんな種を植えることになると思う？」

「ええ、何をおっしゃりたいかよくわかります。新しいパートナーと一緒になるために、いまのパートナーと誓ったとても真剣な約束を破ったとしたら、たとえこの新しい恋人がソウルメイトだったとしても、イグナチオと子どもたちを傷つけることになる。それは種をまくことになり、1本目の花の法則によると、その種が後に開いてソウルメイトが私を去ることになるのですよね」

「そのとおり」と私は同意します。

彼女にはこの日初めて会ったばかりですが、1時間のダイヤモンドの知恵の話を聞いただけでこれほどにクリアに理解しているルチアを誇りに思います。

こんなふうにびっくりさせられることはよくあることです。とても異なる文化をもったあらゆる国においても、ダイヤモンドの知恵の原則を道理にかなっている、と即座に人々が理解できることに毎回驚かされます。これは、これらの原則が普遍的な真実であることを立証するものだと思います。

「それでは、ソウルメイトのことを諦めないといけないということですか？」

ルチアはいまにも泣きそうです。

「そうは言ってないよ。ソウルメイトを諦めないといけないと思っているなら、今晩の話をしっかりと理解できていないね」

ケーキは持ちつつ、さらに食べるために
つくられるもの！

「イグナチオと別れないのであれば、ソウルメイトとはどうしても一緒になれないじゃないですか」ルチアはその必然性を完全に信じきって答えます。

でも、本当はこの理屈は完全に理にかなっていないもので、世界中のあらゆる心の痛みや不満の原因となっているものなのです。もし物事のあり方が全くそれと異なるものだとしたらどうなるのでしょうか。

「それはそうだろうね…もしも、この状況が向こう側に存在している、向こう側から生まれてきているものだとしたらだけど」と言いながら、ペンをポケットから取り出し（このためのだけに、ほぼいつもペンを持ち歩いているんですけどね）、それをルチアの顔の前で揺らします。

「でも本当は、その状況は君から、君がマインドの中に植え込んだ種から生まれてきているものなんです。イグナチオと別れずに一緒にいるか、それともソウルメイトを選ぶかどちらかを選ばないといけないという考え、2つの選択肢の間の明らかな矛盾に対してもも当てはまることです」

「どういう意味ですか？」とルチア。

「夫と新しい彼、同時に2人と一緒に暮らせるよう手回しをすべきだって言うんですか？」

その提案に妙に憤慨しているように見えます。

「いやいや、そういうことでは全くないよ。二股をかけるべきと言っているわけではないし、どちらか1人だけを選ぶべきだ、と言っているわけでもないんです」

「私が言いたいのは、このジレンマは君から、君の種から来ているものだということ。君自身の種から生まれてきたものだということは、それを変える力も君自身が持っているというわけです。

種を変えれば、誰かを傷つけたり、どちらかを選んだりせずに、望むものをすべて手に入れることができるんです」

「それじゃあ…それは一体どんな感じになるということでしょう?」とルチアは少々混乱して訊いてきます。

「何年もイグナチオと一緒にいてどんな感じだったか考えてみて。それから、君のソウルメイトと一緒になったら実際どんな感じになるのを想像してみてごらん」

「いえいえ、そうではなくて」とルチアは食い下がりません。

「私が望むものすべてを手に入れられると同時に、夫やソウルメイトの彼も望むものをすべて手に入れられるような状況があるって言いましたけど、そんな状況は実際にどんなものなのか知りたいのです」

「いいえ、わかっていないのは君ですよ」と私も食い下がります。

「問題なのは、君はどうなるかを単に想像するだけの種さえ持っていないということ。うまくいくために必要な種にはほど遠いのですから。十分な種を得られたとき、初めて、すべての人にとってうまくいく方法を想像することができるんですよ、それは実際にうまくいく直前の話です」

どうなるのかを知ろうとして考えすぎで行き詰まらないように！

「どうなるかを想像しようとして行き詰まってしまわないように。想像するための種はまだ足りないのだから。ただ種をまき続けなさい、そうしたら自然と結果はやってくるから、必ずね。奇跡と言ってもいいでしょう。3人とも自分のハートが望むものを得られる不可能な状況がやってくる奇跡だとね。でも、本当は今君の人生に起こっていること以上の奇跡でも何でもないんです。ただありのままである、それ以上でもそれ以下でもない。君は自分のソウルメイトと一緒になることができるし、それと同時にイグナチオとの誓いを守る。これはいま君がこのバルコニーに座っているのと同じくらい不可能なこと」

しばらく沈黙が続いた後、ルチアがため息をつきます。

「わかりました。あなたはその道のエキスパートですから、おっしゃっていることはそのとおりなんだと思います。でも、どうやったらそうなるのかがどうも100％理解できないのです。とりあえず、あなたを信じて、それが起こるための種を植えようとするとしますね。これまでの話からすると、この種まきは他の誰かを助けたり、誰かのために奉仕することに関わっていますよね。だから、試しにやってみて損はないでしょう、最悪起こることといえば、他の人を幸せにすることができるわけだから。では、どういった種を植えなければいけないのか、教えてください」

「じゃあまず、スターバックスの4ステップをささっとしてみましょうか」

「いいですよ。ステップ1は自分が望むことを述べる。私は不可能に近い状況に対する解決法が知りたい。関わる人が皆、同時に幸せになれる解決法を知りたい。ステップ2は不可能だと思っている状況に陥っている誰かを選び、その人に対して助言やサポートを与えるためのプランをたてる」

「ステップ3はその人を喫茶店、あるいはどこかニュートラルな場所に連れていき、完璧なものでなくてもいいし、実際に問題を完全に解決できるものでなくてもよいので、自分が可能な限りベストな助言をする。そうすることで種は成長していく。それからステップ4では、ステップ2と3をすることがどれほど良かったかについてコーヒーメディテーションで思いを巡らせる」

私は頷いて同意します。

「しないといけないのはそれだけだって言うんですか？　奇跡を目撃するには？」というルチアに対し、もう一度頷きます。

「ここに座っているということ以上の奇跡でもなんでもないんだよ。いまこの状況が起こっているのと同じように、それはただ自然と起こるだけなんだからね。両方とも君のマインド、心の中の種から生まれてくるもの。ということは、両方とも現実のことで、両方とも実際に起こること。君はソウルメイトを得ることができるし、昔の誓いを守ることもできるでしょう」

「種を使えば、不可能なことは何もありませんよ。ただ試してみてご覧なさい」

PEACE
安らぎ

質問86 ほぼ偶然に思いがけず起こることが多いのですが、私と彼は祈りや瞑想のような静かな瞬間、空間に２人して陥ることが時折あるんです。こうした自然な瞬間がもっと増えるためのカルマはありませんか。

メキシコシティーから1時間ほど南に位置するテポツォトランという街で、ＤＣＩ（ダイヤモンドカッターインスティテュート）の「成功への道」週末リトリートを開催していたときのことです。

この地は古代トルテカ文明の拠点であり、羽毛のある蛇の姿をした神ケツァルコアトルの生誕の地ともいわれています。

私たちが滞在しているこじんまりとしたリトリートセンターの背後にそびえ立つ山のてっぺんには荘厳なピラミッドがたっています。この質問をしてきたヴァレリアと彼氏のパブロは木にもたれ掛けながら座っており、そうした静かな瞬間に陥っているかのように見えます。

「1つ聞いてもいいかな？」と私。

「いまの人生の中で、君たちは何かそれ以外に望むものはある？」

パブロはその質問に少し驚きながら答えます。

「さあどうだろう」肩をすくめてヴァレリアに目線を送ります。「そりゃもう少しお金に余裕があったらいいなとは思いますけど。すごくたくさんは必要ないし、大金はいらないけど、毎月の家賃の支払いに苦しむのはストレスが溜まりますから」

「わかった。じゃあ、それに対して4つのステップを使ってきている？」

「いいえ、してきていないです」とヴァレリアは認めます。

「だって、ほぼ常に抱えているストレスだから、日常的な生活の一部になってしまっているんです。まあただ怠けてそれに対して何かしようという気になれなかったわけですけど」

「そうか、なるほど。2つの問題に同時に取り組んで解決できる方法があるよ。毎月の家賃支払いの不安を解決すると同時に、2人の間の深い安らぎの瞬間が自然と起こるための種を植えることができる方法」

「それはどんな方法ですか？」とパブロ。

「まず教えてくれる？　ダイヤモンドの知恵のことを知らなかったその昔、毎月の家賃を工面するというようなお金の問題に対してどんな風に対処していたのかな？」

ヴァレリアは笑顔で答えます。

「何とかお金をかき集めていました。誰もがするようにね。原始人だって野生の木の実を見つけようと森を歩き回ったでしょう。だから何か使っていないものがないか家の中を探し回って、売ったり、パブロのお母さんに頼み込んで援助してもらったり、職場の上司に頼んで残業手当をもらったりしていました」

「じゃあ、いまはどうしているのかな？」

パブロは頷きながら答えます。

「いまは、物事が実際どう働くのかわかっていますから、私たちの生活にもっとお金が溢れるようになるには、そのための種をまかないといけないということを承知しています」

「それで？　どうやってそうした種をまくのかな？」

「実は、怠けてあまりしてきていないですけど、どうやって種を植えたらいいのかはわかっていますよ。私たちと同じように経済的に困っているカップルを見つけて、彼らが窮地から抜け出せるようにサポートしてあげないといけないんですよね」

「そうだよ。昔のやり方でお金を稼ごうとするのではなく、本当にお金をつくる、お金の種を植えて育てるんだ。そのためには他の人がお金をつくれるよう手助けをしてあげる。それによってその人に安心感を与え、心配から解放してあげられるんだね」

ヴァレリアの目が輝きます。

「ああ！　わかった！　私たち２人の間に時折流れる自然な瞬間は、本当は自然に起こることではなくて、意識的に創り出すことができる、ということですね？　2人で一緒に、他のカップルが心配から解放された安らかな瞬間を持てるよう手助けをし続ければいいわけですね」

パブロもその考えにワクワクします。

「そうした安らぎの瞬間は、2人が元々必要としているものを得るためにスターバックスの4ステップを実践することで生まれる自然な結果なんですね？　私たちが望むことを得るために正しいことを行うことで、さらに他の人に精神的安らぎをもたらすことができる。そうすると、必要なものを得られると同時に、深い幸福感に2人一緒に陥る自然な瞑想的瞬間をも得ることができるわけですね」

ヴァレリアは嬉しそうに頷きます。

「ということは、あらゆる望むものに対して、できる限りダイヤモンドの知恵の原理を使うことで、2人の間の魔法の瞬間がどんどん増えていくということ」

「じゃあ、やり始めなさい。家賃に関してストレスを抱える必要はないんだから。その代わりに魔法の瞬間をもっと楽しむことができるはず」

「常にね！」とパブロは笑顔で答え、バレリアの目を見つめます。既にもう効果は現れ始めているようです。

「もう1つ提案があるよ」と私。

「何ですか？」

「私なら種を植えるスピードをあげようとするだろうね。これまで訪れてきた国では、4ステップクラブを立ち上げた人たちがいたよ。こうしたクラブでは1週間に一度集まって、それぞれの目標に向けた4ステップの実践がうまく進んでいるかをお互いにチェックし、助け合っているんだ。こうしたクラブをオーガナイズしている人たちは、自分自身の種を植えるだけでなく、他の人が種を植えるのを手伝ってあげていることになるんだね」

ヴァレリアは「なるほど、グループの何人もの人が種を植える手助けをすることで、さらに追加の種をたくさん集めることができるというわけですね」と頷きます。

「そのとおり」と私も頷いて答えます。

「だから自分たちの種にだけ専念するより、もっと多くの魔法の瞬間を植えることができる素晴らしい方法じゃないかな」

そう言いながら、私自身もそこで魔法の瞬間に浸っていることに気づきます。さらにそんな瞬間を自分がどれだけ必要としているかにも気づいたので、もっと多くの人の種植えを手伝ってあげよう、とそこで心に誓ったのです。

質問87

夫の職場には、昇進とかで夫の競争相手になる同僚が2人ほどいるのですが、私たち夫婦の一緒にいる時間の半分は、その2人がどんなに悪い人間なのかの話を聞かされて終わってしまうんです。この2人の同僚の方には2、3回会ったことがありますが、2人ともとても感じのいい人だと思いました。夫が常に誰かの悪口を言っているのを聞かないといけないこのカルマを止めるにはどうしたらいいのでしょうか。

中国の北京からさほど遠くない都市、天津でのこと。万里の長城の上で話をしていたときにグワン

ミンからきかれた質問です。

彼女の旦那バオチャンはその先にそびえ立つ小塔のバルコニーから手をこちらに振っています。ものすごく急な階段を上がってその小塔に行かない理由ができて内心ホッとします。

胸壁から身を乗り出し、これまで見たことのないほど危険な崖や青々とした山々の眺めを楽しみます。

15世紀以上も前の時代に、何百、何千もの大きな石のブロックをどうやってこの峰まで引っ張り上げてきたのかは、想像の域を遥かに超えています。

「ちょっと神秘的な回答になるけれど」と私。

「それでもいいかな?」

グワンミンは頷いて「実生活に応用できるものならいいですよ」と答えます。

「その点は私も大賛成だよ。君はダオ（道）について知っているよね?」

西洋ではよくタオ（Tao）と呼ばれるものですが、敢えて伝統的な中国式の発音を使います。これについては質問58で取り上げましたね。

「Dao De Jin（道徳経）は知っていますよ」とグワンミンは答えます。これはTao Te Chingとも西洋では呼ばれる書物です。

「中国では高校でその一部を学ばないといけませんでしたから。Daoは道という意味。Deは徳、Jinは古代の書物という意味です」

「それじゃあ、Dao、道とはどういうことを指しているのかな?」

グワンミンは少しこれについて考え込みますが、きらりと頭に思考がひらめきます。

「こんなふうに考えたことは今までなかったけれど、ダイヤモンドの知恵のシステムの観点から考えてみると、徳が道そのものと言えるかもしれませんね」

「どういうことかな?」

「人生の生き方ということ、人生に起きて欲しいことを現実にする方法ということ。例えば、彼氏が欲しいのであれば、寂しい1人身の人を助けることで自分の彼氏をつくるための種をまかなければいけない。それが徳、善良さ」

「いいね。それじゃあ、『道(タオ)の流れに身を任せる』とよく言われるけれど、これは今の話にどう関わってくるかな?」

グワンミンはさらに考え込んでから指をパチンと鳴らします。

「何となくわかった気がします。人生において物事を現実化させるのに間違った方法、間違ったというのは上手くいかない方法という意味だけれど、それから正しい方法がありますよね」

「例えば、彼氏を見つけようとした場合、インターネット上で探したり、タバコの煙に耐えながらナイトクラブに毎週通ったりすることはできるけど、それは間違った方法。というより、言い換えればそれは道(タオ)ではないですよね」

「それじゃあ、道（タオ）なのは？　正しい道とは？」

「それは、お年寄りの方に連れ添うという方法、彼氏が自分の人生に突如現れるようになる種を植えるということ。『流れ』の話で言えば、そうしたやり方で彼氏をつくろうとするのは、ダオの流れに沿っているということ。物事の方向に合わせて動くということ。ナイトクラブで自然の流れに逆らうのではなく、全宇宙の動く方向に合わせていることになりますよね」

他の人に優しくすることは、
自分自身がもっと落ち着けるということ

「そのとおり。宇宙の自然の流れに合わせて動く、つまり他の人に対して親切にしたり高潔な行為を行ったりして物事を現実化させると、人生はもっと落ち着き、楽しいものとなるでしょう。もっと楽になるし、絶え間ない喜びに満ちたものになる。ダオの流れに逆らうのはただ疲れるだけ。間違ったやり方で試すのは常に不確かさが伴うからね。インターネットを通してパートナーを見つけられるかもしれないし、見つからないかもしれない。だけど種を使えば、何を得られるかは毎回確実にわかるのだからね」

「それじゃあ、バオチャンが他の人の良い点を話すようになるには、この道をどう活用していったら良いのかな？」

グワンミンは冴えています。

「いまおっしゃったことを頭に入れて考えると、この問題がすべてダオに関係してくるのがわかります。いつも仕事場の同僚2人について批判しているというこのバオチャンとの問題を考えると、気分が悪くなるし、うんざりなんです。でもあなたの話からすると、私が気分を害したりうんざりしたりするのは、間違ったやり方でこの状況に向き合っているからなんですね。道（タオ）の流れに沿っていない。だって道（タオ）の流れに沿って解決法を探しているとしたら、もっと心は軽くなって喜びに満ちてくるはずですから」

「それもそのとおりだよ。他の人の良い点を話すようバオチャンを説得しようとするのは、望み通りの結果が出るか不明なので、君をイラつかせるよね。でも、何も言わないで不機嫌なまま黙っているのも同じぐらい良くないこと。こうした2つのやり方は両方とも道（タオ）の流れに逆らっていることがわかるよね」

「だとしたら、道(タオ)の流れに沿って動くにはどうしたらいいんだろう？特に道（タオ）とは徳、善行であるとしたら？」

グワンミンは納得したように頷きます。

「バオチャンがもっとポジティブなことを言うようになる良い種を植えないといけませんね。つまり、私自身が高潔なこと、善い行いをしなければいけないということ。例えば職場でとか、娘に対して、他の人のことをポジティブに話すよう努力をしないといけない」と言ってから一息おきます。

「実際できる例をもう既に思いつきました。公園で太極拳をする女性グループに週に3回ほど参加していて、いつも娘のメイも一緒についてきます。クラスの後はよく木の周りに集まって、最近のことについておしゃべりするのですが、その中で、グループ内の人に対する悪口のようなことを言うことがたまにある気がします。娘のメイはその場にいて、全部それを聞いているわけだけど、私が夫の不平を嫌がるのと同じように、娘もそんな話を嫌がって聞いているのかもしれません」

「私自身の愚痴こぼしを少なくすることで、バオチャンの不平に対処するのが、道（タオ）の流れに添うということ」とグワンミンはきっぱり断言します。

「それはとても気分が安らぐ、気持ちよい問題対処法ですよね」

バオチャンが小塔の急な階段の最後を降りてきているのが見えます。いつものごとく、道（タオ）の流れに乗り始めるとそうであるように、彼の顔には既に嬉しそうな笑顔が浮かんでいたのです。

質問88

僕たち2人の関係はとてもうまくいっているのだけれど、1つだけ不満があります。

彼女はものすごく騒がしいんです！　僕が昼寝をしたり、本を読んだり、音楽を聞いたりしているのに関わらず、いつでも常に何らかの音がしています。ドアをバタンと閉める音やお皿をガチャガチャする音、椅子の脚を床に引きずる音とか。静けさの素晴らしさにもう少し繊細な気を使うようになるには、どういうカルマが必要でしょうか。

インド東部ヴァラナシ出身の有名な歌手のミュージックレッスンを何日か受けるためにテキサス州

ヒューストンを訪れ、長年の友人であり生徒でもあるデヴィッドとジャネットのお宅に滞在していたときのことです。

デヴィッドの後をついて回るかのように部屋から部屋へ移動しながら話を続けたのですが、これまでに彼はオフィスのコンピュータで仕事のメールをチェックし、外に出て新聞を拾い、数分ほど軽く目を通してからキッチンのカウンターに投げ、iPodで音楽をいくつかチェックし、冷蔵庫からブドウを一握りつかんで食べます。

そこで、私は彼の腕を掴み、ようやく台所の椅子に座らせます。

「種のことは知っているよね？」と私。

「ええ。去年教会で講演なさったときに、細かくお話していましたから」

「そう。それじゃあ質問が1つ。もしも恋人だとか、クレジットカードの借金返済、腰痛の解消など、なんでもよいけれど、何か望むことに対する種を植えようとした場合、誰か他の人が必要かな？」

「ええ、それはそうでしょう。いつもそうおっしゃっているじゃないですか」

「でも、君自身はどう思う？　他の人と関わらず、自分だけで種を植えることができると思う？」

これに対してデヴィッドは少し考え込みます。

「どうでしょう、わかりません。誰かを傷つけるのか、それとも助けるのかによって種の良し悪しが関わってくるのですよね。それは自分以外の誰か他の人であることが大切であるようですし、なぜそうなのかははっきりとはわかりませんが、カルマはエコーみたいなものじゃないかな、という気がします。自分に戻ってくるには他の誰かにバウンドさせないといけないのかもしれません」

「そのとおりだと思うよ」と私も同意します。

「これについては私も長年考えてきたんだよ。なぜカルマは誰かにバウンスさせないといけないのだろうって」

しばらく黙って座りますが、これはデヴィッドには難しいことのようです。既に目線がテレビのリモコンに移っています。彼の注意をまた失ってしまわないか心配になります。

「誰か他の人が他の人であるのは元々どうしてなんだろう？」

「僕は僕で、あなたはあなただからでしょう」とデヴィッドは単純に答えます。

「それはそうだけど、なぜ？」

「それは、僕たちは離れた、個別の存在だから」

「じゃあ私たちの間を隔てているのは何？」

デヴィッドはブドウをもう1つ口に放り込み、話しながらも目線はテレビのほうを向いています。

「それはまあ、例えば僕がこのブドウを噛むとき、あなたはその味を感じないですよね。僕だけです。僕たち2人は別々の存在だという証拠でしょう。だから種を植える唯一の方法は、自分のためにだけではなく、他の人のためにすること。利他的な無私の行為でなくてはいけないのではないでしょうか」

私は眉間にしわを寄せます。いつもここで行き詰まってしまうのです。

「でも、最終的には、君が他の人を助けるためにすることすべては、自分を助けることになるんだよね、必ずそれは自分に戻ってくるのだから。ということは他の人は自分とはそこまで隔てられた存在ではないんじゃないかな？」

「自分が望むものを得る唯一の方法は他の人が望むものを得られるよう助けるということ。その場合、1つのことをするだけで、両者とも望むものを得ることができるわけだ」

デヴィッドはブドウを噛むのを止めます。真剣に意識を集中しているようです。

「そうだとすると、2人はなんだか1人の人であるように見えますよね。ただ2つの体に分かれているだけで。だって、あなたを助けると、それは自分を助けていることになるってことは」

さらにもう少し考えてからデヴィッドは続けます。「そうか、もしかしたら逆の考え方なのかも。カルマの法則がうまくいくのは、他の人とは常に自分であるからなのかもしれません。だとしたら、自分のためにだけ何か行って、種を植えることもできるはずですよね。チベットの経典にはそれについて何と書いてあるのですか？」

「はっきりとは書いていないのだけどね」ということは認めます。

「1つだけ例が思いつくよ。とても深刻な悪いカルマの話の中での、自殺についての記述。チベットでは人間の体は言葉で言い表せないほど尊いもの、私たちのすべての夢、あらゆる人のあらゆる夢を現実のものにするために必要な乗り物であると考えられている。だからこの尊い乗り物を故意に破壊しようとする行為は最悪の種の1つで、さらにこの種は自分だけで植えるものだと言われているんだ」

「へえ…」そう言いながらまたモグモグし始めます。彼自身気づいていないけれど、テレビのリモコンを手元でいじっています。

「それで、これは君のジャネットとの問題に当てはまるんじゃないかって思うんだけどね」

デヴィッドは口を動かすのをまた止めてきいてきます。

「あの騒がしい音の話ですか？」

「そう」

デヴィッドは首を振ります。

「どうかな。だってこの問題はいま始まったことじゃないですから。高校時代からずっと騒がしい人でしたからね」

それに対して私も首を振ります。

「ダイヤモンドの知恵の原理で問題に取り組むときは、どんなに古い問題でもその年数は関係ないんだよ。種を通して問題に向き合うというのは、初めて真の原因に取り組むということ。そうすることで変化が生まれるというわけ」

「じゃあ何ですか、僕は騒音自殺でも図っているってことですか？　彼女が毎朝ゆっくりと椅子を床に引きずって、誰かが釘で黒板をひっかくかのようにキーっという音をたてるのは、僕が自分自身に対して行っている何かのせいだと言うのですか？」

「そうだと思う。誰か他の人に対してではなく、そう、自分自身の中で種を植えてしまっている、というケースの1つじゃないかと思うよ」

「どういうふうに？」

「彼女がしていることで一番君をイラつかせることは何？」

「音です」

「ということは、君は彼女に静かになってもらいたい。1日の間に1時間でもバンバン、ガチャガチャ、バタンという音を立てずに過ごしてもらいたい」

「そのとおりです」

「でも、君自身だってそうすることができていないじゃないか。朝からずーっと君のことを追い回して、ジャネットとのこの問題の話をするために落ち着いてもらおうとしてきたけど、君は1分足らずもじっと座っていられない。多分、君自身、騒がしくしていることでジャネットが1日中うるさくする種を植えてしまっているんだよ！」

「それじゃあ、どうやって直したらいいのでしょう？」

「立ってごらん」と私。

「いますぐ立って」

デヴィッドが立ちます。

「冷蔵庫に歩いていって、冷蔵庫のドアを閉めなさい」

冷蔵庫のほうに向かって歩いていくデヴィッドに対して「ちょっと待った」と私は呼び止めます。

「噛むのを止めなさい。ブドウをちゃんと噛み終わってから、冷蔵庫に歩いて行って」

デヴィッドは目をグルッと回し、立ち止まってモグモグし、飲み込みます。それからまた冷蔵庫に向かいます。

「待って」とまた呼び止めます。

「リモコンは置いていきなさい。冷蔵庫に向かうのにリモコンはいらないでしょう？」

デヴィッドはリモコンを置き、冷蔵庫にソロソロと向かいますが、台所のカウンターにさっき置いた新聞に目がいっています。

冷蔵庫のほうに向かってはいますが、目は新聞の見出しを読もうとしているのです。

「ちょっと待って」ともう一度呼び止めます。

「キッチンテーブルから冷蔵庫に向かって歩いているのだから、冷蔵庫を見ながら、冷蔵庫に焦点を合わせて、冷蔵庫に歩いて行きなさい。焦点を定めて歩きなさい。ここから冷蔵庫の間、マインドを静かにしてみて。冷蔵庫に歩いて行き、冷蔵庫のドアを開け、そしてまた冷蔵庫のドアを閉めるまで、その間に他の3つのことを考えずに頭の中を静めたらどう感じるかやってごらん」

デヴィッドは冷蔵庫のドアに視点を定め、静かな目的意識をもって冷蔵庫のほうに向かいます。それはまるでダンスのようです。

一瞬デヴィッドがバレリーナのように優雅に見えたほどです。

それから彼は意味深長に冷蔵庫のドアハンドルを掴み、意味深長にドアを閉め、また意味深長にキッチンテーブルに歩いて戻ってきます。

「へえ、結構いい感じでしたよ」とデヴィッド。

「何がいい感じかって、それはこれでジャネットが少し静かになるってことだよ」と私は笑顔で答えたのです。

質問89　お互いの腕の中で穏やかな気持ちで静かに安らぐ、あの特別な時間をもっと増やすにはどんなカルマが必要なのでしょうか。

モロッコ最古の都市の1つ、フェズという街で毎年開始されるイスラム音楽祭に行った際にきかれた質問です。

世界イスラム各国から様々な音楽グループが集まってきているのですが、仏教音楽の代表として来年の音楽祭に招待されるかもしれない、ということで視察にやって来たのです。

イラクから西アフリカに至るまで様々な国からのグループが奏でる素晴らしい演奏に聴き入っていたのですが、その後、塀で囲まれた古い地区で何人かの友人とリアドと言われるオープンエアの中庭に集まって話をしていました。

テーブルの向こう側でムスタファとメリエムが照れながら笑顔を交わしています。

「スターバックスの4ステップはもう知っているよね」と私はいつものごとく始めます。

「ええ、もちろん」とムスタファ。

「ただしここフェズではモロッコウィスキーを出している喫茶店だろうけれどね」

「ウィスキーだって？」と私はびっくりします。

「イスラム教徒はアルコールの摂取が禁止されていると思ったけど？　モロッコでは若い子もその古いしきたりを喜んで守っているって君も言っていたじゃないか！」

メリエムは身を乗り出してティーポットを持ち上げ、モロッコの人の多くが1日中好んで飲む甘ったるいミントティーを小さなカップにまた注いでくれます。

「心配しないでください。単なる冗談ですから。これが私たちのウィスキーなんですよ」

ムスタファは笑って私の肩をパチンと叩きます。

その日の午後、彼らの祈りについて質問をしたら、後になって彼は私の部屋を訪れ、毎日持って歩いている大切な礼拝用敷物をくれたんです。ですから、いまでは何だか家族のように深いつながりをお互いに感じます。

「そうか、じゃあステップ4について教えて」

「ステップ4はコーヒーメディテーション。1日の終わりに眠りにつく前に行うものです。自分に起こって欲しいことに対しての種を植えるためにその日に行った善行について思いを巡らせる。良い種を植えたことに嬉しい気持ちを抱く。そうすることで寝ている間にその種がより強いものに成長するのです」

「そうだね。でも君が起こって欲しいと望んでいることが既にもう起こったとしたら？　つまりお互いの腕の中で静かな時間を過ごす瞬間があったとしたら」

ミリエムは少々困惑した顔つきをします。

「実を言うと、それについて2人の間でも話したことがあるんですけど、そうしたお互いに抱き合う安らかな瞬間の種を植えるために特別に何かしたか思い出せないんです。どっちにしろ、もうその抱き合う瞬間が終わったらそのためにあった種は消費されて、消えてしまったわけでしょう？　種が木に成長したときのようにね。どうやってまいたのか思い出せない種、しかももう消えてしまった種に対してコーヒーメディテーションをしても意味がないんじゃないですか？」

私は頷きます。これはいい質問です。

「まずはもう1つきいてもいいかな。ムスタファから優しい抱擁をもらうために植えた元々の行為は思い出せないとしても、もしかしたらこれだったんじゃないかな、って探る方法は何かないかな？」

「そう、そうですよね」とミリアム。

「カルマの第1の法則によると、抱擁に似たもののはず。つまり愛情に溢れ、心のこもったもの。さらに第2の法則によると、元々は抱擁よりも些細なことで、それが大きく膨らんで抱擁として生まれたのですよね」

「いいね、じゃあ抱擁よりは些細だけれど、同じように愛情深いこととは何かな？」

ミリエムはムスタファにもう一度優しい目線を送ります。答えは一目瞭然です。

「そう。愛情を示す些細な仕草だったに違いありません。例えば、長い時間かけて心を込めて作った夕食を出してくれたお母さんに対して、愛情のこもった目線を送ったりね」

「それじゃあここで1つ質問だけど。夜、横になって、ムスタファからの優しい抱擁をつくるためにしたに違いない過去の行いについて考えて、はっきりとは思い出せないけれど、そうして植えたに違いない種について嬉しい気持ちを持つことはできるかな？」

ムスタファは頷いて答えます。

「はっきり何だったか思い出せなくても、横になりながら自分がしたに違いないことに対して喜びをもって思いを馳せることはできると思います。どんなことであったとしても、それは優しく愛情深いものだったに違いないと考えればいいのでしょう。ちょっとした逸話を頭の中でつくって、それについて嬉しい気持ちを抱くこともできると思います」

「でもじゃあ、それはステップ4の役割を果たすと思う？　つまり、種の力を増幅させて、種が成熟して花開くスピードを速めてくれると思う？」

ミリエムは首を振ります。

「いいえ、もちろんそんなことはないでしょう。その抱擁をつくり出した種はもう消えてしまったのだから。増幅もスピードアップもしようがないですよね」

でも、ムスタファはもっと愛情深い目線をミリエムに送りながら答えます。

「それは確かにそうだけどね、たとえその種はもう使われてしまったとしても、そうやって過去に植えた種、行為に対して喜びを感じることで、それだけで同じような新しい種をつくり出すと思うんだよ。マイケル、そうではないですか？」

「全くそのとおりだよ」と私は頷いて同意します。

「いま起こっている素晴らしい出来事から察して、過去にしたに違いない優しい行為について喜び、満足感を抱くことはできるし、たとえその種が使われて消えてしまっていたとしても、コーヒーメディテーションをすることで更に種をつくり出すことができる。使用期限はないということ。何年も昔にしたことに対してや、何年も前に起こった素晴らしい瞬間をつくり出した種に対してハッピーな気持ちを抱くことで、新しい種を植え、そうした瞬間をまた何度も何度も繰り返すことができる」

「優しい抱擁をいつまでも受けられるということですね」とミリエムは笑顔を浮かべます。

「夫が去年くれた抱擁をつくり出すための種をうまく植えられたことに対して思いを馳せながら眠りにつくだけで。その考え、いいわね！」

「僕もそう思う」とムスタファも同意したのです。

コーヒーメディテーションに有効期限はない

HAPPINESS
ハピネス

質問90
私たち夫婦生活は全般的にはうまくいっています。特にこれといった不満はないのですが、それでも時折、特別な理由なしに寂しく、悲しい気持ちに陥る時間が長く続くんです。常に幸せで満ち足りているには、どのようなカルマの種をまいたらよいのでしょうか。

「これは第9番の話につながるね」と私。

これは中国のマカオからさほど遠くない沿岸都市、ヂューハイ（珠海）でのこと。リンダと彼女の旦那アルヴィンと一緒に綺麗なホテルのロビーで話をしていたときに受けた質問です。

リンダとアルヴィンというのは勿論、彼らの本名ではありません。英語を学んできた中国の方は、いろいろ自分で考えて英語の名前を選ぶことが多いのです。

中国では何百万という人たちが私たちの言語、英語を学ぼうと一生懸命努力しているのに対して、私の国アメリカでは中国語を学ぼうとする人はほとんどいないという悲しい現実について思いを馳せます。テレビや映画ばかり見てばかりで無駄に時間を過ごしている人がほとんどであるように感じてなりません。

「第９番ですか！」アルヴィンは声を上げます。

「そうですね、カルマの４つの法則、種の開き方を示す４本の花、種の開花を早める４ステップ、過去の悪い種を止める４つのパワー。９つのものなんて全く聞き覚えがないですよ」

「それはそう」と私。

「でもこれは、トップテンの考えにさかのぼっているんだよ」

ところで、これは質問17でお話したトップテンとは違います。あれは私たちの多くが毎日何回も植えてしまっているネガティブな種のトップテンでしたね。それを反対にひっくり返して考えると、ポジティブな種のトップテンというわけです。

「これは種を植えるためにできる良いことのトップ10。第９番目はとても単純なこと。他の人がまいている良い種について考える時間を取るだけ。これはコーヒーメディテーションみたいなものだと考えたらいいよ。自分が植えた良い種について考えるのではなく、他の人の良い種について満足な気持ちを抱くということ」

「そうするだけで私が時折感じる悲しみの時間を拭い去ることができるんでしょうか？」とリンダ。

「もちろんそうだよ」と私は答えます。

「そのくらい単純な話。でも慣れるまで練習が必要だよ。自分が行った良い行いについてただ満足し、喜ぶということを難しく感じる人、コーヒーメディテーションの概念自体になぜか抵抗感を感じてしまう人が多いのだけれど、他の人が植えている良い種に対して喜ぶのは更に難しいことだからね」

「でも、どれほどやり甲斐のあることか考えてごらんよ。周りの人が行う癪にさわることや悪意のあることに目を向ける代わりに、人がお互いに交わし合うちょっとした優しさや親切、思いやりのある行為に対して1日中注意を払うというのはね。それから寝る前に、その日やその週に目にした良い行いの1つひとつを思い起こす」

「最初のうちは、周りの人が他の人に対して行う良い行いをたくさんは思いつかないかもしれないけど、実践を続けていけば、枕に頭を下ろした瞬間どんどんイメージが溢れるようになるでしょう。他の人がその人自身のために植えている幸せに対して喜ぶ、ハッピーに思うというのは、自分の心のなかに幸せを呼び込むための最もパワフルな種の1つなんだ」

「これはチベットで『幸せへの幸せな道』と呼ばれる方法だよ。本当に効き目があるから、試してごらんよ。ね、やってみてごらん」

「やってみます。本当に試してみますね」とリンダ。

質問91
これは恋愛関係に特に当てはまるのですが、どんなに物事がうまくいっていても、いつも不満に感じ始めてしまうというパターンに陥ってしまうんです。
いまある瞬間を楽しむことができず、次にこうなって欲しいという考えに常に囚われてしまいます。既にある素晴らしいことに喜びを見出すためには、どんな種を植えたらよいのでしょうか。

バハマ諸島のナッソーの近くでのこと。小さなモーターボートに乗って人気のヨガリトリートセンターに湾をまたいで行く途中にきかれた質問です。古代から伝わるヨガ哲学の話をするために、毎年春先にこの場所を訪れるようになって何年にもなります。

ティモシーが言いたいことはよくわかります。

たったいまも、心地よい海風の匂いと暖かい海水のしぶきを受けながら、世界一真っ青な海を渡りながらも、私の頭の中はリトリートセンターに着いた後の美味しい夕食のことでいっぱいなのですから。

「それじゃあ、ステップ1から始めようか！」とエンジンの音越しに叫びます。

「僕が望むことの本質は」ティモシーも叫び返します。不幸にも2人の間に座っているシャロンは話に巻き込まれないよう、頭を少し沈めます。

「充足感、満足感を感じたい。いまという瞬間を楽しめるようになりたい、ということ」

降り注ぐ太陽を感じ、ボートを追いかけるカモメの姿を鑑賞しながら、私はふと考え込みます。

「ねえティム、マントラが何かは知っているよね？」

「祈りの数珠を使って数えながら、何度も何度も繰り返し唱える短いサンスクリット語の言葉ですよね」とティム。

「そう。かなり前のことだけど、アジアで大観衆相手に講演をしたときに、何かマントラを教えてくれませんか、とある人から訊かれたんだ」

「それで、どんなマントラを教えたんですか？」

「そのとき教えたのはね、

自分が望むことは、

まず他の人がそれを得られるよう手助けをしよう。

自分が嫌だと思うことは、

まず他の人にするのを止めよう。

というマントラだよ」

「そのマントラが、いまいる瞬間を楽しむことにどう関係してくるんですか？」

「君はいまこの瞬間、この場にあることを楽しめるようになりたいんだよね。だったら、他の人が同じように楽しめるように手助けをしないといけない。とても単純なことだよ。感謝の気持ちをもつようにすればいい」

「他の人にも感謝の気持ちをもち、周りの人にその感謝の気持ちをもっと伝えるよう勧めなさい。誰かとおしゃべりをしていると、何か人生の不満についての話がでることはよくあること。例えば、お給料が少なすぎるとか、パートナーに大切にされていないとか、いつもの腰痛が今日もひどいとかね」

「共感を示しながら、話を聞いてあげなさい。それから話を転換して最近起こった善いことに焦点を当てるんだ。もし相手が聞く耳をもっているようであれば、人生においてありがたく思っていること、素晴らしいことについてもっと話してくれれば、話すほうも聞くほうも気持ちが良いよね、ということを伝えてもいいかもしれないね」

「もちろん、自分のいまの心の状態は善し悪し関係なく、自分で選べるものではないよ。1週間前とかにまいた種がパッと開いた自然な結果だから。でも他の人がもっと感謝の気持ちを持てるよう促すことで、自分自身、満ち足りた気持ちを感じるための種を植えることができるんだよ」

「そうした種が後々開くと、はっきりとした意識を持ちながら今という瞬間を生き、目の前に起こっている素晴らしいことに感謝することが突然できるようになる」

そうするといつものごとく、物事を現実化するための正しい方法について話をしただけで、既にその魔法の力が働き始めているようです。

私たちは3人とも心地よい沈黙に落ち着きます。

ティモシーはまるで他のことは全く目に入っていないかのように、ボートの横からたらした手で暖かい海水に感じ入っていたのです。

質問92
恋愛関係はどんなものでも結局はうまくいかないような気が時折してならないのです。頑張るのも疲れてしまったので、1人身でいたほうが楽、僧侶か尼さんになったほうがよいような気がします。そうすれば幸せになれると思いますか。

僧侶になってからというもの、こうした質問をかなり頻繁に受けます。恋人との関係がうまくいっていなかったり、辛い関係に終止符を打ったばかりの人は、恋愛関係はどんなものでも絶対に上手くいかないのだという「真相」を私に確認したがるのです。

僧侶や尼僧になるのはそれが理由で、そうやって恋愛から逃げた人は何らかの安らぎを見つけることができると思っているようです。

「そうですね、これまでたくさんの僧侶や尼僧に出会ってきたけれど、二種類に分かれると思います」

「どういうことですか?」とキャサリン。

「恋愛で傷ついたことがある人がそのうちの1つ。パートナーがいる生活は人生において最も喜びをもたらしてくれる経験の1つであるのは確かだけれど、人生最大の深い痛みで終わることもあるのはご存知のとおり。そうして心が傷つき、恋愛をあきらめて僧侶の道に入る人たちがいます」

「私の経験上、こうした人たちはあらゆる人との関係も楽しめなくなっていることが多いのです。親しい友人との間の暖かい関係や、同じ仕事を一緒に行う仲間との関係など。人とのあらゆる触れ合いに不信感をもって接するようになるのです」

「でも、そういう人たちを見ていて気づいたのは、僧侶や尼さんの心を満たしているんだろうとイメージする安らかな充足感ではなく、人生に対して苦々しい思いを抱えているということ。そういった満足感を見つけた僧侶の人たちも存在しますよ。これが2番目の種類の僧侶、尼僧たちです。でもそれは人生から逃げたから得られたものではないと私は考えています」

「それどころか反対に、そうした人たちは人生を受け入れ、他の人に対しても心を大きく開いています。人と上手く関係を保っていく方法を身につけたので、あらゆるレベルで人との親しい関わりあいを楽しむことができるのです。心が求める素晴らしいことは何でもその種を植えることができるという教えを実際に従ったからなんですよ」

「どんな年齢の人でもいいですし、どんな場所でもいいので、1人ぼっちで寂しくしている人に手を差し伸べてごらんなさい。真の親交のための種を植えるのです。そうして植えた種は成熟して、人生の伴侶として現れるかもしれませんし、神聖なる存在との生涯続く繋がりとして現れるかもしれません。あるいはその両方が合わさった形で現れるかもしれませんよ」

「もしその道に強く呼ばれるのであれば、尼僧になるのもよいでしょう。でも、その理由は美しいものを追い求めるからであって、種の植え方を学べなかったという自分の失敗から逃げるためであってはならないよ。種を使えば不可能なことは何もないのだから」

GETTING OLDER TOGETHER

一緒に年をとる

質問93

私はもう若くありません。健康や美容には注意していますが、それでもたるみやシワに気づくので、夫が私に魅力を感じなくなってしまわないか心配です。いつまでも若く見えるようになるカルマ的な手段はありませんか。

これは多くの人がききたくても何故かきくのを躊躇する質問です。虚栄心が強いと思われるのを恐れているのではないかと思います。そうすると精神性が足りないと思われて、私に嫌がられるのではないかと考えているのでしょう。

でも、そうした理由以上に、残念なことですが、年をとるのは避けることができないからそんな質問をしても無駄だと思っている人が多いのです。でもそんなことはないのですよ。

バルセロナで夕方、ビジネスに関する講演を行った後、クララと旦那フェリペと一緒に夜の街を散

歩していたときのことです。
ある本屋の店先で、セルバンテス著『ドンキホーテ・英知あふれる郷士』の素晴らしい手綴じ本を眺めていたのですが、クララはそのショーウィンドーの奥にある本ではなく、ガラスに映った自分の姿を何だか悲しげ、不安そうに見つめていることに気づきます。

私はペンをポケットから取り出し、彼女の顔の前で揺らします。

「なぜ君はペンを目にしているのかな?」

「それがペンであるから、ではなくて」クララは自信たっぷりに答えます。「私の頭の中でペンの種が開いているから。これは以前、誰かが伝えたいことを伝える手助けをしたりして植えた種」

「それじゃあ、なぜ君は自分の手がこのように目に映るのかな?」そう言いながら彼女の手に触れます。シワが縦横にたくさん伸びる彼女の手には関節炎の兆しも見られます。

「種、ですか?」とクララ。

私はそれに対し「そうでもあるし、そうでもない」と答えます。

「君の手はいつもこんなふうだった?」

「いいえ、もちろんそんなことありませんよ!」フィリペが少し憤慨して答えます。

「クララは大学中一番綺麗な肌、一番優美な手を持っていたんだから」

「それはなぜ?」

「これまでの話の流れからすると、そんなふうに自分の手を見る種、他の人もそ

んなふうに私の手を見る種があったに違いありませんね。その頃の私は若く、人生のエネルギーに満ちていましたから」

「そのエネルギーはどこに行ってしまったのかな？　種はどこに消えてしまったんだろう？」と私。

人生はデビットカードのようなもの

フィリペが即答します。

「今晩の講演でお話していたことですね。デビットカードを持って人生をスタートさせて、時間が一刻一刻と過ぎていくうちに、カードに残っている残高が消費されて、最後には種は殆どなくなっていくというようなことですね。まだ生きていますから、手は手として目に映るけれど、美しい手として見るために必要な数の種は残っていない」

「それじゃあ、それでお終い？　人生には限られた数の種があって、それを使い切ってしまったら、新しい種はもう手に入れられないということ？」

「いいえ、理論上はできるはずですよね」とカーラ。

「何もないところから物事は生まれてこないのは周知のとおり。だからこれまでの人生で使ってきた種は、いつかどこかで何かをすることでつくり出してきた種のはず。ということは、新しい種も植えることができるはずですよね」

「そういう種を植えるためにはどんなことをしなければいけないのかな？」

「命を得るためには命を与えないといけない！」とフィリペが自信たっぷりに答えます。

「命を与えるためにはどんな方法があるのかな？　3つずつあげてごらん」

カーラは頷いて答えます。

「そうですね、命を守るというのはどうでしょうか。お年寄りの方が問題なく外出できるようお手伝いをするとか。運転するときにとりわけ注意を払うとか。動物のお肉みたいに、命を奪わないといけないようなものは食さないとか」

フィリペも一瞬考えてから、それに続きます。

「戦争へのサポートに手を貸さない、平和的な方法でそれに反対する。病に苦しむ人のお見舞いに行く」

さらに考え込んでから付け足します。

「それから、自分の体に優しくする、というのも1つの方法でしょう。他の人を助けるためには自分の体が必要だということに気づき、健康的な物を体に摂り入れるようにする、定期的に運動をする、また自分の感情に気をくばる、とかね。これらは体の老化に大きな影響を与えるものでもあるのだから。自分を大切に労わるという行為は全般的にとてもよいカルマだと思いますが、他の人をもっと長い間助けることができるように、というのが自分を労わる理由だった場合、さらにそのカルマは力強いものになるのではないでしょうか」

「いいね。それじゃあ更にいくつか質問があるよ。こうしたプロセスは半永久的に続けることができると思う？　つまり、理論上、古い種を使い切ってしまう前にどんどん新しい種を植え続けることができるのか、いつまでも若さを保つことができるのか、ということ」

カーラは頷きます。

「理論上は、できると言えますよね。だって、自分の中に既にある種は24時間ごとにその力を倍増させるのだったら、使い切ってしまう前にもっと多くの新しい命の種を植えることは明らかに可能ですから」

「でも、問題なのはさ」とフィリペが口を挟みます。

「理論上は可能だとしても、実際不死身で歩き回っている人なんていないじゃないか」

私はそこでペンをまた振ります。

「犬はこれをペンとして見るための種を持っていない。その場合、ペンが存在しないということ?」

「そうですね、犬にとってはそうじゃないですか」

「人にとってはどうでしょう?」

「人にとってペンは存在しますよ」

「それじゃあ、理論上は、不死身の人が歩き回っているのを隣人は見えなくても、何人かの不死身な人を目にする人がいる可能性はあるということかな?」

「まあ、そうですよね」とカーラは同意してから一瞬考え込みます。

「それは確かに、同じ人に対してでも、他の人と全く同じような見方でその人を見ることは絶対にないのですよね。私が見ている相手をあなたたちがどんなふうに見ているかはわからないのですから」

「そうだね。私の先生がよく言ったものだよ。『お前が見たことのないものは山ほどあるんだぞ、小僧！』ってね」

カーラとフィリペは2人して笑い声をあげます。そこには新しい希望がこもっているように聞こえます。

「最後の質問だけれど、もしも、年を取らないという命の種をたくさん集めることができて、さらに君が年を取る姿が目に映らないという良い種をもった人がいたとしたら、どうなると思う？」

「だとしたら、どうやって若さを保っているのかその秘訣を皆聞いてくるでしょうね。それからできる人は同じようにそれを真似しようとするでしょう」

「そうやってその人たちが若さを一生保つ種を十分に植えたとしたらどうなる？」

「その人たちの周りの友達もそれを真似しようとするでしょうね。そうやって輪は広がっていく」

「理論上は、半永久的に広がり続けるでしょうね」とフィリペは繰り返します。

「そうだろうね」と私はそれに同意します。

「そしたら、それはいくつの種を植えることになるかな？」
「そうですね、それほどまで大きく広がった連鎖反応を最初に引き起こした人からすると、ほぼ無限の種をまいたことになるでしょうね」とカーラが答えます。
「そのとおり。種の植え方を学ぶことで、若さを保つことに成功すると、周りの人たちもそれを見て真似をする。他の人が追随する生きた手本となる。それ自体が、生き生きと若く保ってくれる秘訣なんだよ」

質問94
私たち夫婦は2人とも年を取ってきました。夫婦2人で一緒に優雅に年を重ねるための何かカルマ的アドバイスがありますか。

「その質問は好きじゃないよ」と私はイリーナにしかめっ面で答えます。彼女と旦那のマキシムはロシア南部の歴史的な街、クラスノダールから遥々パリまで講演を聞きにやってきました。ホテルまでの帰り道、モンマルトル地区を歩いていたときにきかれた質問です。

「『対処法の質問』と呼んでいるタイプの質問だからね」とぼやきます。

「どういう意味ですか？」とイリーナ。

「悪い状況にうまく対処する方法についてのアドバイスを私に聞かないでくれということ。そうではなくて、悪い状況を止める方法についてきいて欲しいな。そうしたらどうやって対処したらいいかについて悩む必要もないでしょう」

「人生に起こるすべてのものは私たち自身の頭の中の種から生まれてきているのだとしたら、パートナーと一緒に年を取ることにどう対処したらいいのかなんて考える必要はないはず。それが起こること自体を阻止すればいいだけなのだからね」
そう言ってから、質問93の話をして終わったんですよ。皆さん、お願いだから、状況に対して対処しようとするのは止めてください。

対処するのは止めよう

DEATH
死

質問95
夫のことをとても愛していて、私たち夫婦はこれまで長く、素晴らしい人生を一緒に過ごしてきたけれど、もし彼が亡くなってしまったどうしたらいいのかとひどく不安でたまりません。
どうしたらよいでしょうか。

プリンストン大学からさほど遠くない友人宅にお邪魔していたときのこと。私が大学生だったときの恩師で、大事な友人でもあるのですが、いまは奥さんと引退生活を送っています。私にあげたい本がある、といって先生は二階で段ボール箱をあさって探している間に、奥さんからきかれた質問です。

「私にとって、それは人間の命、人生の全行程に関係する問題ですね」

「それはどういうこと?」とアン。

「人生に関する真実、人の命はどこから来て、何のために在るのか、という真実があります」

「その真実とは、どんなものだと考えているの?」とアン。

私は椅子から少し身を乗り出し、言葉を探します。

「自分は画家だと想像してください。友人がやってきて、秋の色を祝う絵画展の開催を企画していると言います。そのために秋の森を描写する絵画シリーズを依頼されます」
「何か月もその仕事に取り組み、締め切りどおりすべての絵を描き終わります。それからギャラリーに絵が届けられ、壁に飾られます。3つの繋がった部屋を進んでいくと、エメレルドグリーンから金色、そして深紅色に移行する素晴らしい自然の色を鑑賞できるように配置されています。そして一番奥の部屋には、枯れ果てた枝から現れる春の新緑の芽を描いた締めの絵画が飾られています」
「展覧会への招待状が送られ、軽食のケータリングを頼み、ゲストのための車の手配も完了します。そうした準備期間を経て待ちに待った展示会の夜がやってきます。華やかな夜会服に身を包んだ客が1人、1人と徐々に集まり始めます」

「ただし、その集まった客の1人残らず全員が、盲目なのです。完全に目が見えないのです」

それを聞いてアンは眉をひそめます。

「どういうこと？」

「この地球上に生きる人のほぼ全員が、それぞれの人生をそうやって過ごして終わっているということです。最初の入り口から最後の傑作まで、目の前に広がる色彩に気づかないまま通り過ぎてしまう、誕生から死まで通り過ぎながら、何も起こらない。何も経験することなく過ぎていく。ここに生まれてきた目的から完全に外れてしまっているのです」

Dear, dère. *a.* beloved; valuable, costly. [price.
Dearly, dère'-lè. *ad.* with fondness; at a high
Dearth, dèrth. *s.* scarcity, want, barrenness.
Debar, dè-bår'. *v. a.* to exclude, preclude, hinder.
[go on shore.
Debark, dè-bårk'. *v. a.* to leave the ship, to

「それで、その生まれてきた目的というのはどんなもの？」

「単純に何かを知り、その知識を分かち合うということ。他の人が究極の美を見られるよう手助けをするということ」

「そうしたら死んでも構わないということ？　死を恐れないようにしてくれる何かを学ぶということ？」

私はゆっくりと頭を振ります。

「別世界をイメージしてみてください。全世界の人が同じ1つの言語をしゃべるという世界を想像してみて。そしてその言語には『死』を示す言葉がないとね」

「なぜなら、その言葉が示唆することはその世界には存在しないからだと」

「すべてのものが種から生まれてくるのだとしたら、死も種から生まれてきているはずですよね。種について、種がどう働くかについて学んでください。命をつくり出すための種について学び、その知識を他の人にも伝えてみてください。自分の人生を使って、他の人に人生を与えるのです」

「そうすれば、ただ生きるのではなく、至上の意義をもった人生を送ることができるようになるでしょう。これまで生きてきた人生は、まるで死んでいたかのように、ようやく目を覚ますことができる。盲目だったのが、すべての色が見えるようになるのです」

「種について学び、種の使い方をマスターしてください。さらにもっと大切なのは、その知識を他の人に教えるということ。そうすれば全く新しい人生があなたを待ち受けているでしょう」

質問96

数年前に妻をなくしたんです。彼女のことが恋しくて仕方ありません。いまでも愛していますから。どこにいるのか、大丈夫かきくために彼女に話かけるためのカルマはありませんか。


ブエノスアイリスの郊外、ラプラタ川の川岸近くにあるヨガスタジオにて、この質問を最初に受けましたが、それから何度も世界中で同じような質問を繰り返し聞いてきました。

多くの恋愛関係がうまくいかず破局してしまうのは悲しいことですが、それ以上に限りなく悲しいのは、関係はうまくいっていたのに、パートナーを亡くし、1人残されてしまうことです。口を開く前からカールがそういった気持ちを抱えていることは顔に現れていました。

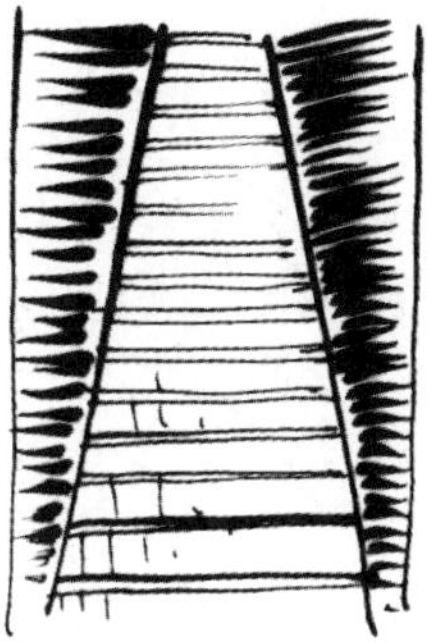

「奇跡の話になるね」と私。

「わかっています」とカール。

「それが普通の出来事よりも多くの種を必要とすることもね」

「そうともいえるし、そうでもないんだよ。いいかい、いま私たちはヨガスタジオの二階の待合室で座っているよね。5分か10分したら誰かが上がってきて、下の部屋の準備ができたことを伝えてくれるでしょう。何万もの新しい種がマインドの意識上に昇ってきて、種が開き、そうした種は、私がここから降りていく階段の1つひとつや1階の部屋、そこで目にするすべての人たちを創る」

「これは毎日同じこと、1日中、どこに行っても起こっているプロセスだよ。ここに座ったまま、誰も私を呼びにこなかったとしても同じ。その場合、何万もの種が開いて、私たちが座っているこの部屋を囲う4つの壁を保ち続けてくれるでしょう」

　これについてカールは一瞬考えてから頷きます。

「それはわかりますよ。でも、それがエレンとコンタクトを取ろうとすることとどう関係があるんでしょう?」

「奇跡と関係しているんだよ。次の5分間に奇跡を起こす場合と、いつもどおりの生活を続けるのとでは、同じ数の種が必要なんだ。ただ種の種類が違うだけでね。そうした見方からすれば、普通の生活も奇跡的なことなんだよ」

　カールの表情が和らぎます。

「そうするとエレンに話かけるのも不可能でないように聞こえますね。そのための種がどんなものかを知って、その種を植えればいいわけです」

そう言って私のほうに期待に満ちた視線を送ります。

「やり方はいつもと同じだよ。スターバックスの4ステップを追っていこうか」

「短い一文で言うと、君が望むものの本質は何かな?」

「3年前に亡くなった妻と連絡が取りたい」

「ステップ2は?」

カールはそれについて少し考えます。

「それが難しいところなんだと思うんですよね。誰かと連絡を取るために並外れた障害を克服しないといけない人を見つけるということですかね」

「そうだと思うよ」と私も同意します。

「アイルランドのゴールウェイ出身の女性からそういった状況について相談されたことがあって、その話がここで役に立ちそうだね。彼女はお母さんと仲違いをしてしまって、10年以上も連絡を取り合っていなかったんだ」

「どんな種を植えたらいいのかきかれたので、家族関係の深刻な問題を抱える他の人に対してスターバックスの4ステップを実践しなさいと言った。そしたらそのすぐ翌日にお母さんから突然電話がかかってきたんだよ。その話を聞いて私もさらにダイヤモンドの知恵のシステムに確信をもったというわけ」

カールは黙って話を聞いています。頭の中では既にステップ2について考えているようです。

「わかりました。1人思いつきましたよ。いまあなたがおっしゃった女性の話と全く同じような状況です。知り合いの家族で、娘さんの1人が自分は同性愛者であることを隠さないでいようと決めたんです。自分の気持ちに対してオープンでいるほうがよいと思い、パートナーの彼女を紹介するために家に連れて行ったんですけど、その日から彼女の親御さんは娘さんに会うことを拒んでいるのです。彼らの対話の糸口をつかむ助けをする、そこから始めようかな、と思います」

「ステップ2ではそれからどうするのかな？」

「そう、まず始めに話を切り出すのに父親を選びます。そしてハイウェイの先にある近くの街のスターバックスに彼を連れ出します」

「じゃあステップ3は？」

「それは簡単。ただそれを行動に移せばいい、彼をスターバックスに実際に連れて行って、娘さんの話を切り出します。手助けをしようとしているという優しさの気持ちを忘れないようにします。そのミーティングの結果がどんなものであろうと、助けようとする気持ちが種を植えることにつながるということを念頭におきながらね」

「それじゃあ4つのステップの中で一番大切なのは？」

カールは頷いて答えます。

「ステップ4、コーヒーメディテーションです。夜眠りにつきながら、普段なら寝る前に沸き起こってくる期待や不安の気持ちを押しのけて、娘とまた話をすることができたら、と思いを馳せているその父親について考える」

「でも、それからどうなるんでしょう？　どういう形でエレンと連絡がとれるのでしょう？　そのメッセージははっきりとわかるものでしょうか？　どんなサインを待ち受けていたらいいのでしょう？」とカール。

その質問に笑顔で答えます。

「それはさっき話した奇跡の話、毎日の普通の生活をつくっている奇跡の話に戻るよ。いまから一階に降りていったら何が実際に起こるかははっきりわからないよね。私たちはただできる限り美しい種を植え続けるだけ。そうすることで、何かさらにもっと美しいことが人生に必ず起こるということを確信しながらね」

「静かに座って、エレンと話すときのことをイメージしたり、どう感じるかとか、どのようにしてそのときが訪れるかの想像をふくらませることはできるけれど、実際にその種が成熟して開く頃には、それまでの想像を遥かに超えた素晴らしい経験となってあなたに訪れるでしょう」

スターバックスの4つのステップを最後にもう一度！

①　自分が人生において望むものは何かを短い一文で述べる。

②　自分と同じものを望んでいる誰を助けるのかを決め、どこのスターバックスにその人を連れて行ってそのことを話すか計画する。

③　その人を助けるために何かを実行する。

④　コーヒーメディテーションをする。寝る前に、誰かを助けるためにした良いことについて考える。

HIGHER THINGS

高次元のこと

質問97　世界の情勢に目を向けたとき、男女間の親密さとか恋愛関係は誰の助けにもなっていないし、単なる自己耽溺に過ぎないのではないかと時に思えて仕方がありません。この思考の流れを追って、ひょっとして禁欲主義者になったほうがよいと思いませんか。

似たような考え方は質問92で取り上げましたね。過去に何度も痛ましい別れを経験したために、恋愛を一生諦めることを考えている友人の話でした。でも今回の質問は少し次元が異なります。私たちが生きるこの世界では、飢餓や貧困、戦争など悲痛な痛みを多くの人が抱えています。

周りの人が苦しみ、死に瀕しているというのに、恋愛関係とか親密さに関する悩みの話に時間を費やすなんていうのは、特に精神性の深い道を歩もうとしている場合、無責任ではないのか？　という問題です。

フアンプ川のほとりをバンド（外灘）の景観を楽しみながら歩いていたときに上海出身の友人、チュフアから受けた質問です。彼女の旦那ジアンミンも一緒で、まだ小さな赤ちゃんの息子ルソン君を抱っこしながら隣を歩いています。

彼らが家族のこと、特に息子さんのことをとても大事にしていることは知っていますし、深い博愛主義者であり、あらゆる人の子どもたちのために世界をより良いものにする手助けをしたいと心から強く願っていることも知っています。夫婦間の肉体面のつながりを断念することを意味する答えであったとしも、真剣に私の意見を受け止めることも十分承知しています。

「私たちのマインドにはそれぞれ、ある特定の傾向、習慣的な物の見方があります。それは何故なのかとか、そのための種が何であるのかは正確にはわかりませんが、マインドは物事を『こうである』か『ああである』と頭の中で決めつける傾向があるということは確かです。親密さは意義のあるものとして捉えるか、あるいは時間の無駄と考えるというわけです」

「もちろん毎度のことながら、親密さは『こう』でも『ああ』でもありません。少なくともそれ自体の観点から見るとね。そうではなく、自分の種によってどんなものであるかは決まってくるもの」

「人間の精神の中で性的欲求ほど力強いものは他にないでしょう。とすると、君がきいていることは、つまりこの欲求の力を人類に貢献するために使う方法はないのか？　それともそれはドーナッツを食べたい、お酒を飲みたいと思う食欲のような基本的欲求に過ぎないのか、ということですね」

チュフアは頷きます。

「そう、そのとおりです」

ジアンミンも同意して口を挟みます。

「そうなんです。この強い欲求の力を何か素晴らしいことに活用できるのではないか、という思いを2人とも感じているんです。私たち夫婦間のつながりには何か高次の意義があるんじゃないかって」

これについて私は少し考えこみ、順を追って説明し始めます。

「もちろん、性に関する衝動は低次なことになり兼ねません。それによってばかなことをする人の姿は毎日あらゆる所で見られるでしょう。誰かの気を惹くためにありもしないお金をつぎ込んだり、決して満たされることのない期待を抱き、愛情に報いてくれない人に対して全身全霊を注ぎこむ人たち、いまの相手に満足できず、別れて新しい恋人を探すといった恋愛関係のとてつもない心の痛みなど」

恋愛がもたらす苦しみについて自分自身の経験を思い出しながら、私たちは3人とも無言でしばらく歩きます。静かにウトウトともう少しで眠りそうなルソン君をジアンミンは反対側の肩に移します。

ダンテにはベアトリスがいた

「その一方で、イエスとマグダラのマリア、ダンテとベアトリスなど、歴史的な大恋愛の話を聞いたことがあるので、そうした恋愛には何か重要な、時に世界を救うような意義があるに違いないと心の奥底では感じているのです。そうした直感は自分自身の恋愛関係に対しても同様に感じています」

「ですから、『どうしたらうまくいくのか？　どうやったら親密な肉体関係を単なる耽溺や2人の品位を貶めるようなものではなく高次なレベルにもっていくことができるか？』というのが問題なのです」

　高層ビルが立ち並ぶ上海の中心街の方向を指差しながら「今週の始めにヨガクラスで私がした話を覚えていますか？　内なる体の話でしたね」

　ジアンミンが頷きます。

「一番頭に残っているのは、ヨガの目的は内なる体の結び目を緩めるということ。体の動きはそれを助ける手段。例えば、胸のまわりをねじることで、ハートの奥にある結び目を緩める助けになる」

「そうした結び目をつくる、元々の原因は？」

「生まれる前から体の中に結び目は存在している、妊娠初期の最初の1か月目に既にそうした結び目はでき始めているとおっしゃいましたよね」

「どんなふうに結び目は形づくられていくのかな？」

　チュフアは3本の指で額を上から下になぞります。

「体内には3つの主要な経路、頭頂部から鼠蹊部／股間に向かって伸びる光の3本線がありますが、その経路に結び目ができます。この経路の内側に流れているスピリチュアルな電流とも言えるエネルギーは、インドではプラーナ、中国では気（chi）と呼ばれるものです。チベットではこのエネルギーを『内なる風』という意味のlungと呼んでいます）」

「それで、このエネルギーの使い道は？」

「プラーナの役割の1つとして、肉体の働きを司る役割がありま す。例えば、何か食べ物を飲み込まないといけないとき、こうした内なる風が喉の周りに集まって、筋肉を動かす推進力として働きますし、反対に体が老廃物を排出するときは、内なる風が異なる構成で集まり、排出機能に関わる筋肉の動きを誘引します」

「でも、プラーナには極めて重要な機能がもう1つあります」とジアンミンが付け加えます。

「運び役としての役割です。これは肉体レベルでもありますし、光のように非常に微細なレベルでもあります。内なる風であるプラーナが体内を流れるとき、馬が乗り手を運ぶように、思考がその流れに乗って運ばれていきます。言うなれば、これは肉体とマインドが出会う場所、手で触れることのできる肉体と、触ることのできない精神の不思議な橋渡しの場所なのです」

「それじゃそれを感情につなげて考えてごらん」と私はチュフアを促します。

「2人の間の肉体的愛を高次の力にするための答えがそこにあるでしょう」

チュフアは頷いて答えます。

「私たち体の内側は7万2000もの経路が張り巡らされていると言われています。細く短いものから、大きく長いものまで、各自異なる機能を担っています。でもこの主要な三本が、」そう言いながら3本の指でまた額を上から下になぞります。

「飛び抜けて一番重要な経路でしょう」

私はそれに同意して頷き、チュファは話を続けます。

「プラーナ、内なる風が中心経路を流れているとき、幸せ、明晰さを感じることができます。創造力が溢れ、愛情が自然と湧き上がり、職場や家庭内の問題を楽に解決することができます」

ジアンミンも口を挟み、付け足します。

「そうやって中心経路の流れが良くなると、高次の思考を考える気分にマインドが引き上げられます。目の当たりにする現実の根本を奥深く見つめ、すべては私たち自身の心の種から生まれてきたものであることを理解します。これは周りの人たちに対する行為を通して植えてきた種です」

「それじゃあ、プラーナが左の経路に流れるとどうなるのかな？」さらに私はチュファに問いかけます。

顔をしかめて答えるチュファ。

「問題です。喫茶店でお茶をしながら、すでに1つ美味しいペストリーを食べて、お腹も空いていないというのに、突然ペストリーをもう1つ食べたい衝動に駆られるときみたいにね。盲目的な無意識の欲望とでも言えるでしょう」

ジアンミンも頷いて同意します。

「それと同様に、セックスについてもそうなのではないか、って思うんですよ。すべて左の経路による行為なんでしょうか？　うちのルソンのように素晴らしい子どもを授かるため以外に、他の人の役に立つような真の目的、意義があるのでしょうか？」

「それは素晴らしい、とても重要な質問だね」と私。

「右の経路を通して話を進めようか。そちら側の経路に内なる風が流れるとどうなるのかな？」

「怒り、不機嫌になります」とチュフア。

「それがセックスとどう関係してくると思う?」

「夫は今晩、左の経路にプラーナが流れていて、セックスをしたがるかもしれない。でも、もしかしたら私はルソンと1日中過ごして疲れているかもしれないですよね」

そう言いながら意味深に眉をつりあげて旦那に目線を送ります。「だから明日でもいいかしらって言うかもしれない。そうすると彼は機嫌を損ねて、プラーナの流れが左から右に移るかもしれません」

「そのとおり」と私は同意します。

「もう1つ問題がありましたよね。結び目の問題。これはどういうふうに関わってくるのでしょう?」

ジアンミンは2本の指を額の上で交差させます。

「体内には、これら3本の経路がお互いに交わり合う場所があって、そこに結び目ができます。例えば、職場での問題をどう解決しようかクリアに考えていたとする。これはプラーナが中心経路を通っている証拠です。でも突然、妻をベッドに誘いたい欲求が沸き起こってそのことしか考えられなくなってしまう。内なる風が左の経路に流れ始めた状態です。そうすると左の経路がパンパンに膨れ上がり、中心経路との交差地点を詰まらせてしまう。そうすると思考がセックスでいっぱいになり、まっすぐ物事を考えられなくなってしまうのです」

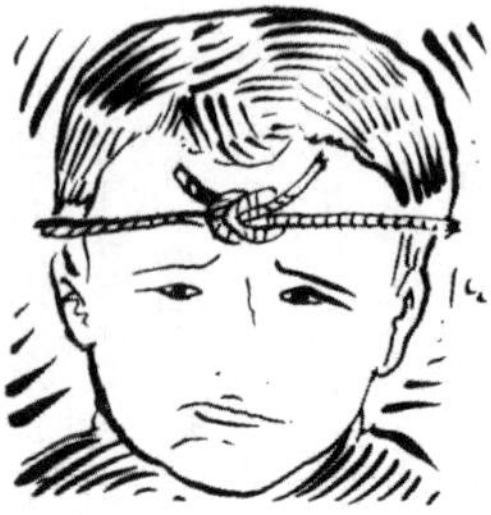

ジアンミンはチュフアを笑顔で見つめ、それは必ずしも悪いことじゃないわね、とでも言いたげに彼女もいたずらっぽい笑顔を返します。
「でも、深い次元では、結び目は子宮の中にいるときからあると先ほど

話しましたよね。職場での問題を解決するのを妨げる以外に、こうした結び目が引き起こす問題はなんでしょう?」と私はさらに突っ込んで尋ねます。

チュフアはそれに対して頷きますが、表情は悲しげです。

「それに関してお話なさったことを覚えています。時折ルソンを見るとそれが本当であることを痛感します。受胎後最初の何か月かは、胎児の体は2・5センチにも満たない小ちゃな管に過ぎません。でもその管の中には既に3つの主要な経路が形づくられていて、プラーナが流れているのです」

「内なる風の流れには。思考が一緒に運ばれています。この時点での赤ちゃんは数学の問題を解いてはいませんが、原始的な思考をすでに持っています。例えば『この中は暑いなあ、気持ち悪いくらい暑いなあ』といった考えが右の経路に流れているのです。『この息苦しい暑さから早く逃れてここから出たいなあ』という考えが左の経路に流れています。妊娠初期のはじめの数週間から既に、そうした思考によって理性の経路、愛の経路である中心経路が遮断されてしまうのです。それが結び目として形づくられます」

「それからどうなるのかな?」

ジアンミンが話を続けます。

「中心経路のプラーナが遮断されてしまうと、ホースがねじれて水の流れが止まり、水圧が高まったときのような状態になります。するといずれはその圧力に耐えられなくなり中心経路が張り裂けて、体の側面に向かって横向きに経路が広がっています。結び目を中心として放射線状に広がった細かい経路が自転車の車輪のような模様を描くのです」

「だからこうした模様は、古代インドの言葉で『車輪』を意味する『チャクラ』と呼ばれているん

ですね」

「ああ、そういった模様の絵を見たことがありますよ」と私。

「真ん中にサンスクリット文字が書かれたいろんな色の可愛らしい花の模様ですよね。」

ジアンミンは頭を振りながら辛辣に答えます。

「可愛らしくなんかありませんよ。死です」

「死だって？　それはどういうことかな？」

「プラーナは経路が詰まった部分、結び目、チャクラの周りに溜まります。それは時間とともにゼリーのような物質に固まり、それが子宮の中で赤ん坊の体を形成します。肉や血、骨となるのです。7つの主要な結び目、7つの主要なチャクラを見ると、例えば赤ちゃんの骨格の主な構造が形づくられた形跡を追っていくことができます。頭蓋骨の空洞は額および頭頂部の2つのチャクラの周りに形成され、首および脊柱上部の重要な骨は喉の奥にあるチャクラの周りに形成されます」

「3つの主要経路が3回ねじれて交わる心臓の背後にあるチャクラは最も厄介な結び目です。そこからすべての肋骨および脊椎の中央部、胸椎がつくられます。おへその奥にあるもう1つの結び目からは背骨の下部がつながります。最後に股間にあるチャクラからは体内最大の骨である骨盤の骨がつくられます。こうした骨格全体、息子ルーの小ちゃな骨格すべて、私の子宮の中にいる間にチャクラの周りに形つくられるものなのです」

「それがなんで問題なのかな？」という私の問いかけにジアンミンが答えます。

「考えてみてください。子宮の中でさえもネガティブな思考がエネルギー経路を詰まらせてしまうんですよね。そしてそうした結び目、チャクラが肉体を形づくり、その肉体をもって子宮から生まれてくるわけです。子宮から出た瞬間、私たちは死に始めます。命ある肉体をもって生まれてきた人はいかなる人でも死に至ります。息子のルソンも生まれてきたからには、死にゆく運命です」そう言いながら、避けることができないように思われる運命から息子を守ろうとするかのようにルソン君をさらにきつく抱きしめます。

「ですから、私たちが死ぬ運命にある人間であるのは、欲望および怒りゆえなのです」とチュフアが結論づけます。

晴れることのない灰色の霧が珍しく開けて、右側の川辺から差し込む太陽の光に照らされながら、3人ともしばらく黙って歩き続けます。

「でも、だから何なんでしょう?」とジアンミン。

「これが、男女間の肉体愛に高次の意義があるのか、という先ほどの私たちの質問にどう関係してくるのですか?」

「逆転できるのです」と私は簡潔に答えます。

「え? 何ですか?」とチュフアはきき返します。

「そのプロセスを逆転させることができるんです。つまり、左や右の経路が始まる前、結び目が全くなかった元々の状態に戻るのです。純粋なエネルギーが中心経路を自由に流れていた、光の体を持った天使だった状態にね」

「その状態に戻れることが可能だって言うのですか?」ジアンミンがささやきます。

「誰でもできるし、すべきことなんだよ。問題は、結び目を解き、チャクラを元に戻し、肉や骨を本来あるべき光の姿に戻さないといけないということ」

チュフアの顔がこわばっているのが見受けられたので「ほら、そんなに心配しないで」と笑います。

「君のルソン君が電球に突然変わってしまったりはしないから。頭、腕、脚といった肉体の基本形は変わらないけれど、この上なく素晴らしく、美しく、慈悲深い、不死の存在になるだけです」

そうした変容はどのようにして起こるのでしょう？　どうやって結び目をほどくのですか？」とジアンミンが問いただします。

「その質問に対する答えはかなり有名で、経典に〝Chi nang tab la tsowor bey〟と書かれています。『結び目をほどくには、内側から働きかけなさい。さらに外側からも働きかけなさい』とね」

「内側から働きかけるというのは、大体想像通りのことですよ。瞑想、内省、祈り。知恵と愛を養う。馬の乗り手を変えることで馬自体の性質が変わるということ。つまり、思考が優しければ、その思考が乗る内なる風の流れも優しくなり、流れてほしい場所、中心経路に導くことができる。風の流れと思考が密接に関わっているからです」

「それじゃあ、外側から働きかけるというのは？」とチュフアが尋ねます。

「ジアンミンがもうさっき言ったとおりですよ。ヨガやアジア各国に伝わる同様の伝統的運動法の元々の目的は、結び目をほぐし、風の流れをすべて真ん中の経路に戻すということ」

「さらにもう1つ、このプラーナを動かすとても重大で力強い方法があります…」

チュフアはわかったようです。

「それは夫と私が交わし合う親密な関係、でしょう？　交じり合うその瞬間は確かに、私たち2人の中心経路が繋がって、まるで1つの経路になったかのように感じますから！」

ジアンミンも頷きます。

「そしてもちろん、とてもパワフルなエネルギーが激しく体を通って解放されますし」

私はそれに対して同様に頷きます。

「そのとおり。正しい状況下では、2人の間の肉体的結合はとても高次なものになり得るし、さらに崇高な創造行為にもなり得るのです。すべてのプラーナを真ん中に導く手助けにもなったり、様々な世界に同時に存在する光の天使になって、数多くの人たちの痛みを癒したりすることもできるのです」

チュフアの顔に確信が満ちてきます。

「そうですよね、それは私たちが皆心の奥底では感じていることでしょう。2人の人間の間の親密な結びつきはとても神聖なもので、価値のある命を与えてくれるものであると感じていますものね」

彼女の言葉を静かに受け止め、川の向こう側をしばし見つめます。しばらくしてジアンミンが物思いから現実にもどり、沈黙を破ります。
「でもさっき、『正しい状況下では』と言いましたけど、それはどういう意味ですか？　意味のない自己耽溺の行為と高次の創造行為を分け隔てる状況ですよね」
「そのとおり。古代の経典もそう書いています。これはすべて、思考と内なる風、プラーナの間の相互作用に関係しているんです。プラーナがスムーズに流れれば、優しく、穏やかで、賢明な思考になるということ。ですから、光の存在に戻れるよう導いてくれるようなプラーナが流れるようにするには、思考に働きかければよいのです」

「そこで目指すのは、この2つの組み合わせです。親密な肉体関係を使って風を動かし、さらに正しい場所、中心経路に導いてくれるような高潔な思考を培う努力をしましょう」

「それはどういった思考ですか?」とチュフア。

「君が想像するとおりの思考です。何よりも先に、夫婦間の愛と敬意の気持ち。これは誰が見ても明らかなことでしょう。お互いの幸せについて気にかけない2人の間の肉体関係は、レスリングも同然です。自分自身の欲求を満たそうとして相手から肉体的な刺激を求め合うだけなのですから」

「もっとも深い感情は自分以外の誰かが幸せかどうかを気遣うという気持ちです。ですから、肉体関係を高次の創造行為にすることができるのは、お互い本当に愛し合っている理想的なパートナーです。生涯の恋人、ソウルメイト、最高にお似合いのカップル、天からの贈り物。お互いのことを深く知り、敬い、愛し合い、相手のために尽くしてきた人たちです。肉体的につながる前に、既に1人の存在として深く結びついた人たち。だらしのない関係では決してありえません。生まれる前からそのつながりが存在していたかのような深い関係なのです」

水辺を見つめながら、また沈黙の時間を味わいます。ルソン君ですら静かな内省に浸っているように見えます。

「さらにそこには何らかの目的意識があるべきだよ」と私は付け足します。

「意図、心の奥深くにある究極な休息の場所に内なる風、プラーナを導くような神聖なる意図」

そう言いながらルソン君に向かって顎をしゃくります。

「それは生きる見本となって世界を変えるという話に戻ります。不可能に思えることをうまくやり遂げることができれば、私たちの子どもたちはそれを見て、それが可能なことであることに気づき、彼らも救われるのです。結合の目的は自分を超えた高貴なものでなくてはなりません。世界のため、世界の子どもたちの未来のために行わなければいけないのです」

「他には何か知っておくべきことがありますか?」ジアンミンがさらに尋ねます。

「不可能なことがなぜ可能なのかを理解することだけかな。結局のところ、私たちの肉体は例のペンと変わらないのです。犬の噛むおもちゃと見ることもできるし、書き記すための道具として見る人もいる。だから、忙しなき無常の世だと思ってきたものを光の体として経験することは同じように可能なのです。すべて自分のつくり出す種次第なのです」

ルソン君は、彼にしかわからない何らかの理由で、「おー」という喜びの声をたまに上げる素晴らしい癖があるのですが、当然なことながら、この瞬間を待っていたかのように声をあげたんです。

質問98　時折、夫を横目で見ると、彼は私を導くために天から送られてきた天使のような存在な気がして仕方がないのです。

これについてどう思いますか。

本書も終わりに近づいてきましたが、種とペンの話を何度も何度も繰り返し聞いて、もううんざりし始めているかもしれませんね。でもそれ以外に向かう先はないんですよ。すべてのことがこの1つの考え方の上に成り立っているのです。

種とペン以外のことを話していたときは、本当に伝えたいことを話していたわけではない、と仏陀も言っています。私も全くそのとおりだと思います。

まあ、この質問をしたカイアとトムはいわゆる普通の夫婦ではないんですが。だって、10年間の夫婦生活の間に、一度も喧嘩をしたことがないって言うんですよ。いずれにしろ、答えは同じです。ペンを取り出し、カイアの顔の前で揺らします。

「トムは君を導くために送られてきた聖なる天使なのかな？　それともそうではないのかな？」

カイアは笑って答えます。

「わかった、わかった。ペンとも見れるし、噛むおもちゃとも見れるということでしょう？」

私は至って真面目に続けます。

「そのとおりだよ。ある日、飛行機の中で偶然隣り合わせになった普通の男の人と見ることもできれば、天から飛行機の中に忍び込んだ聖なる天使と見ることもできる。そのどちらも現実的なこと。でも教えて。どっちのほうが楽しい見方かな？」

「天使です！」トムとカイアはいつものごとく、同時に口を開きます。

「それじゃあ、それはどんな種でしょう？」とトム。

「ただ偶然に時折そうした瞬間を垣間見るのではなく、いつもそういうふうに彼女を見れるようになるにはどうしたらいいのでしょう？」

これについては質問9で取り上げましたね。でも、今回は少し異なるアプローチをして見ていきましょう。とても特別な素晴らしいトピックですから。

「古代チベットでTakpay Nelnjorと呼ばれていたものです。空想のヨガ。つまり、もしある特別な見方で周りの世界を自然に見られるようになりたいのであれば、まずは半ば人工的に、意図的にそういうふうに周りの世界を見るようにして種をまけばよいという考え方です」

「どういうふうに？」

これについては質問20で触れましたので、思い出すためにもう一度読み返してもいいでしょう。

「カイアに飛行機で最初に出会ったときから始めて、いまに至るまで2人で過ごした時間を思い返してごらん。その中からいくつか場面を選んで、特別な瞬間だったと見るようにする。そうすることでそういう特別な瞬間が現実になるための種をまくことになるんだよ」とトムに対して私は答えます。

「そうですね、最初の瞬間は、飛行機で僕の隣に席を割り振られたときでしょうか」

「割り振られたのかな？　それともそれは意図的に仕組まれたこと？　私はそれをセントラルキャスティングと呼んでいるよ」

「どういう意味ですか？」

「一般人の間に天使が何人もこっそり忍び込まれていると思い込むことができるということ。もちろんカイアはそうした天使の1人で、空港のチケットカウンターのスタッフもその1人だったと。2人が出会うことができるように、その日、その時間帯に、そのカウンターで働くよう天使キャスティング会社から配属されたと」

カイアがカウンターにやってきて、ウィンクを送り（天使はお喋りの必要がありませんから）、違う列に並んで待っている君の方向に顎をしゃくって合図します。それに対して天使のチケット係は頷き、天使の魔法を使ってコンピュータをいじり、カイアと君が隣同士になるよう手配したんだってね」

天使はこそこそと陰で働いている

「でも、それはちょっとあまりにも現実離れしていると思いませんか？」トムはカイアに視線を向けながら答えます。

「だって、僕の周りで天使たちが一団となって共謀しているって、何のために？ 僕に悟りをもたらすため？ 僕を幸せに満たすため？ 僕が世界を救うことができるように？」

トムのその言葉に私たちは皆ひっそりと静まりかえりました。

質問99

私に起こるすべてのこと、出会うすべての人は、私自身の他の人に対する行為の善し悪しによってマインドの中に植える種から生まれてくるのだ、という考え方はとても素晴らしい魅力的なアイデアだと思います。

でも、夫は全く理解ができないと思っているようなので、私たち2人の間には何だか隔たりがあるように感じます。

カルマの種がすべてを動かしているという考え方を夫に理解してもらうには、どのようなカルマの種を植えなくてはいけないのでしょうか。

他の人に対する接し方によって自分を取り巻く人や環境がつくられている、つまり種がすべてを動かしていると本気で信じている人は殆どいません。人に親切にすることの大切さを口にしますし、実際に善行に努めようとしますが、子どもに対して時々怒鳴ってしまうことで職場の不愉快な同僚を自分で創ってしまったのだと本気で信じているわけではないのです。

「じゃあつまり、君がきいているのは、旦那さんに種の法則を使って人生を生きようとしてもらうための種を植える方法だけじゃなくて、すべての人に対して当てはまることですよね。つまり、自分の人生に起こることはすべて、他の人をどれほど大事にするかに直接関わってくるものだという、物事の原則にそって世界中の人が生きるようになるにはどんな種が必要なのか、という質問なわけです」

サンクト・ペテルブルグの北部、ネヴァ湾沿岸を進む騒々しいロシアのバスの中で、通路越しに話していたので、エレナと私はほぼ叫ぶかのように会話をしています。エレナのとなりには職場の同僚であるスヴェラーナが座っていますが、彼女も同じような問題を抱えているのでしょう、身を乗り出すように私たちの会話に聞き入っています。後ろの席にはダイヤモンドカッターインスティテュートの講師陣が座っています。これはビジネス合宿のために郊外の美しい森に囲まれた田舎に向かっている途中でのことです。

「つまりおっしゃりたいのは」エレナは素敵なロシア訛りの英語で話します。「種によってすべてが動く世界に生きる方法がわかれば、自動的にアレクサンダーも種によって動くようになるでしょう、ということですね」

私は頷いて同意します。

「小さな子どもだった頃を思い出してみてください。私はアメリカのアリゾナ州、フェニックスという都市で生まれ育ち、メアリーランド小学校に通ったのですが、そのときはメアリーランド小学校が世界の中心であるかのように感じていました。教室に戻ることを知らせるチャイムの音は世界中どこの学校でも共通のものだと思い込んでいました」

「でも、大きくなるにつれて、他にもいろいろな種類のチャイムがあることを学びます。他の州とか国によって違うチャイムがあるということに気づきます。それに大学時代にだって、ロシア語を勉強していたときにはロシアはとてつもなく遠い場所で、絶対そこに行くことなんてないのだろうな、と思っていましたから。でも見てくださいよ、いま私はこうしてロシアにいて、家族のように親しいロシア人の友人たちとバスで旅をしているわけでしょう」と言いながら私は後ろの席に向かって腕を振り広げます。

彼らは少しだんだんと騒がしくなってきているようです。ロシアのお菓子ポンチックをアメリカ産のコカコーラと一緒に食べ過ぎたんでしょう。2つの文化がぴったり溶け込んだというわけです。

「ええ、とても素晴らしいことですね」とエレナは言いますが、旦那さんとの問題の話に戻りたくてウズウズしているのがわかります。

「世界に対する見方でも同じこと。私たちだって、大人になったいまでも、メアリーランド小学校で少年だった頃とあまり考え方はあまり変わっていないのです。私たちがいまいるこの世界だけが唯一存在する世界なわけがないじゃないですか？　宇宙には無数の星があるのに、そのうちの何処かにも小学校がないというのはおかしくないですか？　その小学校も私たちの学校と同じようなチャイムで動いているのでしょうか？」

「何をおっしゃろうとしているのか、わかります」とエレナ。

ロシア特有の知性が高まるのを感じます。ロシア中を講演して回った際に訛りと同様に素敵だなと感じたロシアの方の知性です。

「確かに他の世界、私たちとは異なるビートのリズムにのって動いている世界があるでしょう。無限の世界があるはずなんです」と言いながらエレナは空を見上げます。

「思考の進化を遂げて、他の人への対し方によって自分を取り巻く世界は創られているという考え方を取り入れた人たちの世界のようにね」

スヴェラーナが口を挟みます。

「つまりは、種によって人生を歩む方法を知っている人が溢れる世界を目にするための種とは何か？を探るということですね。そうすれば自動的にエレナの旦那さんや私の夫もそこに含まれると！」

「これは有名な質問に対する有名な答えですよ。要は、〝zhivoy primyer〟ということ」

突然頭にハッキリと思い浮かんだロシア語の表現に少し自分でもびっくりして一瞬黙り込んで座ります。大学時代の辛いロシア語のクラス以来、30年以上も聞いたことがない表現でしたから。

「生きる手本」とエレナが訳します。

「それが種です」と私は頷いて答えます。

「他の人に親切にする人たち、それが完璧な人生の鍵となる種であるのを知っている人たちが溢れる世界を見るための種。つまり、自分の世界を作り上げているのは自分が植える種であるという事実を常に忘れないで毎日を過ごすことで、アレクサンダーが種によって人生を歩む姿を見るための種を植えることができるのです。それから、そうした種の働きの理解を行動に移すことで、その影響は波及していきます。他の人が人生の目標を必ず達成できるよう手助けをすることで、自分自身の人生の目標を達成する人の生きるお手本となるのです」

「人生をどう生きるかという全体像についての話です。他の人が経済的に自立できるよう手助けすることで自分自身が経済的に自立できるようになるということだけではありませんし、交友相手がいない寂しい人のニーズに答えてあげることで、自分の夫婦生活をうまく維持するというようなことだけではありません」

「それらは君が人生の中で 望む特定のことに対して植える特定の種です。でも大きな目で見ると、大切なのは、自分の人生のあらゆる側面の物事に対して、必要な種を見極めて、植えることでそれぞれの問題に取り組んでいるということ。外の世界を操ろうとして手際の悪い試みをする必要はありません。恋人を探すのにインターネットを見ますか？　それともナイトクラブに行きますか？　赤とピンク、どちらの口紅が効果的？　なんてね」

「そんなふうにはもう考えなくなるでしょう。今月2キロ痩せたいとか、戦争を撲滅したいなどといったことの大小に関わらず、内側から働きかける、つまり自分自身の内側に種を植えるということ。そうすれば外側の世界は自然と変わっていくのです」

「周りの人は君のそうした以前と違う振る舞い方に気づくでしょう。もしかするとその奥にある原則を理解する人もいるかもしれませんが、たいていの場合、ただ感覚的に君の振る舞い方を感じるのでしょう。これが生きる見本の力です。そうして周りの人にも伝染し、どんどん広がっていくのです」

「要するに、君自身が人生の中で全てのことに対して種を使えば、アレクサンダーも間もなく種を使い始めるでしょう、ということ」

運転手が突然バスを止め、左を指差します。フィンランド湾が水平線上に広がり、こじんまりとした小さな浜辺が見えます。そこで私たちは皆で車を降りて水を触りに行ったのですが、笑い、凍えながら急いでバスに走り戻ってきたのです。

生きている幸せの見本となることで周りの人を助けよう

質問100
恋愛関係を世界の役に立てるにはどうしたらよいのでしょうか。

私は人生の大半をスピリチュアルな教えを世界中でシェアして過ごしてきました。それは私の情熱であり、私自身の人生に幸福をもたらしてくれるものであるからです。それでも、人々が本当に望んでいるものは何なのかに気づくまでにかなりの時間がかかりました。大体のところ、それは4つの異なる点に絞られます。

1つ目は、身体的な安楽を得たいということ。これは経済的な自立を意味すると私は思います。いわば「酸素のお金」とも言えるもの。私たちの多くはそれほど欲深くないと思います。豪邸に住んで高級車を12台集めたり、黄金の帽子を被りたいとは思っていないでしょう。でも、お金のことを考えなくてもいいくらい十分なお金があったらよいな、とは思っているでしょう。

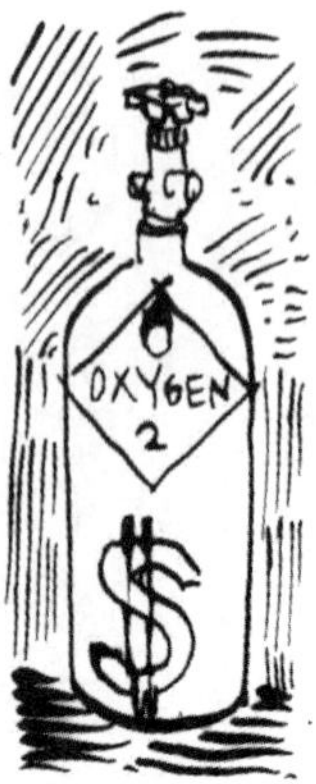

映画を観に行くときに、映画館に電話して、その回の映画を見る人全員に十分な酸素があるかどうか確認なんてしないでしょう？　どこにいっても常にあるように、そこにも当然空気は十分にあるだろうと思いますよね。お金もそうあるべきなんです。すべての人にとってね。

クレジットカードの残高とかを心配しないで好きなことを

できるように、私たちは皆十分なお金があるべきで、常に順調に流れてくるべきなんです。

ですから、こうした酸素のお金がゴール1。例えば、ある程度楽に座れる場所がなければ、瞑想はできません。昔アリゾナのシカモアキャニオンという場所のある洞窟で瞑想を試みたことがあるのですが、蜘蛛や非常に毒の強いガラガラヘビに追われて洞窟から逃げ出す羽目になったことがありますよ。ある程度安全で落ち着いて瞑想ができる場所を得るには大金ではないにしても、ある程度お金を払わなければいけないかもしれません。

でも、お金自体は幸せを運んでくれるものではありません。お金持ちだけれどもとても寂しい人生を送っている人はとてつもなく多くいます。

ですから、人生に求める2番目のゴールは人生を共に歩む伴侶、子どもが欲しい場合、家族を一緒に築く人、特別なパートナーを見つけることであるのは自然な成り行きでしょう。そうした人生の伴侶を見つけ、別れずに寄り添い続け、20年、30年後も初めてのデートのときのように熱烈に恋に落ちていたいのです。

例え、居心地よい家があり、人生の伴侶がいたとしても、体に全く力が出なかったり、不健康であったりしては完全に安らぐことはできません。ですから、多くの人にとって人生のゴール3は、人生をフルに楽しむことができるように、若くて強い体を保つ、ということでしょう。

そうしたゴールの達成法は皆さんもう心得ていることでしょう。種を植え、4つのステップ、特に最後のコーヒーメディテーションを使います。眠りにつきながらマインドと格闘し、自分や周りの人が行ってきた善行について思考を集中させます。そうすることで、私たち1人ひとりが元々持っている善の種に肥料をまいてあげるのです。

でも、もう1つ達成すべきゴールが残っています。私たちの誰もが満たしたいと願う人間固有の欲求。それは他の人を大事にしたい、痛みや苦しみがない世界をつくる手助けをしたい、という願望です。

これまでにあげた3つの点、住まいの必要性、人の温もりを求める気持ち、若さの追求はすべて人の心に宿る強い気持ちですが、その奥、魂の深い所にはそれらよりもさらに力強い欲求が根づいています。

それは、それら3つの基本的安らぎ、幸せを、この世界に生きるすべての人に与えたいという願い。私たちは皆、スーパーヒーロー、全人類の母になりたいのです。

それでは元々の質問の話に戻りますが、自分自身の恋愛関係をどのように活用して世界を救うことができるのかという問題。世界中のあらゆる人に安全、安らぎ、幸せをもたらすにはどうしたらよいのか？　私たちの最も根底にある願望を満たすにはどうしたらよいのか？　ダイヤモンドの知恵の方法では種を植えることで自分が必要としているものを得るのですが、ほかの人の求めるものを満たすのがそうした種を植えるための唯一の方法でしたね。

他の人のために尽くしているときは、自分自身に尽くしていることになるし、自分自身のために何かするためには、他の人のために何かしなければいけないのです。この2つの目的はただ重なり合うのではなく、実のところ同じ1つのものであり、私たちは心の奥底ではそう感じています。

ですから、もし自分の恋愛関係を世界の役に立てたいのであれば、素晴らしい関係を築けばよいだけです。2人ができる最善の方法は生きる見本として見せること。しょせん人は言葉よりも行動を見ていますから。あなた方が行う方法がうまくいくことを目撃すれば、他の人も試してみようという気になるでしょう。

結局のところ、世界の役に立つための最適な方法、私たちが抱える一番の責任は、人の人生において最も難しい課題に対して成功を収めるということ。幸せになる、幸せなカップルになるということ。周りの人はそれを見て、種の方法が君たちがうまく行っている秘訣ならば、真似して見ようと皆思うでしょう。

こうして私たちは、世界を変えていくのです。ものすごいスピードで蔓延していくコンピュータウィルスのように、1人の人から数え切れないほど大勢の人に広がっていってね。

この世界を愛する気持ちがあるならば、幸せであることが君の唯一の務めです。そして幸せになるための唯一の方法は種をまくことなのです。

この世界を愛する気持ちがあるならば、
幸せであることが君の唯一の務め

謝辞

本書に限らず、様々なプロジェクトにおいて時間やスキルを惜しみなく費やしてくれる、才能豊かで献身的な多くの友人、素晴らしい人のつながりに恵まれていることに非常に感謝しております。こうして出版に至った本書が多くの人の助けになることを皆心から望んでいます。ここで何人かの名前を挙げて感謝の気持ちを述べたいと思いますが、この謝辞の中で名前をあげれなかった、その他多くの方々が長年にわたって惜しみなく捧げてくださった時間と労力にもこの場を借りてお礼申し上げます。

本書の出版に当たって指揮をとってくださったのは、ダイヤモンドの知恵出版社の創始者でありディレクターの John Cerullo 氏、および出版業界に長年の関わってきた高い専門知識と経験がありながら謙虚さを保つ素晴らしい人格の持ち主である Brooks Singer 氏。Singer 氏はダイヤモンドの知恵出版 (DCP) の副次権マネジャーとして、海外とのやりとりや契約書を巧みに処理し、本書の海外版を作成する際にも活躍してくださいました。

世界中のチームを統率してくれたのは Ven Jigme Palmo (Elizabeth van der Pas)。異なる時間帯や時差に関わらずノンストップで働いてくださいました。いつも活気あふれんばかりに奮闘し、グアダラハラチームのメンバーを統率して本書の出版にこぎつけるよう貢献してくれたのは、ACIおよび DCI Mexico のトップである Alejandro Julien 氏。また、Fine Grains India 印刷会社のディレクター Paramjeet Singh 氏は熟練のスキルと細かい注意を払いながら、厳しい印刷期日に間に合うよう、一生懸命働いてくださいました。

　本の装丁に関わってくださったのはグアダラハラのGeorgina (Gina) Rivera。彼女はこの本に限らず様々な出版プロジェクトに黙々と貢献した才能豊かな女性です。また、活字に熟知し、熱心さと朗らかさ溢れるRobert Ruisinger氏（アメリカ）にも感謝。

　編集作業はACIフェニックスチームのRebecca Vinacour、Nicole Vigna、Ven Jigme Palmo、John Oyzon、Esther Giangrande、Christine Walsh、およびRobert Haggertyが取り組んでくださいました。このチームの皆さんは、ブロードウェーミュージカルに出演したり、何百人もの心理学者を相手にトレーニングを行ったり、といったようにそれぞれの分野で素晴らしい才能を発揮している方々ですが、本書の出版に当たっては、内容がより正確に、よりスムーズに流れることができるよう、チーム一丸となって働き、細部まで目を届かせてくださいました。

　イラストレーターの方々もほぼ不可能なほどに厳しい期日にも負けじと奮闘してくださいました。

　特に、メキシコおよびヨーロッパで経験を積んだグアダラハラのStudio Gibravoディレクター(www.gibravo.com)であるGibran Julian氏、さらにＡＣＩおよびＤＣＩのメキシコ支部のチームを率いるオーガナイザーの1人であり、雑誌および本のデザインや翻訳家としても活躍するImelda Espinozaさんもイラストレーションに貢献してくださいました。その他の挿絵を描いてくださったのは、コロンビア、サンタマルタのAna Maria Velasco、彼女はボストンの美術学校で学び、現在、非営利団体NEEMを運営しています。以前他の本でも描いてくださった、ニューヨーク出身の才能豊かなOri Carinさんも挿絵の中の肖像画を担当してくれました。こうした挿絵の選定にはNicole VignaおよびUla Byglewskiにお手伝いいただきました。

Nicole はさらに、Mark Tripetti と Miriam Parker（ニューヨークでのマーケティングを主に担当）と共に本書の発売およびマーケティングをも手がけました。いつものごとく、私個人つきのスタッフの皆からは他に変えられないサポートを受けました。そのかけがえのない助けや友情は全員合わせてほぼ50人に至ります。出資面を主に手伝ってくれたのは Ven Jigme Palmo（Elizabeth van der Pas)、事業発展、グローバルな事業展開、およびスケジュールを担当した Mercedes Bahleda 、コミュニケーションおよびテクノロジー面では Ven Lobsang Nyingpo（Eric Brinkman)、本の完成を間近にしロジスティック面では Nick Lashaw が大いに助けてくれました。

シンガポールの Roy Phay は東アジアや南東アジアにおけるＤＣＩの活動の陣頭指揮をとってくれています。また彼の奥さん Michslle Phay は愛のカルマのウェブサイト(www.KarmaOfLove.com)および愛のカルマのアプリの立案者でもあります。世界中の困窮者に対する我々のチャリティー事業に多くの時間を費やしてくださった彼ら夫婦の働きにもこの場を借りて感謝の気持ちを表したいと思います。

最後に、世界中で私の著書が入手できるよう、何十年も骨を折ってくださった友人の皆さんにもここで改めてお礼を述べたいと思います。名前をあげる方々の多くがこの『愛のカルマ』もそれぞれの母国語で出版しようと奮闘してくださっています。

アジア諸国：Xia Liyang および John Bentham（中国）；Oaktree and Cite Publishing の Chiafang Chang、Rob Hou、奥さんの Jessica Sung、および Kay Chen（台湾）；Nguyen Man Hung および Thai Ha Books のスタッフの皆さん（Vietnam); Leza Lowitz（日本）；Sheshadri および Melissa Mantha（インド); Jaki Fisher（シンガポール）

ヨーロッパ諸国：Edition Blumenau の Silvia Engelhardt、Ulla Bettmer、および Beate Ludwig（ドイツ）；Ediciones Amara の Isidro & Marta Gordi（スペイン）；Niguma Publishing House の Pavel Belorusskiy（ロシア）；Almaz Publishing の Elena Novik および Marina Selitsky（ウクライナ＆ロシア）；Zhanaua・98 publishing の素晴らしいスタッフ一同 Jana Ivanova、Kiril Voinov、および Yasen Nikolov（ブルガリア）；Per Flood および Peter Mörtl（スウェーデン）；Cecile Roubaud（フランス）；Petiet Publishing の Gerard van Bussel（オランダ）；Yelena Zaric（セルビア）；Andrei Soeanu（ルーマニア）；Niki Lambropoulos（ギリシャ）；さらに最近知り合った方々、Zoltan Saghy（ハンガリー）；Sergei Mironov（エストニア）；Ralitza Nikolaeva（ポルトガル）；および Maxim Shkodin（クラスノダール、ロシア）

ラテンアメリカ：Alejandro Julien および メキシコ出版のチーム一同、Carola Terreni および彼女の伴侶 Tomas Laredo（アルゼンチン）；Maria Rita Stumpf（ブラジルおよびペルー）

イスラエルにおいては Liran Katz の統率による数多くのグループの連携に感謝します。

最後に、私を信じて著書の出版を後押ししてくださった、Double Bay/Crown/Random House 出版社の Trace Murphy および Gary Jansen に心から感謝の気持ちを申し上げます。

こうした私たちの出版努力が、ダイヤモンドの知恵の素晴らしい考え方を広める助けとなり、これまで数多くの人たちの幸せに貢献してきたこと、さらにもっと多くの人たちの幸せに貢献できることを願っております。

INDEX

（注：レファレンスの数字はページ数ではなく、質問№です）

著者略歴

ゲシェ・マイケル・ローチ（Geshe Michael Roach）

プリンストン大学を首席で卒業、ホワイトハウスにてアメリカ大統領から優秀な生徒に贈られるメダルを授与されている。アメリカ人として初めて仏教学の最高学位である「ゲシェ」を取得。チベット仏教の僧院にて25年に及ぶ修行後、ニューヨークのダイヤモンド企業の代表取締役とし、古代チベットの仏教の教えに従い、年商2.5億ドルの会社を生み出した（この会社は2009年にローレンバフェットが買収した）。この体験談が世界のベストセラー『ダイヤモンドの知恵』を生み出し、現在25カ国語に翻訳。アジアンクラッシックインスティチュート、マウンテン大学の創始者であり、アジア仏典デジタル化プロジェクトを主導し、亡命チベット人とともに消滅の危機にあるチベット仏教文献の入力、保存、翻訳活動を進めつつ、講演会、リトリートを通じ世界中のビジネスマンに成功法則を説いている。

〈連絡先〉

ダイヤモンドカッター・インスティテュート　http://diamondcutterinstitute.com

（日本での連絡先）

行動派グローバル株式会社　https://www.mental-seed.com/company

〈訳者紹介〉

矢島　佳奈子（やじま　かなこ）

オーストラリア在住。上智大学英語学科をトップの成績で卒業した英語力と幅広いヨガ、哲学、解剖生理学の知識と経験を活かし、様々なヨガトレーニングやワークショップなどの通訳およびマニュアル翻訳に携わってきた他、ヨガインストラクター、指導者養成コースの講師としても活躍する。

〈コーディネーター〉

アンビエンテ株式会社　http://www.ambiente-jp.com　☎(054)253-1203

愛のカルマー古代チベット仏教の教えに学ぶ人間関係の法則

2016年8月5日　初版発行　　2024年9月5日　第3刷発行

著　者　ゲシェ・マイケル・ローチ　©Geshe Michael Roach

訳　者　矢島　佳奈子

発行人　森　　忠順

発行所　株式会社 セルバ出版

〒113-0034

東京都文京区湯島1丁目12番6号 高関ビル5B

☎03（5812）1178　FAX 03（5812）1188

https://seluba.co.jp/

発　売　株式会社 創英社／三省堂書店

〒101-0051

東京都千代田区神田神保町1丁目1番地

☎03（3291）2295　FAX 03（3292）7687

印刷・製本　株式会社 丸井工文社

Printed in JAPAN

ISBN978-4-86367-285-7